撰稿人：

教育科举　陈　虎　杨庆茹　邓　洁
法律文化　林玉萍　梁景明
衣食住行　李　怡　潘忠泉
体育娱乐　汤谷香
天文地理　周国林　陈　虎　周　飞
哲学宗教　陈声柏　田　飞
语言文学　张素凤　左汉林　贾广华
书画艺术　陈培站　潘永耀　王成聚
　　　　　杨　刚　王碧凤
戏曲曲艺　梁　彦　吴　荻
文化典籍　陈　虎　魏崇祥
考古文物　刘可维
中华医药　罗　浩

中国人应知的

国学常识

插图本

2

中华书局编辑部　编

中华书局

图书在版编目(CIP)数据

中国人应知的国学常识:2/中华书局编辑部编 . —北京:中华书局,2010.5(2019.11 重印)

ISBN 978 – 7 – 101 – 07380 – 5

Ⅰ. 中… Ⅱ. 中… Ⅲ. 国学 – 基本知识 Ⅳ. Z126

中国版本图书馆 CIP 数据核字(2010)第 062480 号

书　　名　中国人应知的国学常识(2)
编　　者　中华书局编辑部
责任编辑　宋志军　娄建勇　林玉萍
出版发行　中华书局
　　　　　(北京市丰台区太平桥西里38 号　100073)
　　　　　http://www. zhbc. com. cn
　　　　　E-mail:zhbc@ zhbc. com. cn
印　　刷　北京市白帆印务有限公司
版　　次　2010 年 5 月北京第 1 版
　　　　　2019 年 11 月北京第 12 次印刷
规　　格　开本/700 × 1000 毫米　1/16
　　　　　印张27¼　插页2　字数320 千字
印　　数　61001 – 64000 册
国际书号　ISBN 978 – 7 – 101 – 07380 – 5
定　　价　49.00 元

写在前面

不知您是否意识到，也许您说的每一句话里都包含着"文化"——

"五谷杂粮"有哪五谷？"六亲不认"是哪六亲？"株连九族"都包括谁？

为什么买"东西"不说买"南北"？为什么"败北"不说"败南"？为什么说话算数叫"一言九鼎"，换成"六鼎""七鼎"行不行？……

这些问题，都可以在这本《中国人应知的国学常识》里找到答案。

这里所说的"国学"，与"中国传统文化"同义，它不仅写在典籍里，更活在我们的生活里、流淌在我们的血液中。除了经典常识、制度法律、教育科技，传统的民生礼俗、戏曲曲艺、体育娱乐……也是本书要介绍的内容。

这里所说的"常识"，有两个重点：一是基础知识、基本概念，二是读书时经常遇到、在日常生活中经常使用、大家知其然但未必知其所以然的问题。

中国传统文化博大精深，包罗万象，远不是一本书所能囊括的。本书只是采用杂志栏目式的方式，选取其中部分内容分门别类进行介绍。许多重要内容、基本常识将在以后各册陆续回答。

我们约请的作者，都是各个领域的专业研究者，每一篇简短的文字背后其实都有多年的积累，他们努力使这些文字深入浅出、严谨准确。同时，我们给一些文字选配了图片，使读者形成更加直观的印象，看起来一目了然。

无论您是什么学历，无论您是什么年龄，无论您从事的是什么职业，只要您是中国传统文化的爱好者，您都可以从本书中获得您想要的——

假如您是学生，您可以把它当做课业之余的休闲读物，既释放了压力，又学到了国学知识。

假如您身在职场，工作繁忙，它"压缩饼干式"的编排方式，或许能成为您快速了解传统文化的加油站。

假如您退休在家，您会发现这样的阅读轻松有趣，滋养心灵……

总目

目录

衣食住行

语言文学

书画艺术

戏曲曲艺

文化典籍

考古文物

中华医药

我国古代有大学吗?

太学就是古代的大学。据《大戴礼记·保傅》记载,我国在西周时期就已经有了太学的设置。《汉书·贾山传》记载,西汉初期,贾山曾上书汉文帝,提出"定明堂,造太学,修先王之道"的主张。汉武帝元朔元年(前124),经公孙弘建议,设立了博士弟子官五十人,复其身,并通过考试劝以官禄,这样便产生了博士弟子课试的制度。由于这些人的学习之地称之为太学,故他们又叫太学生。博士弟子入仕所经由之考试称之为射策(一种抽签考试),分为甲乙两科,凡受业弟子"一岁辄课",能通一艺以上即可以授官。特别优秀者则被破格录用,不合要求者"辄罢之"。后来太学的规模不断扩大,汉昭帝时期仅有一百人,汉宣帝时期,也才有二百人,汉元帝时期则增至一千多人,到汉成帝末年则增加到三千人。东汉的太学设置于建武五年(29),当时建有长十丈、广三丈的内外讲堂。汉顺帝时期又进一步扩建,当时的太学有二百四十房、一千八百五十室。汉质帝时期,太学生最多时达三万多名。魏晋以后,由于长期战乱,学校时兴时废。而当时的士大夫也大都消极避世,潜心于黄老之学,学校已经名存实亡。晋咸宁年间,又兴太学,每每是国子学与太学并立。南朝时期,国子生(或国子礼生)经射策达明经标准的授官,又成为明经,而以梁代最为典型。唐朝以后的历代封建皇朝,大都在中央设置太学,作为传授儒家经典的高等学府。

什么是三舍法？

　　三舍法主要包括宋朝王安石创立的"三舍法"和明代实行的"监生拔法"，是科举时代学校考试的两种典型制度。三舍法又称为三舍考选法，或称之为三舍选察升补法，是北宋熙宁兴学时创立的一种学校升级制度。这一制度开始于熙宁四年（1071）。其办法是将太学分为"外舍"、"内舍"、"上舍"三级，学生依据成绩的优劣依次升舍，至上舍上等最优，则取旨授官。始入太学者进外舍；肄业一年，考试合格者升内舍；内舍生学习满两年，考试合格者生上舍；上舍生学习满两年，举行考试，其手续与科举考试中的省试方法相同，取得上等者授予不等的官职，考试中、下等者分别参加殿试和省试。至明朝，这一制度演变为监生拔法。监生拔法，又称监生授历法或监生历事，开始于明朝洪武五年（1372）。规定国子监生毕业正式任职前，必须先到政府部门实习，据其"勤"、"惰"表现分为上、中、下三级。至建文帝时期，又规定"上等选用，中、下等仍历一年再考"。学校与科举入仕虽有区别，但二者的基本原理则是相同的，即它们都遵循着"学而优则仕"的原则，是靠考试成绩来取得官位的。

我国古代有教授吗？

　　众所周知，教授是如今大学教师职务的最高级别。我们也常常把那些学问高的人尊称为教授。不少人都以为教授这个词源于西方的 professor，实际上，教授一词在中国古已有之，是一种学官的名称。

　　教授，原为传授学业之意。《史记·仲尼弟子列传》有载："孔子既没，子夏居西河教授，为魏文侯师。"中国汉、唐两代太学都设有博士，教授学生。《后汉书·儒林传序》："于是立五经博士，各以家法教授。"博士就是后来的教授。而后，教授逐渐发展成为学官名，职事近于汉唐所置的博士。

宋代十分重视教育，在中央和地方的学校开始设教授一职。宋代在宗学、律学、医学、武学以及各路（地方行政区域）、州、县学均设置教授，位居提督学事官之下，以经义教导诸生，并掌管学校课试等事，这是以教授命名官职的开始。元明清诸路州府儒学也都设置教授。到清代末年，清朝廷兴办新学后，大学里又增设正教员、副教员教授，类似我们今天的正教授和副教授。

助教在古代就有吗？

助教是今天高校教师这一专业技术职务中最初级的职称，在古代却是学官名。助教的级别虽然不高，却涉及到方方面面，很有用武之地。

助教一官最早设于西晋咸宁二年（276），主要职掌协助国子监祭酒和博士传授儒家经学。以后除个别朝代外，国子学都设置经学助教，称国子助教、太学助教、四门助教、广文馆助教等，有些州府县学也设有助教一职。北魏增置医学助教，隋增算学助教，唐增律学助教，协助博士传授专门技术知识。宋代废止。到明清，仅设国子监助教。

古代的"博士"与现在的有何不同？

"博士"一词在我国是比硕士高一级的学位，很多人都以为它是舶来品，其实并非如此。博士一词不仅是中国本土产物，而且历史悠久。

博士，最早称"五经博士"，是学官名，源于战国。徐慎《五经异义》记载："战国时，齐置博士之官。"秦及汉初，博士的职务主要是掌管图书，通古今以备顾问。由此看来，在学问高深这一点上，古今的博士倒没有什么区别。如秦博士伏生学问高深，尤精《尚书》，年逾九十，尚能口授《尚书》二十八篇。汉武帝时设五经博士，教授弟子，从此博士成为专门传授儒家经学的学官。汉初，《诗》、《书》、《易》、《礼》、《春秋》每经只有一家，每经置一博士，各以家法教授，故称五经博士。研究五经的学者人数逐渐增至十四家，到东汉光武帝，改设五经十四博士。

算起来，"博士"的称谓，在我国古代有几种涵义。作为官名是一种说法，唐代，设置有国子、太学、四门等博士。隋唐之前，博士采取征拜和荐举的办法，著名的汉儒董仲舒便因学识渊博被举为博士。

古代还把专门精通某一种职业的人称之为"博士"，如"医学博士"、"算学博士"等。精于礼仪的人称太常博士、通晓音律的人为太乐博士等。后来产生了"茶博士"的称呼，套用博士这一职衔称呼茶楼、茶馆内沏茶跑堂的堂倌。中国古典小说如《水浒传》、"三言二拍"中就有很多关于"茶博士"的描写。

直到近代，博士才和学位挂钩，而其官职之意却已经消失殆尽。

6

国子监的"祭酒"是做什么的?

祭酒一词，初指古代祭祀或宴会时，年高望重者举酒祭神一事。到后来，逐渐引申为学官的主持人。国子监是古代的最高学府，国子监祭酒就是古代主持国子监或太学的学官（教育行政长官），大致相当于今天的教育部长。

战国时，荀子在齐国临淄稷下学宫"三为祭酒"，被尊为卿。汉代在太学中设置五经博士，首长称仆射（yè）。到东汉光武帝，改立五经十四博士，由太常（掌选博士之官）从中选出一名有威望的博士担当总管教务的首长，称为"祭酒"，祭酒因此成为学官名。西晋改祭酒为国子祭酒，主管国子学或太学。隋以后改称国子监祭酒，是国子监的主管。唐代的韩愈、明代的崔铣都曾任过国子监祭酒。清朝，国子监祭酒主要掌管大学之法与教学考试，其上为监事大臣，辖下有监丞等辅佐官职。到清光绪年间，国子监废除，改设学部，国子监祭酒也就变更为学部尚书了。

7

博士弟子是些什么样的人？

"博士"在古代主要掌管全国古今史事以及书籍典章，兼管教育和学术，是专备皇帝咨询的文官。博士潜心读书治学，学识十分渊博。汉武帝接受董仲舒"天人三策"、"兴太学，置明师，以养天下之士"的建议，于武帝建元六年（前135）在长安设太学，设五经博士专门教授学生儒家经典《诗》、《书》、《礼》、《易》、《春秋》。这些学生被称为"博士弟子"或"太学弟子"，后亦称太学生或诸生。

历代所选博士弟子的身份资格不尽相同，不专以贵族子弟为限。两汉时，博士弟子需名儒推荐或由在校学生介绍方可入学。西汉，由太常（掌选博士之官）直接选送，或由郡国察举选送。东汉则明确规定：六百石俸秩以上官员，皆可遣子受业；郡国所举高材明经者，亦有国家所试明经下第者；郡国学明经五十以上、七十以下的耆儒，经地方选送可入太学。唐代，博士弟子限文武官员五品以上子孙、职事官五品的期亲，或三品的曾孙，以及勋官三品以上有封之子。到宋代，文武官八品以下的子弟及庶民中的才俊之人皆可成为博士弟子。

博士弟子在太学之中以学习五经为主，至一定年限，经过考核合格结业后一般可在郡国任文学职务，成绩优异者可授中央及地方行政官。

8

古代的翰林院是什么样的机构？

提起翰林院，大家可能都比较熟悉，在科举时代，封建文人把入翰林院当作莫大的荣誉，因而不少现代人认为翰林院就是专门为文化事业所设立的一种机构，这种看法也有一定的道理。中国的封建文人，不单单会吟诗作画、舞文弄墨，而且还是封建官吏的主要来源，是封建政权的支柱，翰林院在政治上曾发挥过极大的作用。

唐代初年就有学士之称，唐太宗李世民做秦王时，就曾招集了十八个饱学之士入府中文学馆为学士，为自己诗酒唱和，文章酬答，当时号称"秦府十八学士"。这些人日后大多成为了唐太宗所信任的辅政大臣，如名相房玄龄、杜如晦等人。唐太宗继位之后，在门下省设立弘文馆。玄宗时在中书省设立集贤殿书院，设置学士，掌管图籍的校正、收集、整理等工作，这些学士还都不是后代意义上的翰林院学士。但翰林院确实是从唐代开始，它设于宫中，供奉内廷的文词，经学之士及僧、道、臣、卜之流皆入值待诏，听候皇帝召唤，时刻准备奉献自己的一技之长，这些人统称为翰林待诏，他们并不是国家的正式官吏，不受俸禄，无任何行政权力。因此，翰林院一开始的时候并非朝廷内部的正式机构。唐玄宗时期，为分割中书事权，借口中书事务繁重，设置翰林供奉入内，批答奏疏，撰写制敕。开元二十六年（738），改翰林供奉为翰林学士，专门草拟有关国家大政的诏书，如立后建储、号令征伐之类，称为"内制"，而中书舍人撰写的则称之为"外制"。又在宫中设学士院，为翰林学士日常办公之处。但这时的翰林院仍然还不是国家的正式机构，与其他的官署无任何统属关系。

安史之乱之后，朝廷流亡在外，诸事草创，制度难以周全，加上皇帝对于自己信任的重臣纷纷投降叛军伤透了心，不敢加以信用，于是就把处理机密的大权委派给了身边的翰林学士办理。特别是唐德宗之时，朝政混乱，大臣互相勾心斗角，并且朝廷再度被乱军赶出长安，在离乱中，德宗就用翰林学士陆贽居中裁决机务，以理万机，这实质上起到了宰相的作用。到了宪宗年间，对翰林学士制度进行了一番整顿，定员为六人，其中推选一人为学士承旨，为众学士之首，专门承办最为机密的政务。这样，学士承旨就成了宰相当然的第一人选。于是，翰林学士开始成为众多封建文人梦寐以求的目标。

宋代翰林制度有了进一步的发展，并作为国家的一个正式机构，易名为翰林学士院，办公的地点也迁出宫外，专门承办起草诏书的工作。院中设立翰林学士承旨、翰林学士、知制诰、直学士、翰林权直等。此外宋代还有不属于翰林学士领导而冠之以翰林之名的官员，如翰林侍读学士、翰林侍讲学士等，他们的主要任务是在皇帝的左右进讲经史。辽代始尊称翰林院，元代设置翰林兼国史院，明清设置翰林院。在这一时期，它的主要职能则表现在修史等方面，如明代修《永乐大典》（解缙），清代修《四库全书》（纪昀）等。但明朝的翰林院在政治上还占有一个很微妙的位置，它本身只是一个正三品的衙门，但明制规定，入内阁者必须是翰林院的学士，英宗以后，更规定只有翰林出身者才有入内阁拜大学士的希望。因此内阁学士原来大都是翰林旧官，无形中提高了翰林院的地位。实质上，翰林院变成了封建皇朝高级官吏的训练学校，变成了为朝廷储备人才的地方。清代沿用明朝的旧制，此外在有清一代就翰林官本身来说，比其他的官职升迁得要快，往往七品翰林外放就是四品的道员、知府，内则升迁入詹事府（辅导太子的班子）为官，之后就能很快地担任六部的侍郎、尚书等职，有些人往往还可以得到皇帝的眷顾，入宫伴读。由于翰林的招牌有利于封建官场仕途中的竞争，因此，在明清时期的封建官场中，最为注目的仍是翰林之选。

虽然在明清时期，翰林院的地位并不是很高，但由于它曾有过十分显赫的历史，再加之翰林院为皇朝的封建统治选拔和训练了一大批封建官吏，故而它在当时的社会上仍然享有很高的声望。

9

翰林院庶吉士是什么样的角色？

在明清翰林院中又有所谓的庶吉士，这本来是明朝安置初入仕途者历练事体、增长经验的职官，后来专设于翰林院中，在三甲进士之外挑选文章、书法较好者担任，在翰林院中学习帖、诗、楷等功课，学习期间没有俸禄，三年之后再进行考试，考试合格者授给编修、检讨等翰林官，或放到外地做州、县官。明太祖时开始设置，依照所属部门的不同，又可以分为六科庶吉士、中书庶吉士等。明成祖永乐初年，一并隶属于翰林院，统称为翰林院庶吉士。清朝在翰林院设置庶常馆，进士殿试后再经过朝考，成绩优秀者入选为庶吉士。庶吉士肄业三年期满，散馆授官。所以明清时期，庶吉士实际上就是封建皇朝的预备官吏。

古时学生拜师要送礼吗？

古代学生与教师初次见面时，必先奉赠礼物，表示敬意，名曰"束脩"。据载，这一习俗最早可以追溯到孔子时代。子曰："自行束脩以上，吾未尝无诲焉。"（《论语》）孔子的这句话是说："只要带了拜师挚礼，没有我不教育的人。"

束脩，历来解释不同，但多数都将它理解为"十条腊肉"，这是孔子规定的拜师礼。朱熹认为"束脩其至薄者"，意思是这"十条腊肉"不算什么厚礼。在孔子生活的年代，一般穷苦人家，只要稍作努力，还是拿得出这个礼，不然，孔门就不会有那么多如颜回、子路、冉求、仲弓、伯牛等出身寒门、生平寒微的穷学生了。可见，孔子并不嫌贫爱富，他坚持了"有教无类"的平等教育原则，将许多贫寒的弟子培养成了君子。

唐代学校由国家明确规定需采用束脩之礼，此礼主要是为了表示学生对教师的尊敬，讲究心意，礼物的轻重无可厚非。教师在接受此项礼物时，往往还须奉行相当的礼节，表示回敬。弟子拜师，送上挚礼，是应该的；但是礼过重、过轻，都有失中道。孔子在对拜师礼的制定上，也表示了中道原则。

什么是察举制？

察举制在汉文帝时已建立，到汉武帝时期，武帝接受董仲舒"使诸侯、郡守、二千石各择其吏民之贤者，岁贡各二人"（《汉书·董仲舒传》）的建议，"令郡国举孝、廉各一人"。察举制从此成为选官常制。

"察举"，又称"荐举"，是封建社会一种由下而上推选人才的制度，由中央和地方的高级官员按照一定的名目（标准），"举贤良方正能直言极谏者"，将未有官职的士人以及下级官员推荐给中央政府，自下而上推选上来的人才还需要通过一系列的考试，朝廷依据他们的考试情况酌情授予一定官职或提升其职位。两汉的察举科目分为常科和特科，常科中主要是孝廉，其次是茂才。孝廉一科要求人具有孝顺、廉正、刚毅等高尚的品行，是士大夫仕进的主要途径。茂才比孝廉高一级，由皇帝派员巡行地方时直接进行察举。特科则大致可归纳为：贤良方正、孝悌力田、勇武之士、博士弟子和文学掌故、以明经进身者、以明法进身者、以学童进身者等等。

西汉时，由各地方察举上来的岁贡之士入京后，皇帝还会亲自策试判定其优劣。到东汉，察举考试与后世科举之法无异，"诸生试家法，文史试笺奏"（《东汉会要·选举》），得中者授以官职。

汉代的"征辟"是怎样的制度？

征辟是征召与辟除的合称。征召是指皇帝以特别征聘的方式选拔某些才高名重的人士给予躐等而升，这是最为尊贵之举。辟除也叫"辟举"、"辟召"，是高级官吏任用官员的一种制度，可以分作公府辟除与州郡辟除两大类。西汉以丞相的辟除之权为最大，东汉以后这种辟除入仕很盛行，这是与西汉末年以来豪强地主势力逐渐增强的社会现实相适应的。

什么是科举制？

所谓的科举制，是一种通过考试的选官制度，它产生于隋，确立于唐，大力发展于宋。两宋时期在北方所建立的辽、夏、金以及后来蒙古人建立的元朝都无一例外地沿用了科举选官制度。明清时期，科举制度达到了它的全盛期，《明史·选举志》记载："明制，科目为盛，卿相皆由此出。"《清史稿·选举志》也说："有清一代沿明制，二百年，虽有他途进者，终不得与科第出身者相比。"这比较全面地反映了科举选官的情况。

隋开皇十八年（598），文帝下诏以"志行修谨、清平干济"二科举士，废除魏晋以来实行了数百年的九品中正制。至隋炀帝时期，就设立了进士科。分科举士与考试相结合，标志着科举制度的产生。唐朝沿袭隋制，设立秀才、明经、进士、明书、明法、明算等常科，尤其重视进士科。武则天时期，皇帝亲自主持殿试，并增设武举一科。明清时期，科举制度日臻成熟，科举考试仅有进士一科。科举考试的方法，唐至宋朝初年，有帖经、墨义、策问、诗赋等。自北宋中期起，改以经义文为主，题目出自"五经"之中。元朝明文规定，经义考试从"四书"中命题，答案以朱熹的《四书章句集注》为准。明朝成化以后，规定考试的文章格式为八股文，考试限制愈加严格。这种八股文的考试方法，使得科考文章成为内容空洞、形式呆板的经义文字游戏，它主宰了中国封建社会后期达五百多年的时间，所以科举制的极盛之日，也是它开始走向没落之时。1904 年，清皇朝结束了最后一次科举考试，1905 年，清政府下令废除科举制，从此，在中国历史上实行了一千三百多年的科举选官制度便宣告结束了。

科举制下选官凭考试，择优录取，这当然要比察举时代那种仅凭三公九卿及郡国长官或中正的主观印象选官要合理得多。其次，成熟的科举制，科举与学校合为一途，选用官吏包含了学校育才、科举选才、铨选用才三个完整过程，这显然要比察举制度完善得多。再次，科举制度下的应试，除娼、优、隶、皂、罪户子弟以外，一切人原则上都可以公开报考，而且凭成绩择优录取，这就使科举制具有了更大的开放性、合理性和竞争性。科举制度，世所仅有，对我国封建社会

宋　佚名《科举考试图》

的政治、经济、文化、教育、社会风俗和知识分子的人格形成都产生了巨大而深刻的影响。

14

什么是常科？

察举时代，察举是入仕的正途，按照察举科目的性质，可将其分为常科与特科两部分。所谓常科，是指每年举行一次的选举科目，实际上是就孝廉、秀才两科而言的。孝廉，就是人们通常所说的孝子廉吏，此科始于西汉武帝元光元年（前134），最初是每郡国岁举二人，东汉时期又变为依据郡国的人口按比例察举。秀才，就是优秀之才的意思，东汉时期因避光武帝刘秀的名讳而改为"茂才"，三国曹魏时恢复原名。此科也创始于汉武帝时期，最初是特举，东汉初年才改为一年一次。举主主要是各州的刺史，此外还有三公、将军、光禄、司隶等，它不同于孝廉，而是比孝廉高一级的察举。到了魏晋南北朝时期，州举秀才、郡察孝廉已成为通行之例。唐代的科举常科，有秀才、明经、进士、明法、明字、明算等多种，尤其重视明经、进士科。宋朝的常科，开始是每年举行一次，后固定为两年举行一次。自北宋中期起，模仿古代的三年大比之法，三年举行一次，后代成为定制。后来的科举考试制度，大概就是由此发展而来的。

15

什么是特科？

特科源于汉代选举中特别指定的科目。汉朝时期，察举都必须由皇帝亲自下诏拟定科目，除了常行的科目之外，另有特定科目。一般情况下，特科又可以分为两类，即常见特科与一般特科。常见特科是指虽然不是每年都举，却是比较常见的科目；一般特科则是指偶尔一举或数举，或者是性质较为特殊的科目。两汉时期，常见的特科为"贤良方正"与"贤良文学"。汉代的诏举贤良，始于西汉文帝二年（前

178)，这是察举制正式产生的标志。凡诏举贤良，大多是在遇到日食、地震、特殊星象以及各种自然灾害之后进行，当时人们的普遍观点认为，各种自然灾异是上天对人间帝王的警告，于是皇帝便下诏罪己，并招贤纳才，广开直言之路，以匡正过失。据《汉书·文帝纪》记载，汉文帝二年"十一月癸卯晦，日有食之。诏曰：'朕闻之，天生民，为之置君以养治之。人主不德，布政不均，则天示之灾以戒不治。乃十一月晦，日有食之，适见于天，灾孰大焉！朕获保宗庙，以微眇之身托于士民君王之上，天下治乱在予一人，唯二三执政犹吾股肱也。朕下不能治育群生，上以累三光之明，其不德大矣。令至，其悉思朕之过失，及知见之所不及，匄以启告朕。及举贤良方正能直言极谏者，以匡朕之不逮。'"有汉一代察举的一般特科名目极多，有明德、明法、至孝、有道、敦厚、尤异、治剧、勇猛知兵法、明阴阳灾异等最主要的几种。魏晋南北朝时期，与两汉时代大致相同。特科大致相当于后来科举制度时期的制科，如清朝的经济特科等。

16

八股文是什么样的？

八股文又称时文、时艺、制义等，是一种源于明初进而影响中国封建社会后期的科举考试的主要方法和规定的应用文体。试题主要来源于《大学》、《中庸》、《论语》、《孟子》（刘三吾的《孟子节文》）"四书"中，所论也必须以朱熹的《四书集注》为依据，故又称之为四书文。其体例来源于北宋中期王安石拟定的经义文，明朝成化（明宪宗朱见深年号，1465～1487）以后演化为固定的程式。每篇由破题、承题、起讲、领题（入手）、提比（起股）、中比（中股）、后比（后股）、束比（束股）八个部分所组成。破题共有两句，即点破题目的要旨；承题共有三四句，是承接题义而申明之；起讲概讲全体，为全文议论的开始；入手为起讲后入手之处；以下的提比、中比、后比、束比四段，方展开议论，而中比则为全篇的重心所在；这四段又都由两股相比偶的文字所组成，合计八股，故称八股文或八比文。各部分之间又必须由固定的联接词，如"今夫"、"尝思"、"苟其然"等，每一部分的字数也都有严格的限制。八股文重章法，它合并散文与辞赋为体，创成一种新文体。但以此来考试，其形式与内容都严重地桎梏了人的思想，把人们的思想完全固定在程朱理学的范围内，使得思想文化方面一片死气沉沉。清代著名的思想家顾炎武曾指出："八股之害，等于焚书。"

17

什么是童子试？

童子试简称童试，亦称小考、小试，是明清时期取得生员（秀才）资格的入学考试。府、州、县学里的学生，统称为生员。未取得生员资格的读书人，不论年龄大小，都一律称之为儒童或童生。童生要取得生员资格，必须逐级经过县、府举行的考试，录取后再应院试，考中者就成为其所在府、州、县学里的生员，统称为"秀才"，这一系列考试总称为童子试。童子试每三年举行两次，丑、未、辰、戌年为岁考，寅、申、巳、亥年为科考。清朝的县、府、院三级考试：县试由各县的知县主持，考试日期通常在二月。考试前一个月，知县出示考试日期，应考的童生向本县的署礼房办理各种报名手续。报考的童生须五人联保，并由本县的一名廪生做担保人，以证明考生所填写各项内容的真实可靠。考试结束后，由县署造具名册送报本县的儒学署，并申送本府或直隶州、厅参加府试。府试由各府的知府主持，考试日期一般在四月。因故没有参加县试的童生，必须补试一场，才能参加府试。其报名方法一同县试。府试录取的第一名称为"府案首"。考试完毕，由府（直隶州、厅）造具清册审送学政，参加院试。院试是童子试中最关键的一次考试，由各省的学政主持。岁考和科考都在各府或直隶州、厅的治所举行，一切有关考试的组织工作均由各地的行政长官负责。考场设在学政的"驻扎衙门"，或称为"考棚"，或称为"贡院"。生员录取的名额，与当地文风的高下、钱粮丁口的多少有十分密切的关系。据《文献通考·学校考七·直省乡党之学》记载，清朝将府、州、县学分为大、中、小三类，清康熙九年（1670）规定，大府二十名，大州、县十五名，中学十二名，小学七名或八名。清朝后期，录取的名额越来越多。

什么是投卷？

中国古代的科举取士，不仅看考试的成绩，很多情况下还要有当时名人的推荐。因此，考前考后，考生们纷纷奔走于当时的名公巨卿之门，向他们"投献"自己的代表作，称之为"投卷"。向礼部投献的称为"公卷"，向达官贵人投献的称为"行卷"。投献的作品，有诗、文等，也有最能代表投献者史才、诗笔、议论的小说。投卷，确实使一些有才能的人得以显露头角。如唐朝的牛僧孺就曾以《说乐》获得了韩愈、皇甫湜（shí）的赏识而步入仕途。杜牧也曾以一篇《阿房宫赋》获得吴武陵的推荐而考中。但是其中也有很多人弄虚作假以欺世盗名，如杨衡的一位表兄弟，正是因为窃取了杨衡的诗文，才顺利地应试及第的。后来投卷的风气大盛，既多又滥，一些主考官不得不规定投卷的数量。这种考试与推荐相结合的方法，曾经对选拔人才起过十分积极的作用。但同时也为那些达官贵人营私舞弊进而操纵科举考试提供了方便之门。

什么是锁院？

科举考试自隋朝实施起，考生的投卷之风就很盛行。主考官在去贡院主持考试之前，达官贵人纷纷向他推荐人才，此称之为"公荐"。科举制度的初期，公荐也确实曾对科举考试起了很大的助益作用。但不久就显现出了巨大的弊端。为了避免科举考试中的权贵干扰，考官徇私舞弊，师生结党营私，宋太祖赵匡胤和他的继承人采取了许多有力的措施。据马端临的《文献通考·选举考三》记载，太宗淳化三年（992），苏易简主持贡举，为了躲避各方人等的请托，"既受诏，径赴贡院"，以后就建立了严格的锁院制度。据欧阳修的《归田录》卷二记载，在考选期间，所有考官都要与外界隔离，即使是家人也不能见面，锁院的时间有时长达五十天。这一封闭方式一直沿用到明清时期。锁院制度的实施，对于避免科举考试中的请托舞弊之风，确实起到了很好的作用。

20

评阅试卷时糊名的制度是什么时候开始的？

糊名即弥封，是科举制度下为防止考试舞弊而采取的办法之一。糊名最早出现在唐朝，但当时只是实行于选人注官的吏部试中。如唐朝武则天时期，就命令考生将试卷上的姓名、籍贯等密封起来，使得考官只能依据试卷批阅、评定等第。宋淳化三年（992）三月，太宗皇帝亲自到崇政殿复试合格的进士，并采纳将作监丞陈靖的建议，实行糊名考校。宋真宗景德四年（1007），将糊名法推广至省试中。宋仁宗明道二年（1033），又将此法推行于各地方的举人考试中。从此糊名考校就不仅实行于殿试、省试，也施行于诸州的发解试中，并形成了定制。但糊名之后，还可以"认识字画"。后来根据袁州人李夷宾的建议，将考生的考卷用朱笔另行誊录，以誊录本送考官评阅。这样考官评阅试卷时，就不仅不知道考生的姓名，连考生的字迹也无从辨认了。清代的贡院中专设有誊录所，誊录书手在誊录官的严密监督下誊录试卷。明清时期，糊名和誊录成为科举考试中的定制，乡试、会试等的试卷，都实行糊名。具体办法是：考生交卷后先由受卷官检阅，再由弥封官将卷首处填写的姓名、年岁、形貌、籍贯、有无过犯行为、应试情况及父、祖、曾祖姓名等履历翻折封盖，骑缝加盖"弥封官关防"、"监临官关防"红印，并盖上与朱卷相同的红字编号，交誊录用朱笔另誊一份朱卷送入内帘批阅，弥封的墨卷收存。等试卷（朱卷）批阅完毕后，再取出原卷（墨卷）启封，按姓名填写榜文。糊名、誊录制度的建立，对于防止主考官的"徇情取舍"的确曾发挥了很大的效力。

21

什么是帖经和帖括？

帖经是中国古代科举考试的方法之一，开始于唐朝。唐朝的明经、进士等科，考试时都要帖经。帖经的方法是，主考者将需要考试的经书任意翻开一页，只留开一行，其余的都被遮蔽。同时，又用纸随意遮盖住这一行的三个字，让应试的学子读出或写出被遮盖住的文字。如在明经科的考试中，每经十帖，考生能回答出五条以上者为及格。这种考试方法，要求应试者熟读熟记经文，即使是注释之文也必须熟读熟记，那些不能熟记经文、不辨章句者，根本无法应付这种形式下的考试。由于参加考试的人很多，主考官为了更容易地分别考生的优劣，一味追求考试文句的难度，常常是不顾经文的意义，必定在年头日尾、孤经绝句、断截疑似的地方帖题。于是，参加考试的考生，为了便捷地应付考试，广泛搜索那些偏僻隐晦的经文，编成数十篇歌谣，以方便背诵记忆。这类的作品就称之为帖括。帖括之类东西的盛行，使得参加科举考试的学子，不再用心研习经史，只要将帖括上的文章烂熟于胸，就有可能在科举考试中金榜题名。所以后来因科举考试的八股文等必须依经而作，也将八股文等泛称为帖括。至明朝末年，当时社会上便兴起了一个专门研究科举应试之文的学派，后人称之为"帖括派"。

22

什么样的人称为秀才？

秀才最初指人的才能优异、超出群类，是优秀人才的通称。汉以后，成为荐举人才的科目之一。东汉因避光武帝（刘秀）讳，改称茂才。唐初科举，专设秀才科，后因要求过高，逐渐废去，秀才由举荐科目，逐渐发展成为人的身份和头衔，泛指一般儒生。

宋代，凡应举者都称为秀才，到明清，秀才用来专指府（或直隶州）学、县学的生员。

清代宝塔式的科举制度中，秀才是第一级。要取得"秀才"之名，必须通过童试或童子试。童子试包括三次考试，即：县试、府试、院试，层层递进。应童子试者不论年龄，都称童生。鲁迅小说《孔乙己》、《白光》中的主人公孔乙己、陈士成就在前清多次童子试均考不上，人已老了，还是童生，戏称老童生。若县、府、院三试都录取了，则进入府学、州（直隶州）学或县学，称为进学，通名生员，即秀才的俗名。有了秀才身份和头衔，便可享受平民没有的权利，可以免服劳役，不受里胥侵害。生员除了经常到学校接受学官的监督考核外，还要经过科考选拔（未取者有录科、录遗两次补考机会），方可参加本届乡试（各省举行的考试，取中者为举人）。

古代"射策"是什么意思呢？

初看"射策"，不了解的人还以为是古代一种类似射箭的运动。实际上，射策是汉代选士的一种考试。

两汉射策的题目都和经义有关，东汉时分经出题，限定每一种经录取的名额。汉代射策选士以经术为主要内容，通常由主试者将问题书写在策上，背放置于案头上，由应试者选择其一，这便叫做"射"（射是投射之意。见《汉书·萧望之传》颜师古注）。之后由应试者按所射的策上的题目作答。汉代射策一般应用于太学诸生的考试、选补博士以及明经、察举的考试。

汉代出题时按题的难易程度预设分科，西汉射策分甲、乙、丙三科，东汉只分甲、乙两科。答题不合格，称为"不应令"或"不中策"。落选的可以再射，西汉时匡衡射策多次都不中，直到第九次才中丙科。分科的目的，是为了择优录取，当时出题时不分科，评卷时依成绩高下分科，按成绩安排中选人的官职。如中甲科者可为郎中，中乙科者可为太子舍人，中丙科者只能补文学掌故。答卷质量高低直接关乎未来职位的高下，无怪乎古人有"万般皆下品，唯有读书高"的官本位观念。

魏晋南北朝时孝廉、明经等选士科目的经术考试仍称"射策"，也常常称"对策"，二语已不甚区分。

何谓举人？

汉初取士，主要靠郡国守相荐举。举人这个词，就是推举人才之意，初见于《左传·文公三年》："君子是以知秦穆公之为君也，举人之周也。"唐宋时举人成为对各地乡贡入京应试者的通称。而到了明、清两代，举人就成为乡试及第者的专称了。

清代乡试沿袭了明代的制度，每三年一开科场，一般在各省举行，时间多在秋天八月份，又称秋闱。唐宋时的考场与现代教室式的考场大致相同，而明清时的考场，则是单间号舍。每个应举人一间号舍，深四尺、宽三尺、高约六尺。东西两墙离地一至二尺之间有上下两层砖缝，有两块可以移动的木板，白天一上一下，上为桌，下为凳。晚上，两块木板拼成床。考生入号之后，便关门挂锁，答卷、吃饭、睡觉一切活动都在这间窄小的号舍内。考后朝廷发布正、副榜。正榜所取的是本科中式举人，另外还取中副榜举人若干名，为"副贡生"，副贡生以后可不应岁科试而直接参加乡试。

进士是指什么样的人才？

隋炀帝始设置进士科，分科取士，以试策取士，主要考时务。唐进士科与明经、明法科等并列，应试者谓举进士，即地方"进"给中央的"士"。进士科试时务策五道，帖一大经，经策全通为甲第，策通四、帖过四以上为乙第，试毕放榜合格的叫做成进士。宋以后，进士科成为科举中唯一的科目，试诗赋经义各一首，策五道，帖经《论语》十帖。明清时，考生需通过乡试、会试，方可参加殿试。殿试合格，录取分为三甲，一甲三名，即状元、榜眼、探花，合称"三鼎甲"，赐"进士及第"；二甲若干名，赐"进士出身"；三甲亦若干名，赐"同进士出身"，这些通称为进士。凡考中进士的，即被任命为官员，进爵授禄。比如，"唐宋八大家"之一的柳宗元在进士及第后，就因博学宏词，被即刻授予"集贤殿正字"一职。

26

为什么进士登第被称为金榜题名？

古人参加科举考试要经过乡试、会试、殿试三个阶段。殿试又称"廷试"，考场设在宫殿之上，由皇帝亲自主持，是科举的最高考试形式。殿试录取之后，朝廷发进士榜，诏告天下。古代，黄色是帝王的象征，进士榜即是用黄纸填写，表里二层，犹如黄灿灿发光的金子，故称为金榜。明朝规定，参加殿试的人只分等第而不落选，评卷官会将所有考生的试卷分成三等，着重从中挑选出一甲的三份卷子，其余分等则无关紧要。殿试发榜分三甲：一甲三名，即状元、榜眼、探花，合称"三鼎甲"，赐进士及第；二甲、三甲若干人，第一名称为"传胪"，赐进士出身。

金榜有名者则高中，用金榜题名喻指进士登第再形象不过了。

光绪三十年　最后一届文科殿试大金榜

什么叫连中三元？

"元"这个字有第一的意思，比如元首中的"元"就与"首"同义。故"连中三元"可以解释为"连续获得三个第一"之意。

"连中三元"这个词的由来与古代的科举考试制度有直接的关系。以清朝为例，科举考试是由府、州、县基层到省城再到京城的等级顺序进行的。府、州、县基层的考试叫童生试，应试者合格后取得生员（秀才）资格。而后才有资格继续参加在省城、京城举行的乡试、会试和殿试。乡试每三年一次在各省省城（包括京城）举行，中式者为举人，第一名称解元。会试每三年一次在京城举行，各省的举人及国子监的监生皆可应考，中式者为贡士，也叫中式进士，第一名称会元。贡士须于次月参加殿试。殿试亦名"廷试"，由皇帝亲自在殿廷上策问会试录取的贡士，以定甲第，高中第一名为状元。

由此可知，科举考试中乡试第一名称解元，会试第一名称会元，殿试第一名称为状元或殿元。若一人在乡试、会试、殿试中都获得了第一名，则称为"连中三元"。这是科举考场的佳话，也是登第者无上的殊荣。

为什么把考试中的前三名称为三甲？

通常我们提到三甲，很自然就想到了前三名或是状元、榜眼、探花。但是，实际上，在古代，三甲并不是用来指称前三名的。

用"三甲"排名源于宋朝太平兴国八年（983）。"甲"乃等级之意，"三甲"即三等，即一甲、二甲、三甲三个等级。明清时期，参加科举中央级考试（先会试后殿试）的各省举人考中进士之后被列为"甲榜"，而未中者则列为乙榜，由此后来便逐渐引申出"甲第"、"甲科"等概念。科举考试"殿试"的中榜者，由评卷官将其按照试卷的水平分为三等，即三甲。一甲只限于三名，二甲、三甲则各取若干，人数没有定数。一般来说，从第四名到 100 名左右，称为二甲或第二甲，余者统称为三甲或第三甲，约 200 人左右。评卷官会认真挑出一甲中的前三名，即状元、榜眼、探花，我们可以统称三者为一甲或第一甲，但绝不能称为三甲。

明万历二十六年（1598）状元赵秉忠卷

尽管最初的三甲并不是指前三名，但由于种种原因，历史逐渐演变发展，到今天我们已经习惯把前三名称为三甲了。

29

"门生故吏"中的"门生"是什么意思？

门生在我国古代有极其特殊的地位。门生的出现和我国古代选拔人才的方式有关。

汉代，朝廷选拔人才的方式为察举制和征辟制。主持州郡察举的列侯、刺史、郡守称举主，主持征辟的公卿称府主。由举主、府主们负责为朝廷察举、征辟社会上的贤士，被举荐的人有机会被朝廷重用，因此大批追求功名利禄之士纷纷投靠举主、府主门下，这些人就是门生。

到东汉中后期，这些门生逐渐与宗师形成私人依附关系。他们唯主人命令是从，不仅要给宗师送财物讨得其欢心，还要为主人四处奔走，甚至要为主人行不法之事，是主人忠心耿耿的走卒。到了魏晋南北朝时期，门生逐渐分化成两部分：一部分相当于佃客，地位较低，主要从事军事活动和生产活动；另一部分是比较富裕的庶族地主，他们为了提高社会政治地位，往往通过送礼行贿投靠高门世族，求取官职。

唐代以后，察举制、征辟制渐渐不被重视，科举成为最主要的选拔官吏的制度。科举考试中，考生得中进士后，对主考官亦称门生，虽有投靠援引之意，但已没有了依附关系。参加殿试被录取的人其后也往往自称为"天子门生"。而后世门生，则只有学术上的师承关系了。所以，门生就逐渐成为"学生"的代名词了。

30

古代称什么样的人为"孝廉"？

孝廉是两汉选官制度察举制中的常科（定期、经常性进行的科目）之一，孝廉实际上就是人们常说的"孝子廉吏"。古人以民有德称孝，吏有德称廉，孝与廉是立身之本和为政之方，将孝廉作为考察选拔人才的主要依据。

汉朝以孝治天下，朝廷要求地方郡国每年推举两孝廉之人。东汉光武帝在诏书中明确规定了察举孝廉的四项标准："一曰德行高妙，志节清白；二曰学通行修，经中博士；三曰明达法令，足以决疑，能案章覆问，文中御史；四曰刚毅多略，遭事不惑，明足以决，才任三辅令。皆有孝悌廉公之行。"孝廉重品行，符合以上标准的人即可被称为"孝廉"，其中孝悌和廉公是察举孝廉的最主要的标准。

在举孝廉这一制度的刺激下，读书人竞相讲求孝行、廉洁，社会上逐步形成一种注重名节的风气。被举的孝廉，多在郎署供职，再由郎升为尚书、侍中、侍御史，或外迁为县令、丞，再迁为刺史、太守。

我们今天考核官员的时候特别注重德、能、勤、绩、廉，"德"字为先，"廉"字收尾，看来古今同理啊！

31

怎样理解"国有国法，家有家规"这句话?

俗语说，国有国法，家有家规。这句话里蕴藏着一个十分有中国古代特色的观念：国法如同家规，是"家长"（皇帝）用来管教"不肖子孙"（不轨臣民）的。家规即家礼、家法，是家长制订之礼法；国法即王法。

在家与国的范围内，家规与国法各自发挥着自己的功能，但由于家、国共处社会大系统，双方在功能上必然发生相互的作用。一方面，家规建构在天然血缘之上，培养人的"孝"，为国法（贯彻"忠"）的推行奠定了基础。家规既教化于国法之前，也远胜于国法之细，能适当地弥补国法之不足。另一方面，由国法对家规的功能看，家规存在的合法性最终是由国法的认可才获得的。在唐宋明清历朝《户婚律》中，可以看到与《婚》、《丧》篇中诸多相类甚至相同的规定，这表明国法是认可家规的。

一般说来，国法是家规的上位规范，国法优于家规，家规不能与国法抵触。家规对国法是无条件的支持，国法对家规是有选择的支持。有关日常起居、洒扫应对之类的家规，国法并无明确态度，只是事实上的默认，只有那些超越家内关系涉及社会秩序和纲常伦理的家礼家法，如婚、丧之礼中的若干内容，国法才有明确的态度，并且，违反家规严重者，得由国法处理。

32

我国古代为什么常出现"人情大于王法"的现象？

所谓人情，就是人们通常所说的人情世故或情理。而所谓王法，也就是通常所说的法律，因为古代法律是以国王或皇帝的名义颁布的，所以古人把法律叫王法。如果说人情是一种类似于约定俗成的东西，那么王法则是由帝王或国家统治者通过国家机器强制实施的一种行为规范。王法应该说是从社会整体利益出发而制定的，违反了王法会受到法律的惩处，严重的情况下会导致牢狱之灾，甚至会掉脑袋。人情与王法冲突时，王法要大于人情。

但中国古代法律毕竟是一种"伦理"法律，为了道德的正义性和实际情形的妥当性，以天理、人情来纠补法律的刚性，则又往往是许可的。如果法律出现漏洞与空白，那么情理自然成为执法者审理判断案情的重要依据；如果法律与情理发生冲突，执法者有时会弃法律而就情理，所谓"律意虽远，人情可推"；并且试图通过这一办法追求实施法律过程中的具体正义——也即具体案件处理的妥当性。从这个意义上来说，往往会导致"人情大于王法"。例如，著名的小说《乔太守乱点鸳鸯谱》，如果严格按照法律的规定，小说中的主人公不仅无法成婚，而且还会因犯奸罪被判刑。而乔太守充分考虑本案的具体情境，做出了"情在理中"、"事可权宜"的判决。

 33

什么样的行为叫"伤天害理"？

一般人挂在嘴边的"无法无天"一词，意思就是"无法律无天理"。在人们心目中，犯罪首先就是"伤天害理"，是"无法无天"。古代中国人把法律和天理紧密地联系在一起，认为法来自于天道，法体现了天理。这种观念，最早见于《尚书·皋陶谟》："……天命有德，五章五服哉；天讨有罪，五刑五用哉。"意即人间的法律制度出自天命。《诗经》说："天生丞民，有物有则；民之秉彝，好是懿德。"《易传》

说："是以明于天之道，而察于民之故。……制而用之谓之法。"都认为法是"天理"的一种体现。可见，天理就是中国式的自然法。

天理有实实在在的内容，其中最核心的内容就是伦理纲常。春秋时期郑国的执政子产说："夫礼，天之经也，地之义也，民之行也，天地之经而民实则之。"在子产看来，"天理"的内容就是"礼"，就是"君臣上下"、"父子兄弟"、"夫妻内外"等伦常关系。汉朝董仲舒说："君臣父子夫妻之义，皆取诸阴阳之道。"在中国古代，阴阳之道就是天理，具体说来就是"三纲"：君为臣纲，父为子纲，夫为妻纲。宋朝理学家朱熹进一步表述为："盖三纲五常，天理民彝之大节而治道之本根也"，"天理只是仁义礼智之总名，仁义礼智便是天理之件数"。可见，中国式自然法的核心就是三纲五常。

34

为什么说"打官司"而不说"审官司"？

"官"和"司"旧时本意都指"官方"、"官府"、"官吏"、"掌管"等意思，因而，发生利害冲突的双方到官府去请求裁决是非，官员根据查明的事实作出审理裁断的整个诉讼活动，民间就称之为"官司"。

为什么说"打官司"而不说"审官司"呢？"打官司"一词的来历，在清代文人程世爵写的《笑林广记》第一卷"听讼异同"中有记载，文中说道：官吏老爷听讼，"无是非，无曲直，曰：'打而已矣。'无天理，无人情，曰：'痛打而已矣。'所以老百姓不说'审官司'，而说'打官司'，官司而名之曰打，真不成为官司也。"

中国的封建法律制度一直实行有罪推定原则，官员往往先入为主地认定犯罪嫌疑人有罪，被告一旦确定并被逮捕，官府所关注的就不再是罪与非罪的问题，而是如何证实被告被控之罪的问题。为了取得口供以便早日定案，"人进衙门一通打"，枉法刑讯以逼取口供就成为传统司法制度中的常态。所以在一般人眼里，"官司"往往是和"打"分不开的。

35

清官就一定能依法断案吗？

海忠介公像

海瑞像

清官是个历史范畴，是君主制度下的产物。清官是与贪官相对应的概念，而且清官永远是极少数。中国历史上最有名的清官莫过于包拯和海瑞了。清官们都不乏值得称颂之处：比如铁面无私、嫉恶如仇、爱民如子、执法如山……他们传奇式的办案方式与判决，也令人拍手叫绝。

但清官们的法治观就一定正确吗？比如说，清官海瑞对疑案的态度是"两害相权取其轻"："与其屈兄，宁屈其弟；与其屈叔伯，宁屈其侄；与其屈贫民，宁屈富民；与其屈愚直，宁屈刁顽。事在争产业，与其屈小民，宁屈乡宦；事在争言貌，与其屈乡宦，宁屈小民。"（《海瑞集》）这个断案标准完全符合封建礼法要求。然而，从法治精神来看则是不公平的。

一方面，清官们尽量严格执法；另一方面，他们又往往从体恤民情出发，以情理纠补法律之不足。如果法律与情理发生冲突，他们有时会弃法律而就情理，并且试图通过这一办法追求法律实施过程中的具体正义——也即具体案件处理的妥当性。但这种"自由裁量"归根到底是清官个人的人为因素在起作用。如果因为情理而牺牲了法律，那么，由法律与礼俗共同建立起来的社会秩序和政治秩序就有可能陷入某种危机。总而言之，清官的这种执法态度和方法，是我们现代人所不愿看见的"人治"。

古代有哪些人性化的法律制度？

纵观中国法制史，历朝历代以"仁道""恕道"的儒家思想为基础，逐渐形成了一系列人性化的法律制度，主要有以下内容：一是对于老耄、幼弱、愚痴之人犯罪或免或减（三纵），比如唐律规定，年七十以上、十五以下以及笃疾者，不加拷讯，流罪以下可以赎罪；年八十以上、十岁以下以及笃疾者，犯大逆、杀人等死罪可以上请减免，一般的盗或伤人也可以赎罪；年九十以上、七岁以下，虽有死罪也不加刑。二是对于遗忘、过失之类非故意犯罪减轻处罚。三是逐级复审、复奏制度；四是死刑复核制度（秋审）；对在押罪犯复核审录（录囚）；存留养亲制度；直诉制度（登闻鼓）；允许当事人上书上级司法机关请求复审（乞鞫）；秋冬行刑；越级上书申冤（诣阙上书）；保辜制度；亲属相隐；准五服以制罪，等等。

古代社会中为什么会存在讼师？

在封建社会，识文断字的人并不多，大多数老百姓是文盲，他们要自己打官司是十分困难的，因为衙门审案不能没有诉状，所以打官司非有诉状不可，但老百姓自己又写不出诉状，所以社会上就一直存在着一些以帮助别人写诉状打官司的人，民间称这些人为"讼师"。讼师们一般都熟悉法律的各项规定，对于法律本身的漏洞以及条文之间的矛盾了然于胸，他们对于事情的理解往往有过人之处，而且文辞犀利，有时候一纸讼词能对案件胜负起到决定性的作用。

对于古代社会中的讼师，民国时期赵秋帆的评价比较公允。他认为，历史上"播弄乡愚，恐吓良善，从而取财"的讼棍是有，他们也应当被严惩，但也"未可一笔抹杀也"，因为讼师中也"不乏一二杰出之士"，他们"守正不阿，洁身自好，以三寸毛锥子，鸣不平人间事"。

古代官员为什么要打击讼师？

在中国古代，地方官员既是行政官员，也是执法者。他们熟读"四书五经"，深谙儒家伦理，但对于律例则很少专门研究，换句话说，就是不是那么懂法律的各项规定。地方官员审理案件时主要倚赖衙门中专门提供法律服务的刀笔吏。对于深受儒家思想影响的官员们来说，"无讼"就是最高追求，讼案少也是其治理有方、政绩良好的表现。

而民间讼师大多是进不了官场的读书人，他们依靠向一般民众提供诉讼服务为生，所以比较熟悉律例，而且常能发现案件中的法律漏洞，因此经常唆使当事人提起诉讼、翻供、上诉或者越诉，而这些行为都在一定程度上挑战了地方官员的权威、影响了地方官员的政绩。因此，地方官员一般都认为讼师是"大干例禁"的违法分子，认为他们唆使诉讼、诈取钱财、阻挠司法，所以，一旦遇到机会，就会对讼师进行严厉打击和惩处。

什么是"冤"、"枉"？

"冤枉"是指受到不公平的待遇，被加上不应有的罪名。"冤"是一种正义得不到伸张的状态，"枉"则是法律被不正当运用的事实。一般说来，有"枉"才有"冤"，执法者枉法就容易导致冤案，即所谓法律被枉，被告蒙冤。历史上的冤案数量非常之多，可以说是数不胜数。

造成冤案的原因，除了某些执法者人品上的原因，还有一些普遍因素：一是因为中国的封建法律制度实行有罪推定的原则，执法者先入为主地认定被告有罪，再主观地推断被告的犯罪动机和犯罪经过，只关注如何证实被告的被控之罪。二是刑讯逼供往往使被告屈打成招，造成冤案。千百年来，官府一向重视犯人的口供，"无供不成案"的审判规则和"人是苦虫，不打不招"的审判经验代代传承，刑讯逼供以取得被告的口供就成为了传统司法制度中常见的情形了。

古代官员错判要承担什么责任?

感天动地窦娥冤

封建社会的地方官员要受到上级的监督检查，如果不能正确地履行职责，就将受到严厉的惩罚。在司法方面，官员断罪量刑不当，滥用刑讯逼供，会构成失职行为，严重的还会构成刑事犯罪。

早在春秋时期，就已经确立了官员审判的个人责任原则，而"出入人罪"罪名的形成大约是在南北朝时期：有罪判无罪、重罪判轻罪为"出人罪"，无罪判有罪、轻罪判重罪为"入人罪"；如果错判是无意的就称之为"失出人罪"或"失入人罪"，反之如果是故意的就构成"故出人罪"或"故入人罪"。唐律中对此有明确规定，对于故意出入人罪的，"诸官司入人罪者，谓故增减情状足以动事者，若闻知有恩赦而故论决，及示导令失实辞之类，若入全罪，以全罪论，虽入罪，但本应收赎及加杖者，止从收赎、加杖之法；从轻入重，以所剩论；刑名易者，从笞入杖、从徒入流亦以所剩论，……从徒流入死罪亦以全罪论。其出罪者，各如之。"对于因过失而出现的定罪量刑上的偏差，"即断罪失于入者，各减三等；失于出者，各减五等。若未决放及放而还获，若囚自死，各听减一等。"这句话的意思是，官员在审判中由于过失而出现的定罪量刑上的错误，可以比照故意入人罪减三等处罚，出人罪减五等处罚。

唐律中还确立了"同职连坐"制度，即如果一个案件由于判决有误，其卷宗所经过复核的几个官员都必须连坐，承担相应的责任。

以后的宋元明清四朝基本上沿袭了唐律中的规定。

41

古代有回避制度吗?

为了防止官员们在审判案件时徇情枉法，中国古代法律在很早以前就制定了"听讼回避"的制度。

唐律规定："诸在外长官及使人于使处有犯者，所部属官等不得即推，皆须申上听裁。若犯当死罪，留身待报。违者各减所犯罪四等。"

《宋刑统》规定得更为具体严密，官员的回避范围包括六个方面：1. 听讼官与被告人有亲属关系的要回避；2. 听讼官与被告人有故旧关系的要回避；3. 听讼官与被告人有仇隙的要回避；4. 听讼官与被告人是同一籍贯的要回避；5. 案发起诉人和通缉人须回避；6. 司法官内部也须回避。有上述六种情况而不回避者，法律将追究其刑事责任。

到了元朝，听讼回避制度得以完善，据《元史·刑法志》记载："诸职官听讼者，事关有服之亲并婚姻之家及曾受业之师与所仇嫌之人，应回避而不回避者，各以其所犯坐之。有辄以官法临决尊长者，虽会赦，仍解职降叙。"

明清律则专设"听讼回避"，除官员外，将书吏也纳入了回避者的范围。

回避制度的建立，在一定程度上保证了案件审判的公正。

42

中国古代的不孝罪主要包括哪些行为?

在中国传统观念里，不孝是大恶。自商鞅开始，"不孝"就被列为严重犯罪；北齐以后，更是将不孝规定为不可赦免的"十恶"之一。

俗话说："不孝有三，无后为大"。在古代，"三"经常用来指代很多，所以"不孝有三"就是指"不孝"的行为有很多。那么，古代法律规定的"不孝罪"主要包括哪些行为呢？其实，任何被朝廷视为有损于家长权（父权）的行为都有可能列入

"不孝罪"之中。自西周至清朝，各个时期对不孝罪的规定不太一致，但大多都包括以下几种行为：私自与杀害祖父母、父母的仇人达成和解协议而不告官（私和）；子孙告发父祖、妻妾告夫（干名犯义）；不供养父母或遗弃老人（供养有缺）；祖父母、父母健在而子孙擅自分家析产（别籍异财）；委弃年老有病的父母而外出做官（委亲之官）；诈称父祖死亡；在父母丧期求仕或不停职居家守丧（冒哀求仕）；隐匿父母死亡的消息（匿不举哀）；在父母丧期内结婚生子，寻欢作乐，脱掉丧服而穿平时的衣服（居丧嫁娶作乐，释服从吉）；在祖父母、父母被囚期间嫁娶；犯父祖名讳；不听父母长辈的教训、命令（违反教令），等等。

43

中国古代法律允许血亲复仇吗？

　　血亲复仇是原始社会习惯法，曾经长期支配着人类行为。血亲复仇引起的法律、道德冲突，即礼法冲突，几乎贯穿整部中国古代史。

　　先秦时期，血亲复仇似乎较为普遍，如《礼记》云："父之仇，弗于共戴天；兄弟之仇，不反兵；交游之仇，不同国。"进入战国、秦汉时代，法家思想占据主要地位，法律开始严格限制血亲复仇。如《法经》规定："为私斗者，各以轻重被刑大小"，严禁私人复仇。秦末刘邦与关中父老"约法三章"："杀人者死，伤人及盗抵罪。"但东汉时期，因为儒术大行，《礼记》的"父仇不共戴天"理念风行天下，血亲复仇屡屡发生，依律应问斩，但执法者往往法外施恩，很少判处复仇者死刑。

　　东汉末年曹操明令禁止私人复仇，于东汉献帝建安十年令："不得复私仇。"三国魏文帝时诏曰："今海内初定，敢有私复仇者，皆族之。"《魏律》规定："贼斗杀人，以劾而亡，许依古义，听子弟追杀之。会赦及过误相杀，不得报仇，所以止杀害也。"晋成帝诏定："自今以往，有犯复仇者必诛。"

　　唐朝律法宽松，但依然严格限制血亲复仇，父亲祖父被人殴打，子孙还击，对方轻伤以下，无罪；对方重伤，减罪三等；对方死人，仍要处死。但武则天时代有一个案例引发了很大争议：某人父亲被某县尉冤杀，某人隐姓埋名为驿卒多年，在该县尉已经升为御史经过驿站时，终于杀掉他报仇，然后投案自首。争议的最后是认可了陈子昂的观点：杀人犯法要处死刑，为父报仇的孝行要表彰。结果就是将其处死并表彰。后来，柳宗元写了《驳复仇议》，认为：如果其父无辜被杀，可以复仇而且应该被判无罪；如果其父是被国法所诛，不应该复仇，杀人者应该处死并不许表彰。

宋律基本继承唐律，但也受柳宗元影响，规定复仇案件要具体情况具体分析。元朝法律倾向于允许血亲复仇。明清律承唐宋法，在复仇问题上充分考虑情理法关系：父亲祖父被杀，子孙如果当场杀死对方，无罪；子孙如果是事后复仇，处以杖六十。

中国古代法律允许仇人之间"私了"吗？

中国古代法律不允许血亲复仇，但也决不因此而鼓励私自和解。子孙私自与杀害父母、祖父母的仇人达成和解协议而不告官者，被视为"不孝"之大者，唐以后的法律都把这种行为规定为"私和罪"。

"私和"一般出于以下原因：一是被仇人重金收买而不去告官；二是怕告官后仇人会有更大的报复；三是与父祖向来不和，父祖的死亡正中其下怀……不论是哪种情形，都为道德舆论所唾弃，也不见容于法律。

古代法律规定私和罪，一是不能让杀人犯逍遥法外而损害司法尊严，二是维护孝道，惩罚子孙卑幼对父祖长辈非正常死亡而满不在乎的态度。如果人们都轻视孝道，国家就失去了维系的纽带。

根据亲属关系的逐渐疏远，私和罪的责任和处罚也逐渐减轻。如《唐律》规定，与杀祖父母、父母、丈夫之仇人私和者，流二千里；与杀期亲之仇人私和者，徒二年半；与杀大功亲以下之仇人私和者，递减一等……明律和清律也规定，祖父母、父母被杀，子孙与仇人私和者，杖一百徒三年；期亲被杀，与仇人私和者，杖八十徒二年；大功以下递减一等。

45

中国古代法律鼓励分家吗？

中国古代鼓励大家族聚族而居，特别鄙视那些闹分家析产的人。不仅道德上鄙视，而且法律上专门设置了一种罪名——"别籍异财"来惩罚这些"小人"。《唐律》规定，祖父母、父母健在，而子孙们未经他们同意就擅自分家析产的，处徒刑三年。《唐律疏议》解释说："祖父母、父母在，子孙……无自专之道。而有异财别籍，情无至孝之心，名义以之俱沦，情节于兹并弃。稽之礼典，罪恶难容。"也就是说，祖父母、父母健在的话，如果子孙自作主张分了家，就是蔑视伦理、蔑视孝道，这样会使道德"沦丧"，所以是罪大恶极的，列为"十恶"之一的"不孝"罪之中，为"常赦所不原"。《唐律》还规定，即使祖父母、父母已经亡故，如果丧期未满就分家析产的，仍然要处一年徒刑。宋元时期基本上沿袭了这样的规定。明清时期，对于"别籍异财"处罚稍轻，如《明律》规定，祖父母、父母健在，而子孙们未经他们同意就擅自分家析产的，处徒刑一年；但祖父母、父母不去告发的，也不予追究。

惩治"别籍异财"主要是为了保障家长的威权，因此，如果是祖父母、父母同意下分家析产，则不受追究。但反过来，如果祖父母、父母强迫子孙分家析产的，因为这种强迫有伤子孙的孝心，祖父母、父母也可能受到法律追究。如《唐律》规定，祖父母、父母强迫子孙"别籍异财"或随便将子孙过继给他人为嗣的，处徒刑二年。

46

古代对盗窃行为如何处罚？

在中国传统法律中，对盗窃行为一向是严厉惩处，一般都是按照"计赃定罪"来处罚。

在云梦出土的秦墓竹简中，有一条法律规定记载，五个人一起"盗"，盗赃在一钱以上，五个人都要"斩左趾，黥为城旦"（砍去左足并在脸上刺字后再去从事筑城的苦役）；不满五个人一起"盗"的，赃满六百六十钱以上，每人都黥劓为城旦（割去鼻子并在脸上刺字后再去从事筑城的苦役）。

从湖北张家山出土的汉律也记载，普通的盗罪，赃满六百六十钱以上的黥为城旦舂；二百二十钱到六百六十钱，完（保全罪人头发脸面）为城旦舂；一百一十钱到不满二百二十钱，耐为隶臣妾（剃去罪人鬓角胡须后配到各官府担任勤杂服役）；二十二钱到不满一百一十钱，罚金四两；一钱到不满二十二钱的，罚金一两。

如唐律对于窃盗规定：不得财的处笞五十，赃满一尺处杖六十，赃满五匹徒一年，递加至赃满五十匹以上，处加役流（流放到三千里外服苦役三年后在当地落户）。

明律规定：凡百姓偷盗官府财物的，赃满八十贯处绞刑；并且规定凡盗窃或侵害官府财物罪的一律要比照普通的盗窃或侵害财物罪加重二等；但普通的窃盗罪，赃满一百二十贯以上杖一百流三千里，没有死罪。

清律处罚加重，规定盗窃赃值超过一百二十两白银的，处"绞监候"（关押，等待秋天举行的朝廷会审最终决定是否执行绞刑）。

47

古代可以随意进入私宅吗？

据《周礼·秋官·朝士》，西周时已有"盗贼军乡邑及家，人杀之无罪"的法律，"军"是"攻"的意思，当私宅遇到进攻时，主人可以杀死进攻者。汉儒郑玄的注释中引用了一条汉朝的法律，意思大致相同，允许主人当场杀死"无故入人家"者。与此类似，如果在船上和车上发现行船人、驾车人图谋不轨时，因事起仓促，也允许当场杀死行船人、驾车人。

汉朝的法律中对官府执法人员任意进入私宅也有一些限制。在居延出土的汉代竹简中有一条"捕律"，禁止官吏在未出示证件情况下进入私宅捕捉人犯，否则，就是被该家人打伤也"以无故入人室律从事"。

以后中国历代法律都有类似的内容，《唐律疏议·贼盗》专设"夜入人家"条，规定夜间无故进入他人私宅的，处"笞四十"；如果主人"登时杀者，勿论"，就是允许主人当场杀死入侵者。唐宋时期也有"黉（yín）夜入人家，非奸即盗"的俗谚。明清律规定"夜无故入人家"之罪的刑罚为杖八十，比唐律略有加重。主人"登时"杀死入侵者仍然无罪。同时明确规定政府执法也应有官府签发的"信牌"、"牌票"为标志，官府衙役要持牌票、约会当地的地保才可执行传讯、逮捕等公务。一般的传讯不得使用武力，只有在逮捕凶犯时才可以使用武力进入私宅。

48

古代法律对"欠债还钱"有哪些规定？

俗话说"杀人偿命，欠债还钱"，中国古代很早就有"违契不偿"罪名。如《唐律疏议·杂律》专设"负债违契不偿"的罪名，债务额没有达到价值三十匹绢帛的，超过了还债期限二十天以上，最高刑罚是杖打六十下；债务额超过了价值一百匹绢帛的，杖打一百下。明清时候的法律有"违禁取利"条，规定："其负欠私债，违约不还者"，债务数额在五贯以上的，债务过期三个月，判处杖打十下，最高杖打四十下；债务数额在五十贯以上的，债务过期三个月的，杖打二十下，欠债时间再长的话，法律规定的最高处罚是杖打六十下。可见对其处罚并不重。值得注意的是，这里的债务仅仅是指没有计息的债务。后来宋元明清时期的法律沿袭了这个制度，官方不替私人债主追究计息债务。

另外，对于债务的偿还也没有明确的执行程序。唐朝法律允许债权人到债务人家进行"牵掣"（牵走牲畜、拿走值钱的物件），在没有东西可以拿的情况下，还可以要求债务人家里的男性到债权人家里服役，直到将债务抵偿干净。如果没有合适的服役人选，也可以"保人代偿"。借贷契约中几乎都有债务人表示"如身东西不在，一仰妻儿收后者偿"的惯语，默认将债务延续到债务人的下一代来偿还，通俗地说就是"父债子还"。有时，对付逃债的债务人，还需要依靠私人的自力救助，比如清代小说《儒林外史》中侠客凤四老爹就为朋友陈正公追讨回了奸商毛二胡子骗借的一千两银子。

49

古代有伪证罪吗？

中国古代法律将做伪证称之为"证不言情"（"情"就是指案件的真实情节），这个罪名至晚在西汉初年的法律中就已经具备。湖北张家山汉墓出土的汉律中，有一条专门规定"证不言情"罪，导致被告的罪名有出入的，如果是导致被告死罪的，伪证者就要"黥为城旦舂"（毁容后去从事筑城舂米之类的苦役）；导致被告定罪有出入的，按照所出入的罪名与应有罪名之间的差额来判罚。不过能够在结案前声明重新作证的，可以在经过法庭的说明后免罪。

《唐律疏议》也保留了"证不言情"罪，但是在处罚上，唐律规定要减轻二等处罚；如果造成被告罪名有出入的，证人按照所出入的罪名与应有罪名之间的差额反坐罪名。

明清时期的法律基本沿袭了唐律的规定。证人出庭作证"不言实情"的，"减罪人罪二等"。证人没有说出实际情况，使犯人"出脱"、无罪释放的，证人按照犯人应得罪名减二等处罚；"若增减其罪者"，证人亦减"犯人所得增减之罪二等"。清代还制定了新的单行条例，规定证人必须要和两造"同具甘结"（一起签署保证文书），如果被告是被人诬告的，证人就要和诬告者同样治罪（反坐所诬告罪名，死罪可减一等），如从中获取钱财，就要计算赃值按照"守财枉法"罪名从重处罪（赃满银四十两就要处死罪）。

50

古代对斗殴杀人是怎么处罚的？

唐律关于杀人罪，依照犯罪主体的犯意或犯罪案发当时的情节，区分为故杀、斗杀、谋杀、过失杀、戏杀、误杀、劫杀七种。

斗杀是对因斗殴而杀死人的犯罪。其实，唐律以前就已经有关于斗杀的规定。《云梦秦简·法律答问》："罪人格杀求盗，问杀人者为贼杀人，且斗杀？斗杀人，廷行事为贼。"依汉制，斗杀伤则捕邻伍，即斗杀人则同伍及邻居均要被收捕。汉文帝时予以废止。《唐律疏议·斗讼律》："诸斗殴杀人者，绞。以刃及故杀者，斩。"

斗杀与故杀的最大差别，在于行为人在杀人的过程中有无"害心"（故意）。斗杀是双方原无杀死对方之心，因相互斗殴造成一方死亡的行为。故杀是故意非法剥夺他人生命，而且本来就有"害心"，其要件包括只要拿起兵刃，主观上即表明有杀人的故意，即构成故杀罪。

对于斗杀，唐律规定处绞刑。如用兵刃相斗而杀，则从故杀处刑，因为"虽因斗而用兵刃杀者，本虽是斗，乃用兵刃杀人者，与故杀同"（《疏议》）。在处罚时，因被害人身份地位的不同，处刑也有轻重。犯人与被害人不同身份、不同亲等间的斗杀，处刑也轻重有别。如主人殴打部曲至死，徒一年，故杀部曲加一等，合徒一年半；如部曲有过错，主人决罚致死及过失杀者，各勿论；相反，部曲过失杀主人者绞，伤及詈（骂）者流。明清律对斗杀的规定大体上与唐相似，清改处斩监候。

51

什么样的人叫捕快？

明清时州县衙门中负责刑事案件的衙役叫捕快。他们负责缉捕罪犯，传唤被告、证人，调查罪证。捕快包括捕役和快手，捕役是专门捕拿盗匪的官役，快手是动手擒贼的官役。捕快的前身可以上溯到唐五代以前的皂隶、宋的弓手、元的弓兵。捕快的领班叫"捕头"、"班头"，他们熟稔地方社会，经验丰富，功夫非凡，才智敏锐，因而有"神捕"或"老捕"的尊称。捕快则被民间老百姓尊称为"捕爷"、"牌头"、"班头"、"头翁"、"牌翁"等等。捕快是有逮捕罪人之责的官役，所以又被称作"应捕"。辖境大的州县，有配备马匹执行公务的"马快"，也有不配马的"步快"、"健步"、"楚足"。

古代中国，任何州县衙门都少不了捕快。平时，捕快负责维持治安，一旦发生盗匪命案，他们要不分昼夜地缉捕罪犯。县官为了薪俸和前程，会责令捕役限期（一般是二到三个月）破案，将嫌疑犯拿获法办，否则就要动用笞刑惩罚。遇到案情

重大棘手时，捕快也难免受到皮肉之苦。捕役的主要工作是缉捕，包括为地方治安而缉捕盗贼和为重案缉捕凶手或嫌犯，因而说类似当今的刑事警察。

 52

为什么说"堂上一点朱，民间千滴血"？

明清时称衙役为"衙蠹"，他们地位虽低，为害却烈。衙役没有佣资，但可以按照陋规利用手中权力勒索钱财，舞弊枉法。

有些捕快与盗贼勾结，妄指诬陷无辜平民，侵吞贼赃，私刑拷打。捕快、皂隶"凡有差票到手，视为奇货可居，登门肆横，索酒饭，讲价钱，百般恐吓"（《文献通考》卷二四《职役四》）。他们传唤证人、被告人时，就向当事人索取鞋钱、袜钱、车马费、酒食钱。他们奉命拘提犯人时，就可索要解绳费、解锁费。勒索钱财后，让被传唤、拘提的人外出逃跑或者躲过传唤期限，索要买放钱或宽限钱。犯人进监狱要向禁卒缴纳进监礼，保释要缴保释礼等等。这些都是"常例"、"例规"，几乎是公开的秘密，各地衙门约定俗成，各有不同价码，如同手续费一般。如果被拘提、传唤的人不买账，捕快会撕破自己的衣服、弄点血迹，然后说是遭到武力拒捕，得到拘票后就找一帮衙役同伙将其家中洗劫一空。如果衙役奉差下乡，就更有种种勒索名目，所以历代都强调不可轻易差衙役下乡。

明清时县官派衙役下乡传唤、拘提当事人及证人时要用红笔签发差票，因而有"堂上一点朱，民间千滴血"之说。

 53

乞丐属于贱民吗？

在中国古代社会的普遍观念中，有"倡优皂卒，世所不齿"之说，因为"奴仆及倡优隶卒为贱"（《大清会典》）。古代法律中，人们按社会身份划分了等级类别，如唐律将人们划分为良、贱两类。贱民又有官贱民和私贱民之分，官贱民有官奴婢、官户、工乐户、杂户、太常音声人等，私贱民有部曲、客女、随身、私奴婢等。清朝时民、军、商、灶等四种人有良民民籍，而贱民阶层包括奴婢、妓女、戏子、隶卒、佃仆以及乐户、惰民、胥民、九姓渔户等。

这些人之所以是贱民，主要是他们糟践了父母给的身体，或者让自己的身体让人亵渎，靠父母传下的身体换饭吃，如倡优，或者是使自己的身体动辄遭别人责打，如衙役。惰民在户籍中的正式名称是"丐户"，丐户不是乞丐，而是从事抬轿、吹打、扮戏、保媒、接生、理发等侍候人的行业。

乞丐不拿身体换饭，也不动辄挨打，不属于贱民，正如《喻世明言》"金玉奴棒打薄情郎"里说的："贱流倒数不着那乞丐。看来乞丐只是没钱，身上却无疤痕。"

什么叫"杖钱"、"倒杖钱"？

衙役吃的是衙门饭，办的是公事，可是公家却很少给予相应的、正式的报酬，只有一些伙食补贴"工时银"，"仰不足事父母，俯不足畜妻子"。其实，衙役的真正的收入是来自诉讼当事人的。衙役刑讯或者行刑打人时，受审或受刑的犯人就要打点行杖的衙役，他们希望从轻杖打所用的钱就是衙役的真正收入之一。《初刻拍案惊奇》卷十："当下各各受责，只为心里不打点得，未曾用得杖钱，一个个打得皮开肉绽。"出了"杖钱"的，皂隶们就会打一些"出头板子"，让竹板的头部落在受刑人身体的外面，或打在地上，使受刑的人不至于十分痛苦。如果是原告出的钱，自然是要求狠打，因而叫"倒杖钱"。这时打轻还是打重就要看"杖钱"出得多还是"倒杖钱"出得多了。

什么叫做"买票"？

皂隶向当事人索要传唤费用是古时的"常例"，收入相当可观，如一件人命案件的传唤费用一般要十几两到几十两。越是罪名重大或涉及钱财数目巨大的案件，越是皂隶勒索的好机会。词讼案件报官，一经批准，地方官便要提集人犯、干连佐证，进行审理。皂隶出外执行公务传唤提人必须要有长官亲自签发的"牌票"、"信票"或"差票"，执行完任务就必须将该"牌票"缴销。这些"牌票"的签发权在主官，而拟票的工作却是由书吏包办，然后才由皂隶凭票执行。书吏和皂隶是衙门的常职人员，一文案，一外勤，最易勾结，其职务交接点就在于"牌票"。"牌票"不完全用在提集人证、缉拿逃犯，催科等差遣也须用"牌票"，只是拟票的书吏有所分工，属于哪房承办的事务就由哪房书吏拟票。

"牌票"是皂隶执行任务的权力依据，无票不行。所以皂隶总是想方设法求得一票，甚至要拿到衙门里发出去的传票、拘票等牌票，都要用钱贿赂官员或书吏、官员的师爷、亲信等人，才可以得到出外传唤的差事。这种贿赂，就是"买票"。有时遇到当事人是个有钱的，案件本身又比较复杂的，一张传票的买票钱就要十几两银子。衙役的投资当然会在当事人的身上得到高额的回报，"买票"后必定是要向民间加倍取偿，尽管"牌票"中一再告诫"去役毋得需索、迟延，如违，重究不贷，速渎票"。

56

晏婴如何劝谏齐景公慎刑？

齐国贤臣晏婴精通礼法，了解民情，看到齐景公严于用刑造成受刑者众多，有心借机劝谏。晏婴住的地方靠近市场，喧闹多尘，齐景公想给他换个住所，晏婴辞谢，说住在市场边方便得到需要的东西。齐景公问，那你一定知道东西贵贱吧？晏婴曾见市场上有卖踊的，便借题发挥说"屦贱踊贵"。踊是被砍掉脚的人穿的一种鞋子，也就是假足，人被砍掉了脚后需要踊。出现鞋子贱而假脚贵的情况，说明被砍掉脚的人太多了。仅仅使用四个字，晏婴就达到了说服齐景公省刑慎罚的目的。

砍脚的刑罚就是"刖刑"。夏周时此刑名称不同，因为施刑的部位不太一样，"夏刑用膑去其膝骨也"，周改膑用刖"断足也"（《周礼·秋官·司刑》）。春秋战国时，楚、齐、秦均有刖刑，齐国使用得更普遍。汉代时文帝曾废除刖刑，但景帝时仍规定有刖刑，后来汉章帝、汉明帝的诏书中也有斩右趾的刑名。

57

司马迁遭受过何种刑罚？

汉武帝天汉二年（前99），李陵深入居延、浚稽山与匈奴人作战，因寡不敌众又无后援，战败被俘。汉武帝大怒不已，群臣非议李陵不尽忠守节，只有司马迁为李陵辩说。汉武帝颇为反感，以为司马迁有意替李陵开脱，贬低自己指挥无方，调度失策，就将司马迁处以宫刑。

宫刑，也叫阴刑、蚕室刑，就是用刀割去男性犯人的外生殖器，而对女性犯人施以幽闭，用棍棒击打女性犯人胸腔部，把子宫压离正常位置，堕入腔道，使人不能交接及孕育。宫刑起初主要适用于犯淫乱的人，即所谓"男女不以义交者刑宫"，所以也称为淫刑。宫刑也曾较多地对异族的俘虏或犯一般罪行的人施用，后来成为一种普遍适用的次于死刑的重刑，后世对谋反大逆者的不知情的未成年亲属也施以宫刑。由于受宫刑者怕风，需暖和，要到没有风的象养蚕一样的密室里行刑，从执行方法和执行的地点，又得出蚕室之刑的名称。又因为宫刑的创口腐臭，也被叫做"腐刑"。

司马迁忍受宫刑的奇耻，不是不以此刑为然，而是决意要完成《史记》，他在《报任安书》中写道："且负下未易居，下流多谤议。仆以口语遇此祸，重为乡党所笑，以污辱先人，亦何面目复上父母丘墓乎？虽累百世，垢弥甚耳！是以肠一日而九回，居则忽忽若有所亡，出则不知其所往。每念斯耻，汗未尝不发背沾衣也！身直为闺阁之臣，宁得自引深藏岩穴邪？故且从俗浮沉，与时俯仰，以通其狂惑。"可见，蒙受宫刑的人，不仅身受肉体上的痛苦，而且更多的是精神上的困扰，是最让人羞辱的刑罚。

金国人赎死还必须接受什么处罚？

金国的法律规定一些重罪允许以钱物来赎替。但是，金的统治者担心这种重罪犯人与良民百姓无法区别，便规定重罪犯人虽然可以赎死，但必须"劓刵以为别"，让官吏和百姓知道其曾犯过重罪。

劓是一种古刑，盘庚迁殷后曾下诏："乃有不吉不迪，颠越不恭，暂遇奸宄，我乃劓殄灭之，无遗育"（《尚书·盘庚》）。秦沿袭古制，在法律中规定有劓刑。汉文帝废除肉刑时，劓刑被改为笞三百，此后劓刑趋于衰止，但南北朝时还间或施用，隋以后已不在律典中规定，只有金国早期为区别一般平民，对犯重罪的人实施劓刑。劓刑是去鼻的毁容刑罚，一旦受罚就会留下终身残疾，终身为辱，良人见了必自省己身，唯恐行为有差误，以防蒙此奇耻大辱，系依据人的羞耻心而以之作为禁奸止过的手段。受劓刑的人因相貌受损，使人一见即知，难以掩盖，终身受人鄙视，也终身受人监视，也有了作为善恶标记的作用。古人常以劓刵并称，刵又称截耳，是割掉犯人耳朵的刑罚，长期被用在军中，历史上曾经长期存在。割鼻、削耳都有使人终生受辱、标志绝对无法消除的特点，但鼻子在面部中央，耳在头的两侧，且可以用头发遮盖，割鼻比割耳更显眼，劓对犯罪者的危害比刵更重。

清朝有哪些著名的文字狱？

清朝有一类案子，起因荒唐、处罚严苛，就是有名的文字狱。文字狱，顾名思义，就是因文字的使用不当，触犯了当权者的忌讳而获罪的案件。文字之所以能成为治罪的根据，主要与汉字的特点有关，汉字中的形近字、谐音字很多，而封建社会中十分讲究用字，十分注意避讳等，加上有的统治者还有一些奇怪的癖好，因此，一些文字就成为了引发血雨腥风的导火索。

文字狱的出现最早可以追溯到春秋时期齐国之"崔杼杀太史"：公元前 548 年，齐庄公因与大夫崔杼的妻子私通而被崔杼杀害，史官记录"崔杼弑其君"；崔杼杀史官，史官之弟秉承兄业，又记之，亦被杀。此后历朝历代都有文字狱，比如，汉朝的杨恽案。黄裳先生在《笔祸史谈丛·后记》中写道："历史上以文字杀人较早的一例，一般都认

庄氏史案本末

为应数杨恽之狱。"宋朝时有著名的乌台诗案：一代文豪苏轼因此案差点丢脑袋，被贬到黄州；苏辙、黄庭坚等人亦受株连。

但就清朝"文字狱"的数量和造成的影响而言，历代王朝无出其右者。顺治时期，代表性的案件有两个：顺治五年"毛重倬坊刻制艺序案"、顺治十七年"刘正宗诗集案"；康熙年间，有代表性的是"庄廷鑨《明史》案"；雍正年间"文字狱"的波及范围和影响都急剧扩大，有"吕留良、曾静案"、"查嗣庭'维民所止'案"；清朝文字狱的顶峰是在乾隆年间，根据《清代文字狱档》记载，从乾隆六年到五十三年，有文字狱五十三起，数量上远超前朝，而且治罪的理由也愈加荒唐。例如：彭家屏在撰写家谱时因为没有避讳"弘历"就被勒令自杀；众所周知的"清风不识字，何必乱翻书"之类的例子也是不胜枚举。

60

古代法律对高利贷有何规定？

在中国古代，放贷取息是被普遍认可的经商方式，早在秦汉时期，就有所谓的"子钱家"，专门从事放贷。直到清代，最佳的投资方向仍然是从事高利贷的典当行

业。比如清代大贪官和珅被抄没的家产清单里，就有他开设的七十二家当铺。除典当外，商人、地主还以其他形式经营高利贷，比如唐代的"京债"，就是新任外省官吏赴任前在京师所举借的高利贷款。《旧唐书·武宗本纪》记载"又赴选官人多京债，到任填还"。清代因卖官鬻爵，官员上下应酬打点都需要钱，所以官员借债赴任更为普遍，这些官吏到任之后，对劳动人民的压榨当然会更加厉害。

历代封建政权都对高利贷的利率进行了一些限制。汉代有列侯因"取息过律"免爵的记载（《汉书·王子侯表》）。但实际上其约束力甚为微小，市场高利贷率一般都要高于法定利率。元代的羊羔利，明清的印子钱，都是年利本息相当或利大于本的著名高利贷。随着社会经济的发展，高利贷资金供应增加，为供求关系所决定，市场通行的"常利"趋向降低。这可从法定利率的降低反映出来，唐开元间、宋庆元间均规定私债月息四分，元明清三代均规定私债月息三分。由于出现竞争，高利贷资本的利率在降低并呈现某种利率平均化的趋向。清代典当和"以物质谷"的利率，在全国范围内一般不超过月息三分，后来还向江南地区的月息二分取齐。

61

古代法律对典当有什么规定？

典当，就是为了借钱而将财物抵押给当铺，并约定在一定的期限后还本付息，取回所典之物。

典当在中国可谓历史悠久。早在两千多年前的西汉，典当行为就已出现。司马相如与卓文君私奔到四川时，就曾把一件价值连城的皮大衣当了买酒喝。到了东汉末年，据《后汉书》记载，黄巾起义时，刘虞打算把受赏所得的财物典当给外族，却被公孙瓒劫走。这是历史上第一次将"典当"二字连用。但当铺的出现是在南北朝时期。进入唐代，典当业逐渐发展起来，成为商业活动的重要组成部分。诗圣杜甫也常去当铺借钱渡难关（《曲江》："朝回日日典春衣，每日江头尽醉归"）。

在古代，任何物品进了当铺以后，只能按其原本价值的50%估算典价，出典后还要支付三到五成的利息。如果过期不能还本付息，就是"死当"。可见，典当是一种十分残酷的高利贷剥削。

典当业的繁荣使得针对典当行为的立法也应运而生。唐代法律规定：衣物、珠宝、田宅等物品，都是可以典当的；典当的利息不得超过五成；只有在族人、邻居都不愿与出典人进行典当交易的情况下，出典人才可以将财物典给其他人。

宋代的典当立法又完善了许多。一是对典当当事人有所限制。比如，如果家长健在，卑幼不能拿家中财物去典当，除非是经过官府许可。寡妇也是不能随意典当东西的。二是规定了典当的范围。除田宅、金银珠宝、衣物等外，六畜甚至奴婢也可以用于典当。但赃物不得典当，典当赃物要杖打一百下，赃物价值大的话，按盗窃罪处理。共有财产也不能任意典当。又规定回赎田宅要凭半截合同。

元代规定典主在出典十天内得明确表态是否购买典物。

明代明确了"典"与"卖"的区别，规定典当要交税。

清代取消对典当征税，规定田宅典当的回赎期限不得超过十年；过期不赎，典主可以在交税后取得田宅的所有权，但以后不能再要求出典人赎回典物。

民国时期规定典当的约定期限不得超过三十年，不满十年的不能有到期不赎即为绝卖的条款；典主在典期内可以转典、出租典物；出典人在典期内可以转让典物的所有权，等等。

62

借债和揭债是一回事吗？

清代时长篇小说《歧路灯》第三十回里有："此时不肯当卖原好，若再揭起来，每日出起利息来，将来搭了市房，怕还不够哩，那才超：揭债还债，窟窿常在。"清代石天基的《传家宝》卷七也有："常言：好借债，穷得快。世事费用，如于脸面上奢华，俱要加意省俭。若不到至紧之事，切不可轻易向人借债。"作者提到的两个俗谚中，"揭债"和"借债"都是说付出高利息的借款。不过，虽然至迟宋元时代开始，"揭"就有了借债的意思（元柯丹丘《荆钗记》），但严格来说二者并不是性质完全相同的借贷。"揭"和"借"两个字在民间习惯中，其意义上的区别是分得很清楚的，"借债"一般是暂时使用而不计利息的借贷，有时也用作定时付出利息的借款；而"揭债"则是用不动产作抵押的有息定期贷款，与"按揭"一词的意义大体相仿。可见，"按揭"应当不是一个半意译半音译的外来词。

古代举债有没有利息？

借贷在古代有计息与不计息的区分。秦汉唐宋时期，计算利息的借贷称为"举"，不计利息的则称为"贷"或者"借"，放债称"出举"，借债称"举取"。债的利息被视为牛马生犊子，秦汉时叫"子钱"，后世叫"息钱"。西周时政府已内设"泉府"放贷取息，秦汉时社会上的"子钱家"相当活跃，汉景帝发兵平定吴楚七国叛乱，从军的贵族准备出征的行装时就曾向"子钱家"借贷，冒险放贷的毋盐氏在七国之乱平定后成为"子钱家"的首富。

古代的契约是怎样的？

"契"本义是刻画，"约"本义是缠绕，反映了古人"刻木记事"和"结绳记事"的遗风。为了证明以及帮助人们记忆协议的成立，就用一块刻有印痕的竹木片或一个绳结作为信物，提醒一方履行义务，这就是古代的"契约"。后来，是由双方在一片竹木片的侧面刻上记号，再将竹木片一剖为二，双方各持一片有相同刻痕记号的竹木片，当两片竹木片合对无误时，一方就应该履行义务。刻有记号的竹木片就是"契券"，刻痕朝向当事人一剖为二后左边的一片是"左券"，右边一片是"右券"。不同地区，不同时期，当事人双方哪一方持哪一片习俗不同。"左券"和"右券"合对，则称作"合券"。秦汉时期，竹木契券已不仅仅是刻着记号的信物，人们开始在其上书写协议的内容，用文字记载双方的权利义务，称为"书契"、"券书"、"书券"，不过，将其称为"契约"的习惯一直流传到了近现代。

65

合同是怎么来的？

在纸张发明以前，人们在竹木简文书的侧面刻上刻痕为记号，再一剖为二，双方各持一片作为交易的证据。即使在已经普遍使用纸张书写交易契约的魏晋南北朝时期，一式两份的副本契约文书，仍然沿袭过去的竹木简上刻画记号的习惯，将两张契纸并拢，骑缝上划上几道记号，或骑缝上写上"合同大吉"、合体字"合同"字样，便于将来合对证明确属原件。这种一式两份的副本文书骑缝处的原件记号也就称之为"合同"。到了唐宋时，法律规定凡典当契约必须为"合同契"一式两份，骑缝做好记号，双方当事人各保留一份。民间交易文书形式法律没有明确规定，后来民间把凡有骑缝记号的一式两份文书都称为"合同文书"或"合同文字"。明清时的商业交易一般使用"合同契"，简称为合同。新中国成立后，"合同"取代了"契约"一词，成为正式的法律用语。

66

古人怎样签名画押？

古代法律对于民间契约的签署方式没有统一的规定，虽然可能会有当事人不能亲自书写契约而找人代书的，但签名认可则是要由当事人亲自办理的。

唐代时，在士大夫之间流行一种草书连笔署名，连成花体字，称为"花押"，以后历朝的官僚士大夫都以花押签署文件。后来，百姓在签署契约文书时模仿这种形式，在自己的名字后面画一个符号代表花押。到了明清时期，官私文书都已普遍使用花押签署，有文化的人画的花押千变万化，但基本结构总是上下各有一横，取"地成天平"的意思。普通百姓的花押比较简单，大多为王字形、五字形、七字形的，最平常的是画一个十字，因而有"十字花押"之称。

古代有关婚姻、继承等涉及人身的文书，一般要在文书背面打上一个满掌手印，叫做"手模"或"手摹"。手摹文书比花押文书更为重要。

汉代郑玄注释《周礼》，在"质剂"下注曰"若今下手书"，唐代贾公彦为其作疏，疏曰"汉时下手书，即今画指券"。汉代的"下手书"，一般是竹木简时代简侧刻上的刻痕或者用笔画上的刻痕，但并不排斥使用指纹。"画指"是使用纸张后，在签署文书时，在代书人书写的自己的姓名后面，画上自己一根手指的长度，并点出指尖、两段指节的位置，或者仅仅点出指尖、指节。画指券是一种包括用指纹、指节以及掌纹、手模为凭信的契约文书。

古代也有版权保护吗？

宋代雕版印刷术的普及促使图书的生产成本降低且转化为商品，为营利出版商带来了收益，也为促进版权观念的产生创造了条件。早在唐代雕版印刷运用不久就出现了盗版现象，到宋代，盗版之风愈演愈烈，给营利出版商造成很大损失，促使出版商们对版权寻求有别于普通财产的特殊保护。宋代程舍人在其刻印的《东都事略》目录后有长方牌记云："眉山程舍人宅刊行。已申上司，不许覆板。"（见于叶德辉《书林清话》卷二《翻板有例禁始于宋人》）表明出版商力图独占著作利益，版权观念业已萌芽。

《翻板有例禁始于宋人》中还详细记载了宋代段昌武《丛桂毛诗集解》三十卷前有在国子监登记的"禁止翻版公据"。该出版商提出"禁止翻版"的理由如下：其一，"平生精力，毕于此书"；其二，"一话一言，苟足发明，率以录焉"；其三，"校雠最为精密"；其四，这也是最重要的理由，若其他出版商嗜利盗版，"则必窜易首尾，增损意义"。为此，申请国子监给付"执照"，禁止他人翻版，并赋予该出版商对其他盗版者"追版劈毁，断罪施行"的权利。

当然，宋代对这种权利保护申请的许可属于官府的行政庇护，而不是来自于制度性保护。这种版权保护方式如果得到实现，也仅限于个别的、局部的保护，不可能大规模地推广。

68

我国第一部婚姻法产生于何时?

西周时有一个专司婚姻立法执法的官职,称"媒氏"。媒氏执掌的九条成文规定,实际上就是我国第一部成文婚姻法与婚姻登记办法。按照这部婚姻法的规定,凡属国中男女出生三个月以上,并已取定名字的,都要呈报媒氏,登记姓名和出生年月日;通令男子三十岁必须娶妻,女二十必须出嫁;凡是娶再嫁妇女和收养再嫁妇女携入后夫家的子女,都要切实登记;每年二月是规定的结婚季节,男女双方要在这时按六礼规定完成婚礼;如果有无故违反婚礼规定的,就要加以处罚;对于过了成婚年龄规定还没有结婚的男女,要设法劝导他们成婚;娶妻六个程序所备的彩礼,不能超过五匹帛;没有正式夫妻名分关系的男女,死后不能合葬一处;男女之间因婚前性行为或婚外通奸发生纠纷,要在"胜国之社"进行公断,其中构成犯罪的,由法官——"士"处理。

69

各朝法典中规定的结婚年龄分别是多大?

关于结婚的年龄,各朝法典中都有相关的规定。在周代,男女的订婚年龄是二十岁和十五岁,结婚至迟为男三十岁、女二十岁,违者会受一定的处罚,使无力结婚的人勉强结婚,不想结婚的人不得不结婚。汉代鼓励早婚,"女子年十五以上至三十不嫁者五算"(《汉书·惠帝纪》),要比一般人多交纳五倍的人头税。魏晋时期更加严苛,规定婚龄为"女年二十以下,十四岁以上","女年十七父母不嫁者,使长吏配之"(《晋书·武帝本纪》),甚至"未嫁隐匿者"家长处死刑。唐代"凡男十五以上,女年十三以上,于法皆听嫁娶"。宋代法定婚龄依袭唐制,司马光在《书仪》中将男女婚龄各提高一岁,朱熹《家礼》也采《书仪》之说,因而礼制上议婚年龄为"男子年十六至三十,女子十四至二十",而按照宋代法律须在三年中成婚,开始出现了童养媳。由于家庭境遇及为了考取科举等原因，宋代男子的结婚年龄大多数在二十岁以上，平均婚龄是男二十四岁、女十八岁。各朝各代基于繁衍人口的目的，都是以早婚早育、鼓励生育为基点。一直到了民国时期，才明确规定，男未满十八岁，女未满十六岁不得结婚。

中国古代婚姻的目的，是"上以事宗庙，下以继后世"（《礼记·昏义》），完全是以家族为中心的。为了使祖先永远享受祭祀，必须使家族永远绵延后世，这是结婚的第一目的，也是最终目的。

70

古代寡妇改嫁有什么条件？

寡妇改嫁在古时叫"再醮"。在礼制上，寡妇改嫁是一种非礼行为。因为儒家主张"妇人，从人者也，幼从父兄，嫁从夫，夫死从子"，"一与之齐，终身不改，故夫死不嫁"（《礼记·郊特牲》）。其实，在《礼记》成书的时代，寡妇改嫁已经是一种正常的存在，寡妇再嫁是被人所理解和习以为常的。汉代以后直至宋代理学出现以前，凡寡妇都有再醮的自由，如汉朝孝景帝王皇后的生母臧儿在其生父王仲死后改嫁长陵田氏。"再醮"不在婚姻的"六礼"之内，其礼俗没有初嫁那么复杂，再嫁不能享受传统的"六礼"，这是对寡妇再嫁的歧视，也是给寡妇的自由。按照唐律，强迫寡妇再嫁是犯罪，"再醮"寡妇是有自主权的，所以民间有"先嫁由父母，再嫁由自身"的说法。寡妇改嫁被严重压抑，在道义上被鄙视，被攻击大逆不道，开始于宋代晚期程朱理学产生之后，"饿死事极小，失节事极大"意识开始居于统治地位。

71

王昭君改嫁是什么婚俗？

汉朝时王昭君出塞，嫁给匈奴单于呼韩邪为妻，生了一个儿子。呼韩邪病死后，其前妻阏氏之子复株累想收取后母王昭君为妻。王昭君上书请求回汉，汉成帝勒令王昭君从胡婚俗再嫁给继任单于复株累。复株累收王昭君后，生了两个女儿。这种乱婚的婚俗叫做"收继婚"，类似的还有转房婚、续婚、换亲等，现代民族学中叫做"寡妇内嫁制"，学术上叫"逆缘婚"，就是不让寡妇改嫁他人，而与自家人进行婚配，表现为"妻兄弟妇"的平辈转房婚，即兄亡嫂嫁其弟，弟死兄娶弟媳，姊亡妹嫁姐夫，妹死姊嫁妹夫；还有不同辈间的收继婚，即嫡子继娶父妾，父将儿媳转为己妻，伯叔母转嫁侄儿，还有寡妇与其女儿们共赘一夫的。转房婚实际是一种财产继承转移的变异形式，即继承和维护了原有的亲族系统。

72

古代可以离婚吗？

中国古代允许夫妻依法定方式解除婚姻关系，最早叫"绝婚"，后来又称"离异"、"离弃"、"休妻"或"出妻"。"出妻"是古代家庭中丈夫与妻子离婚的主要方式，也叫"七去"、"七出"，丈夫居主动地位，可以行使"七出"权而解除婚姻，但妻子也可因"三不去"而不被夫家休弃。"七出"即"不顺父母去，无子去，淫去，妒去，有恶疾者去，多言去，盗窃去"。"三不去"即"有所取无所归，不去；与更三年丧，不去；前贫贱后富贵，不去"。对于夫妻之间情意断绝，无法再继续共同生活的，夫妻还可以"义绝"为理由请求官府判决强制离婚。夫妻任何一方如对另一方的一定亲属有殴、杀、奸等犯罪，以及有"欲杀夫"者，婚姻关系必须解除。如果夫妻感情不和，离婚是两厢情愿，法律在所不问，即"和离"。历代法律对"和离"这种协议离婚通常都肯定其法律效力，如唐律规定："若夫妻不相和谐而和离者，不坐。"

通天冠是什么样的?

通天冠,亦称"通天",乃汉代至明代的天子专用礼冠,用于郊祀、朝贺、宴会等场合。秦时采楚冠之形所制,为皇帝常服,东汉沿用旧名,然加以创新:以铁为梁,正竖于顶,梁前以山、述(通"鹬",用翠鸟羽制作的冠饰)为饰。《后汉书·舆服志下》:"通天冠,高九寸,正竖,顶少邪却,乃直下为铁卷梁,前有山,展筩为述,乘舆所常服。"东汉以后,历代相袭,其式屡有变易,尤其是两晋时朝,于通天冠前部加金博山,以企求与神仙相通,显得巍峨突出;冠上饰有蝉纹,表明君主高洁的品质,以增强天子首服的尊贵地位。

与汉代的古朴简陋相比,唐代通天冠则变得十分华丽,且一改旧制,以铁丝为框,外表绸绢,冠身向后翻卷,顶饰二十四梁,附蝉十二首。《旧唐书·舆服志》记载:"通天冠,加金博山,附蝉十二首,施珠翠,黑介帻,发缨翠緌,玉若犀簪导。"两宋沿用其制,又因冠高而翻卷,形似卷云,亦称"卷云冠"。明代通天冠的形制与唐宋一脉相承,对于使用场合也有明确规定。《明史·舆服志二》:"皇帝通天冠服。洪武元年定,郊庙、省牲,皇太子诸王冠婚、醮戒,则服通天冠、绛纱袍。冠加金博山,附蝉十二,首施珠翠,黑介帻,组缨,玉簪导。"入清以后被废。

何谓冕旒?

冕旒，又称"繁露"，简称"旒"，亦作"斿"。它是冕冠前后悬挂的珠玉串饰，以五彩丝线编织为藻，藻上穿以玉珠，一串玉珠即为一旒，服时各按等秩，以十二旒为贵，乃帝王所服，天子以下，诸侯九旒，上大夫七旒，下大夫五旒，士三旒。所用玉珠商周时多为五色，排列顺序依次为朱、白、青、黄、黑，周而复始。至东汉改为单色，有白、青、黑数种。《独断》卷下说："汉兴，至孝明帝永平二年，诏有司采《尚书·皋陶篇》及《周官》、《礼记》，定而制焉。……（天子冕）系白玉珠于其端，是为十二旒，组缨如其绶之色；三公及诸侯之祠者，朱绿九旒，青玉珠；卿大夫七旒，黑玉珠。"后世所用旒数不拘古制，除三、五、七、九及十二旒外，又增设了八旒、六旒。

冕旒上珠子的穿组方法，历朝大同小异：一般在丝藻上缚以小结，每结贯以一珠，以免珠子相并。此外，珠子的质料历代有所变易，如东晋时贯以翡翠、珊瑚，明代贯以各色料珠等。

冕冠垂旒之意，除用来表明等级外，还可使戴冠者目不斜视，以免看到不正之物，成语"视而不见"即由此得来。

何谓深衣?

深衣，亦作"申衣"，是由上衣下裳合并而成的连体长衣，因被体深邃，故称"深衣"。《礼记·深衣》"深衣第三十九"注："名曰深衣者，谓连衣裳而纯之以采也。"疏："所以此称深衣者，以余服则上衣下裳不相连，此深衣衣裳相连，被体深邃，故谓之深衣。"制作的质料，最初多以白麻布为之，领、袖、襟、裾另施彩缘，战国以后，多用彩帛制作。深衣衣、裳相连，制作时上下分裁，然后在腰间缝合，腰缝以上谓衣，以下谓裳，而其最明显的特点是续衽钩边，即衣襟接长一段，作成斜角，穿着时由前绕至背后，以带系结，称为"曲裾"。衣服上采用曲裾的目的，既是为了掩盖下体，也是为了方便，因为如果将下体裹住，走路就迈不开步伐，如果在衣服的下摆开衩，又难免暴露里衣，所以采用曲裾相掩的办法。此外，深衣领式为矩领，即领交叉而方折向下，长度大约至脚踝间。

深衣产生于春秋战国之际，盛行于战国、西汉时期，用途广泛，诸侯、大夫及士人除朝祭之外皆穿深衣，士庶阶层朝祭之时，亦穿此服。东汉以后多用于妇女，魏晋以降，为袍衫等服代替。其制度对后世服饰产生深远影响，如袍服、长衫、旗袍等均受益于此。应该说，深衣是最能够体现华夏文化精神的服饰：袖口宽大，象征天道圆融；领口直角相交，象征地道方正；背后一条直缝贯通上下，象征人道正直；腰系大带，象征权衡；分上衣、下裳两部分，象征两仪；上衣用布四幅，象征一年四季；下裳用布十二幅，象征一年十二月。身穿深衣，自然能体现天道之圆融，怀抱地道之方正，身合人间之正道，行动进退合权衡规矩，生活起居顺应四时之序。

76

裤褶是什么样的服装？

裤褶亦作"袴褶"，是一种上衣下裤的组合，原来是北方游牧民族的传统服装。它的基本款式是上身穿大袖衣，下身穿肥腿裤，外不用裘裳。"褶"，即短身上衣。《释名·释衣服》："褶，袭也。覆上之言也。"褶初为左衽，南北朝时期改为右衽。裤的形式分缚裤与不缚裤两种，前者是用锦缎丝带截成三尺一段，在裤管的膝盖处紧紧系扎，其制在北朝后期至隋朝主要为折裥缚裤，遂成为既符合汉族广袖朱衣大口裤的特点，同时又便于行动的一种形式，称为"急装"。

南北朝后期裤褶服地位抬升至官员的礼服。隋代进一步抬升裤褶服之地位，并以紫、绯、绿等颜色作为标志加以区分，以别尊卑。唐代在隋朝基础之上，将裤褶服进一步改制，作为官员朔望（每月初一、十五）朝会之礼服。《新唐书·舆服志》记载："袴褶之制：五品以上，细绫及罗为之，六品以下，小绫为之，三品以上紫，五品以上绯，七品以上绿，九品以上碧。"盛唐以后，作为礼服使用的官员裤褶服制渐衰，北宋建隆（960～962）、乾德（963～967）年间朝廷曾讨论要恢复裤褶服制，然未实行，仅仪卫中服之，后遂废。

 77

什么是襕衫（袍）？

襕衫（袍）是膝盖部分施一横襕，衣长过膝，以纪念衣、裳分离的古代服制的衫（袍），故称襕衫（袍）。它主要是文人士大夫的着装。具体形制是按古代深衣上衣下裳相连属的式样改制而成，而这种经过改造的"深衣"已与古代深衣不尽相同：深衣，上衣下裳以腰节缝组成为一体，袖、领、下裾用其他面料或刺绣形式；襕衫（袍）与之相比较，除上下连属相似之外，基本上已无相同之处了。首先，除领、袖、襟等处不加任何缘饰和窄衣小袖外，古者深衣的领子多为对合斜领，而襕衫（袍）则是圆领；其次，深衣上衣下裳两部分在腰间连接，而襕衫（袍）的相接之处则在下部膝盖上下。此外，为便于保暖，襕衫（袍）下着裤，冬季袍中蓄绵，外可披裘。

襕衫（袍）之制从唐朝开始实施，两宋直接继承，只是形式略有变更，在唐代圆领中加上衬领，袖子则更加宽大，几欲垂地。《宋史·舆服志五》记载："（官员公服）其制，曲领大袖，下施横襕，束以革带，幞头，乌皮靴。自王公至一命之士，通服之。"其后沿及元、明时期。入清遂废。

 78

"胡服骑射"中的"胡服"是什么样的？

"胡服"是古代中原地区对西方和北方各少数民族所穿的服装的总称，即塞外民族西戎和东胡的服装，后亦泛称汉服以外的外族服装。胡服一般具有衣长及膝、衣袖瘦窄的特点，领式有圆领、翻折领、对襟开领等，腰间系革带，下着小口裤，尖靴，非常适宜骑马。

胡服进入华夏始于赵武灵王"胡服骑射"。公元前307年，赵武灵王颁发胡服令以对抗游牧民族的骑兵，是为中国服饰史上最早一位改革者。胡服与当时中原地区宽衣博带的服装有较大差异，轻巧方便，利于骑射活动，因此很快从军队传至民间，被广泛采用。

到了北朝时期，北方的少数民族纷纷进入中原，胡服遂更加普及。正如《梦溪笔谈》卷一所说："中国衣冠自北齐以来，乃全非古制，窄袖、绯绿短衣、长靿（yào）靴，有鞢𮜯（diéxiè）带，然亦有取窄袖利于驰射，短衣长靿皆便于涉草。"《朱子语类》卷九一也记载："今世之服，大抵皆胡服，如上领衫、靴、鞋之类，先王冠服扫地尽矣。中国衣冠之乱，

唐代胡人俑

自晋五胡，后来遂相承袭，唐接隋，隋接周，周接元魏，大抵皆胡服。"胡服的流行在唐代达到鼎盛，而到了宋明时期，汉族皇帝开始颁布法令禁止胡服和胡俗，复兴汉服与汉文化，但胡服对中华服饰文化发展的影响却是深远的。

79

古代对服装的颜色有什么样的规定？

西周至春秋时期，人们已经产生了用服装颜色区分尊卑的观念。周代的礼乐制

度确立以后，颜色用以区分等级的功能日益增强，其使用范围主要是奴隶主贵族的车马服饰，服色以赤、玄二色为尊。如《论语·乡党》曰："红、紫不以为亵服。"秦汉魏晋南北朝时，用颜色区别社会等级已初步形成，但不够严格，尊卑混用的现象时有所见，区分官员职位高低的是其随身佩带的印绶的颜色。

隋唐以后，服色等级制度高度强化，公卿高官衣着朱紫，荣宠显赫；工商、皂隶、屠沽、贩夫身穿白衣，寒酸卑贱。隋朝五品以上的官员可以穿紫袍，六品以下的官员分别用红、绿两色，小吏用青色，平民用白色，而屠夫与商人只许用黑色，士兵穿黄色衣袍，此制一直影响到后世。

唐朝进一步强化服色与等级的关系。唐高宗时期定制，唐朝文武官三品以上服紫、金玉带，四品深绯、五品浅绯、金带，六品深绿、七品浅绿、银带，八品深青、九品浅青、石带，庶人服黄、铜铁带。宋初规定三品以上的官员服紫，三品至五品的官员服朱，六品至七品的官员服绿，八品至九品的官员服青。宋神宗之时更改为四品以上的服紫，六品以上服红，七品至九品服绿。到了南宋，服色的等级界限被冲垮，百官公服尽着紫窄衫，且无品秩之限。辽、金、元各朝因为游牧民族称制，服色风尚为之大变。明朝时重新加以强化，规定官员公服一至四品绯袍，五至七品青袍，八、九品绿袍，常服则以补服为之。服色制度作为官服体系的一支入清遂废。

80

幞头是什么样的？

幞头，亦名"襆头"、"服头"等，原为头巾、软帽，魏晋南北朝形成其制，隋唐时期日益精美，以罗代缯，顶渐高，脚渐挺。五代时脚变平直，新样益多。两宋极盛，朝野通服，品类迭出，形制各异，然朝会之服常用直脚，脚愈加横长，成为冕、冠之外的重要首服，一直沿用至明朝。

幞头最早是在东汉幅巾的基础上折角向上演变而成，因而又称"折上巾"。《后汉书·梁冀传》记载："（梁）冀亦改易舆服之制，作平上轺车，埤帻，狭冠，折上巾，拥身扇，狐尾单衣。"注："盖折其巾之上角也。"幞头之形制，是以皂绢三尺裹发，有四带，二带系脑后垂之，二带反系头上，令曲折附顶，故又称"四脚"。正如《梦溪笔谈》卷一所说："幞头一谓之'四脚'，乃四带也。……又庶人所戴头巾，唐人亦谓之'四脚'，盖两脚系脑后，两脚系颌下，取其服劳不脱也，无事则反系于顶上。今人不复系颌下，两带遂为虚设。"后取消前面的结，又用铜、铁丝为干，将软脚撑起，成为硬脚。唐时皇帝所用幞头硬脚上曲，人臣则下垂。

五代帝王幞头以漆纱为之，两脚朝天。两宋时期，幞头成为礼服中的主要首服，以藤或草编成的巾子为

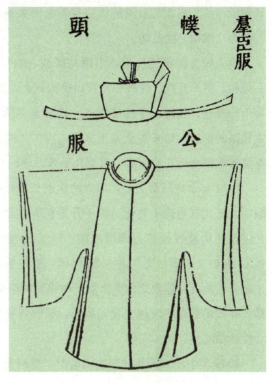

《三才图会》之"幞头"

里，外面用纱涂以漆，后因漆纱已够坚硬而去其藤里，一般以直脚为多，中期以后，两脚越伸越长，使用范围也扩大至除祭祀之外的其他大礼。其式样有直角、局脚、交脚、朝天、顺风等，身份不同，式样也不同。皇帝或官僚的展脚幞头，两脚向两侧平直伸长，身份低的公差、仆役则多戴无脚幞头。明代百官公服所用幞头沿袭宋制，两脚平伸，长如直尺。入清遂废。

81

旗袍是怎么来的？

从字义解，旗袍泛指旗人所穿的长袍，旗人男女均穿长袍，不过只有八旗妇女

日常所穿的长袍才与后世的旗袍有着血缘关系，用作礼服的朝袍、蟒袍等习惯上已不归为"旗袍"的范畴。

旗人妇女所穿的长袍，不用马蹄袖，袖口平而较大，长则可掩足。采用圆领、右掩襟，但不开衩。这种长袍开始极为宽大，清末则渐变为窄而瘦长，"元宝领"用得十分普遍，领高盖住腮碰到耳，袍身上多绣以各色花纹，领、袖、襟、裾都有多重宽阔的滚边。后来甚至镶滚多道，有"三镶三滚"、"五镶五滚"等名目，有的甚至整件衣服全用花边镶滚，以至几乎难以辨识本来的衣料。

1911年辛亥革命之后，旧式的旗女长袍被摒弃，新式旗袍则在乱世妆扮中开始酿成。新式旗袍趋于简化，袖子开始稍有收紧并略有缩短，露出一截手腕；袍身的长度也开始减短到膝与脚踝之间，领子受当时汉装的影响，一度也变为"元宝高领"，而后又渐渐变矮。进入30年代，旗袍明显的在朝苗条型过渡，先是袖子趋向于贴身，然后整体款式向突出女子曲线美的苗条型发展。进入40年代继续着华美兴盛，样式仍然在不断地变化，胸省、吸腰省更为明显，更为合身适体，更加突出了女性的曲线美。

1949年中华人民共和国建国前夕，旗袍在中国相当普及，已经成为城市妇女的日常着装。到50年代末，旗袍逐渐为中山装、人民装所代替，走向了沉寂。60年代，旗袍和其他装饰品一起在中国大陆销声匿迹。直到80年代初，旗袍才再度露面，并以新的面貌展现在世人眼前，但此时的旗袍在很大意义上已经成了中国女子在正规隆重场合穿着的礼服了。

82

披肩是什么时候有的？

披肩也叫云肩，多以丝缎织锦制作。披肩是从元朝以后发展而成的一种衣饰，至清代普及到社会的各个阶层，特别是婚嫁时成为青年妇女不可或缺的衣饰。《元史·舆服志》记载："云肩，制如四垂云，青绿，黄罗五色，嵌金为之。"

披肩的形式多为"四合如意"形，即用四个云纹组成，还有柳叶式、荷花式等等，上面都有吉祥命题，例如富贵牡丹、多福多寿、连年有余等等。明清的时候较为流行，大多都在婚庆喜宴等场合使用。披肩的制作一般为两层八片垂云，每片云子上或刺绣花鸟草虫，或刺绣戏文故事。一件精美的披肩需要很长时间才能绣成，其工艺之精巧令人赞叹。披肩的绣制有各种各样的针法，如挽针、接针、滚针、松针、钉线、打子、圈金、抢针、齐针等，样式也较为繁多。《清稗类钞·服饰·披肩》说："披肩为文武大小品官衣大礼服时所用，加于项，覆于肩；形如菱，上绣蟒。八旗命妇亦有之。"

83

马蹄袖是什么样的袖子？

旗袍是满族男女老少一年四季都穿着的服饰，它裁剪简单，圆领，前后襟宽大，而袖子较窄，四片裁制，衣衩较长，便于上马下马，窄窄的袖子，便于射箭，由于袖子口附有马蹄状的护袖，故称马蹄袖。

马蹄袖平日绾起，出猎作战时则放下，覆盖手背，冬季则可御寒。在行礼之时，可以敏捷地将"袖头"翻下来，然后或行半礼或行全礼。这种礼节在清朝定都北京以后，已不限于满族，汉族也以此为礼，以示注重守礼。因为马蹄袖遮手可御寒，挽起放下可行礼，既具有实用功能，又有很好的装饰效果，遂被人们誉为"反映清代历史的象形文字"。

需要指出的是，箭袖不是马蹄袖，前者呈圆筒状，明代之前就有，唐代的战服多为箭袖。明代叶绍袁《痛史·启祯记闻录》就说："抚按有司申饬，衣帽有不能备营帽箭衣者，许令黑帽缀以红缨，常服改为箭袖。"马蹄袖是在箭袖的基础上加长了手背部，即手背部多出来一块，手心部短，呈马蹄状的富有清朝特色的袖式。

84

什么是半袖?

唐代穿半臂的妇女

半袖，亦称半臂，为中古时期妇女的服装，是一种短式的上衣。半袖最初流行于隋代宫廷之内，先为宫中内官、女史所服，唐代传至民间，历久不衰，直至宋元时期。

在唐代，半臂非常普及，不仅男、女都可以穿用，而且进入宫廷常服的行列。它是一种短袖的对襟上衣，没有纽袢，只在胸前用缀在衣襟上的带子系住。其有对襟、套头、翻领或无领式样，袖长齐肘，身长及腰。半臂的衣领宽大，胸部几乎都可以袒露出来，而唐代妇女们穿用半臂时，往往把它罩在衫、裙的外面。

值得一提的是，半臂的兴盛时期是在唐代前期，中期以后便有了显著的减少。主要原因是唐代前期的女装与后期有明显的不同。前期女装大多窄小细瘦，紧贴身体，袖子也细窄紧口，适合在外面套上半臂。安史之乱后，渐恢复传统的宽衫大袖，大袖坦胸裙盛行，也就不适宜穿着半袖了。

何谓犊鼻裈?

犊鼻裈（kūn），亦作"犊鼻裩"，又称"犊鼻"、"犊裈"。因形似牛鼻子而得名，跟今日的短裤、裤衩相似，多为贫贱者所服。例如，西汉文学家司马相如琴挑富豪卓王孙新寡的女儿卓文君，二人私奔，为了生计在临邛卖酒。《史记·司马相如列传》记载："乃令文君当垆，相如身自著犊鼻裈，与佣保杂作，涤器于市中。"又如，三国魏阮籍、阮咸叔侄，俱名列"竹林七贤"。阮族所居，在道北的都是富户，在道南的都为贫家。俗有七月七日晒衣之习，是日，居道北诸阮盛陈纱罗锦绮，居道南之阮咸"以竿高挂大布犊鼻裈于中庭"。人多怪之，云："未能免俗，聊复尔耳！"（《世说新语·任诞》）用以调侃世俗。再如，《北史·刘昼传》记刘昼："少孤贫，爱学，伏膺无倦，常闭户读书，暑月唯著犊鼻裈。"

氅衣是什么样的衣服?

氅衣是清代内廷后妃穿在衬衣外面的日常服饰之一，也是后妃服饰中花纹最为华丽、做工最为繁缛、穿用最为频繁的服饰之一。清代氅衣的形制为直身，圆领，捻襟右衽，左右开裾至腋下，身长至掩足，只露出旗鞋的高底。双挽舒袖，袖端日常穿用时呈折叠状，袖长及肘，也可以拆下钉线穿用。袖口内加饰绣工精美的可替换袖头，既方便拆换，又像是穿着多层讲究的内衣。

与其他服饰不同的是，氅衣在两侧腋下

清代后妃氅衣

的开裾顶端都有用绦带、绣边盘饰的如意云头，形成左右对称的形式。衣边、袖端则装饰多重各色华美的绣边、绦边、滚边、狗牙边等，尤其是清代同治、光绪以后，这种繁缛的镶边装饰更是多达数层。氅衣是传统的汉族服饰，道光以后始见于清宫内廷。作为清晚期宫中后妃便服，氅衣改变了满族传统服饰长袍窄袖的样式，迎合了道光、咸丰以后的晚清宫廷生活追求豪华铺张、安逸享乐的风尚，很快成为后妃们必不可少的日常服饰之一。清廷最初的氅衣并没有过于繁缛的镶边，后来受江南民间"十八镶"影响逐渐繁缛起来，这从一个侧面反映了晚清宫廷追求生活豪华奢侈的状况。清末，氅衣与满族服饰特点鲜明的袍服相融合并逐渐演变成新式旗袍，成为中华民族服饰中的奇葩。

 87

何谓"石榴裙"？

石榴裙，即红艳似火的长裙。这种裙子色如石榴之红，不染其他颜色，往往使穿着它的女子俏丽动人。石榴裙由来已久。梁元帝《乌栖曲》有："芙蓉为带石榴裙。"发展至唐代，石榴裙更是成为一种流行服饰，尤其中青年妇女，特别喜欢穿着。如唐传奇中的李娃、霍小玉等，都穿着这样的裙子。唐诗中亦有许多描写，如武则天《如意娘》"不信比来长下泪，开箱验取石榴裙"，白居易《官宅》"移舟木兰棹，行酒石榴裙"等。

至明清时期石榴裙仍然受到妇女们的欢迎。明代唐寅在《梅妃嗅香》一诗中写道："梅花香满石榴裙。"虽写的是唐朝之事，但可看出当时现实生活中，此种款式的裙子仍为年轻女子所珍爱。《红楼梦》里亦有大段描写，亦可相印证。

由于石榴裙受到历代女子的喜爱，于是俗语中说男人被美色所征服，称之为"拜倒在石榴裙下"。据说此种说法与唐玄宗宠爱杨玉环，要求百官见到玉环着石榴裙翩然而至即要下跪行礼有关。

88

"背子"是什么样的服装?

背子,又名"褙子"、"绰子",是身与衫齐,袖比衫短的服式。先秦时期背子较短,是加于朝服之外的礼服。《事物纪原》记载:"秦二世衫子上朝服加背子,其制袖短于衫,身与衫齐,大袖。"此后,背子的形制有所变化,其制有长、有短,有宽、有窄,两裾离异不缝合,两腋及背后都垂有带子,用带系束之。

背子发展至宋朝成为最常见的服装样式,男女老少不分尊卑贵贱均可穿着。其款式以直领对襟为主,两襟离异不缝合,亦不施襻纽,袖子可宽可窄;背子的长度,有的在膝上、有的齐膝、有的到小腿、有的长及脚踝;背子两侧开衩,或从衣襟下摆至腰部,或一直高到腋下,也有索性不开衩的款式。值得一提的是,宋代的男子上至皇帝、官吏、士人,下至商贾、仪卫都穿背子,但并非作为正式的服饰,而多是居家休息之时穿着,那种不系襻纽、可宽可窄可长可短的直腰身款式,显得十分休闲。在一幅据传是宋徽宗赵佶的自画像《听琴图》中,这位一国之君也穿着一件深色衣料的背子。到了元代,黑色背子成了倡家之服。明代背子仅限于女性穿着,入清遂废。

89

古代的扣子是什么样的?

古代的扣子主要指盘扣。盘扣或称"盘纽",是中国传统服装使用的一种纽扣,用来固定衣襟或装饰。盘扣通常是一对,由一公一母组成,公的一端是结,母的一端是环,把结系进环中,就起到了固定衣服的作用。盘扣的种类很多,常见的有蝴蝶盘扣、蓓蕾盘扣、缠丝盘扣、镂花盘扣等。

清朝以前的中国服装有时候在不明显的位置会有少数扣子,绝大部分是用带子系裹。自明朝万历年间(1573~1619)开始,高领女装的领子上就曾见有一至两个金属制的领扣。清初以后，绸布制的盘扣开始被使用，马褂、旗袍都用盘扣在正面固定衣襟。

盘扣在服装上起到很好的装饰作用，可以说，短坎长裙中间密密地缀一排平行盘扣，于端丽之中见美感；斜襟短衫缀上几对似花非花的缠丝盘扣，于古雅之中见清纯；立领配盘扣，氤氲着张爱玲时代的含蓄和典雅等等。形形色色的盘扣中尤以古老的手工盘扣最为精巧细致，它融进了制作者的心性和智慧，具有极高的审美价值。

90

抹额是什么样的？

抹额，亦称"抹头"，是束在额上的巾饰。它最早为北方少数民族所创的避寒之物，传至中原后成为军中之物。《新唐书·食货志》记载："韦坚自衣阙后，绿衣锦半臂，红抹额，立第一船。"宋代俞琰《席上腐谈》说："以绡缚其头，即今之抹额也。"在宋代的仪卫中，如教官服幞头、红绣抹额，招箭班的皆长脚幞头、紫绣抹额，这些都是用红紫等色的纱绢裹在头上的抹额。

宋代开始，抹额也应用于妇女。其抹额在制作上比先前讲究，通常将五色锦缎裁制成各种特定的形状，并施以彩绣，有的还装缀珍珠宝石，渐渐向首饰靠拢。明清时期是抹额的盛行时期，当时的妇女不分尊卑，不论主仆，额间常系有这种饰物。这个时期的抹额形制也发生了很大的变化，除了用布条围勒于额外，还出现了多种样式，例如用彩锦缝制成菱形，紧扎于额；用黑色丝帛贯以珠宝，悬挂在额头；以丝绳编织成网状，上缀珠翠花饰，使用时绕额一周，系结于脑后。冬季所用的抹额，通常以绒、毛毡等厚实的材料为之。抹额的造型也有多种：有的中间宽阔，两端狭窄；有的中间狭窄而两端宽阔，后者在使用时多将两耳遮盖。因为这种抹额兼具御寒作用，故被称之为暖额。

《木兰辞》中"对镜贴花黄"的"花黄"是什么样的妆饰？

额黄，也称"鹅黄"、"鸦黄"、"约黄"、"贴黄"，是我国妇女一种古老的美容妆饰，因为是以黄色颜料染画于额间，故有此名。古代妇女额部涂黄的风习起源于南北朝或更早些，可能与佛教在中国的广泛传播有关，当时全国大兴寺院，塑佛身、开石窟蔚然成风。妇女们从涂金的佛像上受到启发，也将自己的额头染成黄色，久之便形成了染额黄的风习。

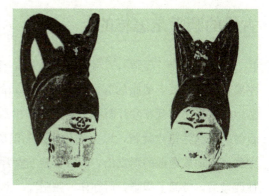

花黄之妆

南北朝至唐时，妇女爱在额间涂以黄色，作为点缀，如南朝梁简文帝《戏赠丽人》："同安鬟里拨，异作额间黄。"因黄颜色厚积额间，状如小山，故亦称"额山"。唐代还有一种专蘸鸦黄色的，称为"鸦黄"。如唐代虞世南《应诏嘲司花女》："学画鸦黄半未成，垂肩嚲袖太憨生。"卢照邻《长安古意》："片片行云着蝉鬓，纤纤初月上鸦黄。"

据文献记载，妇女额部涂黄主要有两种方法，一种为染画，一种为粘贴。染画是用毛笔蘸黄色颜料染画在额上，其具体染画方法又分两种：一种为平涂法，即额部全涂。如唐代裴虔余《咏篙水溅妓衣》："满额鹅黄金缕衣。"一种为半涂法，是在额部涂一半，或上或下，然后以清水过渡，由深而浅，呈晕染之状。北周庾信《舞媚娘》"眉心浓黛直点，额角轻黄细安"，即是指这种涂法。

粘贴法较染画法简单，这种额黄是用黄色材料剪制成薄片状饰物，使用时以胶水粘贴于额上即可。由于可剪成星、月、花、鸟等形，故又称"花黄"。如南朝陈徐陵《奉和咏舞》"举袖拂花黄"，北朝《木兰辞》"当窗理云鬓，对镜贴花黄"，唐代崔液《踏歌词》"翡翠帖花黄"等，都指的是这种饰物。严格说来，它已脱离了染额黄的范围，更多地接近花钿的妆饰了。

92

古代的胭脂是怎样的？

胭脂，又作"燕脂"、"焉支"、"燕支"，是面脂和口脂的统称，是和妆粉配套的主要化妆品。关于胭脂的起源，有两种不同的说法：一说胭脂起自于商纣时期，是燕地妇女采用红蓝花叶汁凝结为脂而成，由燕国所产得名。如《二仪录》："燕支起自纣，以红兰花汁凝脂，以为桃花妆，燕国所出，故曰'燕胭'。"另一说为原产于中国西北匈奴地区的焉支山，匈奴贵族妇女常以"阏氏"（胭脂）妆饰脸面。张骞出使西域后，带回了胭脂，后亦作"臙脂"。

由于胭脂的推广流行，两汉以后，妇女作红妆者与日俱增，且经久不衰。如《木兰辞》："阿姊闻妹来，当户理红妆。"《开元天宝遗事》中也记："贵妃每至夏月，常衣轻绡，使侍儿交扇鼓风，犹不解其热。每有汗出，红腻而多香，或拭之于巾帕之上，其色如桃红也。"这种习俗一直沿续到清朝末年，由于女子教育的兴起，青年女学生纷纷崇尚素服淡妆，才改变了这种妆饰现象。

妇人妆面的胭脂有两种：一种是以丝绵蘸红蓝花汁制成，名为"绵燕支"；另一种是加工成小而薄的花片，名叫"金花燕支"。这两种燕支，都可经过阴干处理，成为一种稠密润滑的脂膏。追根溯源，胭脂的来源主要是一种名叫"红蓝"的花朵，它的花瓣中含有红、黄两种色素，花开之时整朵摘下，然后放在石钵中反复杵槌，淘去黄汁后，即成为鲜艳的红色染料。除红蓝外，制作胭脂的原料，还有重绛、石榴、山花及苏方木等。

93

什么是臂钏？

臂钏（chuàn），属镯类，戴在手腕处的叫手镯，佩戴在手臂上的叫臂钏，故臂钏也称为"臂镯"、"臂环"，是妇女最重要的臂饰。古代女子的臂钏又称"缠臂金"，苏东坡《寒具》诗中就有："夜来春睡浓于酒，压褊佳人缠臂金。"

商代金臂钏

早期臂钏实物多出现于北方地区，通常将金银条锤扁，盘绕成螺旋圈状。所盘圈数多少不等，少则三圈，多则五圈八圈，并有花、素之分：镂刻有花纹的，称"花钏"，素而无纹的，称"素钏"。无论从什么角度观察，所见都为数道圆环，宛如佩戴着几个手镯，而"钏"字的造形从"金"、从"川"，其中的"川"字即象形而来。

西汉以后，佩戴臂钏之风盛行，一直延续到今天。钏的材料多用金、银等贵金属，其样式繁多，有自由伸缩型的，这种臂环可以根据手臂的粗细调节环的大小。宋人沈括在《梦溪笔谈》中写道："余又尝过金陵，人有发六朝陵寝，得古物甚多。余曾见一玉臂钗，两头施转关，可以屈伸，合之令圆，仅于无缝，为九龙绕之，功侔鬼神。"还有一种叫做"跳脱"的臂环，如弹簧状，盘拢成圈，少则三圈，多则十几圈，两端用金银丝编成环套，用于调节松紧。这种"跳脱"式臂环，可戴于手臂部，也可戴于手腕部。

94

"巾帼不让须眉"的"巾帼"为什么代指女性?

巾帼之饰

巾帼是古人使用的一种首饰，宽大似冠，高耸显眼，内衬金属丝套或用削薄的竹木片扎成各种新颖式样，外紧裹一层彩色长巾。这种冠饰罩住前额，围在发际，两侧垂带，结在项中，勒于后脑，既不同于发式，也不同于裹巾，而且还可以随时戴取。

先秦时期，男女都能戴巾帼用作首饰。到了汉代以后，巾帼成为妇女专用的妆饰。在汉代，宫廷贵族夫人戴帼是一种礼仪，因而，巾帼遂成为妇女的代称。宋代抗金女将梁红玉、近代民主革命家秋瑾，人们都称赞她们是巾帼英雄、巾帼豪杰。

正是基于巾帼的特殊含义，古人有时以赠送巾帼给男子对其进行侮辱。《三国志·魏书·明帝叡传》提到诸葛亮送给司马懿一顶巾帼，就是讥讽司马懿像个女人，不敢与蜀兵交战。《南史·萧宏传》也记载说："魏人知其不武，遗以巾帼。"

95

"鳞次栉比"的"栉"指的是什么?

栉是梳、篦的通称，质地多样，有木、角、骨、玉等。古代男女蓄发，发式各异。男子发式，多作椎形，便于冠巾。扎束以后，穿以簪固定。女子发式，更要加饰物，如栉、笄、钗等，插在发上，增其美观，并不固发，纯为首饰。栉是古人较为普遍的发上首饰。如杜甫《过客相寻》："地幽忘盥栉，客至罢琴书。"苏东坡《于潜令刁同年野翁亭》：“山人醉后铁冠落，溪女笑时银栉低。”

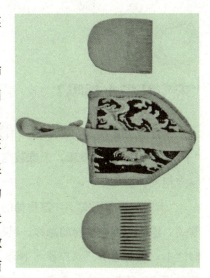

唐代栉及栉袋

中国自古便注重礼仪，人们对自己的仪容妆饰十分重视，梳篦使头发洁净无尘、丝丝相现，因此，早在四千年前，我们的祖先便有插梳的习惯。春秋以前的梳子形制复杂、装饰考究，但外形特征基本一致，都是直竖形：梳把较高，横面较窄，很少作方形或扁平的。从战国到魏晋南北朝，梳篦的材料一直以竹木为主，尤以木料最常见。梳篦的造型，多上圆下方形似马蹄。隋唐五代的梳篦，多做成梯形，高度明显降低，其质料及装饰视用途而别。宋朝以后，梳子的形状趋于扁平，一般多作半月形。明清时期的梳篦样式，基本保持宋制。

96

为什么常用“膏粱”代指精美的食物？

“膏粱”，指肥肉和细粮，泛指美味的饭菜。具体来讲，“膏”是指油脂、肥肉。“粱”是指精米、精面，也就是精加工的细粮。细粮的粗纤维含量低，淀粉、蛋白质含量较高。经过精加工以后，脱去了皮壳，磨细过筛，进一步去粗取精，剩下的就更加甘甜，有粘性，不会粗砺难以下咽，口感、色泽都好。

在大多数穷苦老百姓只能吃糠咽菜的年代，膏粱也就成了富裕的象征，因而代指富贵生活。《红楼梦》第四回有：“所以这李纨虽青春丧偶，且居于膏粱锦绣之中，意如槁木死灰一般。”膏粱、锦绣就是形容吃喝穿戴奢侈华贵。

基于此，“膏粱子弟”即指官僚、地主等有钱人家的子弟。如《文心雕龙·杂文》说：“盖七窍所发，发乎嗜欲，始邪末正，所以戒膏粱之子也。”《资治通鉴·齐纪·明帝建武三年》也有：“未审上古已来，张官列位，为膏粱子弟乎？为致治乎？”

97

"禾"是指水稻吗？

禾，最初专指粟，即小米，后来又作粮食作物的总称。《诗经·豳风·七月》："十月纳禾稼，黍稷重穋，禾麻菽麦。"第一个"禾"字泛指粮食作物，第二个"禾"字专指粟。

"禾"字为象形文字，像垂穗的禾本科农作物。因此，后来"禾"字多与农作物有关，遂成为谷类作物的总称。《说文》："禾，嘉谷也，以二月而种，八月而熟，得时之中，故谓之禾。"《广雅·释草》："粢黍稻其采谓之禾。盖凡谷皆以成实为费，禾象穗成，故为嘉谷之通名，谷未秀曰苗，已秀曰禾。"

 98

烧卖是什么时候出现的？

烧麦，又称"烧卖"、"肖米"、"稍麦"等，是一种以烫面为皮裹馅，上笼蒸熟的面食小吃。它起源于包子，与包子的主要区别除了使用未发酵的面制皮外，还在于顶部不封口，作石榴状。

烧卖在中国土生土长，历史相当悠久。最早的史料记载是在14世纪高丽（今朝鲜）出版的汉语教科书《朴通事》上，记有元大都（今北京）出售"素酸馅稍麦"。到了明清时代，"稍麦"一词虽仍沿用，但"烧卖"、"烧麦"的名称也出现了，并且以"烧卖"出现得更为频繁。如《儒林外史》第十回："席上上了两盘点心，一盘猪肉心的烧卖，一盘鹅油白糖蒸的饺儿。"《金瓶梅词话》中也有"桃花烧卖"的记述。清朝乾隆年间的竹枝词有"烧麦馄饨列满盘"的句子。

现在中国南北方都有烧卖，在江苏、浙江、两广一带，人们把它叫做烧卖，而在北京等地则将它称为烧麦。烧麦喷香可口，兼有小笼包与锅贴之优点，民间常作为宴席佳肴。

99

元宵节吃汤圆是什么时候开始的？

汤圆是我国的代表小吃之一，是用各种果饵做馅，外面用糯米粉搓成球，煮熟后，吃起来香甜可口。明代刘若愚《酌中志》记载："用糯米细面，内用核桃仁、白糖、玫瑰为馅，洒水滚成，如核桃大小，即江南所称汤圆也。"

元宵节吃汤圆据传最早在西汉时期。相传汉武帝时宫中有一位宫女，名叫元宵，长年幽于宫中，思念父母，终日以泪洗面。大臣东方朔决心帮助她，于是对汉武帝谎称，火神奉玉帝之命于正月十五火烧长安，要逃过劫难，唯一的办法是让元宵姑娘在正月十五这天做很多火神爱吃的汤圆，并由全体臣民张灯供奉。汉武帝准奏，元宵姑娘终于见到家人。此后，便形成了元宵节，人们开始在此节日吃汤圆。

汤圆由糯米制成，或实心，或带馅，馅有豆沙、白糖、山楂等各类果料，食用时煮、煎、蒸、炸皆可。起初，人们把这种食物叫"浮圆子"，后来又叫"汤团"或"汤圆"，这些名称与"团圆"字音相近，取团圆之意，象征全家人团团圆圆，和睦幸福，以此怀念离别的亲人，寄托对未来生活的美好愿望。

100

"寒具"是什么东西？

寒具，亦称"馓"、"环饼"等，俗称"馓子"，本是古代寒食节禁火时用以代餐的食品，后成为一种平时的点心。它是用面粉、糯米粉加盐或蜜、糖，搓成细条，油煎而成。其形状各异，或为麻花，或为栅状。

寒具的称谓，始见载于《周礼·笾人》："朝事之笾，其实黄、白、黑……"注："朝事，谓清朝，未食，先进寒具口实奕之笾。"此寒具即是泛指制熟后冷食的干粮。又因春秋战国时期，古人在寒食节禁火时食用，于是，耐储好吃的馓子、麻花之类油炸面食品，便成为寒食节诸食品中的佼佼者，遂冠以"寒具"的美名，伴随寒食节而流传下来。

南北朝时，寒具被列为珍贵食品之一，此后历代传习。如《齐民要术》："细环饼，一名寒具，脆美。"五代时金陵"寒具"即很出名，"嚼着惊动十里人"，可见其制作技艺之精湛。苏轼《寒具》诗也有："纤手搓来玉数寻，碧油煎出嫩黄深。"

随着时代的推移，寒具从原料到制作都有改进，已由过去糯米粉改为面制油炸，更具有了酥脆、形美、耐久存的特点。现今寒具食品馓子、麻花，全国南北均有制作，一般需经和面、盘条、油炸等工序，其形精巧，风味各异。

 101

古今的"羹"一样吗？

古代的羹指的是肉汤。"羹"，从羔，从美。古人的主要肉食是羊肉，所以用"羔"、"美"会意，表示肉的味道鲜美。羹在古代主要有两种，一种是不加调料、不加菜蔬的纯肉汤。如《国语·臧哀伯谏纳郜鼎》："是以清庙茅屋，大路越席，大羹不致，粢食不凿，昭其俭也。"另一种是用肉或菜调和五味做成的带汁的肉汤。如《孟子·告子上》："一箪食，一豆羹，得之则生，弗得则死。"《说文》："五味和羹。"

羹发展至今天，则泛指各种浓汤类食物，如以玉米为主要材料的玉米羹、以牛肉为主要材料的西湖牛肉羹等。可以说，今天"羹"的使用范围更加扩大了。

 102

古代的糖是什么样的？

中国是世界上最早制糖的国家之一，早期制得的糖主要是饴（yí）糖，而蔗糖是到了唐代才产生的。饴糖是一种以米（淀粉）和麦芽经过糖化熬煮而成的糖，呈粘稠状，俗称麦芽糖。自西周创制以来，民间流传普遍，广泛食用。

将谷物用来酿酒造糖是人类的一大进步。《诗经·大雅·绵》："周原膴膴，堇茶如饴"，意思是周的土地十分肥美，连堇菜和苦苣也像饴糖一样甜。说明远在西周时就已有饴糖。饴糖被认为是世界上最早制造出来的糖。饴糖属淀粉糖，故也可以说，麦芽糖的历史最为悠久。

西周至汉代的史书中都有饴糖食用、制作的记载。其中，北魏贾思勰所著的《齐民要术》记述最为详尽，书中对饴糖制作的方法、步骤、要点等都作了叙述，为后人长期沿用。时至今日，这类淀粉糖的甜味剂仍有生产，也有较好的市场，在制糖业中仍有一定地位。

"西瓜"之名因何而来？

西瓜堪称瓜中之王，因在汉代时从西域引入，故称西瓜。《农政全书》："西瓜，种出西域，故名之。"西瓜原产于北非的撒哈拉一带，由埃及传入中亚，由中亚传入我国的新疆喀什，由喀什传入哈密、吐鲁番，再从吐鲁番传入内地。西瓜品种很多，其皮色分青、绿，其瓤则有红、白品种，其种子有黄、红、黑、白色等品系。

第一部介绍西瓜种植的农书，是元代至元十年（1273）官修农书《农桑辑要》，王祯的《农书》和徐光启的《农政全书》都加以引用。第一次提到西瓜药用价值的是元代吴瑞德的《日用本草》，称西瓜"清暑热，解烦渴，宽中下气，利小水，止血痢"。

由于西瓜深受人们喜爱，所以它也成为历代文人墨客吟咏的题材。如南宋范成大《咏西瓜园》："碧蔓凌霜卧软沙，年来处处食西瓜。形模濩落淡如水，未可葡萄苜蓿夸。"明代李东阳《如贤馈西瓜及槟榔》："汉使西还道路赊，至今中国有灵瓜。香浮碧水清先透，片遂鸾刀巧更斜。"清代纪晓岚《咏西瓜》："种出东陵子母瓜，伊州佳种莫相夸。凉争冰雪甜争蜜，消得温曦顾煮茶。"

"户枢不蠹"的"户枢"指的是什么？

"户"，古代指单扇的房门。"枢"，指的是门上的转轴。"户枢"，指的是门轴。

如东汉荀悦《汉纪·哀帝纪下》："又传言西王母告百姓：'佩此符者不死。不信我言，视户枢中有白发。'"唐元稹《后湖》："朝餐有庭落，夜宿完户枢。"北宋梅尧臣《一日曲》："世本富缯绮，娇爱比明珠。十五学组纴，未尝开户枢。"

"户枢不蠹"的意思是，门轴经常转动，故不会被虫蛀。比喻经常运动的东西不容易受侵蚀，也比喻人经常运动可以强身。"户枢不蠹"，亦作"户枢不蝼"，亦作"户枢不朽"。如《吕氏春秋·尽数》："流水不腐，户枢不蝼，动也。"

105

"祸起萧墙"的"萧墙"指的是什么？

"萧墙"，指的是古代国君宫殿大门内外，面对大门起屏障作用的矮墙，即今之照壁。"萧"通"肃"，比喻内部。"萧墙"又称"塞门"，亦称"屏"。《论语·八佾》中就有："邦君树塞门，管氏亦树塞门。"疏："塞犹蔽也。"《礼纬》："天子外屏，诸侯内屏，大夫以帘，士以帷。"萧墙的作用，在于遮挡视线，防止外人向大门内窥视，因此萧墙之内常常用来指代家里，如果家里、内部发生祸乱，则常说"祸起萧墙"。如《论语·季氏》记载："今由与求也，相夫子，远人不服而不能来也；邦分崩离析而不能守也；而谋动干戈于邦内，吾恐季孙之忧，不在颛臾，而在萧墙之内也。"

106

古代的"几"就是现在的茶几吗？

古代的"几"不仅仅就是现在的茶几，其依用途的不同，可分为茶几、炕几、香几、花几等。茶几一般以方形或长方形居多，高度与扶手椅的扶手相当。通常情况下是两把椅子中间夹一茶几，用以放杯盘茶具，故名茶几。茶几是入清之后开始盛行的家具。与茶几相应，套几是清代十分有特色的家具。套几可分可合，使用方便，一般为四件套，同样式样的几逐个减小，套在上一个腿肚内，收藏起来只有一个几的体积，其他小几套在其中，故名"套几"。

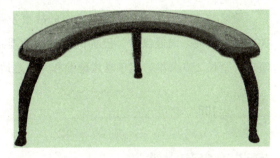

战国楚陈物漆木几　　　　　　　　　　　　　　　　　　曲木抱腰式凭几

　　炕几也叫靠几、凭几，长和宽的比例与炕案相仿，高度一般较炕案还要矮些，明清两代炕几的使用很普遍，且有很大的讲究。明代高濂《遵生八笺》记载："靠几，以水磨为之。高六寸，长二尺，阔一尺，有多置之榻上，侧坐靠衬，或置薰炉、香合、书最便。"

　　香几是为供奉或祈祷时置炉焚香用的一种几，也可陈设老式表盒。香几的使用大多成组或成对，个别也有单独使用的。香几的式样较多，有高矮之别，且不专为焚香，也可别用，如摆放各式陈设、百玩之类，以供清玩，甚快心目。

　　花几，又称花架或花台，大都较高，是一种高几，专门用于陈设花卉盆景，多设在厅堂各角或正间条案两侧。花几比茶几出现更晚，明代未有这种细高造型的几架，可能到清中期以后才出现。晚清时花几盛行，流传于世的大多是此时期的作品。

107

栈道是什么样的道路？

　　栈道，又称"阁道"、"复道"，是沿悬崖峭壁修建的一种道路。中国在战国时即已修建栈道。如《战国策·秦策》："栈道千里，通于蜀汉。"注："栈，棚也。施于险绝以济不通。"

　　栈道的主要形式是在悬崖峭壁上凿孔，插入木梁，上铺木板或再覆土石。也有在石崖上凿成台级，形成攀援上下的梯子崖；还有在陡岩上凿成的隧道或半隧道；

此外，古代高楼间架空的通道也称栈道。

著名的"明修栈道，暗渡陈仓"的故事发生在楚汉之争时期，此"栈道"是从关中翻越秦岭，南通汉中、巴蜀的古代交通要道，由秦岭古道、褒斜道、连云栈道组成，全长250公里，架于悬崖绝壁和泥沼之地。

108

何谓"銮和之鸣"？

铜銮铃示意图

铜和铃

銮，即銮铃，亦作"鸾铃"，是安装在古代乘车上的响铃，它一般立在驾辕马匹的轭顶与衡之上。和，即和铃，是挂在车厢前栏轼上的响铃。

銮铃形似拨浪鼓，由上下两部分构成：上部分是铃体，呈扁圆形，如两轮对合，边缘较宽，轮面上有辐射状镂孔。球体中空，内置弹丸，多为石质。振动时，发出声响。下部分为一长方形銮座，两侧有钉孔，固定在轭顶和衡之上。西晋崔豹《古今注·舆服》曰："《礼记》云：行前朱鸟，鸾也。前有鸾鸟，故谓之鸾；鸾口衔铃，故谓之鸾铃。"和铃是挂在车轼上的，近似甬钟，内有小舌。车辆行进时，銮、和同时发出阵阵铃声。在古代，为区别等级，凡朝廷、贵戚和重臣的乘车之上，所置銮铃、和铃之数各有等差，如在唐代，天子车辆为"十二鸾在衡，二铃在轼"，皇后只能在重翟车上有"八鸾在衡"，皇太子车舆，仅金辂可以"八鸾""二铃"，其余车辆不能置鸾铃，王公以下对于车辆所置鸾铃更是严格规定。

古代的"辇"就是"轿子"吗?

辇,古代用人挽行的交通工具。《说文》:"辇,挽车也。"注:"谓人挽行之车也。"《左传·庄公十二年》:"以乘车辇其母。"注:"驾人曰辇。"因此,辇车,即是古代用人挽拉的辎重车,或指古代宫中用的一种便车,多用人挽拉;辇舆,用人拉车,即后世的轿子。

秦汉后,辇特指帝后所乘的车。如辇辂,即皇帝的车驾;辇毂,即皇帝坐的车子。杜牧《洛中二首》有:"一从翠辇无巡幸,老却蛾眉几许人。"李商隐《曲江》也有:"金舆不返倾城色,玉殿犹分下苑波。"

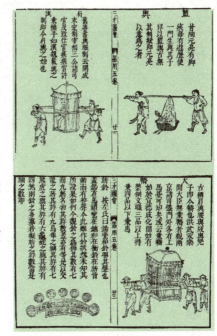

《三才图会》之"篮舆、肩舆、大轿"

110

古人如何斗鹌鹑？

斗鹌鹑，亦称"冬兴"（因其多在冬初进行而得名）、"鹌鹑圈"，古时民间娱乐活动之一，最早出现于唐玄宗时代，当时西凉人进献鹌鹑，能随金鼓节奏争斗。之后宫中便流行饲养鹌鹑取乐。唐宋以后，斗鹌鹑开始由宫廷传向民间，以致后来成为人们消闲时取乐和赌博的活动。不少史料对此都有记载，如明人谢肇淛（zhè）《五杂俎》记载："江北有斗鹌鹑，其鸟小而驯，出入怀袖，视斗鸡又似近雅。"又清葛元煦《沪游杂记》云："沪人霜降后喜斗鹌鹑，畜养者以绣囊悬胸前，美其名曰'冬兴将军'。"清顾禄《清嘉录》云："霜降后，斗鹌鹑角胜，标头一如斗蟋蟀之制，以十枝花为一盆，负则纳钱一贯二百，若胜则主家什二而取。每斗一次，谓之一圈。斗必昏夜。"古人在斗鹌鹑之前，先贴标头、分筹码，并将两只公鹌鹑同时放进箩圈内（故斗鹌鹑又叫"鹌鹑圈"）。一般而言，斗鹌鹑多在早晨举行，因为早上鹌鹑肚子饿，为了争夺食物，鹌鹑的斗性很容易被激发。决斗过程中，如果其中一只鹌鹑突然飞了，或是不斗了，

斗鹌鹑

在箩圈中被对方追得乱跑，则宣布失败。鹌鹑一旦被咬败一次后，便终生不再参赛，著名的歇后语"咬败的鹌鹑斗败的鸡——上不了阵势"，就与此项活动有关。

111

成语"二龙戏珠"描绘的是怎样一种活动？

在古代，人们将"龙"视为吉祥的化身，早在殷商时代，铜器和骨刻上就有龙形图案。后来人们又用"龙灯"这一形式来表达祈求风调雨顺的美好愿望。龙灯，也叫"龙舞"，在汉代民间已相当普遍，唐、宋时期的"社火"、"舞队"表演中，"耍龙灯"更是常见的表演形式之一。宋人吴自牧在其《梦粱录》中曾这样描述南宋临安（今杭州）元宵节当夜舞龙灯的情景："又以草缚成龙，用青幕遮草上，密置灯烛万盏，望之蜿蜒如双龙之状。"两条明光闪闪的烛光双龙在黑夜蜿蜒游动，场面十分壮观。除元宵节之外，人们在春节、灯会、庙会及丰收年，都会举行舞龙灯的活动，试图通过舞龙来祈祷神龙的保佑，以求得风调雨顺、四季丰收。"龙身"一般内由竹、铁扎结而成，外则用绸缎或布匹包裹，并在龙身内点上蜡烛。舞龙者由数十人组成，一人在前用绣球斗龙，其余全部举龙。舞龙灯动作花样繁多，"二龙戏珠"、"双龙出水"、"火龙腾飞"、"蟠龙闹海"等成语常用来形象地描述舞龙动作。

112

古时人们为什么喜欢养金鱼？

我国养金鱼的历史非常悠久。金鱼的体态各不相同，花样纷呈，给人们的生活带来不少趣味。我国历代文豪诗人，有感而发，写出不少有关养金鱼的诗文。苏东坡《去杭十五年复游西湖用欧阳察判韵》诗曰："我识南屏金鲫鱼，重来拊槛散斋余。还从旧社得心印，似省前生觅手书。葑合平湖久芜漫，人经丰岁尚凋疏。谁怜寂寞高常侍，老去狂歌忆孟诸。"王世贞《玉泉寺观鱼》诗云："寺古碑残不记年，清池媚景且流连。金鳞惯爱初斜日，玉乳长涵太古天。投饵聚时霞作片，避人深处月初弦。还将吾乐同鱼乐，三复庄生濠上篇。"从上述这些诗文，我们不难看出古人对养金鱼的喜爱之情。中国古代养金鱼源于什么呢？目前还没有定论，不过有学者认为与佛教有关。佛教信条戒杀生、善放生与普渡众生。佛教传说龙女金鲤转世做人，于是各寺前纷纷建立金鱼池，作为放生池。世人向池内放生金鱼，向佛表示赤诚，表达延寿添福、繁衍子孙、永祈和平等美好心愿。

113

古人养的宠物有哪些？

现在，很多人喜欢饲养猫、狗等宠物用来增加生活的乐趣。其实，古时人们也喜欢养宠物，而且所养宠物还颇有个性。比如著名的书法家王羲之喜欢养白鹅，晋代高僧支道林喜欢养骏马和丹顶鹤等。再以蟋蟀为例，虽然现代已经很少有人将之当宠物来养了，但在从前它可是非常流行的"宠物"。南宋宰相贾似道曾著有《促织经》（促织是蟋蟀的别称），这是中国古代最早的一部专论蟋蟀的书。此外，南京图书馆还收藏有民国十年铅印本《促织经》一卷，大体以贾似道的《促织经》为体例，详述了蟋蟀的相法、养法、斗法、种类等。此外，古代文献中还有不少关于养犬、

唐·周昉《簪花仕女图》（局部），贵妇逗猧子图

猫、鸟的记载，如《史记·平准书》中就有秦代宫廷养狗的描绘："水衡、少府、大农、太仆各置农官，往往即郡县比没入田田之。其没入奴婢，分诸苑养狗马禽兽，及与诸官。"可以说，我国是饲养宠物历史悠久的国家。到清代，甚至出现专门饲养宠物的官员。《清史稿·职官志》记载："管理养鹰狗处大臣，无员限。养鹰鹞处统领二人。侍卫内拣补。蓝翎侍卫头领、副头领各五人。六品冠戴。养狗处统领二人。蓝翎侍卫头领五人，副头领十人，六品冠戴九人。七品一人。笔帖式六人。初设养狗处及鹰房、鸦鹘房。乾隆十一年改房为处。三十一年裁养鸦鹘处。其员额并入鹰上。"

114

古代的弹棋是怎么玩的？

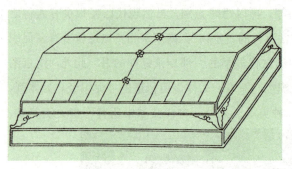

弹棋盘，引自日本《古事类苑》

弹棋，古代棋戏之一，最初主要在西汉末年的宫廷和士大夫中盛行。据晋葛洪《西京杂记》卷二中记载："（汉）成帝好蹴踘。群臣以蹴踘为劳体，非至尊所宜。帝曰：'朕好之。可择似而不劳者奏之。'家君作弹棋以献。帝大悦。赐青羔裘、紫丝履，服以朝觐。"由此可知，弹棋以解决"劳体"问题而取代蹴鞠引入宫禁中。汉代弹棋，所用棋局为正方形，魏文帝《弹棋赋》曾如是描述弹棋棋局："惟弹棋之嘉巧，邈超绝其无俦。苞上智之弘略，允贯微而洞幽。局则荆山妙璞，发藻扬晖。丰腹高隆，庳根四颓。平如砥砺，滑若柔荑。棋则玄木北，干素树西枝。洪纤若一，修短无差。"至于弹棋的玩法，据《艺经》记载："弹棋，两人对局，白黑棋各六枚，先列棋相当，更先弹也。其局以石为之。"即双方各持六枚棋子，以自己的棋子去击弹对方的棋子。到唐代，弹棋数量增加了一倍，两方各持十二枚棋子，其中一半"贵子"，一半"贱子"，以红黑两色以示区别。玩棋的人都应先以贱子去击触对方的棋子，不得已才用贵子。《天中记》载："唐顺宗在春宫日，甚好之，时有吉达、高铖、崔同、杨同愿之徒悉为名手。有窦深、崔长孺、甄偶、独孤文德亦为亚焉。"李欣《弹棋歌》亦云："崔侯善弹棋，巧妙尽于此……坐中齐声称绝艺。"可见唐代弹棋水平之高。时至宋代，流行了几百年时间的弹棋突然销声匿迹，其玩法也从此失传。值得一提的是，自十六、十七世纪以来，台球风靡欧洲许多国家，而后传入日本，近年又盛行于我国各地。有学者认为台球与弹棋的玩法皆是在一个盘上，击一球，令其滚动去撞击另一球，便提出二者具有渊源关系，但因史料所限，目前尚难定论。

古人斗茶斗的是什么？

斗茶，又叫"斗茗"、"茗战"，开始于唐代。据学者考证，斗茶创于出产贡茶闻名于世的福建建州茶乡。斗茶一般在每年春季新茶制成时进行，茶农、茶客们将新茶拿来比斗，比技巧、斗输赢，富有趣味性和挑战性。斗茶的场所，多选在较有规模的茶叶店。参加斗茶之人，要各自献出所藏名茶，轮流品尝，以决胜负。比赛内容包括茶叶的色相与芳香度、茶汤香醇度、茶具的优劣、煮水火候的缓急等等。斗茶要经过集体品评，以俱备上乘者为胜。斗茶多为两人"厮杀"，"三斗二胜"，计算胜负的单位术语叫"水"，一般说两种茶叶的好坏为"相

斗茶

差几水"。具体说来，古人斗茶主要斗两方面，一是斗汤色，即茶水的颜色。标准是以纯白为上，青白、灰白、黄白，等而次之。色纯白，表明茶质鲜嫩，蒸时火候恰到好处；色发青，表明蒸时火候不足；色泛灰，蒸时火候太老；色泛黄，则表明采摘不及时；色泛红，炒焙火候过了头。蔡襄在《茶录》就曾说："茶色贵白"，"以青白胜黄白"。二是斗汤花，即指汤面泛起的泡沫。汤花泛起后，水痕出现早者为负，晚者为胜。宋祝穆在其《方舆胜览》中云："斗试之法，以水痕先退者为负，耐久者为胜。"由此不难知道水痕出现的早晚，是判定汤花优劣的重要依据。

116

在古代粽子除了食用还有啥用途？

端午节吃粽子是中国一大传统习俗，不过除此以外，粽子还有娱乐功能。唐代宫中就曾盛行过射粉团游戏。粉团即指粽子，又名"角黍"。射粉团是一项射箭类游戏，据五代王仁裕《开元天宝遗事》卷上《射团》记载："宫中每到端午节，造粉团、角黍，贮于粉盘中，以小角造弓子，纤妙可爱，架箭射盘中粉团，中者得食，盖粉团滑腻而难射也，都中盛为此戏。"宫中每到端午，造粉团、角黍置于盘中，再制作纤巧的小角弓，箭射盘中的粉团，射中者得食之。不过后妃们是不吃的，原就只是为了图个热闹，最后一般都赏赐给了宫人。当然，因为粉团滑腻又小，想射中它可不是件简单容易的事，所以玩起来很有一番乐趣。明清时期，射粉团游戏仍然存在，清朝乾隆时期徐扬著有《端阳故事八帧》，其中就有《射粉图》。

117

成语"桃弓射鸭"中"射鸭"是什么意思？

现在人们常用"桃弓射鸭"这一成语来形容隐士的闲逸生活，苏轼《读孟郊诗》之二有云："桃弓射鸭罢，独速短蓑舞。"那么，射鸭到底是什么意思呢？据史料记载，射鸭是古代一种射击类游戏，流行于唐、五代时期，一般在水上进行。《新五代史·唐纪》载:"三年春正月庚子,如东京,毁即位坛为鞠场。二月己巳,聚鞠于新场。乙亥,射雁于王莽河。辛巳,突厥浑解楼、渤海国王大諲譔皆遣使者来。射雁于北郊。乙酉,射鸭于郭泊。庚寅,射雁于北郊。三月乙未,寒食,望祭于西郊。庚申,至自东京。"同书《晋纪》亦载:"三年春二月丙子,回鹘使突厥陆来。壬午,射鸭于板桥。"具体而言,这一游戏的规则是将木制的鸭子放在水面上漂浮,比赛者轮流用弓箭射之,中者为胜。不少诗词文赋也对射鸭作过形象的描述,如王建《宫中三台词二首》之一:"鱼藻池边射鸭,芙蓉苑里看花。日色赭袍相似,不著红鸾扇遮。"《御猎》:"青山直绕凤城头,浐水斜分入御沟。新教内人唯射鸭,长随天子苑东游。"孟郊《送淡公》诗之四:"短蓑不怕雨,白鹭相争飞。短楫画菰蒲,斗作豪横归。笑伊水健儿,浪战求光辉。不如竹枝弓,射鸭无是非。"一般而言,射鸭这一游戏的主要参与者是后宫女性。

118

坐在"床"上如何溜冰?

拖冰床是我国北方地区的一种冰上游艺活动。冰床也称作"凌床",用木板做成,形状如床,可以坐三四人,下面安上铁条。因冰床需要一人在前用绳牵引,拖带行走,故该游戏被称为拖冰床。明刘若愚《明宫史·金集》中曾描述过拖冰床的情形:"冬至冰冻,呵拉拖床,以木作平板,上加交床或藁荐,一人在前引绳,可拉二三人,行冰上如飞。"《帝京岁时纪胜》亦载:"更将拖床连结一处,治酌陈肴于上,欢饮高歌,两三人牵

拖冰床图

引，便捷如飞。"当时人们在冰床上还就着美食小酌一把，令这种游戏更为趣味横生。拖冰床游戏历史较为悠久，宋沈括《梦溪笔谈》卷二十三《讥谑》曾记载："冬月作小坐床，冰上拽之，谓之凌床。余尝按察河朔，见挽床者相属，问其所用，曰：此运使凌床，此提刑凌床也。闻者莫不掩口。"可知宋代即已出现冰床。至明清时，拖冰床活动很普及，北京的什刹海、护城河、二闸，甚至皇城内的太液池都是活动的场所。当然，拖冰床并不限于北京，举凡北方的城镇乡村，只要是有水处，冬季都有拖冰床。现在，这一游戏仍深受人们喜爱，至于冰排子、冰爬犁等则是拖冰床的别称。

119

跑旱船是什么时候出现的？

跑旱船

跑旱船，民间岁时娱乐活动之一。一般在传统佳节如元宵节时表演。旱船多用竹、木、秫秸扎成，船的顶部都有船篷并绘以戏曲故事或花草，船身彩绘莲花等图案。一般而言，每条船需有两名表演者，一人作乘船状，一人则作摇橹状，且摇且晃。因船在平地上行走，故而得名"旱船"。《燕京岁时记》中曾描绘过跑旱船的情景："跑旱船者，乃村童扮成女子，手驾布船，口唱俚歌，意在学游湖而采莲者，抑何不自愧也！凡诸杂技皆京南人为之，正月最多。至农忙时则舍艺而归耕矣。"又据唐郑处海《明皇杂录》云："每赐宴设酺会，则上御勤政楼。金吾及四军兵士未明陈仗，盛列旗帜，皆帔黄金甲，衣短后绣袍。太常陈乐，卫尉张幕后，诸蕃酋长就食。府县教坊，大陈山车旱船，寻橦走索，丸剑角抵，戏马斗鸡。"可见跑旱船在唐代还是宫廷演出节目之一。需指出的是，跑旱船的表演形式分为谋生或娱乐两种。以谋生为目的的表演，每演出一场收取一些零钱；以娱乐为目的的表演，则多在庙会和春节期间表演，船的数量较多，场面也大。

120

古代的彩选游戏是怎么玩的?

　　彩选,一种古代博戏。宋高承《事物纪原》卷九记载:"彩选序曰:唐之衰,任官失序而廉耻路断,李贺州郃讥之,耻当时职任用投子之数,均班爵赏,谓之彩选,言其无实,惟彩胜而已。本朝(宋代)刘蒙叟陈尧佐虽各有损益,而大抵取法,及赵明远削唐杂任之门,尽以今制,专以进士为目,时庆历中也。元丰末,官制行,朱昌国又以寄禄新格为名。"清王士禛《香祖笔记》卷六:"古彩选始唐李郃,宋尹师鲁踵而为之。元丰官制行,宋保国者又更定之。刘贡父则取西汉官秩升黜次第为之,又取本

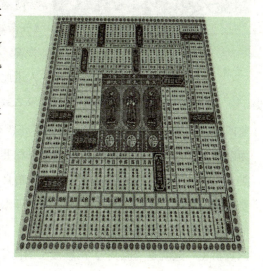

彩选图

传所以升黜之语注其下,其兄原父见之喜,因序之而以为己作。明倪文正公鸿宝,亦以明官制为图。"据此,彩选相传为唐代贺州刺史李郃所制。用骰子掷彩,依彩大小,进选官职。后赵明远、尹洙仿照李郃的升官图作彩选格。具体方法是把京外文武大小官位写在纸上,另用骰子掷之,依点数彩色以定升降,一为赃,二、三、五为功,四为德,六为才,遇一降罚,遇四超迁,二、三、五、六亦升转。

121

古代的骨牌是什么样的?

　　骨牌,又称牙牌,因其牌以兽骨为原料制成而得此名。骨牌至晚于北宋末年就

骨牌

已存在，明张自烈《正字通·牌》云："牙牌，今戏具。俗传宋宣和二年，臣某疏请设牙牌三十二扇，诗点一百二十有七，以按星宿布列之。……高宗时诏如式颁行天下，今谓之骨牌，然皆博塞格五之类，非必自宣和始也。"明谢肇淛《五杂俎》卷六："今博戏之盛行于时者，尚有骨牌。其法古不经见。相传始于宣和二年，有人进此，共三十二扇，二百二十七点，以按星辰之数。天牌二十四，象二十四气；地牌四点，象四方；人居中数，以象三才。其取名亦皆有意义。对者十二，为正牌；不对者八，为杂牌。三色成牌，两牌成而后出色以相赛。其取名如天圆、地方、樱桃、九熟之类，后人敷演其说，易以唐诗一句，殊精且巧矣。此戏较朱窝近雅，而较围棋为不费，一时翕然，亦不减木野狐云。"骨牌呈长方形，比麻将牌大，每扇牌面都由骰子的两个面拼成，如两个六点便成"天牌"，两个"幺"便是"地牌"，一颗五点一颗六点拼在一起就是"虎头"。两颗骰子的图案可以组合成二十一种不同的牌式，其中有十一种牌是成对的，叫做"文牌"，其余十种为单张，叫做"武牌"。一副骨牌一共为三十二张。

122

古代人如何打麻将？

打麻将，亦称"搓麻将"，是中国一项古老的娱乐活动和赌博活动。它变化多端，技巧性与偶然性并存，引起了很多人的兴趣。在唐朝有一种"叶子戏"，当时人用纸剪成与树叶相似的纸牌以供游戏，因此称叶子戏。后来，经过元、明、清各朝的演变发展，到清代中期，出现了四人斗牌的"麻雀"纸牌，俗称麻将牌。至清末民初时，麻雀纸牌又改成长方形硬质版，一般用竹子、牛骨、象牙、象骨、硬塑料制成。牌面分刻筒（又称"饼"）、索（又称"条"）、万三种，数各自从一至九，又加东、南、西、北、中、发、白，每类四张。一副麻将，一般包括两粒骰子，一百三十六张牌。有的还加"副牌"春、夏、秋、冬、财神、元宝等若干张。另外还有筹码若干个以及"庄头"一枚。玩牌通常有四人参加，打法很多，变化多端。麻将是一种能锻炼智力的娱乐方式，现已成为人民群众喜闻乐见的娱乐项目。

何谓"水秋千"？

水秋千

　　"水秋千"是古人把秋千游戏引入水游戏中来而创造的一种游戏，可以说是水上运动和秋千运动相结合的新的游戏形式，一般在农历五月左右举行，通常还伴有龙舟竞赛。这时无论是普通百姓还是王公贵族，都会前往观赏。五代花蕊夫人《宫词》有云："内人稀见水秋千，争擘珠帘帐殿前。第一锦标谁夺得，右军输却小龙船。"五代时的水秋千尚在初创时期，宫中也不常见，因此那些宫女们听说有人玩水秋千，便争着拨开珠帘，翘首以望。不过花蕊夫人诗中没有提供更多的水秋千的玩法。宋孟元老在其《东京梦华录》卷七"清明节"条中对水秋千的制置和玩法进行了详尽地描述："……又有两画船。上立秋千。船尾百戏人上竿。左右军院虞候监教。鼓笛相和。又一人上蹴秋千，将平架，筋斗掷身入水，谓之水秋千。水戏呈毕，百戏乐船并各鸣锣鼓，动乐舞旗，与水傀儡船分两壁退去。"可见，水秋千的木架是分立于两条画船之上的，游戏者荡起秋千，奋力蹬踏，待到荡得与架平行之时，顺势来个筋斗，腾空而起，再翻身入水。显然，这种水秋千的难度比较大，需要有专门训练的人才可进行表演，也就是说它不适合普通的人，属于一种观摩性的游艺活动。从某种意义上说，水秋千是跳水运动的前身。

○124

何谓藏钩？

藏钩图，引自日本《古事类苑》

藏钩是一种类似于猜有无的游戏。据《酉阳杂俎》记载："旧言藏钩起于钩弋，盖依辛氏《三秦记》，云汉武钩弋夫人手拳，时人效之，目为藏钩也。"汉武帝钩弋夫人的手总是握着拳，伸不开，见到汉武帝才伸开，里面握的是个钩子，武帝觉得十分有趣。后来，藏钩发展成游戏，其具体玩法在晋周处《风土记》中有记载："分二曹以校胜负。若人偶则敌对。若奇则使一人为游附，或属上曹，或属下曹，名为飞鸟，又今此戏必于正月。"即众人分成两队，如果人数为偶数，所分两队人数相等，互相对峙；如果是奇数，就让一人作为游戏依附者，可以随意依附这伙或那伙，称为"飞鸟"。游戏时，一伙人暗暗将一小钩或其他小物件攥在其中一人的手中，由对方猜在哪人的哪只手里，猜中者为胜。由于这种活动具有很强的趣味性，其玩法又较为简单，因此深得人们的喜爱。后宫之中颇为流行这种藏钩游戏，如花蕊夫人《宫词》之六十九云："管弦声急满龙池，宫女藏钩夜宴时。好是圣人亲捉得，便将浓墨扫双眉。"便形象描绘了宫廷生活的一个热闹场面：一面奏乐，一面玩藏钩游戏，而藏钩恰被君王猜中，于是采用恶作剧的形式，用浓墨给藏钩女子画眉。又据周处《风土记》载："腊日饮祭之后，叟妪儿童为藏钩之戏。"可见民间的老人小孩也喜欢玩这种不太费脑力和体力的游戏。

簸钱是什么游戏?

王建《宫词》之九十五云:"春来睡困不梳头,懒逐君王苑北游。暂向玉花阶上坐,簸钱赢得两三筹。"宫女们既不梳头也懒得追随皇帝游苑北,而是坐在台阶上玩起了簸钱游戏,那么,宫女们如此喜好的簸钱是一种什么游戏呢?据史料记载,簸钱又称打钱、掷钱、摊钱,其游戏方法是参与者先持钱在手中颠簸,然后掷在台阶或地上,依次摊平,以钱正反面的多寡决定胜负。某种程度上说,簸钱游戏曾经给宫廷女子的孤闷生活带来了不少欢乐。据《开元天宝遗事》卷上之"戏掷金钱"条记载:"内庭嫔妃,每至春时,各于禁中结伴三人至五人,掷金钱为戏,盖孤闷无所遣也。"除王建外,还有不少诗人也曾作诗描写过簸钱游戏,如王涯《宫词》之十四写道:"百尺仙梯倚阁边,内人争下掷金钱。风来竞看铜乌转,遥指朱干在半天。"又,司空图《游仙二首》之一:"蛾眉新画觉婵娟,斗走将花阿母边。仙曲教成慵不理,玉阶相簸打金钱。"有意思的是,唐代嫔妃中还曾用簸钱的方式来决定由谁侍帝寝。据《开元天宝遗事》"投钱赌寝"条云:"明皇未得妃子,宫中嫔妃辈投金钱赌侍帝寝,以亲者为胜。自杨妃入,遂罢此戏。"由此可知,投钱赌寝之举直到唐玄宗得到杨贵妃之后方才停止。

古代的"摸瞎鱼"是什么游戏?

摸瞎鱼,旧时一种儿童游戏,也叫"摸虾儿",曾流行于北方地区,通常在正月十四日进行。明沈榜在《宛署杂记》中记载燕都灯市,十四日,"群儿牵绳为圆城。空其中方丈,城中两儿轮以帕蒙目,一儿持木鱼,时敲一声,旋易其地以误之,蒙目者听声猜摸,以巧遇夺鱼为胜,则拳击执鱼者,出之城外而代之执鱼,又轮一儿入摸之,名曰'摸瞎鱼'"。此段记载意思是说,一群儿童用绳子牵成一个圆"城",

在"城"中有两个儿童，各用手帕厚厚地蒙上眼睛，一个儿童手里拿一只木鱼，敲一声便迅速换一个地方，另一小儿循着声音去摸，如逢巧摸上，就把木鱼夺下，执木鱼的人即被罚出"城"外。接着，由牵绳子的人中出一人作为摸者，木鱼改由原摸者敲，引其来摸，如此轮流往复。这一游戏很有特色，它既能训练儿童通过辨声提高寻找方位的能力，同时也能培养孩子们的反应能力，故广为流行。

127

古代的"打鬼"游戏是怎么玩的?

打鬼，古时儿童游艺之一，主要流传在我国黎族、土家族、苗族、壮族等南方少数民族中。明沈榜在《宛署杂记·民风》记载："正月十六日，小儿多群集市中为戏，首以一人为鬼，系绳其腰，群儿共牵之，相去丈余，轮次跃而前，急击一拳以去，名曰打鬼。期出不意，不得为系者所执，一或执之，即谓为被鬼所执，哄然共笑。捉代击者，名曰替鬼……以此占儿轻佻，盖习武之意。"《帝京景物略》卷二"城东内外"也记载："小儿共以绳系一儿腰，牵焉，相距寻丈，迭于不意中，拳之以去，曰打鬼。不得为系者儿所执，执者，哄然共代系，曰替鬼。更系更击，更执更代，终日击，不为代，则佻巧矣。"据此我们知道，此儿童游戏的玩法为：一位儿童被蒙上眼睛，扮做虚幻世界中的鬼。这个"鬼"的腰里系上一根绳子，由其他孩子在后牵着。打鬼游戏开始时，扮鬼者往前走，其他儿童牵着绳子随在扮鬼者的后面，并依次向前打鬼，打一轻拳后即马上后退。在击打鬼的一瞬间，扮鬼者是可以去击打打者的。捉住了，就表明打鬼的儿童被鬼勾走了。所以，击打者必须要机警、敏捷，既要大胆地去击打扮鬼者，又要不被扮鬼者捉去。如果被扮鬼者捉去了，就要去扮做鬼，扮鬼者则可以由鬼变为打鬼者，进入到牵鬼的行列中。这种打鬼游戏非常有趣，同时还能够培养孩子们无畏、勇敢的精神，锻炼孩子们的灵敏性和判断力。

128

"击壤"是什么游戏?

击壤,是一种古老的击木游戏。这一体育活动,在中国历史上经历了一段漫长的演变过程。相传"击壤"起始于帝尧时,据晋皇甫谧所著《帝王世纪》记载:"帝尧之世,天下太平,百姓无事,有老人击壤而歌曰:日出而作,日入而息,凿井而饮,耕田而食,帝力于我何有哉!"《论衡》、《艺经》也都记载了帝尧时期老人击壤的传说。

击壤

帝尧时的击壤似乎难于考察清楚,但在汉魏时期,社会上就确实存在有击壤这项体育娱乐活动。汉应劭《风俗通义》、三国时魏国邯郸淳《艺经》,为我们提供了一个大概的轮廓:击壤的玩法是在田头竖起一块小小的木头(即"壤"),比试的人们手里拿着另一块相同的木头,站在三四十步之外依次投击,看谁能打中"壤"。三国吴盛彦还曾留下一首《击壤赋》:"论众戏之为乐,独击壤之可娱。"此外,关于"壤"的样式,史籍记载也各不相同:晋代周处在其《风土记》里记载"壤"的样式为长一尺四寸,一头大一头小;而明代王圻《三才图会》中所绘"击壤"图,其"壤"的形状则像只鞋子。总的说来,击壤的投掷技巧讲究准确,后来出现了不少与击壤类似的投掷节目,比如投壶、抛球、抛剑等,透过这些节目,我们便可看到"击壤"这一古老游戏的影子。

◯ 129

我国古代体育运动中也有"保龄球"吗？

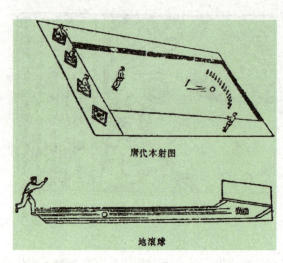

唐代木射图

地滚球

唐代木射图

中国古代球类比赛中有一种木射游戏，亦称"十五柱球"，唐代时创造。据唐陆秉编写的《木射图》一书介绍，木射"为十五笋以代侯，击地球以触之。饰以朱、墨字以贵贱之。朱者：仁、义、礼、智、信、温、良、恭、俭、让。墨者：慢、傲、佞、贪、滥。仁者胜，滥者负，而行一赏罚焉"。此文字虽然很简略，但已经基本把木射游戏的玩法说清楚了。这种球戏一般在室内进行，场地的一端设立十五个笋形平底的木柱，在每个木柱上分别用朱笔或墨笔写一个字：用朱笔在十柱上写"仁、义、礼、智、信、温、良、恭、俭、让"，五柱上用墨笔写"慢、傲、佞、贪、滥"。参加者用木球击向木柱，击中写有红字的木柱为胜，有赏；击中写有黑字的木柱为输，受罚。《中国大百科全书·体育卷》中提到，在公元三至四世纪的德国，有一种娱乐项目为地滚球，不过该节目并不设在游戏场所，而设在天主教堂里。起初，教徒们在教堂走廊里安放木柱用以代表异教和邪恶，然后用石头击木柱，击中可得好运、赎罪、消灾；击不中就要更加虔诚地信仰天主。显然，德国出现的地滚球与我国古代的木射颇为相似。此外，木射与保龄球亦有异乎寻常的相似性，然而我们在史料中却找不到二者在源流关系上的任何蛛丝马迹。

130

中国古代有水球运动吗?

水球,众所周知,是现代奥林匹克运动会比赛项目之一。其实,在我国古代也有水球,宋代宫廷中就有水球比赛。不过,中国古代水球比赛与现代水球比赛有很大的区别。中国古代的水球比赛不是在水中赛球,而是把球投掷入水中,谁投得远,谁就是胜利者。宋徽宗赵佶的一首宫词《掷水球》便描写了古代水球比赛的情况:"苑西廊畔碧沟长,修行森森绿影凉。戏掷水球争远近,流星一点耀波光。"球像流星一样飞落水中,与粼粼波光相映。除这首宫词外,关于我国古代的掷水球运动鲜有更为详细的记载。

131

用手也可"踢"毽子?

哆毽,即"拍毽子",是侗族男女青年最喜爱的一项体育活动,大约有千年历史。相传是由于插秧过程中一抛一接的扔秧动作,引出了哆毽这项活动。至宋代末年,人们已用稻草扎成小球在寨前屋后或山坡上互相抛接。到元朝时,逐步发展成现在的这种拍毽子运动。哆毽与踢毽子不同的是,哆毽不是用脚踢,而是用手拍毽子。具体比赛规则是:拍得最高、最远,接得最稳、落地最少者为优胜。哆毽的打法有男、女单打和男、女对打,也有团体赛。侗族哆毽技艺的表演尤为引人注目。技艺高超者,一口气可连续拍打六七百次之多,拍打变化无穷,动作优美,有时高抛加个鱼跃翻身,有时动作如凤凰展翅,有时全身扑下似海底捞针,让人应接不暇,叹为观止。可以说,哆毽是一种社交性的体育活动,像跳交谊舞一样不得拒绝对方邀请,否则会视为不讲礼貌,藐视对方。同时,哆毽也是青年男女表达爱情的媒介之一。男女对拍多在山坡上进行,彩毽飞来传去,称为"飞花传情"。总而言之,哆毽不仅能活动全身,锻炼臂力,增强体质,还可以促进社交活动。

132

打木球是一项什么样的体育活动?

打木球，俗称"打篮子"、"赶毛球"，是回族流行的体育活动之一。比赛所用木球是用一种硬度较强的木头制作的小球，坚硬而不易破裂。木球两端削成椭圆形，打时如果一头触地，就会改变方向。木球的比赛场地，一般长约30米、宽约20米，中间划有一道中场线，两边底线中间各置一个3米宽、0.5米高的球门。比赛分上下两场。比赛时，双方以球棍击打木球，最后以攻进球门多少球计胜负。比赛结束时，胜方将球击出，负方跑向落球点将球拾起跑回，一路不准换气，直到成功跑回，这是比赛后胜方对负方的惩罚。打木球运动器具简单、规则明确，打法灵活简便，竞争性、趣味性很强，同时，又有浓郁的乡土气息。打木球运动由来已久，相传清朝康熙皇帝微服私访时曾扮作乞丐来到宁夏巡察，一天看到几个牧羊的孩子打木球，十分热闹，就走上前观看。回到京城，康熙皇帝念念不忘"打木球"，就下令制作木球，于闲暇时"打木球"自娱，还曾组织宫人进行过比赛。民间传说虽不可尽信，但说明"打木球"似源于宁夏，至今已有三四百年的历史了。

133

中国古人如何进行举重运动?

在中国古代，举重运动颇为流行，主要的有扛鼎、翘关、武刀、举石等。关于扛鼎，我们在第一册中已经做了介绍，现主要说说翘关、舞刀和举石。

所谓翘关，据《文选·左思》李周翰注："翘关扛鼎，皆逞壮力之劲，能招门开也。……招与翘同。扛，举也。""翘"是举的意思，"关"是关城门用的大门柱，一般长四五丈，重几十斤至上百斤不等，翘关的意思即指用双手举起很重的门柱。翘关曾是中国古代最为普及的练力活动之一，据《列子》卷八记载："孔子之劲，能拓国门之关，而不肯以力闻。"孔夫子也曾是这一练力运动的参与者。又据《新唐书·

选举志》云："其外又有武举，盖其起于武后之时。长安二年，始置武举。其制，有长垛、马射、步射、平射、筒射，又有马枪、翘关、负重、身材之选。翘关，长丈七尺，径三寸半，凡十举后，手持关距，出处无过一尺；负重者，负米五斛，行二十步，皆为中第，亦以乡饮酒礼送兵部。其选用之法不足道，故不复书。"这说明翘关还曾经是唐代武举的科目之一。

除扛鼎、翘关外，古代举重项目还有舞刀等。舞刀，实际上是举刀，当然这种刀很重，而比赛花样有单手举、双手举和舞花刀等。可见，这些举重项目的区别主要在于所用器物的不同。

在中国古代举重的历史上，翘关、扛鼎都是较为古老的举重活动，至唐宋以后，由于石制品制作方便、成本较低，且易于抓举，举石便替代翘关、扛鼎而成为举重比赛中的主流项目。在中国古代笔记、小说中，常有对举石比赛的记述和描绘。如小说《水浒传》第二十八回中，就有关于武松举石的描写，从一个侧面反映了宋代的情况："武松把石墩略一摇，大笑道：'小人真个娇惰了，那里拔得动。'施恩道：'三五百斤的石头，如何轻视得它。'……武松便把上半截衣裳脱下来，拴在腰里，把那个石墩只一抱，轻轻地抱将起来，双手把石墩只一撇，扑地打下地里一尺来深。……武松再把右手去地里一提，提将起来，往空一掷，掷起去离地一丈来高。武松用双手只一接，接来轻轻地放在原旧安处。"从中可见，武松所举为石墩，且此石墩有三五百斤。在清朝的武举科目中，专门有举石一项，亦称为"掇石"，石重分为200斤、250斤、300斤三种。实际上，举石作为一种举重活动，主要还是作为武术训练的一个辅助项目，而且以举石担和举石锁为主，石担两头的圆石块甚至还专门被制作成不同的重量，以适应不同的人群及不同的训练目的。

134

何谓"驴鞠"？

驴鞠，顾名思义，即骑在驴背上挥杖击球，它同马球类似，也是唐宋时期开展的一项球类娱乐项目。众所周知，唐代盛行马球，从皇帝到臣僚，从将帅到士兵，都爱骑马打球，就连纤弱宫女、富家闺秀，都有骑马打球的。不过由于马性烈、个头高，不适于女子骑乘，因此，一些婀娜宫女、富家闺秀便改用生性温驯的驴，以驴代马，击球娱乐。当然，驴鞠同马球一样，亦受到唐代皇帝的推崇。据《旧唐书·敬宗纪》记载，敬宗时曾令"内园"宫女"分朋驴鞠"。《新唐书·敬宗纪》中也记载敬宗"观驴鞠于三殿"。此外，《资治通鉴》亦载，乾符二年（875）九月，唐僖宗"乘驴击球"。到了宋代，男子驴鞠已不为怪了。《东京梦华录》中曾形象描绘过驴鞠的场面："先设彩结小球门于殿前，有花装男子百余人，皆裹角子向后拳曲花幞头，半着红，半着青锦袄子，义襕束带，丝鞋，各跨雕鞍花鞴驴子，分为两队，各有朋头一名，各执彩画球杖，谓之'小打'。一朋头朋杖击弄球子，如缀球子，方坠地，两朋争占，供与朋头，左朋击球子过门入盂为胜，右朋向前争占，不令入盂，互相追逐，得筹谢恩而退。"由上还可知，宋代"驴鞠"又被称为"小打"。

135

古人如何表演"吞刀吐火"杂技？

吞刀，引自日本《信西古乐图》

吞刀吐火，古代一种杂技表演，表演者吞下利刃，或者将燃着物置于口中，喷吐火苗。汉张衡《西京赋》曾记载："吞刀吐火，云雾杳冥。"据史书记载，此杂技在西汉时就已存在，据《汉书·张骞传》："大宛诸国发使随汉使来，观汉广大，以大鸟卵及黎轩眩人献于汉。"唐颜师古注曰："眩，读与幻同。即今吞刀吐火，植瓜种树，屠人截马之术皆是也。本从西域来。"《晋书·夏统传》也有同样记载："甲夜之初，撞钟击鼓，间以丝竹，丹、珠乃拔刀破舌，吞刀吐火，云雾杳冥；流光电发。"可见，此项杂技表演似从西域传入。《旧唐书·音乐志》又记载："其后复《高纮紫鹿》。后魏、北齐，亦有《鱼龙辟邪》、《鹿马仙车》、

《吞刀吐火》、《剥车剥驴》、《种瓜拔井》之戏。"到了宋代，"吞刀"则发展成为"吃剑"；"吐火"现象则更为奇瑰。据孟元老《东京梦华录》记载：北宋艺人常常爬至高竿顶端"口吐狼牙烟火"。后来"吐火"逐步发展成为两种：一是口含松香粉，对准明火吹喷，顿时出现大片耀眼火花。这种魔术技巧逐渐为戏曲所吸收，现代戏曲表演神怪出现时仍有所应用；二是将纸条撕碎了，并交待无火的痕迹，然后纳入口中，顷刻生烟，喷出明火，火苗可达尺余。

136

吐火，引自日本《信西古乐图》

古代的"弄丸"杂技是怎么表演的?

弄丸，亦称"跳丸"、"抛丸"，古代杂技项目之一，即表演者两手快速地连续抛接若干弹丸，一个在手，数个滞空，递抛递接，往复不绝，与现代杂技手技节目中的抛球极为相似。这项杂技要求表演者动作敏捷、准确、利落，连续性强。据史学家考证，此杂技最迟在春秋战国时期就已出现。《庄子》卷八就曾记载："市南宜僚弄丸而两家之难解。"注："宜僚善弄九铃，常八个在空中，一个在手。楚与宋战，宜僚披胸受刃，于军前弄丸，一军停战，遂胜之。"大意是说，楚国的宜僚能将九个球依次抛起，八个在空中，一个在手中，循环往复，终不脱手坠落。此外，不少史料对弄丸都有所记载，如《山东汉画像石选集》中有汉代画像描绘弄丸者两手并用同时玩十一个丸的精彩场景；《后汉书·西域传》注引鱼豢《魏略》曰："大秦国俗多奇幻，口中出火，自缚自解，跳十二丸，巧妙非常。"可见其难度之大、技艺之高。总的说来，弄丸在秦汉时有所发展，唐宋以后，始终流行，以致现代杂技中仍保留此项节目。

○137

弄剑是什么杂技表演？

跳剑，山东沂南北寨村汉墓画像石

　　弄剑，又叫"跳剑"，古代百戏节目之一，即表演者两手连续抛接短剑。汉张衡《西京赋》记载："跳丸剑之挥霍，走索上而相逢。"李善注曰："挥霍，谓丸剑之形也。索上，长绳系两头于梁，举其中央，两人各从一头上，交相度，所谓舞絙者也。"弄剑表演者必须准确掌握短剑在空中的运动方向及运行速度，以使剑柄恰好落入手中或剑锋插入鞘中，不能有丝毫偏差，否则后果非常严重。因此说，弄剑的难度很大，且具有较强的危险性。《列子·说符篇》记载："宋有兰子者，以技干宋元；宋元召而使见。其技以双枝，长倍其身，属其胫，并趋并驰，弄七剑迭而跃之，五剑常在空中。元君大惊，立赐金帛。"大意是说，有一位善于弄剑的杂技艺人，技艺高超，去见宋元。其绝技是采着高跷弄剑，而且弄的是七把剑，保持五剑常在空中，并不断跳跃。宋元见状大惊，立刻赐予金帛，可见其技艺之高超。其实，除五剑并飞以外，还有丸剑并飞、手脚并用的"飞剑跳丸"或"飞丸跳剑"的精彩表演。在山东沂南汉墓出土的画像石上，有一幅老人赤膊赤足弄丸、弄剑图。老人左手执一把短剑，同时屈膝后踢，并从背后飞起五个小球，动作难度之高，令人难以想象。

○138

古人会"隐身术"吗？

　　遁术，魔术术语，指魔术表演中人或物在种种条件限制下隐身的技术，是魔术的基本技法之一。我国魔术出现于何时呢？由于古代统治阶级的偏见，对难登大雅之堂的包括魔术在内的某些民间艺术不屑一见，所以在中国古代文献里对此魔术没有系统的文字记载，仅有点滴而且零散的反映。尽管如此，但从几则简单的历史记载中，我们还是可以略窥其发展迹象。据汉刘向《列女传》记载：齐宣王日夜置酒作乐，其后钟离春给宣王当面表演遁术。钟离春说："我非常喜爱身遁之术。"宣王说："隐身之术，本来是我所希望看到的，请试表演一下吧！"话犹未了，钟离春忽然不见，齐宣王不禁惊叹叫绝。这"忽然不见"，就是幻术里的遁术。汉朝张骞曾两次出使西域，打通了西域与中原的联系通道，西域幻术开始不断传入中原，《后汉书·陈禅传》就记载："掸国王雍由调复遣使者诣阙朝贺，献乐及幻人，能变化吐火，自支解，易牛马头。又善跳丸，数乃至千。"此后又陆续从西域传来了一些魔术节目，这些魔术丰富了我国传统幻术的表演形式和题材内容，和中原魔术融合在一起，形成了以中原魔术为主体、富于浓厚民族特色的中国魔术体系。

139

"鱼龙戏"是指什么？

什么是鱼龙之戏？《西京赋》："巨兽百寻，是为曼延。"李善注："作大兽，长八十丈，所谓蛇龙曼延也。"《汉书·西域传》颜师古注："漫衍者，即张衡《西京赋》所云'巨兽百寻，是为漫延'者也。鱼龙者，为含利之兽，先戏于庭极，毕乃入殿前激水，化成比目鱼，跳跃漱水，作雾障日，毕，化成黄龙八丈，出水敖戏于庭，炫耀日光。《西京赋》云'海鳞变而成龙'，即为此色也。"颜师古的注释比较清楚，大意是说：含利是一种瑞兽，上场之后先在庭

鱼龙变化，山东沂南北寨村汉墓画像石

上戏来耍去，然后，跳进殿前激水，变成比目鱼，跳跃起伏口中漱水，化作迷茫的烟雾，遮住日光，于是变成了八丈黄龙，跳出水面在庭上敖戏，炫耀在阳光之下。这种变幻过程就是张衡在《西京赋》里所写的"海鳞变而成龙"。简言之，鱼龙戏具体情景是：一出场"先戏于庭极"是向观众交代；然后，用水作掩护变成比目鱼；最后，用烟雾障日，化作黄龙，在日光下炫耀。据《隋书·音乐志》记载，隋炀帝时"犹有此节目，名'黄龙变'"。"珠箔轻明拂玉墀，披香新殿斗腰支。不须看尽鱼龙戏，终遣君王怒偃师"是唐代诗人李商隐的诗句，这首诗是讽刺和告诫那些在君王面前卖弄机巧、溜须拍马之人最终是没有好下场的。

140

古代有"耍花盘"杂技表演吗？

杂旋伎，又称"旋盘"、"碗珠伎"、"弄盆子"等，其表演方式为表演者取多种圆形器物，放在竿上旋转，宋马端临在其《文献通考·散乐百戏》中曾指出："杂旋伎盖取杂器圆旋于竿标而不坠地也。"杂旋伎在元代有了较大发展，元吴莱《碗珠伎》诗将元代杂旋伎描写得十分精彩："碗珠闻自宫掖来，长竿宝碗手中回。日光正高竿影直，风力旋空珠势侧。当时想像鼻生葱，宛转向额栽英蓉。箸斗交箸忽神骇，矛叶舞矛忧技穷。"从诗中可以看出，元朝时的表演已有头上转盘、鼻关转盘、翻跟斗转盘等高难度花样。到清代，杂旋表演有了更大发展，清蒋士铨《弄盘子》曾描写"杂旋"表演者："先掷一盆当空起，再持一竿拄盆底。竿头盆转如旋床，持竿之人目上视。竿竿衔尾次第续，忽直忽弯随所使。露盘端正向天承，莲叶偏翻任风奇。"李斗《扬州画舫录》中又记载扬州"杂旋"表演者"置盘竿首，以手擎之，令盘旋转，腹及两手及两腕、腋，两股及腰与两腿置竿十余，其转如飞，或飞盘空际，落于原竿上"，表演如此精彩，实在让人惊叹。现代杂技舞台上的"转碟"或"耍盆"，或即由杂旋伎转变而来。

141

古代的驯兽表演有哪些？

驯兽，是古代杂技的传统节目之一，起源于汉代由人扮演的兽戏，张衡《西京赋》中就曾描写汉代兽戏场景："总会仙倡，戏豹舞罴（pí），白虎鼓瑟，苍龙吹篪（chí）。"古代驯兽表演花样繁多。早在南北朝时就出现驯马（又名马戏），据南朝梁张裕《舞马赋序》记载："河南献赤龙驹，有奇貌绝足，能拜善舞，天子异之，使臣作赋。"到唐代，马戏更为常见。郑处诲在《明皇杂录》中记载唐玄宗曾派人训练出百余匹舞马，它们能随着乐曲声"奋首鼓尾，纵横应节。又施三层板床，乘马而上，旋转如飞"，让人叹为观止。宋代马戏开始在民间普及，据《东京梦华录》记载，当时出现了"立马"、"跳马"、

唐·舞马纹提梁银壶，陕西西安南郊何家村出土

"倒立"、"拖马"、"弃鬃背坐"、"镫里藏身"等动作花样。除驯马外，还有驯猴、驯狗等。晋傅玄在《猿猴赋》中生动地描述了当时猴戏的盛况：人们给猴子"戴以赤帻，袜以朱巾"，让之"或长眠而抱勒，或哎咋而龃龉，或颟顸而踯躅，或悲啸而呻吟。既似老公，又类胡儿。或低眩而择风，或抵掌而胡舞"。又据《清稗类钞》所记，清代凤阳人曾驯练了一个猴子剧团，生旦净丑、鸣锣击鼓皆是猴子，令人叫绝。至于驯狗，早在战国时代就有了"斗鸡走狗"的娱乐。此外，我国古代驯兽中还驯养飞禽虫蚁，如唐代教苍蝇列阵，宋代教泥鳅跳舞，元代教乌龟登塔，明代以后民间广为流传的驯鸟衔字、麻雀衔钱，清代教金鱼排队等等，都是很有趣的节目。

142

什么是盖天说?

　　盖天说是古人对天地结构认识的一种宇宙观念。自古以来，人们看见苍天笼罩着大地，于是就直观地产生了天圆地方的盖天说。这一天地宇宙观念产生很早，很多学者都认为，浙江余杭良渚文化遗址中出土的玉琮与玉璧、安徽含山凌家滩遗址中出土的玉版，已经蕴涵了天圆地方的盖天说观念。至迟在西周时期，盖天说已经出现，当时认为天尊地卑，天圆地方，"天圆如张盖，地方如棋局"，穹隆状的天覆盖在呈正方形的地上，日月星辰则像爬虫一样过往天空，这是盖天说的雏形。秦、汉之前，这一说法十分盛行。"天圆地方说"虽符合当时人们粗浅的观察常识，但实际上却很难自圆其说。比如方形的地和圆形的天怎样连接起来？春秋战国之际的曾子，就曾提出"天圆而地方，则是四角之不掩也"的疑问。于是，天圆地方说又修改为：天并不与地相接，而是像一把大伞高悬在大地上空，中间有绳子缚住它的枢纽，四周还有八根柱子支撑着。共工怒触不周山和女娲补天的神话以及诗人屈原在《天问》中提出的"斡维焉系，天极焉加，八柱何当，东南何亏"的疑问，体现的都是这一发展了的盖天说。但是，这八根柱子撑在什么地方呢？天盖的伞柄插在哪里？扯着大帐篷的绳子又拴在哪里？这些也都无法回答，为了弥补此一结构在常识上产生的一些困惑与疑难，此后这一学说又对天与地的形状做过一些修正。形成于战国末期的新盖天说认为，天像覆盖着的斗笠，地像覆盖着的盘子，天和地并不相交，天地之间相距八万里。盘子的最高点便是北极。太阳围绕北极旋转，太阳落下并不是落到地下面，而是到了我们看不见的地方。新盖天说不仅在认识上比天圆地方说前进了一大步，而且对古代数学和天文学的发展都产生了十分重要的影响。

　　盖天说通常把日月星辰的出没解释为它们运行时距离远近变化所致，距离远就看不见，距离近就看得见。这种解释仍然非常牵强，并被越来越多的天文观测事实所否定。至西汉，扬雄提出了难盖天八事，全面否定盖天说。但在唐朝以前，盖天说在中国古代影响力一直没有消失，晋朝人虞耸提出的穹天论，就是盖天说的沿袭和发展。至南北朝时，还出现了浑、盖合一说。事实上，盖天说终归是一种原始的宇宙认识论，由于它对许多宇宙现象不能做出正确的解释，同时本身又存在许多漏洞。到了唐代，天文学家一行等人通过精确的测量，彻底否定了盖天说中"日影千里差一寸"的说法后，盖天说就销声匿迹了。

143

什么是浑天说？

　　浑天说，是中国古代的另一种对天地结构认识的最基本的宇宙观念，可能产生于战国时期。战国时期的思想家慎到认为：天，不是半球形的，而像弹丸一样，是整球形的。最早猜测大地为圆形的，是跟慎到差不多同时的惠施。惠施曾说：球形的大地，体积虽然有限，但一直朝南走，可以周而复始，无穷无尽。惠施认为不仅地是球形的，天也是球形的。

　　浑天说最初认为：地球不是孤零零地悬在空中的，而是浮在水上。后来，这一学说又有发展，认为地球浮在气中，因此有可能回旋浮动，这就是"地有四游"朴素地动说的先河。浑天说认为全天恒星都布于一个"天球"上，而日月星辰则附丽于"天球"上运行，这与现代天文学的天球概念十分接近。因而浑天说采用球面坐标系，如赤道坐标系，来量度天体的位置，计量天体的运动。在古代，由于对恒星的昏旦中天、日月星辰的顺逆去留，都采用浑天说体系来描述，所以浑天说不只是一种宇宙学说，而且是一种观测和测量天体视运动的计算体系，类似现代的球面天文学。

　　至汉代，科学家张衡对浑天说做了全面的总结，从而使浑天说最终成为一种很有影响的宇宙结构体系。他还在前人经验的基础上，制作了"水运浑天仪"，来形象地表述他的浑天思想。张衡在《浑天仪注》中说："浑天如鸡子，天体圆如弹丸，地如鸡子中黄，孤居于天内，天大而地小。天表里有水，天之包地，犹壳之裹黄。天地各乘气而立，载水而浮。周天三百六十五度又四分度之一，又中分之，则半一百八十二度八分度之五覆地上，半绕地下，故二十八宿半见半隐。其两端谓之南北极，北极乃天之中也，在正北，出地上三十六度。……南极天地之中也，在正南，入地三十六度。……天转如车毂之运也，周旋无端。"浑天说比盖天说前进了一步，它认为天不是一个半球形，而是一整个圆球，地球在其中，就如鸡蛋黄在鸡蛋内部一样。不过，浑天说并不认为"天球"就是宇宙的界限，认为"天球"之外还有别的世界，即张衡在《灵宪》中所说的："过此而往者，未之或知也。未之或知者，宇宙之谓也。宇之表无极，宙之端无穷。"应该说，浑天说远比盖天说更接近宇宙结构的真实，但它也有明显的不足之处。比如，它把地球看作是天地的中心，显然是有局限性的。另外，浑天说的一些说法如"天地各乘气而立，载水而浮"，附着在天体内壁、随天球绕地球旋转的日月星辰，当它们运转到地平线以下之后，又怎样从水里通过呢？

很显然，经过张衡改良的"浑天说"宇宙理论，比"盖天说"宇宙理论有了长足的进步。根据这一理论提出的地球是圆球形的认识，不仅可以解释日食、月食等现象，而且还能预知日食、月食的日期、时刻。所以自其萌芽后，便很快地被古代的天文学家们所接受，并成为对中国传统文化影响最为深远的宇宙理论，从汉代到明代的一千多年中，它一直在中国天文学界占着主导地位，直到明末西方天文学体系进入我国才开始改变。

144

什么叫"三才"？

中国古代将天、地、人称之为"三才"，又称为"三材"。"三才之道"，在《周易》中专指天道、地道、人道。《说卦》中说："昔者圣人之作《易》也。将以顺性命之理，是以立天之道曰阴与阳，立地之道曰柔与刚，立人之道曰仁与义。兼三才而两之，故《易》六画而成卦。"也就是说，古代圣人创制《周易》，就是要用它来顺应、说明自然变化的规律，弄明白自然界最基本的变化规律是什么。确定了天的运行基础是阴和阳、大地运行的基本规律是刚和柔、做人的基础是仁和义。实际上，"三才"讲的是三个人类最永恒、最基本、最重要的东西。北周庾信所说的"三才初辨，六位始成"（见《庾子山集》六《宫调曲》），也是这个道理。在中国传统概念当中，天地之间人为贵。在中国传统思想当中，有着丰富的人本主义的资源，非常重视人文精神，非常重视以人为本，所以天、地、人三才又是中国传统文化区别于西方文化的一个重要特点。

145

什么叫"三光"？

中国古代以日、月、星合称三光。三光又与人类社会相比附，如《庄子·说剑》中云："上法圆天以顺三光，下法方地以顺四时，中和民意以安四乡。"《白虎通义·封公侯》中云："天道莫不成于三，天有三光：日、月、星；地有三形：高、下、平；人有三尊：君、父、师。"东汉班固的《灵台诗》中有："三光宣精，五行布序。"都是说的这个意思。《史记·天官书》中还有"衡，太微，三光之廷"的记载，按照唐司马贞《索隐》引宋均的说法，"三光"又是指的日、月、五星。有时，中国古代的"三光"又专指房、心、尾三星宿。如《礼记·乡饮酒义》中云："乡饮酒之义，立宾以象天，立主以象地，设介僎以象日月，立三宾以象三光。古之制礼也，经之以天地，纪之以日月，参之以三光。"郑玄说："三光，三大辰也。"《尔雅·释天》进一步说："大辰：房、心、尾也。"佛教典籍《楞严咒》中又有："三光普照透三才，阎浮世界你不来。大德大善能于得，无德无善不明白。"这里的"三光普照透三才"，三光并非指的日、月、星，而是指人在诵持《楞严咒》的过程中，身上有身光，口里有口光，心里头有心光，身、口、意这三业都放光。三光还是中国传统中医的眼科诊断术语，历代眼科对视力严重减退者，常以是否能见日、月、星三光辨别患眼有无光感。如《秘传眼科龙木论》中就有"目不辨人物,惟睹三光",即指视力减退至仅有光感。

146

何谓黄道吉日?

旧时迷信以星象来推算吉凶祸福,谓青龙、明堂、金匮、天德、玉堂、司命六个星宿是吉神,六辰值日之时,称为"黄道吉日"。所谓的黄道,中国古人认为太阳绕地球运转,黄道就是想象中的太阳绕地球运转的轨道。《汉书·天文志》记载:"日有中道,月有九行。中道者,黄道,一曰光道。"黄道天空中共分布着十二个亮度最高的星座,它们是青龙、白虎、明堂、天刑、朱雀、金匮、天德、玉堂、天牢、玄武、司命、勾陈等。迷信认为,吉日的选择并不是不顾年、月、时的吉凶,而要相互观览,综合选择。将白虎、天刑、朱雀、天牢、玄武、勾陈等六辰为凶神,认为犯之不吉,将有大祸;将青龙、明堂、金匮、天德、玉堂、司命称为六黄道,所谓黄道吉日就是这六神所在的日子。这六神所值日的那一天就叫黄道吉日,百事吉利,不避凶忌,万事如意。如元无名氏《连环计》第四折:"今日是皇道吉日,满朝众公卿都在银台门,敦请太师入朝授禅。"此说虽然迷信,但它寄托了中国古人趋吉避凶的良好愿望。黄道有时还专指天子所经行的道路。如宋陆游《老学庵笔记》卷七:"高庙驻跸临安,艰难中,每出犹辅沙藉路,谓之黄道。以三卫兵为之。"

147

何谓四象和二十八宿?

四象和二十八宿,是中国古代一种独特的文化现象,与原始的动物崇拜和星宿崇拜都有着密切的关系。中国古人很早就掌握了利用观测星辰来测定方位、正四时的方法。原始社会后期,也就是大约相当于我国传说中的尧、舜、禹活动时期,古人已经通过反复观察,发现天上的一些星群在运行过程中,它们是作为一个位置不变的整体存在的。同时又发现，在不同季节的黄昏时节，这些星群与大地的相对位置，也呈现出规律性的变化。于是，古人便逐渐掌握了用一些醒目星座位置的变化，来划分一年当中不同季节的方法。

为了把不同月份中太阳和月亮在天空的位置明确地标识出来，中国古人不仅发明了反映日月运行轨迹的黄道或天球赤道，而且还创造性地把附近的星群划分为二十八个区域，每个区域都由若干小星群构成一个星座，进而认为这些区域是日月神在天宫中活动时依次住宿的地方，所以二十八个天区，也就被中国古人看成了日、月神的二十八个天宫了。

龙、虎、朱雀（或曰凤）、玄武四灵崇拜起源很早，若论其单独的动物神灵崇拜，早在原始社会时期就已经以图腾崇拜的形式出现在不同的部落群体之中了。如1987年在安徽含山凌家滩新石器时代遗址曾出土了距今约六千年前用蚌壳摆塑成的龙虎图案。在商、周时期的青铜礼器上，也经常出现以这些动物为氏族名称的族徽

苍龙星座图（汉画像石）

朱雀、白虎图（汉画像石）

文饰，这都是原始图腾崇拜的遗迹。大约在殷商时期，经过长期对天象的观察和经验积累，人们就已经开始把春天黄昏时节出现于东方天空中的一组星想象为原有的灵物龙，把出现于南方天际中的一组星想象为鸟形，把出现于西方的一系列星想象为虎，把出现于北方的一系列星想象为蛇和乌龟。只有依据逐渐完善的四灵信仰，古人才会将其傅会到天上去。至迟到春秋时期，四灵信仰就已经和天空中的四方星宿结合在一起了。阴阳五行学说尤其是五方配五色的说法流行后，四象又被配上了不同的颜色，成为东方苍龙、南方朱雀、西方白虎、北方玄武。而民间则相传，当天地刚形成时，天下四分五裂，天地意象、星相大变，于是天帝派遣四兽托身于人世间的二十八人，重新梳理天地秩序，开启天地灵气之门。这四兽分管天宇中的四方，它们分别是东方苍龙、西方白虎、南方朱雀、北方玄武。至战国时期，四象就已见于文献记载，《礼记·曲礼》中有"行前朱鸟而后玄武，左青龙右白虎"，唐代的孔颖达就解释为："朱鸟、玄武、青龙、白虎，四方宿名也。"

春秋以后，阴阳五行学说又把天象与人间社会的政治分野结合在一起。汉代以后，凡以星相为理论依据的古代数术，如占星、相地、阴阳五行、测日算命等，都把四灵神兽等作为其分析的重要理论因素。尤其是东方苍龙和西方白虎，还被视为镇邪祛恶的天神而广泛应用于各种迷信场合。而安徽出土的史前墓葬中，青龙白虎在尸骸两边所处的位置，又恰巧暗合了堪舆家所说的"左青龙、右白虎"的吉祥理念。

四象中每一象由七个星宿组成，共二十八个星宿。

东方的苍龙七宿由角、亢、氐、房、心、尾、箕组成，包括四十六个星座、三百多颗星。从整个形状看，七个星宿在天空中的分布，犹如一条飞跃在天的苍龙。

南方朱雀七宿由井、鬼、柳、星、张、翼、轸组成，包括四十二个星座、五百多颗星。它们在南方的天际中呈现出来的形状，犹如一只展翅飞翔的朱雀。

西方白虎七宿由奎、娄、胃、昴、毕、觜、参组成，包括五十四个星座、七百多颗星，组成白虎形状。

北方玄武七宿由斗、牛、女、虚、危、室、壁组成，包括五十六个星座、八百余颗星，它们共同构成蛇与龟的形状。

148

什么是"文曲星"？

古代民俗中，主管功名利禄的神灵，除了禄星及由其演变出来的文昌帝君外，还有所谓的魁星或称为"文曲星"，它是文昌帝君的重要随从之一。文曲星即魁星崇拜，同样来源于远古星辰崇拜中的奎宿。奎宿属于二十八宿西方白虎七宿中的首星，东汉时期，社会上便开始流传"奎"主文章的说法。所以在科举考试盛行的时代，魁星崇拜对于参加科考的士子们，就具有了非凡的意义。

科举考试中，考取状元，对一般人来说都是可望不可及的事情。所以民俗认为，能考中状元的都不是人间的凡人，如历史上那些有幸考取状元或文采、武功非凡的人，如孔子、关公、范仲淹、包拯、文天祥等等，都被民间视为天上的文曲星下凡，在社会舆论中享有极高的地位。这种状况的形成，与中国封建社会中后期的社会政治生活有着极为密切的关系。因为在那个时代，只有读书参加科举考试，才能够进入仕途。而当官不仅可以施展自己的才华，更重要的是还可以获得更高的社会地位和相应的财富，从而光宗耀祖。过去，社会上曾广泛流传的一句话"书中自有黄金屋，书中自有颜如玉"，就是那时社会生活的真实写照。

149

"三星高照"的"三星"是指哪三星？

中国历来有"五福寿为先"的说法，人们常用"福如东海，寿比南山"来祝福长辈健康长寿。为了迎合人们追求吉祥幸福、健康长寿的愿望，道教创造出了福、禄、寿三星的形象，"三星高照"，也就成了中国流行的一句对别人祝福的吉祥用语。

福、禄、寿三星崇拜，来源于中国远古对星辰的自然崇拜。它们的原型，均为星宿。寿星，又叫南极老人星，位于天狼星之南，主管天下一切人等的寿命，成为中国人崇拜的寿神。福星即木星，是金、木、水、火、土五大行星中的一颗，中国古代又叫"岁星"。木星成为福星，与中国古代的天文历法以及与此相关的民俗有很大的关系。古人将木星在天空中自北向西、南、东的运行划分为十二段，称"十二次"，又称"十二宫"。木星围绕太阳公转的速度，正好是地球的十二分之一。也就是说，木星每前进一宫，就代表了地球上的一年，所以木星也被称为"岁星"。由于木星标志着旧的一年的结束和新的一年的开始，所以它很早就成为人们在年终辞旧迎新时祭祀的对象。人们祈求岁星能够给新的一年带来好运、平安和健康，于是岁星就顺理成章地成为了降福的福星。禄神信仰同样来源于原始的星辰崇拜，民俗中又称为"文昌帝君"、"禄星"等。《史记·天官书》中说："斗魁戴匡六星曰文昌宫：一曰上将，二曰次将，三曰贵相，四曰司命，五曰司中，六曰司禄。在斗魁中，贵人之牢。"其中的司禄，就是专管人间功名利禄的禄星。科举制度盛行以后，考取功名，成为古代士子们实现其报效国家、光宗耀祖的唯一途径。于是，主管人间爵禄的司禄星，就成了主宰士人命运的神灵，天下的读书人无不对它顶礼膜拜。

中国很早就将天上的星辰与人世间的吉凶祸福、疾病寿夭相联系了。古人们按照他们自己的意愿，赋予星辰非凡的神性和独特的人格魅力，并逐渐在世俗社会产生了巨大的影响力。在中国的封建社会中，不仅统治阶级利用这一信仰推行所谓的王道教化，而且在道教产生后，为了扩大其影响，吸引信徒，也对这种信仰大加推崇。于是，有关福、禄、寿三星的信仰，逐步渗入中国传统文化的肌理之中，成为中国古代民间世俗生活理想的真实写照。它们不像其他的神灵那么威严，难以接近，而是对老百姓具有非凡的亲和力。人们对它们顶礼

清　织绣《福禄寿三星图》

膜拜，主要在于它们是人间幸福安乐、健康长寿的象征。所以，三星也必然地成了民间绘画的重要题材，常见的是三星绘于一图，福星手拿一"福"字，禄星手托一只金元宝，寿星一手托着寿桃、一手拄着拐杖。在一些节日里，民间还可以把这种绘画当作礼品赠送与人，用来表达赠送者的美好祝愿。这时，三星的神性几乎荡然无存了，剩下的就只有美好祝愿的意象表达了。

150

"三星在天"的"三星"是指哪三星？

心宿三星，即大火星，属天蝎座，又名"三星"。《诗经·绸缪》中"三星在天"、《七月》中的"七月流火"和《左传·昭公元年》的"迁阏伯于商丘，主辰。商人是因，故辰为商星"都是指的心宿。所以，其主星又被称为商星、鹑火、大火、大辰。《宋史·天文志三》中说："心宿三星，天之正位也。"三星又称为"参星"，每至黄昏的时候，它才出现在天空。大概到了夏朝时期，我国的古人便知道了每当黄昏时节，参星如果正处在西方的地平线上，就标志着春耕时节就要开始了。而商朝时期，则是以黄昏时节大火（心宿）处于东方的地平线上，作为春耕季节到来的标志。大约到了春秋时期，古人通过天象观察，还发现在一年之中的不同季节中，太阳和月亮在宇宙中的星空背景是不同的。如在孟春正月，参宿在黄昏时处在正南中天，这时的太阳，是处于营室位置的；孟秋七月的黄昏时节，处于正南中天的则是斗宿，这时的太阳，却是运行在翼宿位置的。古人不仅依据星宿在天空中的不同位置，来划分一年的四季，而且夜晚还根据一些特殊星宿在天空运行中所处的不同位置来推算时间。《诗经·绸缪》中"三星在天"、"三星在隅"和"三星在户"，则是说明了婚礼在夜间举行所经历的整个时间过程。

"北斗"的名称是怎么来的?

斗宿,为二十八宿之一,是北方玄武七宿中的首宿,由七颗亮星在北天依次排列成斗的形状,故称为北斗。对于北斗七星,中国古代早就有详细的观察。《诗经·小雅·大东》中说:"维北有斗,不可以挹酒浆。"古人的解释是:"箕斗在南方之时,箕在南而斗在北,故言南箕北斗。"《史记·天官书》中记载:"北斗七星,所谓'旋、玑、玉衡以齐七政'。"中国古代天文学史上,也将这七颗星分别称之为贪狼、巨门、禄存、文曲、廉贞、武曲、破军。现代天文学中,北斗七星属大熊星座的一部分,它们分别是天枢、天璇、天玑、天权、玉衡、开阳、摇光(或作瑶光)。从图形上看,北斗七星位于大熊的背部和尾巴。天枢、天璇、天玑、天权四星为魁,组成北斗七星的"斗";柄状三星分别是玉衡、开阳、瑶光。道教形成后,吸收并改造了诸多原始信仰,把北斗作为天神加以崇拜,并对之做出了种种的神学解释。如一些道书中说,根据人的出生时辰,人们的生命被分属于天上的七个星君所掌管:贪狼星君,子时生人属之;巨门星君,丑亥生人属之;禄存星君,寅戌生人属之;文曲星君,卯酉生人属之;廉贞星君,辰申生人属之;武曲星君,巳未生人属之;破军星君,午时生人属之等等。

比赛取得第一名为什么叫"夺魁"?

夺魁一词,来源于中国古代星辰崇拜的魁星崇拜。魁星或称为"文曲星",它是文昌帝君的重要随从之一。魁星崇拜,源于古代对奎宿的崇拜。奎宿属于二十八宿西方白虎七宿中的首星。东汉时期,社会上便开始流传"奎"主文章的说法。另一种说法见于历史典籍《春秋运斗枢》中,说北斗星中的第一至第四颗星是魁星。由于四星位于北斗星的斗部,四星附近的六颗星为文昌宫,所以民俗中又有"魁星点

清　象牙雕魁星

斗"的说法。由于"奎"与"魁"同音，魁又有"首"、"第一"的意思，所以在科举考试盛行的时代，魁星崇拜对于参加科考的士子们，就具有了非凡的意义。那些满怀希望的考生，在临考之前，大都要花钱请一尊泥塑的小魁星，以祈求金榜题名。后来，又把在一切带有竞争性的比赛中夺取第一名泛称为"夺魁"。

 153

什么叫"分野"？

中国古代的天文学说，把天象中十二星辰的位置与人间社会的政治分野结合在一起。如《周官》中云："天星皆有州国分野：角、亢、氐，兖州；房、心，豫州；尾、箕，幽州；斗、牵牛、婺女，扬州；虚、危，青州；营室、东壁，并州；奎、娄、胃，徐州；昴、毕，冀州；觜、参，益州；东井、鬼，雍州；柳、七星、张，三河，翼、轸，荆州。"《汉书·地理志下》则用以配战国时期的地域名。这种理论，就天文学来说，被称为分星；就地理来说，则被称为分野。古人迷信，往往用天象的变异来比附地上州国的吉凶。

 154

二十四节气是怎么来的？

我国古代的历法，依据太阳在黄道上的位置，将全年划分为二十四个段落，其中有十二个"中"气、十二个"节"气，统名为二十四节气，又名二十四气。我国历法起源很早，甲骨文中已有了"日至"的记载。"日至"就是以日影的长短来决定四季的长短变化，由此必须确定一个固定的地中。古人在多年观测的基础上，确定阳城（今河南登封的郜城镇，在夏代为都城，史书有"禹都阳城"的记载）是地中，后来的许多朝代都曾派天文官到这里来进行天文观测。现在登封的周公测景台，虽是唐人所建，但它保存了古代圭表测影的遗制。圭的设置和当地的子午线相重合，用以观测每天日中日影的长短变化，从而找出季节的变化，把表影最长的那天定为夏至（相当于每年公历6月22日前后，太阳到达黄道上最北的那一点，这天地球的北半球白天最长）。古人因冬天日影长而日在北，所以把冬至又叫"日北至"；夏季日影短而日在南，又把夏至日叫"日南至"。

夏至致日图

把一年中日中日影最短的一天到下一年的这一天最短的周期（即地球绕太阳一周），或把一年中日中日影最长的一天到下一年的这一天的周期，定为一年，也就是从冬至到冬至，或从夏至到夏至是一年。在一年中，把一年的两个日影长短相等、昼夜长短相同的日子，分别定为春分和秋分。这就是董仲舒的《春秋繁露·阴阳出入》里所说的"春分者，阴阳相半也，故昼夜均而寒暑平，阴日损而随阳……秋分者，阴阳相半也，故昼夜均而寒暑平，阳日损而随阴"。冬至、夏至、春分、秋分就是一年的二至、二分。这样全年的节气就可以递推，二十四节气都可以定下来了。

二十四节气，是表明气候的变化和农业生产的季节。它是据"日躔（chán）"即太阳的周期而推定的，与月亮的圆缺无关。所以节气在西历中，日期有定，前后相差不过一二天，但在中历中往往有时相差二十八九天。节气的名称，所在的季节和西历月份是：春季：2月，立春（节气），雨水（中气）；3月，惊蛰（节气），春分（中气）；4月，清明（节气），谷雨（中气）。夏季：5月，立夏（节气），小满（中气）；6月，芒种（节气），夏至（中气）；7月，小暑（节气），大暑（中气）。秋季：

8月，立秋（节气），处暑（中气）；9月，白露（节气），秋分（中气）；10月，寒露（节气），霜降（中气）。冬季：11月，立冬（节气），小雪（中气）；12月，大雪（节气），冬至（中气）；1月，小寒（节气），大寒（中气）。

其每月在西历的日期大体是：上半年6日、21日，下半年8日、23日。为了便于记忆，人们将二十四节气编成口诀：

> 春雨惊春清谷天，夏满芒夏暑相连。
>
> 秋处露秋寒霜降，冬雪雪冬小大寒。

155

什么是干支纪年？

干支就是天干、地支的简称。

天干有十，为甲、乙、丙、丁、戊、己、庚、辛、壬、癸，地支有十二，为子、丑、寅、卯、辰、巳、午、未、申、酉、戌、亥。古人把十天干十二地支依次排列组合，成为六十个不同的单位，六十轮一遍，第六十个单位以后，又轮到第一个单位，周而复始。因甲居十天干之首，子居十二地支之首，所以第一个单位是甲子，故称这个排列为六十甲子。其中干支名称，参差错综，故又称"花甲子"，后谓年满六十为"花甲"即由此而来。六十甲子的排列方法是把十天干、十二地支作为固定顺序的双数（偶数）配地支顺序的双数，则成为甲子、乙丑、丙寅……永远也不会出现"甲丑、乙寅"等搭配情况。我国使用干支纪年的历史十分悠久，在出土的商朝的甲骨文中就有完整的六十甲子的记录。

156

阴历、阳历是怎么来的？

中历一般又叫阴历，亦称夏历或农历；西历一般称之为阳历，即现在通行公历。中历称阴而与阳历相对则不甚确切，世界上的历法虽格式不同，但大致可分三种，即阴历、阳历、阴阳历。阳历全称太阳历，是以地球围太阳公转一周的时间为一年而定的历法，现在国际通用的公历，就是阳历。阴历全称太阴历，是据月球绕地球运行的周期而定的历法，阿拉伯史书所用的赫吉拉历即所谓的回历，就是阴历。阴阳历的特点是既照顾到了月亮盈亏的变化，又照顾到了寒暑节气，年、月的长度都依据天象而定，我国现在一般称的阴历，其实是一种阴阳合历。

现在世界上大多数国家运用的阳历，是在埃及历学的基础上改订的，因其开始于儒略·恺撒之时，故又名儒略历。当时是公元前46年，其历原定每隔3年为1闰，闰年366天，逢单月大，逢双月小，但双月里的2月平年29天，闰年30天，实际周天（即回归年，地球绕太阳一周）长365.2422日即365日5小时48分45.6秒，平年365天，隔3年1闰，即第4年为闰年。到了恺撒死后，奥古斯都继位，改1、3、5、7、8、10、12月各31天，2月平月28天，闰月29天。其余的为30天，每4年1闰，后人一般称之为"旧历"。此后一年平均长度为365.25日，比回归年长11分14秒。这样从这一历法实行起，到16世纪末，春分日由3月21日提早到3月11日。罗马教皇格里高利十三世时，因历法不合，又命人重修，乃于1582年10月4日命令以次日即10月5日改为10月15日。置闰的法则，则改为以公元纪年为标准，每4年1闰，即公元纪年被4除尽的年为闰年，如1600年、2000年。不能被4除尽的，如1700年等不置闰。闰年仍为2月份增加一天。这就是格里高利历，又称"新历"。此后，世界各国的历法才逐渐统一起来。但这种历法的推算仍未尽善，每隔3323年仍相差一日。

这个历法虽称为公元，但公元的开始却是在公元572年，这一年是罗马教士推定耶稣的生年，就把传说中的耶稣诞生这年作为公历的第一年，也就是公元元年，相当于我国汉平帝元始元年。在此之前为公元前，其后为公元后，这一标准已为世界各国所公认。

我国在辛亥革命之后已渐渐使用公元纪年，新中国成立以后，正式采用公元纪年，并于1954年9月列入宪法，规定公元纪年为我国的纪年方法。

关于中西历的换算问题

我国历史上，从有了年号以后，都采用年号纪年。但若只看年号，若一年出现两个年号的，很容易产生误会。为解决这一问题，现已有不少的工具书可供查对。

如陈垣先生的《二十史朔闰表》、《中国历史年表》等，知年号可查出公历，知公历可查出我国历史上哪朝哪个年号多少年。但还应该注意，以中历的某年与西历（即公历）的某年相对，实际上只能是大体相同，可以换算，不可能每年都齐头齐尾。往往中历的年末已是西历下一年的年初，即公历的岁首在中历的前一年的岁末，少者差 10 余日，多者 50 余日。如今年（中历庚寅年）春节是西历的 2 月 14 日。所以，在进行中、西历换算时一定要注意这个问题。

157

古代是怎么用漏壶来计时的？

元代铜壶滴漏

漏壶，又叫漏刻、刻漏、壶漏，是古代利用滴水多寡来计量时间的一种仪器。分为单壶和复壶两种。漏壶按计时方法大体上可分为两种：一种是观测容器内的水漏泄减少情况来计量时间，叫做泄水型漏壶；另一种是观测容器（底部无孔）内流入水增加情况来计量时间，叫做受水型漏壶。在一些文明古国，如中国、埃及、巴比伦等，都使用过漏壶。

我国在周朝已有漏壶，春秋时期被普遍使用。我国最早的漏壶是用铜壶盛水，壶底穿一个小洞，壶中插一只标杆，叫做箭，它的上面刻有度数，箭下有箭舟托着，浮在水面上，壶里的水逐渐地漏下去，箭上的度数陆续显现，以此来计时。这种漏壶也有箭漏之称。我国还曾使用过以滴水的重量来计时的称漏，最早制造于北魏时期，唐、宋时代盛行过。此外，还有一种以沙代水的沙漏，它的记载最早见于元代，但使用并不普遍。中国历史上用得最多、流传最广的还是箭漏，现存最早的实物是西汉时期的单只泄水型铜壶。东汉时期出现了多级漏壶，中国国家博物馆保存的元朝延祐三年（1316）漏壶是现存最早的多级漏壶。

158

古代如何用日晷计时?

日晷（guǐ），是我国古代发明的利用太阳投影测日定时的一种计时仪器。我国早在春秋时代就用圭表来测定时刻了。但这种方法在一天里只能得到一个读数，仅可用于校正漏刻的快慢。后来发明了把时角坐标网通过表端投影到一个平面上，这样白天无论何时都能以太阳的影子得到时刻的读数，这就是所谓的日晷，或叫日规、日圭。

日晷通常由铜制的指针和石制的圆盘组成。铜制的指针叫做"晷针"，垂直地穿过圆盘中心，起着圭表中立竿的作用，因此晷针又叫"表"，石制的圆盘叫做"晷面"，安放在石台上，呈南高北低，使晷面平行于天赤道面，这样晷针的上端正好指向北天极，下端正好指向南天极。在晷面的正反两面刻划出12个大格，每个大格代表两个小时。当太阳光照在日晷上时，晷针的影子就会投向晷面，当表影指向正北的瞬间为正午。太阳由东向西移动，投向晷面的晷针影子也慢慢地由西向东移动。晷面的刻度是不均匀的。于是，移动着的晷针影子好像是现代钟表的指针，晷面则是钟表的表面，以此来显示时刻。

159

什么叫"三垣"?

"三垣"是紫微垣、太微垣、天市垣的总称，每垣都是一个比较大的天区，内含若干（小）星官（或称为星座）。关于三垣最早的说法，从典籍来看，紫微垣和天市垣作为星官，首见于石申所著《石氏星经》一书中。《楚辞·远游》中有"后文昌使掌行兮"，王逸注云："天有三宫，谓紫宫、太微、文昌也。"《史记·天官书》中已载有和三垣相当的星官名称。它们本是星官名，自隋、唐时代的《步天歌》开始，也用做天区名称。紫微垣是三垣的中垣，居于北天中央，所以又称中宫，或紫微宫。

整个紫微垣据北宋皇祐年间的观测记录，共合 37 个星座，附座 2 个，正星 163 颗，增星 181 颗。它的天区大致相当于现今国际通用的小熊、大熊、天龙、猎犬、牧夫、武仙、仙王、仙后、英仙、鹿豹等星座。紫微宫即皇宫的意思，各星多数以官名命名。太微垣是三垣的上垣，位居于紫微垣之下的东北方，北斗之南，约占天区 63 度范围，以五帝座为中枢，共含 20 个星座，正星 78 颗，增星 100 颗，包含室女、后发、狮子等星座的一部分。太微即政府的意思，星名也多用官名命名，例如左执法即廷尉，右执法即御史大夫等。天市垣是三垣的下垣，位居紫微垣之下的东南方向，约占天空的 57 度范围，大致相当于武仙、巨蛇、蛇夫等国际通用星座的一部分，包含 19 个星座，正星 87 颗，增星 173 颗。天市即集贸市场，故星名多用货物及市场经营内容来命名。

 160

"参"、"商" 二星怎么成了不和睦、不相见的典故？

参宿，其实就是猎户座，在我国古代天文学分野中属于由奎、娄、胃、昴、毕、觜、参七宿组成的西方白虎星宿之一。而心宿，又称为商宿，是天蝎座，在我国的天文学分野中属于由角、亢、氐、房、心、尾、箕七宿组成的东方苍龙星宿之一。白虎星宿分布于天际的西方，苍龙星宿分布于东方，二者不可能同时出现于夜晚的天空中。这样，参星在西而商星在东，当一个上升时，另一个下沉，此起彼落，故在人们的视觉中是永不相见的。后来用以比喻亲友隔离不得相见或彼此对立不和睦。杜甫的《赠卫八处士》诗中"人生不相见，动如参与商。今夕复何夕，共此灯烛光……明日隔山岳，世事两茫茫"，就是说的这个意思。

 161

"客星" 是指什么星？

客星，是中国古代对天空中新出现星的统称。相当于现代天文学意义上的新星、超新星和彗星，或也包括流星、极光等其他天文现象。这类天体如"客人"一样寓于天空常见星辰之间，故谓之客星。"客星"之名最早见于汉代，如《史记·天官书》中记载："客星出天廷，有奇令。"《汉书·天文志》中也记有："（西汉武帝）元光元年五月，客星见于房。"记录下了公元前134年出现的一颗新星。在中国古代占星术中，客星常被分为瑞星和妖星两大类，前者预兆吉祥，后者预兆各种凶祸。如《后汉书·严光传》中记载："（光武帝）复引光入，论道旧故……因共偃卧，光以足加帝腹上。明日，太史奏，客星犯御坐甚急。帝笑曰：'朕故人严子陵共卧耳。'"

162

"白虹贯日"是一种什么样的天象？

"白虹贯日"，顾名思义就是白色的虹霓横贯太阳。但实际上，按照现代天文学原理，这不是虹而是晕，是一种大气光学现象。在我国古代，人们认为人间有不平凡的事，就会引起天象的变化。白虹贯日多表现兵祸之象，"白虹"是兵，而"日"是君主，古人将"白虹贯日"附会为预示君主将受到危害的天象异兆。如《战国策·魏策四》中云："夫专诸之刺王僚也，彗星袭月；聂政之刺韩傀也，白虹贯日。"也附会为人的精诚感动上天的征兆，如《史记·鲁仲连邹阳列传》："昔者荆轲慕燕丹之义，白虹贯日，太子畏之。"

163

天为什么叫"九天"？

古代传说天有九重：一为中天，二为羡天，三为从天，四为更天，五为睟天，六为廓天，七为减天，八为沈天，九为成天。九天是天的最高层，是传说中玉皇大帝居住的地方。后来，也用九天来形容极高极高的天空。如我们大家都很熟悉的李白《望庐山瀑布》："飞流直下三千尺，疑是银河落九天。"毛泽东《水调歌头·重上井冈山》："可上九天揽月，可下五洋捉鳖。"

天坛圜丘

古人还认为天上与地下是一样的，故把天也分为中央与八方，合起来称为"九天"。如《楚辞·天问》中："九天之际，安放安属？"王逸的解释为："九天：东方曰皞（皞一作昊）天、东南方阳天、南方赤天、西南方朱天、西方成天、西北方幽天、北方玄天、东北方变（变一作栾，一作鸾）天、中央钧天。"《吕氏春秋·有始览》中为：天有九野，谓中央与四方四隅：中央曰钧天、东方曰苍天、东北方曰变天、北方曰玄天、西北方曰幽天、西方曰颢天、西南方曰朱天、南方曰炎天、东南方曰阳天。

"天有九重"的观念在中国古代的建筑文化中也有体现，如北京天坛内专门供皇帝祭天用的建筑物"圜丘"，从栏杆到石块，都是以"九"代天的，砌的石块都以"九"为基数，它的圆心亭台先用九块石头围成，外面也都是用"九"的倍数砌的。外面第一层三十六块，然后就是四十五、五十四，一直砌到九九八十一块为止，这就代表了最高处，即九重天。

"九天"是天的最高处，与此相对应，作为天之子的帝王所居住的宫禁之地也被称为"九天"，如唐代大诗人王维的《和贾舍人早朝大明宫之作》诗中就有："九天阊阖开宫殿，万国衣冠拜冕旒。"

164

为什么常用"九州"指代中华大地？

"九州"一词最早出现在《尚书》的《禹贡》篇："禹别九州，随山浚川，任土作贡。"意思是说大禹在根治洪水灾害后，将天下分为九个州，每个州各自按其土地等级（有上上、上中、上下、中上、中中、中下、下上、下中、下下九等）向天子交纳贡赋。这九个州是冀州（相当于今山西全境，河北省的西、北部，以及河南的北部、辽宁的西部）、兖州（相当于今河北、河南、山东交界部分）、青州（相当于今山东、辽宁东部）、徐州（相当于今山东南部，以及江苏、安徽北部）、扬州（相当于今江苏、安徽南部，江西东部）、荆州（相当于今两湖及江西西部）、豫州（相当于今河南和湖北北部区域）、梁州（相当于今陕西南部和四川、重庆地区）、雍州（相当于今陕西北部、中部和甘肃以及以西地方）。而在《周礼·职方》、《吕氏春秋·有始览》中，也有九州的记载，只是划分九州的依据、名称、区域大小不完全一样而已。

不过，据现代历史地理学家的研究，先秦著作中的"九州"，只是古人心目中的设想，没有真正实行过。秦始皇统一天下后，在全国实行郡县制，划分全国为 36 个郡。直到汉武帝时，才依据《尚书·禹贡》和《周礼·职方》的记载，分全国为 13 个州。十三州起初还只是监察机构，直到西汉末年，州才成为一级行政机构。在这 13 个州中，仍然保留有先秦九州之名，当然所辖区域是有所变化的。

先秦两汉及其后几千年的发展过程中，"九州"中的各州辖区一直是有变化的。而就其总称而言，却一直指代中华大地，这是先秦文化在后世得以延续的一个缩影。

 165

"中国"的含义在历史上有什么不同？

"中国"一词，现在是中华人民共和国的简称。追溯历史，这个词古已有之，由于所指对象和时间不同，含义也有所不同。

"国"字在古代常常作"城""邦"解释，故"中国"一词也就成了"中央之城"或"中央之国"的代名词。如《诗经·大雅·民劳》云："惠此中国，以绥四方。"郑玄注释为："中国，京师也。"又如《诗经·大雅·荡》云："内奰（bì）于中国，覃及鬼方。"按照唐代孔颖达的注释，这里的"中国"是指天子直接统治的王国。

大约到了春秋战国之际，深受礼乐文明濡染的北方华夏区域也被称为"中国"。如《孟子·滕文公》中说："陈良，楚产也，悦周公、仲尼之道，北学于中国，北方之学者未闻或之先也。"意思是说楚国人陈良喜爱周孔之道，到"中国"求学，北方的学者都赶不上这个南方人。而"中国"周边的区域，则被称为"蛮夷"。如《史记·孝武本纪》中说："天下名山八，而三在蛮夷，五在中国。""中国"与"蛮夷"相对应，显示了文明程度和经济发展的差异。

到了三国时代，南方地区仍把长江以北的地区称为"中国"。诸葛亮劝说孙权共同抵御南下的曹操军队："若能以吴越之众与中国抗衡，不如早与之绝。"周瑜在建策抗曹时也说："（曹公）舍鞍马，仗舟楫，与吴越争衡，本非中国所长，又今盛寒，马无藁草，驱中国士众远涉江湖之间，不习水土，必生疾病。"而当时岭南地区，更是在"中国"之外，从汉武帝到三国时，"颇徙中国罪人杂居其间，稍使学书，粗知言语，使驿往来，观见礼化"。

到了南北朝时期，情况有所变化。晋室南渡，以华夏自居，自然称"中国"，而北方政权，也不愿放弃"中国"的美称。这大概是因"中国"有"天下正中之国"的含义吧！

话又说回来，历史上的一些王朝虽曾自称"中国"，但"中国"仍只是一个普通名词而不是专有名词，其国名还是"汉"、"唐"、"宋"之类。正式以"中国"作为国名，那是辛亥革命胜利而建立中华民国之后。古代文献上的"中国"，实际上只是中华民族的一部分。

"五湖四海" 指的是哪五湖、哪四海?

"五湖四海"作为一个成语使用,起码有一千多年了。《全唐诗》卷八五七吕岩《绝句》云:"斗笠为帆扇作舟,五湖四海任遨游。"宋人李洪《谒皇甫清虚》诗云:"五湖四海仰仪形,道貌天真孰可名。"

而在更早之时,"五湖"与"四海"是分开使用的。"五湖"所指,典籍中的说法不一。《周礼·夏官·职方氏》述及扬州,有"其川三江,其浸五湖"之语,不少的注释都说"五湖"不是五个湖,而是指太湖。当然,实指为五个湖的更多见。《水经注》卷二十九《沔水》,以太湖及附近四湖为五湖,即长荡湖、太湖、射湖、贵游湖、滆湖。《后汉书·冯衍传》"沉孙武于五湖兮"句下,李贤注引虞翻之说,认为五湖是指滆湖、洮湖、太湖、射湖、贵湖。还有一种说法,就是五湖不只一湖,也不在一地,是指太湖、鄱阳湖、青草湖、洞庭湖、洮滆湖。

"四海"的说法起源也很早。《尚书·大禹谟》中说:"文命敷于四海。"《礼记·祭义》中说:"夫孝,置之而塞乎天地,溥之而横乎四海。施诸后世而无朝夕,推而放诸东海而准,推而放诸西海而准,推而放诸南海而准,推而放诸北海而准。"古人认为中国处于天下正中间,四周都有海,所以周边称四海,分别是东海、西海、南海、北海,外国就是海外了。

五湖、四海的范围都很广,合在一起就可泛指全国了,有时甚至泛指全世界。近现代以来,用"五湖四海"来表达自己的思想,要数毛泽东《为人民服务》中的一段话最为经典:"我们都是来自五湖四海,为了一个共同的革命目标,走到一起来了。我们的干部,要关心每一个战士。一切革命队伍的人,都要互相关心,互相爱护,互相帮助。"

167

陕西为什么被称作"三秦"？

今日的陕西，在春秋战国时是秦国治地，故人们将陕西简称为秦。同时，陕西还被称作"三秦"，这是为什么呢？

这得从项羽说起。公元前207年，项羽的军队在巨鹿之战中消灭了秦军主力。次年，在刘邦攻占关中后来到咸阳，自立为西楚霸王。项羽随后引兵东归，都彭城（今江苏徐州），以最高统治者自居，大封诸侯。他封刘邦为汉王，都南郑（今陕西汉中），统辖陕南及巴、蜀之地。为防范刘邦势力扩张，项羽又分封三王来牵制刘邦，即封秦降将章邯为雍王，都废丘（今陕西兴平东南），辖咸阳以西及甘肃东部；封司马欣为塞王，都栎阳（今陕西临潼东北），辖咸阳以东；封董翳为翟王，都高奴（今陕西延安东），辖陕北。项羽没有料到，刘邦表面上服从，欲入蜀地，却"明修栈道，暗渡陈仓"，杀了个回马枪，章邯等三王并没有控制住刘邦。这三个王都在战国时秦国境内，故称"三秦"，咸阳是其分界点。实际上，当年三秦之地不包括陕南。而在后世，"三秦"的观念却有所变化，人们把陕南、关中、陕北合称为"三秦"。

"三秦"称谓产生后，使用频率相当高。十六国时期，氐族首领苻洪起兵，在公元350年建立政权，就自称为"三秦王"。352年，其子苻健称帝，都长安，国号为"秦"，史称前秦。"三秦"之名的长久存在，大概与陕南、关中、陕北的互相支撑，足以成为一个基本经济区有关。

168

"中原"指的是什么地方？

在古人用语中，"中原"二字的范围有个变化的过程。《诗经·小雅·吉日》云："瞻彼中原，其祁孔有。""中原"是指原野之中，诗句中说的是原野中野兽数量大。

《小雅》中的另一首《小宛》诗云："中原有菽，庶民采之。"中原一词，仍是原野之意。春秋时期吴越之争中，当会稽之围解除时，越王勾践向民众谢罪时说："寡人不知其力之不足也，而又与大国执雠，以暴露百姓之骨于中原，此则寡人之罪也。"而在经过多年休养生息后，越国逐渐强盛，当吴军前来挑战，越王欲应战时，范蠡进谏说："夫谋之廊庙，失之中原，其可乎？王姑勿许也。"（《国语·越语下》）两段话中的"中原"，也都是原野的意思。

就在春秋时期，"中原"开始作为地区名而出现。《左传·僖公二十三年》记载，晋国公子重耳流亡到楚国，受到楚成王优待，当被问及今后如何报答楚国时，重耳回答说："若以君之灵，得反晋国，晋楚治兵，遇于中原，其辟君三舍。"这里的"中原"，就是地区名。公元前482年，吴王夫差与晋、鲁、周在黄池盟会，取得霸主地位，派人向周天子报告，云："昔者楚人为不道，不承共王事，以远我一二兄弟之国。吾先君阖闾不贳不忍，被甲带剑，挺铍搢铎，以与楚昭王毒逐于中原柏举，天舍其衷，楚师败绩，王去其国，遂至于郢。"话中的中原，指的就是周朝的中心地区。

到了汉代，中原一词作为地区名，多数是指以洛阳为中心的黄河中游一带，相当于今河南省以及周边地区，有时也指黄河中下游地区。《汉书·徐乐传》中说，徐乐在七国之乱后上书汉武帝称："七国谋为大逆，号皆称万乘之君，带甲数十万，威足以严其境内，财足以劝其士民，然不能西攘尺寸之地，而身为禽于中原者，此其故何也？非权轻于匹夫而兵弱于陈涉也。"

而当割据或偏安政权出现后，"中原"所指区域就更大了。三国时诸葛亮在著名的《出师表》中说："今南方已定，兵甲已足，当奖率三军，北定中原，庶竭驽钝，攘除奸凶，兴复汉室，还于旧都。"希望"北定"的中原，实际上是北方全境。在晋室南渡之后，东晋人士时常提到"中原沦没"、"中原乱离"、"克复中原"等等，"中原"明显是指原西晋控制的北方地区。这层意思，在南宋时一点没变，陆游的千古名句"王师北定中原日，家祭无忘告乃翁"，表现得最为真切，透露了士大夫浓厚的中原情结。

在后世，人们也曾把今河南省所在区域称作"中原"，大概是因为从东汉到宋代，不少王朝在洛阳、开封建都，河南又处于全国中部的缘故。不过，这是狭义上的"中原"。

江东、江西各指哪个地区？

汉魏以后，江东、江西的地名屡见于史籍。项羽兵败垓下，到了乌江不愿再逃命，说："且籍与江东子弟八千人渡江而西，今无一人还，纵江东父兄怜而王我，我何面目见之！"自刎而死。这大概是早期最著名人物提到"江东"之地的，故后人李清照有诗云："至今思项羽，不肯过江东。"原来，长江在安徽境内向东北斜流，人们就以此段江流为标准来划分江东、江西。所指区域时有大小之分，而江东主要是指芜湖、南京一带，也可指以芜湖为轴心的长江下游南岸地区，即今苏南、浙江及皖南部分地区。东晋及宋、齐、梁、陈四朝，都在长江下游立国，故其统治区域，也可称作江东。

与江东对应的"江西"，区域所指也有大小之别。隋唐以前，习惯上称长江下游北岸淮水以南为江西，有时又称长江以北包括中原地区在内为江西。公元733年，唐玄宗在长江中下游的南岸设立了江南西道，则是现在江西省名的由来。而从中原的位置来看，江东在左边，江西在右边，故又称江东为江左，称江西为江右。

关东、关西各指什么区域？

战国秦汉时期，位于现在河南灵宝县境的函谷关，是一道雄关要塞。因关隘设在峡谷之中，深险如函，故称函谷关。这里是东去洛阳、西达长安的咽喉，素有"天开函谷北关中，万谷惊尘向北空"之说，重要的历史地名"关东"、"关西"，即因此而得名。今陕西、甘肃等地称"关西"，河南、山东等地被称为"关东"。

东汉末年，陇西军阀董卓控制朝政，都城由洛阳迁至长安，袁绍、曹操等地方势力起兵抵制董卓，就自称关东联军。由于地域的差异，人才的类型也有所不同，到十六国时期，有所谓"关东出将，关西出相"之说。

关东、关西的名称沿袭了将近两千年，到明代又有了新的"关东"概念。由于东北地区防务的加强，山海关的地位日益重要，成为从东北进入华北的主要陆路通道。山海关以东区域，自然被称为"关东"。而一些民众为生计所迫，背井离乡到东北谋生，就被称为"闯关东"了。

171

"泾渭分明"从何而来？

在日常生活中，"泾渭分明"的成语时常为人引用，意思是泾水渭水的清浊很分明，比喻是非、优劣的显而易见。早在《诗经·邶风·谷风》中，就有"泾以渭浊，湜湜其沚"的诗句。原来，渭河是黄河最大的支流，发源于甘肃，经陕西而流入黄河；泾水又是渭水的支流，发源于宁夏。两条河流在西安市高陵县船张村相汇，交汇处泾水明显要清于渭水。但到了唐代，又有了不同的说法。诗人杜甫《秋雨叹》中说："浊泾清渭何当分。"这到底是怎么一回事呢？从二水流经之地考察，渭水流经关中平原、八百里秦川之地，而泾水全程流经黄土高原，是水土流失严重的地区，水中含沙量是大于渭水的。但在人类早期，黄土高原开发程度不太高，沙土流失现象还不严重，清于渭水是可能的。当代学者则从河流类型来解释这一现象，认为泾水是一条下切河，也叫山区河，比降大，流速快，因此下切很深，河床是石头，所以泾河平时是没有泥沙的，故而是清的。当然，不论这一解释是否完全成立，因为成语广泛流行的缘故，每年到泾渭交汇处观看"泾渭分明"的人总是不少。

172

"三山五岳"指的是哪些山？

中国名山众多，首推五岳。古人以中原为中心，按地域命名，泰山为东岳，华山为西岳，衡山为南岳，恒山为北岳，嵩山为中岳。以自然景观而言，泰山之雄、华山之险、衡山之秀、恒山之奇、嵩山之峻，扬名于天下。

五岳除了自然景观，文化意义也非常丰富，像东岳泰山，因巍峨陡峻，气势磅礴，被尊为五岳之首，号称"天下第一山"，被视为崇高、神圣的象征。历代有不少帝王在泰山上封禅祭天，孔子也有"登泰山而小天下"的名言，使泰山成为所有人向往的山峦。至于嵩山上的嵩阳书院和少林寺、恒山上的悬空寺，都在文化史上留下了千古佳话。

与五岳并称的"三山"，则与神话传说有关。秦始皇时，齐人徐福等人上书，说是海中有三座神山，名叫蓬莱、方丈、瀛洲，可以得到长生不死之方。自那时以后，古代小说、戏曲、笔记之中，就少不了三山的描述，这对丰富广大民众的精神生活，有不小的意义。

 173

"五岭"指的是哪些岭？

五岭是长江水系与珠江水系的分界线，地理位置相当重要。以往记载中的五岭名称，互有出入，综合《广州记》、《南康记》、《舆地志》、《水经注》诸家所说，应为大庾岭、都庞岭、骑田岭、萌渚岭、越城岭。

大庾岭在今江西省西南大庾县南境，同广东南雄县接壤，是粤赣交通要道。都庞岭是由湘入粤通道，在今湖南兰山县南和广东连县之北，而不是现在广西灌阳和湖南江永之间的都庞岭。秦代著名的湟溪关就在这个岭上。骑田岭在今湖南郴县与宜章之间，是湘粤通道，秦代的阳山关在这个岭上。萌渚岭在今湖南江华县和广西贺县、钟山之北，是由湘入桂之道。越城岭在今广西兴安县之北，也是由湘入桂要道。五岭位于广东、广西、湖南、江西、福建五省交界处，是中国南方最大的横向构造带山脉。秦汉时期，五岭以南开发程度远不及中原。大致上从唐代起，岭南加快了开发进度，逐渐赶上黄河、长江流域地区，促进了中华民族经济、文化的发展。

174

"不敢越雷池一步"的"雷池"在哪里？

雷池是一片水域，位于现在安徽省望江县的雷池乡，在望江县城东南10公里的地方，紧挨长江北岸，面积约100平方公里。因古代雷水从湖北黄梅县东流到这里，积而成池，所以叫雷池，也称大雷池。东晋前期在此筑大雷戍，是江防要地。在晋成帝咸和二年（327），驻守历阳（今安徽和县）的镇将苏峻，联合驻守寿春（今安徽寿县）的镇将祖约反叛朝廷，向京城建康（今江苏南京）进军。这时，忠于朝廷的江州刺史温峤火速领兵去救助建康。掌管朝中大权的庾亮得知后，却担心手握重兵的荆州刺史陶侃起兵反叛，便马上给温峤写信，说："吾忧西陲，过于历阳。足下无过雷池一步也。"意思是要温峤坐镇原地，不要越过雷池向东出兵了。后世"不敢越雷池一步"的典故，就源于此，指的是不可超过的界线和范围。

175

将四川称为"天府之国"是什么时候开始的？

"天府"意为天生的仓库，"国"是地区之意。合起来，"天府之国"是对一个地区的美称。

现在，天府之国通常是指四川。实际上，典籍中最早称为天府之国的是指关中平原一带。战国时，游士苏秦向秦惠王进言，称赞秦国"田肥美，民殷富，战车万乘，奋击百万，沃野千里，蓄积饶多，地势形便，此所谓天府，天下之雄国也。"汉初，张良也称赞关中"左崤函，右陇蜀，沃野千里"，"此所谓全城千里，天府之国也"。大约是秦太守李冰在成都建成万世受益的都江堰，使成都水旱从人，不知饥馑，后世也称成都为天府之国，这在典籍中也有依据。诸葛亮在《隆中对》中说："益州险塞，沃野千里，天府之土，高祖因之以成帝业。"从那时起，巴蜀为天府之国的美誉一直流传至今。

当然，中华大地到处物产丰富，其他地区也有不少称为"天府之国"的。

"三辅"指的是哪些地方？

三辅的称谓，是从汉代开始的。本是指治理京畿地区的三位官员，后指这三位官员管辖的地区。

三辅之首称京兆尹，西汉太初元年（前104）改右内史而设置，治所在长安县（今陕西西安市西北）。按汉平帝时的记载，管辖长安、新丰等12个县。

另外两个是左冯翊和右扶风。太初元年，武帝将左内史改置为左冯翊，将主爵都尉更名为右扶风，起初治所都在长安县，后来有所变更。西汉末年，左冯翊下辖高陵、栎阳等24个县，右扶风下辖渭城、槐里等21个县。

到了东汉，都城迁到了洛阳，但"三辅"之名并没有随之消失，仍为人所沿用。这种现象，一直持续到唐代。出于对西汉京畿风貌的向往，后世出了一本追忆性的著作《三辅黄图》，记载的是汉代长安的古迹，对宫殿苑囿记述尤详。

"南洋"名称是怎样出现的？

明清时期，"南洋"是一个常用地名。它是以中国为中心，对应于东洋、西洋、北洋的称呼。西洋是指马六甲海峡以西的印度洋地区，还包括欧洲或更远的地方，清朝一度特指欧美国家；东洋则特指日本。南洋的区域较广，包括马来群岛、菲律宾群岛、印度尼西亚群岛，也包括中南半岛沿海、马来半岛等地。在中国古代，汉族民众开始移民到南洋，在明朝时期及明亡之后，大量汉族移民涌入南洋定居、谋生，当时叫做"下南洋"，还曾在那里建立过一系列的政权。

目前，南洋一词已经不常用了，但作为学校和企业名称，在中国和东南亚地区却还不时可以见到。

178

"中流砥柱"是支柱吗？

在现实生活中，"中流砥柱"常被用来形容发挥支柱作用的人或集体，它的原义同支柱有关系吗？

原来，砥柱是位于现在黄河三门峡下方的一处像石柱的小山。冬天水浅的时候，它露出水面两丈多高，洪水季节，它只露出一个尖顶，看上去就像要马上被洪水吞没似的，万分惊险。然而千百年来，无论狂风暴雨的侵袭，还是惊涛骇浪的冲刷，砥柱一直力挽狂澜，巍然屹立在黄河之中。正是这种难得的景象，使它成为刚强无畏的化身，自古以来为人称颂。《晏子春秋》中曾说："吾尝从君济于河，鼋衔左骖，以入砥柱之中流。"公元638年，唐太宗李世民来到黄河边，也写下了"仰临砥柱，北望龙门。茫茫禹迹，浩浩长春"的诗句，命大臣魏徵刻于砥柱之阴。著名书法家柳公权也为砥柱写了一首长诗，其中有"孤峰浮水面，一柱钉波心。顶住三门险，根连九曲深。柱天形突兀，逐浪素浮沉"等佳句。砥柱的名声，因此长盛不衰。

179

《水经注》是一本怎样的书？

河流与人们的生活息息相关，古代人因此非常重视水道的记述。约在汉末时期，旧题桑钦所著的《水经》问世。该书记述河流水道137条，简明地叙述了河道的源流及经过的郡县都会名称，确立了因水证地的写作方式。到北魏时，时间过去了三百年，其间河流改道，民族迁移，城邑兴废，地名变化，难以尽述。著名地理学家、文学家郦道元于是倾注心血，在《水经》基础上，布广前文，撰成《水经注》，记述河流水道1252条，比《水经》增加近10倍；篇幅则扩充到30多万字，是原书的30倍。以注释之作而超越原书价值的，这大概是历史上的第一部。

《水经注》的地理视野十分广阔，不仅仅是郦道元本人所熟悉的北部中国，对当时南朝治下的自然山川、人文地理，郦道元都着力描述，一视同仁。有的篇章中，还记载了不少域外地理。在卷一《河水》中，详细描述了古代印度东南部的恒河、印度河和孟加拉湾沿岸的水文地理和风土人情。在南方，地理范围达到今越南北部、柬埔寨和马来半岛。在北方，延及长城以外的沙漠地区；西南方则远达缅甸"檄外"地区。可以说，《水经注》记录了当时已知的地理范围。

《水经注》中还具有地理变迁的观念。对所记河流，郦道元无不穷究源流，追述古今变化。最著名的是黄河变迁，北魏以前有两次大规模的改道，一次是周定王五年（前602），一次是王莽时期。《水经注》对这两次黄河改道的走向都有详细的描述，称之为"大河故渎"和"王莽河"。当时的华北平原，由于自然环境变迁和人为影响，很多小河流已经干涸，郦道元也在实地考察后注明"今无水"，并感叹"今古世悬，山川改状"。

尤为可贵的是，《水经注》的地理描述中蕴含了深切的人文关怀。对于每条水道所经，郦道元详细记载其城邑兴废、历史故事以至神话传说，将国家民族的历史文化融汇到自然山川之中。如《易水》篇中的"荆轲刺秦王"故事，《江水》中的"巫山云雨"神话，都极为感人。自然场景一旦注入人文情景，就不再是无情物，而变成伤心地或欢娱场，不仅个人情感可以通过山水风物来表达，国家民族的集体记忆和历史文化也可以寄托在自然山川之中。清人评说《水经注》"因水以证地，而即地以存古"，这是《水经注》的一大特色。

《水经注》之所以取得如此高的成就，是因为郦道元除了充分利用传世文献外，还做了大量的实地考察，充分参阅了同时代南北学者的地理学著述，后世才会流传"水经"系列这部最杰出的著作。也正因为如此，现代日本地理学家米仓二郎将郦道元称誉为"中世纪全世界最伟大的地理学家"。

180

"佛"是指什么?

"佛"是梵语 buddha 的音译，他的全称还有佛陀、浮陀、浮屠、浮图等，意译为觉者、知者、觉，觉悟真理者之意；亦即具足自觉、觉他、觉行圆满，如实知见一切法之性相、成就等正觉之大圣者。佛也是佛教修行之最高果位——在佛教中都是大佬级人物。狭义的"佛"即指佛教的创始者"释迦牟尼佛"。

既然佛是修行得来的，那么他自然不是凡夫俗子所能比的。就拿"佛"所具足的三大圆满来说，自觉、觉他、觉行圆满三者，凡夫就无一具足；声闻、缘觉二乘仅具自觉；菩萨也只是自觉、觉他；而且佛之定、智、悲均为最胜者，故称大定、大智、大悲，配于断德、智德、恩德等三德，合称为大定智悲。

小乘认为现在世不可能二佛并存，大乘则认为于一时中有多佛并存：三千世界中有无数（如恒河沙之数）佛存在，即所谓十方恒沙诸佛，比如说大乘佛教的"横三世佛"一说（"横"说的是空间），即中央释迦牟尼佛，

释迦牟尼佛

主管中央娑婆世界，法身是藏传佛教崇敬的大日如来，身边有"大智"文殊菩萨和"大行"普贤菩萨帮忙料理教化事宜；东方药师佛（又称"不动佛"）主管东方净琉璃世界，有日光普照菩萨和月光普照菩萨帮忙打理凡世的健康长寿等事宜；西方阿弥陀佛，主管西方极乐世界，有"大勇"大势至菩萨和"大悲"观世音菩萨协助料理人死后的解脱事宜。此外，我们所熟知的"纵三世佛"（"纵"即以时间计算，分别有未来佛弥勒佛，现世佛释迦牟尼佛，过去佛燃灯古佛）也是大乘佛教的说法。依大乘佛教的这一说法，释迦牟尼佛只是现在的老大，以后还要有继任者的。

后来佛教信众把"浮图"这一称呼用在了修功德上，即指佛塔。这也算是对供养和布施的一种肯定。

因明是印度的逻辑学吗？

"因明学"，为印度"五明"（"明"是学问义）之一。其他四明为"声明"（语文学）、"工巧明"（工艺学）、"医方明"（医药学）、"内明"（宗教学）。

这里，"因"指推理的根据、理由、原因；"明"即显明、知识、学问。

因明，即对佛教教理举出理由、进行论证的学问，学术界一般也视其为印度或佛教的逻辑学。

印度的"因明学"立宗（结论）、因（原因）、喻（譬喻）三支为言说方法和论证程序。例如"声无常（宗），为所作性故（因），如瓶等（喻）"。在这三支中，以"因"支最为重要，故曰"因明"。

实际上，视因明为逻辑学，毕竟不大准确，因为它虽然包含了西方意义上逻辑学的内容，但它也不只是指论证、推理的学问，它更多的还是包含了佛教本身的教理。

182

为什么说"一切众生悉有佛性"?

《涅槃经》说:"一切众生悉有佛性,如来常住无有变异。"

"一切众生悉有佛性",讲的是所有人都有成佛的可能性。要想把这种潜在的佛性(又作如来性、觉性,即佛陀之本性)变成现实就只能是修行不懈。说得再直白一点就是:佛是觉悟了的众生,众生是未觉悟的佛。

在中国,"一切众生悉有佛性"始于东晋支道林的"一阐提皆得成佛",即再坏、再没有资质("一阐提")的人,还是有着成佛的潜质。后来的六祖惠能更是提出了著名的"一切众生皆有佛性",使得佛教之门广开。他认为,一个人是否能成佛,不在于他的根器和资质如何,而完全在于他是否能明心见性,即"自性若悟,众生是佛,自性若迷,佛是众生。"

183

什么是"禅门三关"?

禅宗开悟的三个阶段:初关(亦名"本参")是要人明心见性,得般若之无漏慧;重关是要人以无漏慧对治并伏灭烦恼、所知二障;末后关是要净尽烦恼,人无需功用而任运自如于尘世。

从百丈禅师透"三句",到从悦、慧南以"三句"勘验学人,都已蕴涵三关之意。后来"看话禅"(看,见之意;话,公案之意。"看话禅"是临济宗的禅风,讲究的是专就一则古人之话头,历久真实参究终获开悟,故又名"机关禅")兴起,"三关"之名始渐流行。

不过禅宗终究重的是开悟见性、直了成佛,本就不立阶梯。不然你说惠能一不识字,二不是登堂入室的弟子(只是负责舂米),凭什么就能一跃而成为众人惊异的"肉身菩萨"、禅宗六祖? 所以"禅门三关"只不过是后来祖师接引学人的方便施设的。

184

"五蕴"指什么？为什么还是"空"的？

蕴，是梵语 Skandha 的翻译，乃积聚、类别之意。《俱舍论》"诸有为法和合聚义是蕴义"。"五蕴"指类聚一切有为法之色、受、想、行、识五种类别。

一、色蕴，即指有形的物质。包涵内色与外色，内色即五根：眼、耳、鼻、舌、身；外色即五境：色、声、香、味、触。

二、受蕴，即是对境的承受感受之意。可分为身受与心受，身受由五根和五境所引起，它有苦、乐、舍（不苦不乐）三种感受；心受由意根所引起，有忧、喜两种感受。

三、想蕴，指心对境的想象作用。即是看、听、接触东西时，心会对境生出形象，并据此立名，也就是认识的作用。

四、行蕴，"行"是造作的意思，行蕴是驱使心造作各种业，所造作的行为有善、恶、无记三种，也称为心所生法。

五、识蕴，对境而产生认识的本体根据，即八识之说。通常有大、小乘的解释之别。

五蕴的意思是五种不同的聚合。"五蕴"也被翻译为"五众"或"五阴"。"五众"是指五种众多的法聚合在一起；"五阴"是指五种法遮盖住我们的智慧之意。

小乘佛教通过分析"五蕴"得出"人无我"的结论，即人和我都只是"五蕴"的暂时和合，没有实体性的。

大乘佛教则进一步指出，不但"人无我"，"五蕴"本身也是空的，即《心经》"色不异空，空不异色，色即是空，空即是色；受想行识，亦复如是。"

所以"五蕴皆空"之后，自然就可以"度一切苦厄"，因为无我、无物、无无。

185

"二谛"指什么?

佛教主要目的是教人破除我执、法执而体认真实。唯有从事物的两个对立方面互成互破,才能扫尽一切执着而显现真实,因此中观宗就特别重视"二谛"。

"二谛"是俗谛与真谛。俗谛又名世谛、世俗谛、情谛、有谛,真谛又名第一义谛、胜义谛、智谛、无谛。其中"谛"是真实不虚之理。真俗二谛是事、物所具有的两种真理。凡夫俗子在时间上由于经验了或习惯了所观察的事物现象(有),名为世谛或俗谛,得道的圣人在究竟处体验了事物的真实本质(空),名为第一义谛或真谛。

因此俗谛是肯定事物所以存在的道理,真谛是否定事物有其实存的道理。佛教认为只从有或只从空来理解事物,都是片面的,甚至是错误的,必须从空和有两方面,即"中道实相"来体认,方能得到实际情况。就是说诸法非空非有,亦空亦有,不落二边,圆融无碍。

186

"四法界"是什么意思?

"四法界"是华严宗的重要教义。

其中"法界"是指一切众生身心本体,即超越言表,横亘万事万物的绝对实在,也就是说是整个世界的根本。其中"法"为轨则,"界"有性、分二义。就"事"上说,"界"是分歧义;就"理"上说,"界"是本性义。

此外,华严宗又进一步认为全宇宙系一于一心,若由现象与本体观察之,则可别为四种层次,即四法界:

一、事法界。指万有诸法,一一事相有差别,有分齐,即就"事"上说的"界"。

二、理法界。指万有诸法同一理性，真如平等，无有差别，即就"理"上说的"界"。

三、理事无碍法界。是说理由事显，事中含理，诸因无自性而能缘起，即理无碍事；缘生诸法皆无自性，即事无碍理。

四、事事无碍法界。指一切事法，各有分齐，各守自性，事事相望，多缘互应，一多相即，大小互容，重重无尽。

187

佛祖为什么死时面带微笑？

明吴彬《涅槃图》

因为在佛祖看来，死亡是烦恼的解脱。

佛家称得道之人的"死亡"为"涅槃"（"泥洹"）、"圆寂"。"涅槃"原来指吹灭，或表吹灭之状态；其后转指燃烧烦恼之火灭尽，完成悟智（即菩提）之境地，即超越生死（迷界）之悟界，亦为佛教终极之实践目的。

为什么"死亡"是一种烦恼的解脱呢？因为在佛家看来，世界是"苦"，实性为"空"。再说下去就是涅槃三德、八味、四乐了。

涅槃"三德"为"大、灭、度"：大，即法身；灭，即解脱；度，即般若。

涅槃"八味"有：（一）常住，指涅槃之理通彻三世而常存，圆遍十方而常在。（二）寂灭，指涅槃之理寂绝无为，生死永灭。（三）不老，指涅槃之理不迁不变，无增无减。（四）不死，指涅槃之理原本不生，然亦不灭。（五）清净，指涅槃之理安住清寂，诸障皆净。（六）虚通，指涅槃之理虚彻灵通，圆融无碍。（七）不动，指涅槃之理寂然不动，妙绝无为。（八）快乐，指涅槃之理无生死逼迫之苦，而具真常寂灭之乐。

涅槃"四乐"是：（一）无苦乐，是说世间之乐即是苦因，若断世间之苦乐，则无苦无乐。（二）大寂静乐，是说涅槃之性远离一切愦闹之法，称为大寂静。（三）大知乐，是说诸佛如来具有大智慧，于一切法悉知悉见。（四）不坏乐，是说如来之身，犹如金刚之不能毁坏，而非为烦恼无常之身，以身不坏之故，称为大乐。

当然所有的这些"乐"都是要以已经觉悟为前提的，不然即便死了也只能是开启了又一个轮回而已。

188

"觉悟"是什么？

慧远在《大乘义章·卷十二》说："觉察名觉，如人觉贼；觉悟名觉，如人睡寤。"

南本《涅槃经·十六》也说："佛者名觉，既自觉悟，复能觉他。"

"觉悟"的梵文音译是"阿耨多罗三藐三菩提"，意思为"无上正真道"、"无上正等正觉"等，是指对世间万象、诸般真理有着透彻了解。

189

"见闻"在佛家中讲的是什么？

我们知道"眼耳鼻舌身意"是六根；"色声香味触法"是六识。

"见闻"就是眼见和耳闻。眼见为"色"，耳闻为"声"。色、声即为六识中的二识，且相对主要的二识。

既然相对主要，所以现在人们就用"见闻"代指了人全部的感觉作用和认识能力。

190

"本来面目"是什么?

"本来面目"也叫"本来风光"。《坛经》中说:"能云:不思善,不思恶,正与么时,那个是明上座本来面目?"

佛家认为"一切众生悉有佛性",即人人都有成佛的因子,只是后来迷失了本性。这和孟子的"性本善"、"本心"很像。所以在佛家看来,人的"本来面目"实际上是指这个因子或本心是善的、向上的一面。只要我们反身内求,发现自己的"本来面目"——人人悉有佛性,便是顿悟了,便是成佛了。

191

佛家有什么"不可思议"的?

佛祖"拈花微笑",是因为佛祖遇到不能言说的妙处,不得已而为之。可佛祖这么高的觉悟和能力,怎么还有不能讲出来的佛法呢?因为佛法本身就是不可思议的!

另外,阿弥陀佛不但可以叫做"无量寿佛"、"无量光佛",而且还可以叫"不可思议光如来"。

怎么就不可思议了呢?这恐怕没有答案,不过我们可以试着这样去理解:

首先是"心思路绝",故"不可思";"言语道断",故"不可议"。《五灯会元》卷十六载,光孝禅师临终时只说了"不可思议"四个字,便合掌而逝。

其次,佛家的不可思议之处有"佛不可思议,众生身不可思议,乃至世界不可思议"(《仁王经》)。《增一阿含经》增加了一个"龙不可思议"。《大智度论》卷三十则举出:众生多少(众生无增无减)、业果报(一切差别由业力而生)、坐禅人力(由禅定之力而现神通)、诸龙力(龙之一滴水,则可降大雨)、诸佛力(佛陀圆满成就十力)等五种不可思议。

龙树著名的"三是"偈是怎样的?

印度佛教中观派创始人龙树著名的"三是"偈是阐述中道观的,具体为:"众因缘生法,我说亦是空,亦为是假名,亦是中道义。"

"众因缘生法"讲的是"俗谛",即诸法由因缘和合而生,生即是有;

"我说亦是空"讲的是"真谛",即虽然诸法已生,但自性为空。

"亦为是假名、亦是中道义"讲的是"中道",即亦有亦空,非有非空。"有"是"世俗有"、"假有","空"是"毕竟空"、"性空"。

这样,统一了俗谛与真谛的"中道"就把世间和出世间、烦恼与涅槃统一了起来;并且揭示了认识的本性就在于不可能把握客观真理,只能一点点地祛除错误。比如表达"中道"的"八不"(不生不灭、不常不断、不一不异、不来不去)完全是一种只否定、不肯定的"遮全法"。这种只破不立的做法明晰有力地消除了人们对名言概念的执着,进而消除了对确定性知识的执着。也就是说,人们只能永恒地走在一条不断自我否定的道路上,最终得到的是一种对已知前提的不信任。

"一念"怎么产生"三千"?

"一念三千"是天台宗智者大师的重要教义,也是天台宗修行时的观法。

天台宗主张人在一念之间,即具有十界三千诸法。所谓"一念"是指日常生活的一念心;"三千"是指三千世间一切诸法。那么"一念三千"说的就是:无论凡夫还是佛陀,其一念当体(即中道实相)便圆具三千诸法而无点滴欠缺。换个说法就是,宇宙万象本然就具备在众生的一念之中。

其中"三千"是由《华严经》的十法界、《法华经》的十如是及《大智度论》的三世间相乘所得的结果,亦即十界各具十界而成百界,每一界中又各具十如是(如是相、如是性、如是体、如是力、如是作、如是因、如是缘、如是果、如是报、如是本末究竟等）而成千如，此千如和三世间（众生世间、国土世间、五阴世间）配合成三千之法。

天台宗创始人智顗在《摩诃止观》卷五上说："夫一心具十法界，一法界又具十法界、百法界；一界具三十种世间，百法界即具三千种世间。此三千在一念心。若无心而已，介尔有心即具三千。亦不言一心在前，一切法在后；亦不言一切法在前，一心在后。"其中"介尔"的意思为"一点点"，说的是众生一刹那的心中就具有三千性相。万有森然具备，无须另有本原。心就是一切现象，一切现象就是心。在介尔细心中，一念动处，便是宇宙整体。

此外，天台宗还认为，"起一念必落一界（十法界中的任意一界）"，如起嗔恚（huì）心——地狱道的因；动贪心——饿鬼道之因；生愚痴心——畜生道之因；我慢贡高者——阿修罗之因；守伦理五戒——人道之因；修禅定——天道之因。

所以当我们明白了"一念"的重要性——"一念成佛、一念成魔"，就要修持不懈了。用儒家的话说是"如临深渊，如履薄冰"，用佛家的偈子说就是"念念刮磨心垢尽，时时话护道菜焦"。

 194

怎样才能"跳出三界外，不在五行中"？

只需要明白"三界唯心"就可以了。

当然，你要先明白"三界"是指什么。"三界"指的是欲界（指有情世界，即地狱、饿鬼、畜生、阿修罗、人、天的总称），色界（指身体与宫殿国土等物质性存在），无色界（此界没有身体、宫殿等物质性存在；但有受、想、行、识四蕴）。

那该怎么"跳出三界外"呢？

首先，肉体凡胎的你肯定不能像孙猴子一样秉天地灵气而生了；其次，你也不能妄想去吃什么蟠桃、仙丹。所以，你就只能老老实实地一步步修炼了。

按照佛家的法门，你首先就要体"空"，即体会"缘起性空"、"五蕴皆空"等。

"三界唯心"也是如此类的"空"。

原本在竺法护译的《渐备一切智德经·目前住品》就有"其三界者，心之所为"一说，指的是"三界虚妄，但是心作。十二缘分，是皆依心"（见鸠摩罗什译的《华严经·十地品》）。这不就是"缘起性空"和"五蕴皆空"吗？

只不过我们这里要讨论的是"心"字。佛家讲空不假，"三界唯心"也是一种空，可怎么还有个"心"在这里？谁的心呢？

对此，不同宗派有不同的回答，例如法相宗（即唐僧所创的唯识宗）认为，"心"是指阿赖耶等心识，所以"三界唯心"就相当于"三界唯识"；法性宗则认为是指如来藏之自性清净心。由此观之，实际上此处的"心"可以说也是强为之名的，即"为方便故，假说一心"。

后来唐译《华严经》有"三界所有，唯是一心"，并有发挥说"心如工画师，画种种五阴，一切世界中，无法而不造"，最后更是有"心造诸如来"的论断，说白了就是见心见性即见佛，所以这里的"心"就是一语言方便故。你一旦明了"三界唯心"，那你就相当于见佛了。这不就是"跳出三界外"了吗？

195

"禅宗"的"家谱"是怎样的？

禅宗，又称佛心宗、达摩宗、无门宗，指以达摩为初祖，探究心性本源，以期"见性成佛"之大乘宗派，乃是最具中国特色的佛教。在中国，其最初可以追溯到佛祖拈花微笑的典故。当然，这种典故只是传说而已。

禅宗谱系为达摩（初祖）——神光（二祖慧可）——僧璨（三祖）——道信——法融（这一系因住于金陵牛头山，又称"牛头禅"）、弘忍（五祖）——玉泉神秀（北禅渐门之祖，传四、五世即告断绝）；大鉴惠能（南禅顿门，六祖）；嵩山慧安（开出"老安禅"）、蒙山道明、资州智侁（开出"南侁禅"）。

后面的传承不再称"祖"，惠能——南岳怀让（蒙受惠能心印，下面是马祖道一，开棒喝竖拂之禅风，世称"洪州宗"；马祖弟子有百丈怀海，怀海一系开出临济

弘忍大师

慧可大师

宗、沩仰宗，此外还有临济宗分出的黄龙、杨岐二派）；青原行思（下面是石头希迁，与马祖并称当世二大龙象；其他弟子或再传弟子则开出曹洞宗、云门宗、法眼宗）；荷泽神会（开出"荷泽宗"）。

这也就是禅门繁荣的"五派七流"或"五家七宗"，即临济宗、曹洞宗、沩仰宗、云门宗、法眼宗（后三家逐渐失传）等五家，加上由临济宗分出的黄龙派和杨岐派（后来成为汉地佛教的主流），合称为七宗。

196

禅宗也讲文字因缘吗？

诗文往来而结下的缘分或友谊当然是文字因缘。我们所熟知的才子佳人也大多是因为这样的"因缘"才结下"姻缘"的。这样的姻缘本是风雅之事，无可厚非。

但你能想象"不立文字"的禅宗也讲文字因缘吗？

禅宗虽尚"不立文字"，但总要教学讲法。这就不能不立文字，但立了文字之后还不能令弟子执着于此，以致忘了文字这根"手指"背后的"月亮"（即以手指月，却有令人见指不见月的隐患）。不过话又说回来了，弟子是否执着，你能管得住吗？管不住呀，悟性、慧根是人家生来就带着的。悟性高的就能通过读经、印经、作文、写字等方式了悟佛法，结下"文字因缘"。那执着不悟的就只能与佛门大法做"邻居"了。

所以在禅宗，通过文字学佛，却能"得鱼忘筌"、"得意忘言"的人三生有幸，可以有这般的文字因缘。

197

禅宗为什么要以"当头棒喝"教人？

对学生棍棒相加的老师不会是好老师吗？不一定。

佛教教学中，相传"棒"的施用，始于唐代德山宣鉴与黄檗希运；"喝"的施用，始于临济义玄（或谓马祖道一）。也正是因此，有了"德山棒，临济喝"之称。

话说黄檗禅师在接纳新弟子时，有一套规矩：不问情由地给对方当头一棒，或者大喝一声，尔后提出问题，要对方不假思索地回答，而且随后的每一个问题都会伴随着"棒喝"。

语出宋代释普济撰写的《五灯会元·黄檗希运禅师法嗣·临济义玄禅师》，"上堂，僧问：'如何是佛法大意？'师竖起拂子，僧便喝，师便打。又僧问：'如何是佛法大意？'师亦竖起拂子，僧便喝，师亦喝；僧拟议，师便打"。

"当头棒喝"的目的，一是在于警醒初学佛者明白佛法之不可思议，开口即错，用心即乖；二是在于考验学习者的修习程度，因为佛家讲究"定"，自然要求修行者要在任何情况下不起惊惧心。所以，不少禅师在接待初学者时，常一言不发地当头一棒，或大喝一声，或"棒喝交驰"提出问题让其回答，借以考验其悟境，打破初学者的执迷。后者如藏传佛教在辩经时，要求发言者拍手喝喊声中作答便是一种类似于刁难般的考验。因此，棒喝也成为佛门特有的施教方式。

《续传灯录》："茫茫尽是觅佛汉，举世难寻闲道人。棒喝交驰成药忌，了忘药忌未天真。"

后来我们就用"棒喝"或"当头棒喝"来比喻促人醒悟的警告。

198

如何理解禅宗的"即心即佛"？

湖南东寺如会禅师……大寂去世，……（坐下弟子）以"即心即佛"之语诵读不已，且念叨："佛于何住，而曰即心；心如画师，而云即佛。"（南泉禅师）遂示众曰："心不是佛，智不是道。剑去远矣，尔方刻舟。"

"即心即佛"的口号，就好比是电脑桌面上的快捷方式而已。如果只是着眼于此快捷方式，而不管主程序（自然本心）是否完整或存在，那能打开想要的程序吗？

成佛固然是好事，可也不能整日念叨着成佛吧？这样的执着心不正是需要破除的"我执"和"口头禅"吗？所以南泉禅师才会说你们这是刻舟（快捷方式）求剑（成佛）。这种不断的向前追问，以破除固执前见的做法正是禅宗的一贯宗旨。你执着于佛，执着于法，我就"呵佛骂祖"（德山宣鉴），就"持剑逼害于佛"（文殊菩萨），以行佛法。这种看似疯狂的做法恐怕并不是什么"无明"，而恰恰是真正的"即心即佛"。

宋代王楙（máo）《临终诗》云："平生不学口头禅，脚踏实地性虚天。"

199

"和尚"能随便叫吗？

"和尚"原来只是指那些高僧大德，后来才用作弟子对师父的尊称，而且这师父还只能是"亲教师"（意为"亲从受教之师"，戒坛三师之一。另外两"师"是教授师、轨范师，分别教授弟子们威仪作法、指示受戒者作礼乞戒等规矩仪式）。所以，这就相当于你在学校见到辅导员、教学秘书等要叫老师，见到任课教师也叫老师，但两个老师的含义是不同的。

世俗人则以"和尚"通称那些出家的男众，又作和社、乌社、和上。

"阿弥陀佛/南无阿弥陀佛"是什么意思？

电视上的和尚常常说"阿弥陀佛，善哉善哉"。不过常常发错音："阿"是发 a 音，绝非什么 e 或 o。因为前者的梵语是不生不灭意；后者则是"流住"（生灭）的意思。如果发错音，意思就相反了。

"南无阿弥陀佛"中的"南无"是皈依的意思；"阿"是不生不灭的意思；"弥陀"是佛的名字，像"如来"一样，所以连起来就是"皈依不生不灭的弥陀佛"。

"阿弥陀佛"成为一个佛教徒见面就说的佛号始于六朝。后来它更是随着净土宗在中国普及，成为佛教信众的风行问候语。

"弥陀佛"从地位上说是西方极乐世界的教主，与观音菩萨、大势至菩萨合称"西方三圣"；从含义上说，此佛寿命无数、妙光无边，故也称无量寿佛、无量光佛。一佛而有不同义之二名，为其他诸佛所未见。藏传佛教中，班禅喇嘛便被认为是阿弥陀佛的化身；而达赖喇嘛则被认为是观世音菩萨化身。

相传古时，一个法藏比丘受到佛的教化，自愿成就一个尽善尽美的佛国（极乐净土），并要以最善巧的方法（口诵"阿弥陀佛"的佛号）来渡化众生。他由此发了四十八誓愿，后来赖此得以成佛——阿弥陀佛。

《阿弥陀经》："彼佛光明无量，照十方国无所障碍，是故号为阿弥陀。……彼佛寿命及其人民无量无边阿僧祇劫，故名阿弥陀。"

○ 201

"般若波罗蜜"是什么意思？

清乾隆写本《般若波罗蜜多心经》

《倩女幽魂》中的法术还记得么？"般若波罗蜜！"《般若波罗蜜多心经》中也有"般若"二字。它们的意思就是：明见一切事物及道理的高深智慧。

在佛家看来，"般若"智慧跟世间的智慧还是不同的，所以译经家不直接汉译为"智慧"，而以音译。可有什么不同呢？

"般若"（智慧）有二种、三种、五种之别。其中二般若有三种说法：一、共般若与不共般若。共般若，即为声闻、缘觉、菩萨共有的智慧；不共般若，则仅为菩萨所具的智慧。二、实相般若与观照般若。实相般若，即以般若智慧所观照一切对境之真实绝对者，它虽然不是般若，却是产生般若的根源，所以也可称为"般若"；观照般若，即能观照一切法真实绝对实相之智慧。三、世间般若与出世间般若。世间般若，即世俗的、相对的般若；出世间般若，即超世俗的、绝对的般若。又实相般若与观照般若，若加上方便般若或文字般若则称三般若。"方便般若"是以推理判断，了解诸法差别之相对智；"文字般若"则包含实相、观照般若之般若诸经典。又实相、观照、文字三般若加境界般若（般若智慧之对象的一切客观诸法）、眷属般若

（随伴般若以助六波罗蜜之诸种修行），则称五种般若。

菩萨为达彼岸，必修六种行（即"六度"，亦即六"波罗蜜"）。其中般若波罗蜜（智能波罗蜜），被称为"诸佛之母"，也成为其他五波罗蜜的根据而居于最重要之地位。

那到底什么是"般若波罗蜜"呢？实际上它又叫做"般若波罗蜜多"，意思是智慧到了极致，即明白了诸法实相，而穷尽一切智慧之边际，度生死此岸至涅槃彼岸的菩萨大慧。所以碰见妖怪就喊"般若波罗蜜"，意思就是："小小妖怪，还不觉悟，看我度化了你！"

202

人人都是糊涂蛋（"无明"）吗？

在佛家看来，一切众生都是糊涂蛋。因为众生不明白（"无明"）一个至关重要的东西——世界（包括自己在内）的本质，这就产生了本不应该有的烦恼。为什么不应该有呢？因为本来就有佛性的众生应该是明心见性的。

"无明"，为烦恼之别称，意为昏暗不明于佛家真相、世界真理的精神状态；又为十二因缘之一，俱舍宗、唯识宗立"无明"为心所（心之作用）之一，亦称作痴，属贪、嗔、痴三毒之一。

既然如此，那需要明白什么才能变得聪明起来呢？天台宗需要明白"中道"，即非有非空之理（见龙树的中道观）。唯识宗需要明白"四谛"，即苦（世界是苦的）、集（世界为什么是苦的）、灭（要脱离苦海）、道（怎么脱离苦海）。

总之，佛家就是想叫"无明"的众生明起来、般若起来。

203

为什么说"色即是空"？

《般若心经》曰："色不异空，空不异色。色即是空，空即是色。"这句话是取完真经回来的唐玄奘做的汉译本。它是什么意思呢？

佛家的"色"，广义言之，是物质的总称，指一切能眼见或不能眼见的事物现象。"空"指的是一切现象皆为空幻，就是"无有实体"。

至于现实的物质世界为什么就"无有"了，则是因为所有的"色"在佛家看来都是因缘和合而生，业力运转而散。这样，没有常性的它们就都是非本来实有的。所以，佛家的"空"并非虚空或无之意，更不是表示什么都没有，什么都不存在的意思，而是指"没有实在性"、"没有自主性"。

204

"狮子吼"指什么？

《倚天屠龙记》中谢逊用狮子吼震得扬刀大会上的人非死即呆。这种"狮子吼"属于少林七十二绝技之一，按照《天龙八部》中扫地僧的说法，作为七十二绝技的"狮子吼"必须用释迦牟尼"狮子吼"的佛法化解。

以上说法有点刚猛和血腥味道。其实原本的"狮子吼"是形容佛法的广大无边，出自《维摩诘所说经·佛国品》："演法无谓，犹狮子吼，其所讲说，乃如雷震"，意思是"如来正声"能降服一切魔鬼。

《传灯录》曰："释迦佛生时，一手指天，一手指地。作狮子吼，云：天上天下，惟吾独尊。"这里讲的是一种弘扬正法的气概和宏愿。

205

"无间道"是什么意思？

佛家的"无间道"并非像香港经典电影《无间道》开头描述的"无间地狱"那样恐怖；恰恰相反，"无间道"在佛家看来是一种人人应该追求的智慧。这种智慧属于"四道"之一，讲的是如何通过修行来断除世间万般烦恼，终得涅槃解脱的果报。

"四道"分别是：（1）加行道，又称方便道。即于无间道之前，为求断除烦恼，而行准备之修行；（2）无间道，又称无碍道。即直接断除烦恼之修行，由此可无间隔地进入解脱道；（3）解脱道，即已自烦恼中解脱，证得真理，获得解脱之修行；（4）胜进道，又称胜道、三余道。即于解脱道之后，更进一步行其余之殊胜行，而全然完成解脱。

206

佛家慈悲心肠，也讲"十恶不赦"？

咱们觉得某些人坏透了，往往会说这些人真是十恶不赦。统治者将那些危害其统治基础的人列为罪大恶极之人，把"十恶不赦"写到了法律里。但"十恶不赦"最初却是来源于佛教用语。

佛家的"十恶"在《未曾有经》被论述为："起罪之由，起身、口、意。身业不善：杀、盗、邪淫；口业不善：妄言、两舌、恶口、绮语；意业不善：嗔恚、贪欲、邪见。是为十恶，受恶罪报。"

俗人的"十恶不赦"是要杀头的，佛家的"十恶不赦"就只能受报应了，比如进"六道轮回"中的三恶道（地狱、饿鬼、畜生）什么的。对有的人来说，这恐怕比杀头还严重。这也符合佛家"善有善报，恶有恶报"的理念吧。

207

怎样才可以做到"头头是道"？

我们听有大智慧的人讲话，总是觉得人家讲的"头头是道"，怎么讲都有理。为什么？在佛家看来，是这种人"悟"了。

《续传灯录·慧力洞源禅师》上说："头头皆是道，法法本圆成。"说的就是人开悟之后，一言一语、一举一动无不暗合妙道，即"随心所欲而不逾矩"。"道"对于这类人而言也是无处不在的。不然的话，行为怎么能不逾矩（道）呢？

现在这个词多用来形容一个人讲话很有条理，很有说服力。

208

为何说观世音菩萨"大慈大悲"？

因为观音菩萨"救苦救难"吗？恐怕不尽然，救苦救难也只能算得上"大悲"，而"慈"与"悲"是不同的。

慈爱众生并施予快乐（与乐），称为慈；同感其苦，怜悯众生，并拔除其苦（拔苦），称为悲；所以，"大慈"、"大悲"有时又分指称弥勒、观音两尊菩萨。弥勒是"未来佛"，当予众生未来之乐，号为"大慈尊"；观音菩萨"救苦救难"，拔除众生现在之苦，号为"大悲菩萨"。

为什么还有个"大"字？

首先，佛陀之悲乃是以众生苦为己苦的同心同感状态，故称同体大悲。又其悲心广大无尽，故称无盖大悲（无有更广、更大、更上于此悲者）。"慈"也是类似。

其次，佛家的慈悲之所以可以成为"大"，还在于"般若"的存在。《大智度论》卷二七说："大慈与一切众生乐，大悲拔一切众生苦。"无论拔苦还是予乐，一旦缺了这种"般若"，就只能是慈悲心肠（佛家用语是"生缘慈"或者"法缘慈"）而已，虽说还有慈悲，但已经与"大慈大悲"（佛家称作"无缘慈"）无缘了。没有"般若"就会把众生的苦与乐看做实相，即众生实有。可在"大慈大悲"的状态中看，众生本身都是假相（"中道"意义上的假相）。

听过"无人相，无我相，无众生相"吗？"无众生相"只有那些具有"般若波罗蜜"的人才能做到。即便是胸怀天下的孔圣人，在佛家看来，也只是慈悲心肠中的"法缘慈"（脱离了"众生缘慈"的"我"，但依旧不悟"法空"和"无众生相"），而非菩萨的"大慈大悲"。

209

慧远是何许人？

《南史·谢灵运传》有言："天下才共一石，曹子建独得八斗，我（谢灵运）得一斗，自古及今共享一斗。"这个如此自负的谢灵运，却对慧远和尚很是钦佩。

慧远（334～416），东晋高僧，我国净土宗的初祖，庐山白莲社创始者。雁门楼烦（山西崞县）人，俗姓贾。十三岁时，游学许昌、洛阳，"博综六经、尤善老庄"。二十一岁时，和弟弟慧持一起在太行恒山（河北曲阳西北）听道安讲《般若经》，感叹"儒道九流皆糠秕"，于是二人都投道安座下，剃度出家。

在教务上，慧远主张以"方外之宾"定位自己的身份，将"协契皇极"作为自己的社会职能，较好地处理了佛教与国家政权的关系。现实中，慧远所处的东晋时代，内部权力斗争严重，外部与诸秦对立。慧远作为佛门领袖对各种政治势力不即不离、不疏不附，这种做法使得他领导的佛教能在当时的各种敌对势力中保持相对独立的地位，获得了相对平静的发展。

在教义上，慧远援道入佛，用中国经典诠释佛经，对佛教做出本土化的努力，例如受《庄子》"以人为羁，死为返真"的影响，主张"神不灭"，并由此解释佛家三世轮回、因果报应和"西方净土"的存在。慧远的"神不灭论"与其教义上的根本主张"有我论"是相通的。慧远在自己的《法性论》和译介的《阿毗昙心论》中，就坚持自性实有。这是与鸠摩罗什"大乘空宗"截然不同的，也是他后来与鸠摩罗什书信论战（《大乘大义章》）的主要领域。

此外，慧远还译介了"达摩多罗禅法"，开了禅宗"教外别传"的先河；其"与寺内，别置禅林"被禅宗视为禅家典范；其"于精舍无量寿佛前，建斋立誓，共期西方"，被认为是净土宗的初祖，并组建了名为"白莲社"的僧团，后人记载当时有"十八贤"、"百有二十三十人"参加立誓。

210

玄奘取完经回到大唐后又干了什么大事？

玄奘回到大唐后把梵文的真经译成了汉语。事实上，翻译的过程本身就是一个重新理解和再创作的过程，最终玄奘创立了"唯识宗"。

人道众生，因有六根（眼、耳、鼻、舌、身、意）故生出六识（色、声、香、味、触、法）；除此六识以外，还有第七识（意根：末那识）和第八识（阿赖耶识）；无色界的天人，因无色身，故只有六、七、八识；而十法界（六道，二乘，菩萨，佛合为十法界）中的一切含灵，莫不有此"阿赖耶识"（亦称"初刹那识"、"初能变"、"第一识"。因宇宙万物生成之最初一刹那，只有这一识，故称"初刹那识"；而此识亦为能变现诸境之心识，故亦称"初能变"；由本向末数为第一，故称"第一识"）。由于有"阿赖耶识"才能变现万有，所以唯识宗主张一切万有皆缘起于"阿赖耶识"。至于"阿赖耶识"为清净之真识，或染污之妄识，乃佛学界所争论之一大问题。

既然"阿赖耶识"就是"初刹那识"、"第一识"，还不能说"万法唯识"吗？

说得再明白点，"唯识"就是指整个世界都只是心识的变现，除此再无任何实在。唯识以外无其他实在，又称为唯识无境，或据万有从识所变之意义，而称为唯识所变。此理论见于《成唯识论》卷二。

可问题又出来了，既然"万法"都唯识了，那三界中的"法"自然也唯识。但前面都说"三界唯心"了，那"心"和"识"没什么矛盾吗？没矛盾，在大乘唯识宗（又称法相宗）看来，"心"是强为之名，实际上就是"阿赖耶识"（参看"三界唯心"）。

211

禅宗六祖慧能识不识字？

慧能（638～713），唐代僧人，禅宗南宗的创始人。据《坛经》、王维《六祖能禅师碑铭并序》、《曹溪大师别传》等记载，慧能俗姓卢（故后人也有称之为"卢老"的），祖籍范阳（今河北涿县），出生于岭南，自小父亲去世，与母相依为命。

慧能大师

一天，不识字的他在闹市中听人念说《金刚般若经》，大为感动，就到黄梅弘忍（禅宗五祖）处求学，做了一个负责春米的"行者"。后来，五祖年纪大了，就命寺僧各做一偈子，据此以传衣钵。大师兄神秀主渐修，作"身是菩提树，心如明镜台。时时勤拂拭，勿使惹尘埃"。不识字的慧能就口述"菩提本无树，明镜亦非台。本来无一物，何处惹尘埃"一偈，请人代写在神秀的偈子后面。最后，慧能的偈子得到了弘忍的暗许。弘忍密传慧能法衣，并嘱其南下避难（恐其他弟子不服抢夺法衣）。

南下的慧能隐避 16 年后，才传其教法，内容主要有：一、"直指人心，见性成佛"的顿悟法门，自心的迷悟是人能否成佛的唯一标准；二、"定慧等学"、"戒禅一致"的修行理论，即念不起为坐，性不乱为禅；"外离相曰禅，内不乱曰定"；三、"一行三昧"的修行方法，即提倡一种"于一切时中，行、住、坐、卧，常行直心"的修行。"直心"就是真心，指佛性的不加修饰的直接体现和明白显露，不假外修。四、无念为宗，无相为体，无住为本。其中"无念"强调真如佛性的自然发挥或心灵的直觉感受；"无相"指虽身处满是声色诸相的世间，却能不予计较与执着；"无住"是指无所挂碍，无所执着。

此后，这些都成为禅宗的主要教义。

"三生有幸"是怎样的一种幸运?

苏东坡曾写过《僧圆泽传》，上面讲了一个故事：

唐朝有个圆泽和尚在与好友李源游览长江三峡时，见到一个孕妇汲水。圆泽竟突然说自己三天后就投胎到她家，并与李源相约以一笑作为投胎的见证，并且十二年后两人还会在中秋之夜相见于杭州天竺寺。

三天后李源去了那妇人家里，果然见到一个初生婴孩对他一笑。

十二年后，李源赴约天竺寺，果然见到一个十二岁的牧童，这个牧童唱道："三生石上旧精魂，赏月吟风不要论。惭愧情人远相访，此身虽异性常存。"

这种事真让人惊异，"缘分"竟可以这么约定！

"天人合一"是一种怎样的思想?

"天人合一"思想自古就有。殷周时期的"天人合一"讲的是原始宗教，即人间的政权是受神权保护的，例如"皇天无亲，惟德是辅"。至于孟子则是用"仁义礼智"等道德范畴把天、人统一了起来，第一次提出了"尽其心者，知其性也；知其性，则知天矣"的"天人合一"说。其后这种道德伦理意义上的天人关系在《中庸》、《易传》中得到了更明显的发挥。

到了汉代的董仲舒，更是以天人相类说为据提出了"天人感应"，即"人之为人，本于天。天亦人之曾祖父也，此人之所以上类天也"（《春秋繁露·为人者天》）、"人有三百六十节，偶天之数也；形体骨肉，偶地之厚也；上有耳目聪明，日月之象也；体有空窍理脉，川谷之象也"（《春秋繁露·人副天数》）、"天亦有喜怒之气、哀乐之心，与人相副，以类合之，天人一也"（《春秋繁露·阴阳义》）。这样，把人的各种器官和情绪颁给天之后，天和人还能不一样?

至于后来的宋明，更是演绎了《中庸》和《易传》，把人的根基建立在"天理"上。

所以，无论是什么时代的"天人合一"，其重要论点和论据都是伦理道德性质上的，自然环境都只是末流却又自然的演绎。当然，先秦道家的天人思想倒是淡化了这种伦理道德性，具有明显的社会或审美意义。

何谓"三纲"？何谓"五常"？

常说"天理人伦、三纲五常"，其中"三纲"是指"君为臣纲，父为子纲，夫为妻纲"，要的是臣对君、子对父、妻对夫近乎绝对的服从，同时也要求君、父、夫为臣、子、妻作出表率。它反映了传统中国社会中君臣、父子、夫妇之间的一种特殊的道德关系。极端表现即为"君要臣死，臣不得不死；父要子亡，子不得不亡"。"五常"是指仁、义、礼、智、信五种道德规范，是分别用来调整和规范父子、君臣、夫妇、兄弟、朋友五种关系的行为准则。

"三纲"、"五常"的思想，最早渊源于孔子。孔子曾提出了君君、臣臣、父父、子子和仁义礼智等伦理道德观念。此后，法家也有类似的说法，例如《韩非子》中就讲："臣事君，子事父，妻事夫。"后来的孟子进而提出"父子有亲，君臣有义，夫妇有别，长幼有序，朋友有信"的"五伦"道德规范。到了西汉，董仲舒从天人感应的思路出发，按照阳尊阴卑的理论，认为君臣、父子、夫妻三种关系存在着天定的、永恒不变的主从关系：君为主、臣为从；父为主，子为从；夫为主，妻为从。这就是人们所讲的"君为臣纲，父为子纲，夫为妻纲"三纲。同时，董仲舒认为，仁、义、礼、智、信五常之道则是处理君臣、父子、夫妇、上下尊卑关系的基本准则。坚持"三纲"、"五常"之大法，整个社会秩序就能稳定和谐。

公元 79 年，东汉章帝亲自主持，在白虎观组织了一次全国性的经学会议，这个会议的记录以后由班固整理编辑成《白虎通德论》，简称《白虎通》。这部书的内容是当时官方对经学的标准答案，也成为后世中国社会伦理纲常的真正法典，"三纲"、

"五常"的内容也首次以官方文书的形式确立起来，从此开始成为真正影响中国传统社会的实际运行的道德规范。"三纲"、"五常"之连用却是到了宋代才有的事，后来也常被简称为"纲常"。

215

什么是"理学"？

"理学"一般指宋元明清时期的哲学思潮，也称道学。它萌芽于唐中叶以后的韩愈、李翱，产生于北宋（"宋初三先生"：胡瑗、孙复、石介；中期有"北宋五子"：周敦颐、邵雍、张载、二程），盛行于南宋（朱熹）与元、明时代，清中期以后逐渐衰落，但其影响一直延续到近代。

广义的理学，泛指以"天道性命"为中心问题的整个哲学思潮，包括各种不同学派，如北宋中期周敦颐的濂学（糅合佛、道，取法孔孟，以"太极"为最高范畴）、邵雍的象数学（根据《周易》和道教思想构造出一个"合之斯为一，衍之斯为万"的先天象数体系，并以之推测和说明自然与人事的变化）、张载的关学（"气"为本原，提出天地之性与气质之性）、二程的洛学（"理"为最高范畴和世界本原，重"察之于身"以"穷理"）、王安石的新学、苏轼的闽学、司马光的朔学（以"虚"、"诚"为基本范畴），南宋朱熹的闽学（继承二程，详细叙述了理气关系，重"即物而穷理"）、陆九渊兄弟的江西之学（主张"心即理"），明中期王守仁的阳明学（认为"心外无理"、"心外无物"）。

狭义的理学则专指程颢、程颐、朱熹为代表的，以"理"为最高范畴的学说，即程朱理学。

理学是中国古代哲学长期发展的结果，特别是批判佛、道哲学的直接产物。

216

"玄学"都谈些什么？

"玄学"指魏晋时期出现的一种崇尚老庄的学术思潮，一般是特指魏晋玄学，其名得自《道德经》"玄之又玄，众妙之门"之句。

魏晋玄学以"三玄"（《老子》、《庄子》、《周易》）为主要研究典籍。争论的主要问题有：一、"有无"问题。何晏、王弼"贵无"，即"无"作为世界的根本和世界统一性的基础；裴頠"崇有"，即"有"是自生的；郭象"独化论"，即"有"是独自存在的，不需要"无"作为自己的本体，而"独化"于"玄冥之境"；二、"名教自然"问题。何晏、王弼主张"名教本于自然"；郭象主张"名教即自然"；嵇康主张"越名教而任自然"；阮籍折中名教与自然。至于玄学使用的方法则是"得意忘言"、"辨名析理"。大名鼎鼎的"竹林七贤"（阮籍、嵇康、山涛、刘伶、阮咸、向秀、王戎）洒脱、怪诞的思想和行事都成为后人的美谈。

这种"玄谈"之风产生的原因有两方面：首先是汉末儒家经学的衰微，司马氏政治上的摧残与压迫，其次是魏初正始年间何晏、夏侯玄倡导的改制运动。

魏晋玄学在客观效果上促进了儒、释、道三教的合流。

217

中庸是"和稀泥"吗？

《礼记·中庸》说："君子尊德性而道学问，致广大而尽精微，极高明而道中庸。"

"中庸"作为儒家的道德原则，指的是不偏不倚、没有过与不及这两个极端。

程子解"中庸"为："不偏之谓中，不易之谓庸。中者，天下之正道，庸者，天下之定理。"朱熹解"中庸"为："中者，不偏不倚、无过不及之名；庸，平常也。"由此可见，"中"就是内修"朝闻道夕死可矣"的正道，"庸"便是要求在人伦日用之中体现出"中"的坚守，即无过与不及的"和"。

只有对正道有着深刻的理解，加之"上下求索""九死未悔"的执着才能言及"中庸"。没有理解便是偏执，算不得"中"；没有执着便是空谈心性仁义，谈不上"庸"。那么什么是正道呢？在儒家看来，仁义礼智信都是正道必须坚持的。对这些东西采取"和稀泥"的态度是孔孟严厉批评过的"乡愿"，孔子谓之"德之贼"（《论语·阳货》），孟子谓之"同乎流俗，合乎污世，居之似忠信，行之似廉洁"。说得明白一点就是，"和稀泥"对于德不能近，对于恶不能去，首鼠两端。至于如何从容地做到"中庸"，则只能看自己的修养了，不然也不会说"唯圣者能之"。

218

"霸道"是怎样的？

我们形容一个人蛮横不讲理时，经常会说这个人很霸道。其实，在先秦的政治哲学中也有一种"霸道"，是指凭借武力、刑法、权势等进行统治的政策。这个霸道是和王道相对而言的。孟子说：王道以仁义服人心，霸道以武力服人身；王道是超强的软实力，霸道是明显的硬实力；王道是"王天下"的正统路径，霸道不足恃。孟子这话说得很正气凛然，很有亚圣味道。但就是有人不买他的账，比如说商鞅和荀子。

商鞅就说，什么王道不王道的，全是虚的，先统一天下了再说吧。而且霸道也是"道"呀，只要强大，什么都会有的。

荀子就更进一步了，霸道是不好，但也有自己的用处，能干实事呀；王道是有点虚，但让人听着顺耳呀，能收人心。所以还是霸道、王道杂用好一点。

纵观后来的历代王朝，荀子的话倒是应验得多一点。王道、霸道是有区别，但不妨碍两者杂用。不然天下恐怕早就大同或大乱了。真正的王道谁也没见过，只是尧舜禹这些传说中的事，所以王道的大同也就只能是说说了。那单纯的霸道呢？也没有，谁都想打着王道的旗号，至于这招牌是否货真价实倒是看开店人的水平了。水平高的就坐稳了江山，水平低的就会费点力气了。所以王道、霸道在现实中从来就没分开过，它们之间的区别也就是"运用之妙存乎一心"的事情。

219

"明哲保身"是保什么?

《诗经·大雅·烝民》说:"既明且哲,以保其身。夙夜匪懈,以事一人。"

在古典文献中,"身"是相当重要的一个概念。但它指的不是我们这个血肉之躯的"肉身"。比如儒家讲的"修身"就不是修"肉身",而是道德上的长进和养护。明代王艮在《明哲保身论》中说,"修身立本也,立本安身也"。可见明哲保身当中的"保身"其实讲的是要道德上的修身。其次,生物意义上"肉身"也是要为德行服务的,即"肉身"经过道德上的"修身",就能为"保国"、"保天下"这样的宏伟目的服务了。王艮说:"知保身者,则必爱身如宝。能爱身,则不敢不爱人。能爱人,则人必爱我。人爱我,则吾身保矣……吾身保,然后能保天下矣……知保身而不知爱人,必至于适己自便,利己害人。人将报我,则吾身不能保矣。吾身不能保,又何以保天下国家哉?……若夫知爱人而不知爱身,必至于烹身割股,舍生杀身,则吾身不能保矣。吾身不能保,又何以保君父哉?"

由此可见,"保身"完全是修身的含义,"明哲保身"发展成为贪生恶死倒是义理之外的事情了。

220

空穴如何来风?

"空穴来风"好像总是被人误解为没有根据的、不可能的事。可事实上只有空穴才能来风。

这个词最早出自战国时楚国宋玉的《风赋》:"枳句来巢,空穴来风。"意思就是:枳树的枝杈弯曲,所以能招引鸟儿筑巢;由于有空的洞穴,才引来了风。

老子有言:"凿户牖以为室,当其无,有室之用。"很明白地说明了,有些东西只有内部是空的,才能有用处,比如说房子。那空穴为什么能招来风呢?就是因为它内部是空的。"来风"的意思是"使风来"。

所以空穴可以来风，而且是极易来风。正是因为这点，"空穴来风"恰恰是指事情的发生是有根据的。

221

"造化"是什么？

杜甫有名句"造化钟神秀，阴阳割昏晓"，其中的"造化"说的是天地自然的生养化育。

这与《庄子·大宗师》中"今一以天地为炉，以造化为大冶"的"造化"是一个意思，都有一种浑然天成、自然神奇的含义。这个神奇的施为者其实可以是"一"、"道"、"天"等概念性存在。

《淮南子·原义》说："乘云陵霄，与造化者俱。"

《淮南子·精神》也说："伟哉造化也。"

《淮南子·览冥》中则说："怀万物而友造化。"

除了这种道家色彩极为浓重的含义外，"造化"还被我们用来指时运、运气。

222

"程门立雪"中的"程"是谁？

"程门立雪"的"程"是指程颐（1033～1107），即伊川先生，其兄长是程颢（1032～1085），即明道先生。两人早年师从周敦颐，后自创门户——二程洛学。

二程是洛阳伊川人，同是宋代著名儒学家。程颢去世时，推荐弟子杨时去找程颐继续求学。"程门立雪"这个故事发生在杨时登门拜见程颐的那一天，杨时同一起学习的游酢向程颐请教学问，却不巧赶上程颐正在屋中打盹儿。两人静立门口，等程颐醒来。没想到一会儿就下大雪了，游酢几次想叫醒程颐，都被杨时阻拦住了。程颐一觉醒来，发现门外立着两个雪人，深受感动，更加尽心尽力教他们，而杨时

程颐像   程颢像

也不负众望，成为了一个大学问家，他这一支还开出了朱熹这一硕果。二程学说，后来为朱熹继承和发展，世称"程朱学派"。

与其师周敦颐相比，二程学问发端于"天理"，用程颢的话说，"吾学虽有所受，天理二字，却是自家体贴出来"。区别于周敦颐近乎禅门的"静"，二程特重"敬"字——"涵养须用敬，为学在致知"，这句话也是程朱理学的蓝本与总结。

两兄弟学问相近，然性格气质上有所差别。有一次，程颢、程颐领了一帮弟子进寺院。程颢进门后从右边走，程颐走左边。那群弟子全跟在了程颢后面，程颐一个人在左边走。这是因为程颢一团和气、程颐严谨刚毅，弟子们愿意跟在"好说话的"程颢后面。程颢修养上的"一团和气"到了什么程度呢？曾有人与他在一起呆了一个月，感慨地说"某在春风和气中坐三月来"；一个弟子说"从先生三十余年，未尝见其忿厉之容"。

在政治上，程颢在朝时意见多与王安石不合，与苏轼等人也有洛蜀两党之争，与司马光也不甚对脾气。程颐长寿，且做过帝师，使得程氏门庭光大。

223

王阳明的"知行合一"是指什么?

"知行合一"是明代儒学大师王阳明的观点,针对的是朱熹的"行先知后"。

王阳明的"知"说的是"思惟省察","行"指的是"着实躬行"。"知行合一"其实就是反对两方面的偏颇,即"懵懵懂懂的任意去做,全不解思惟省察"和"茫茫荡荡悬空去思索,全不肯着实躬行"。在王阳明看来,"知是行的主意,行是知的功夫。知是行之始,行是知之成"。就是"行"必须要有一定的"知"(思维判断)来支持;而"知"也必须有"行",不然就不是"真知"。所谓"一念发动处便即是行了"、"知而不行只是未知"。

可见,王阳明的"知行合一"其实讲的就是"德行"二字。德行必然是真切地"行"出来的,不是停留在口头上的"仁义礼智信"。

224

道教也讲"明星玉女"吗?

"明星玉女"一说源自道教。

"明星"原是道教的一个专有名词,指一个女神仙的名字;"玉女"则是一种美称。所以"明星玉女"就好像"孙大圣"一样,是有其特指含义的。

《集仙录》载:"明星玉女者,居华山。服玉浆,白日升天。山顶石龟,其广数亩,高三仞。其侧有梯磴,远皆见。玉女祠前有五石臼,号曰玉女洗头盆。其中水色,碧绿澄澈,雨不加溢,旱不减耗。祠内有玉石马一匹焉。"

"明星"在古文中还有专指"金星"(明亮耀眼)的意思。也正是这个含义,"明星"后来成为普遍名词,指引起大家关注的名人。"玉女"也有了青春、清纯的意思。

225

道教的"往来"是什么意思？

"往来"起初是一个道教养生的词汇，指的是一日之间的阴阳变化。

《养生密录》、《金丹大成集》里都有："子往午来，阴符阳火，自子进符至辰巳，自午退符至戌亥，始复终坤，皆以卦象则之，一消一长，一往一来，以成其变化。"意思是说：从午夜子时到早上临近中午的时候，阴气较长；从正午到黄昏临近深夜的时候，阳气较长。这样，阴阳二气的消长，一往一来，就构成了一日之间的变化。人要想养生，就必须按照一日之间的阴阳变化来调整自己的作息。

同样的意思在《易经·系辞上》中也有表述，"阖户谓之坤，辟户谓之乾，一阖一辟谓之变，往来不穷谓之通"，也是用"往来"来叙述每日里阴阳变化的无始无终。

226

"大伤元气"究竟伤了什么？

"元气"最初是先秦道家用语，说的是构成天地万物的根本，或阴阳二气未分之前的混沌之气。后来经道教的一再发展，日益细微和精致，比如说论证了道、太极和元气三者之间的关系问题，阐述天、地、人、物的产生问题。但这些精致大都是宇宙论上的，其中养生意义上的"元气"最为我们所熟知。

根据天人同构的模型，"元气"在宇宙论上是根基性的东西，那它在人的养生方面更是如此。《难经》说："气者，人之根本也，根绝则茎叶枯矣。"所以养生之要就在于"宝精行气"。于是出现了"服气"的修炼法门。说得再为细致一点，"元气"因为在人体中的部位、作用和性质的不同，又被分为元气（又称祖气或真气，秉受于天，藏于肾及命门之中）、宗气（饮食水谷所化生的水谷之气与呼吸的自然之气相结合形成的一种气，积于胸中，关乎到人的呼吸和发声，有助于血液循环）、营气

（经脾胃把水谷精微化生为精气，再经由肺部，传进脉搏，滋养全身）、卫气（因有保护体表、抗拒外邪的功用而得名）。"行气"全部贮于脐下三寸的丹田气海之中。

所以说"大伤元气"就是伤到了根本（元气），破坏了身体的各种平衡（宗气、营气、卫气等）。

227

"真空"就是什么也没有吗？

"真空"即便在物理学意义上也不是完全的虚空，还是会有粒子存在于其中。

"真空"除去这层物理学意义，还是一个与道教内丹修炼术有关的名词，说的是一个内丹修炼者入静后，心中不起丝毫的念头，身体与太虚保持同一。

这样的"真空"实际上很像佛家的"禅定"，而且"空"也具有佛家中道观"非有非无"的色彩。

《清和真人北游语录》卷一中说："凡人之心，必有所好……不要廓然虚空，其中自有个不空者，故云：非有非空，是谓真空。不治其心，何以致此，故修行，治心为要。"《金丹四百字·序》中说："然金丹之生于无也，又不可为顽空。当知此空，乃是真空。"

《金丹大成集·金丹问答》说："返本还元为真空。"

《邱祖全书》说："念念不离方寸是真空"、"一意不离方寸，此真空也"。

那道教所说的"真空"到底是一种什么样的状态呢？"返本还元"、"念念不离方寸"，其中的"本"、"元"抑或"方寸"都是一种复归于朴、抱元守一，即对道的执着守护。

228

"智慧"在道教中有特别的含义吗？

智慧除了我们世俗意义上的聪明外，还有明智聪慧的意思。

这两者是不一样的，聪明人也会有自己的烦恼，但明智聪慧的人则是明了了人生真谛，破除了烦恼迷惑。这种人生真谛在佛家是"般若"，般若就是晓得了苦、集、灭、道四谛；在道教则是全生命之真、保性命之纯。两家都是觉得人本身的超拔是最为重要的，只不过佛家通过"性空"要人向道，道教通过"性命"要人全己。所以在它们看来，真正的智慧都是人对自己的尘世状态不满意，要求超拔并努力去实现超拔的东西。

人对自己固有状态的不满，其实就是一种要求接近智慧的意愿，就如《洞真太上说智慧消魔真经》卷三说："无断堕痴，痴剧不改，非智慧也。智慧者，改迷入道，舍邪还正，守真生气，生气相生，气生变化，离合成三。一曰始元也，二曰元洞也，三曰玄空也。"

实现超拔就是智慧本身，就如《洞真太上说智能消魔真经》卷一所说："智者，知日中之上皇也；慧者，宜以生生为急也。慧字有两生共并而共乘一急之象也。"

229

"洞房"可以随身携带吗？

一般地，"洞房"被人们习惯地用来称谓新人完婚的新房。如果"洞房"仅仅是卧室、闺房之类的建筑，自然是不能随身携带的。但根据道教的说法，"洞房"别有他意，是操练内丹的术语，指人体内的一个穴位，在《黄庭内景经·灵台部》就有"洞房紫极灵门户"一说。这个穴位应该就在眉心向脑内两寸的地方。

《黄庭内景经·灵台部》"洞房紫极灵门户"目说，《大洞经》云："两眉直上却入三分为守寸双田，入骨际三分有台阙明堂，正深七分，左为青房，右为紫户。却入一寸为明堂宫，左有明童真君，右有明女真君，中有明镜神君；却入二寸为洞房，左有无英君，右有白元君，中有黄老君；却入三寸为丹田宫，亦名泥丸宫，左有上元赤子，右有帝卿君；却入四寸为流珠宫，有流珠真人居之；却入五寸为玉帝宫，有玉清神母居之。其明堂上一寸为天庭宫，上清真女居之；洞房上一寸为极真宫，太极帝妃居之；丹田上一寸为玄丹宫，中黄太一真君居之；流珠上一寸为太皇宫，太上真君居之，故曰'灵门户'也。"

230

汉字是谁造的?

关于汉字的缘起和产生，历来有各种假说，如"结绳说""八卦说""起一成文说""手势语说"等等。关于汉字的最初创造者，也是众说纷纭，如"史皇作图说""仓颉造字说""沮诵造字说"，还有的说人民大众都是造字的仓颉。其实，汉字不可能是哪一两个人创造的，更不可能"人民大众都是造字的仓颉"。汉字应该是造字时期最需要使用文字的人集体创造的。

上古时期，祭祀和巫术是社会生活中非常重要的内容，"文字"是巫术仪式的重要组成部分，是巫史与精灵世界取得"联系"的一种途径。可以说，巫史是后代知识分子的先驱，他们是一些通天文、晓地理、识万物、懂医药、会打仗、能管理、包办宗教仪式、专与天神地祇人鬼交往、以惊人的记忆力背诵一长串氏族谱系和迁移转战史的"圣人"，是当时社会的精英，是当时社会中最需要使用文字的人群之一。因此，文字的产生萌芽，主要力量是巫史，巫史集团是文字的最初创造者和使用者。

不难理解，各个方国、部落都有自己的巫史集团，不同的部落之间最初所使用的文字符号不尽相同，因此，在黄帝之前，中国大地上曾有过文字"百

仓颉像

花齐放"的时代。随着各个方国之间的不断战争，互相之间的交往也越发频繁，各个方国使用的文字符号也逐渐融合统一。在文字的融合统一过程中，对文字的规范统一最具有权威的人，应该是当时势力最为强大的方国部落的巫史。仓颉是势力强大的黄帝部落的史官，因此说，仓颉当是中国历史上第一个对汉字进行整理和规范的人。正如章太炎所说，"仓颉者，盖始整齐画一，下笔不容增损，由是率尔著形之符号，始为约定俗成之书契"。

231

"文"和"字"各指什么？

"文"字甲骨文字形作"$\stackrel{\backslash}{\curlyvee}$"，象人在身上画或刺花纹；小篆字形作"$\bigwedge$"，《说文》说解为"错画也。象交文"，可见"文"字本来就是花纹之"纹"。

"字"商代金文作"$\boxed{\mathcal{F}}$"，从宀从子，即屋内育儿之形；小篆字形作"$\widehat{\mathbb{P}}$"，《说文》说解为"乳也。从子在宀下。子亦声"。可见"字"的本义就是"哺育，生育"，《诗·大雅·烝民》："诞寘之隘巷，牛羊腓字之。"其中"字"就是哺育之义，引申有"孳生"义。

后来"文"和"字"分别被引申指文字的种类之一。《说文解字·叙》："仓颉之初作书也，盖依类象形，故谓之文。其后形声相益，即谓之字。文者，物象之本；字者，言孳乳而浸多也。"段玉裁注："依类象形，谓指事、象形二者也。""形声相益谓形声、会意二者也。""析言之，独体为文，合体为字；统言之，则文字可互称。"陆宗达认为段氏误解了许意。他在《说文解字通论》中说："这里段氏误解了许慎的原意。许慎所说的文和字，是说明汉字的历史发展；六书则指的是汉字字形的构造原则。范畴既异，界说不能相混。"

232

什么是甲骨文?

甲骨文是指刻在龟甲兽骨上的文字,内容主要是占卜记录(也有少数是非占卜的纪事刻辞),所以又称甲骨卜辞、殷契文字等。目前出土的甲骨文可以分为殷商和西周两个时期,广义的甲骨文包括各个时期刻在龟甲兽骨上的文字,狭义的甲骨文专指殷商时期的甲骨文。甲骨文最早被发现是在 1898 年,之后经过多次发掘,到目前为止,从安阳出土的有字甲骨已达十万片以上。

甲骨文是我们目前见到的最早的成体系的汉字,它的字形具有以下特点:(1)象形、象意字多,形声字只占很小一部分,而且这些象形、象意字依然保留着很强的图画性。(2)字形还没有定格,异构特多,表现为:有的字正反无别,有的字笔划可多可少,有的字偏旁部首的位置可以移易,有的字构件可以更换、增加、减少,有的把两个、三个字合写在一起为"合文"。(3)由于字形刻在坚硬的龟甲兽骨上,所以构字线条纤细,直笔和方折居多。

甲骨文

233

什么是金文?

金文又称钟鼎文、铜器铭文等,是古代铸(少数是刻)在青铜器物上的文字。

在青铜器物上铸文，始于夏商，盛于两周，延续至秦汉。作为一个时代独具风格的字体，金文主要是指鼎盛时期的西周金文。金文的内容主要是关于当时祀典、赐命、诏书、征战、围猎、盟约等活动或事件的记录，反映了当时的社会生活。

毛公鼎铭文拓片

金文字体整齐遒丽，古朴厚重，和甲骨文相比，构字线条变得圆转丰满，脱去板滞，变化多样。在结构上具有如下特点：（1）直观表意的象形、象意结构形态减弱，便于书写的符号形态增强。不过西周金文中的极少数字，特别是那些族徽性的字，甚至还保留着比甲骨文字更原始、图画性更强的形态。（2）趋向定型化。主要表现在：形旁之意相通而混用的现象大为减少，偏旁部首的位置有了较多的固定，异字同形、合文、反书等现象大为减少。不过同字异构的现象依然存在。（3）形声字大量增加。有人曾作过统计，甲骨文中的形声字只有20%左右，而金文中的形声字则已达到50%以上。（4）在书写形式上，越来越注意字形与铭文整体的协调、美观。

234

字典和字书有什么不同？

字书是中文工具书的一种，是纂辑和解释文字一类著作的统称。中国的字书源远流长，自先秦到现在，几乎历朝历代都有新编。

广义而言，只汇集文字，不作注解的识字课本，如《史籀》《三仓》等；专讲文字意义的著作，如《尔雅》《方言》等；统释文字形音义的著作，如《说文解字》

《字林》等；以讲解音韵为主兼及训诂的著作，如《声类》《韵集》等；校正和辑录文字形体的著作，如《干禄字书》《金文编》等，都是"字书"。

狭义而言，字书专指以统释单个汉字形音义为主的一类著作，此类著作自清代《康熙字典》行世之后，便一律改称字典。可见，字典就是字书的一种，也可以说就是狭义的字书。

235

部首与偏旁是一回事儿吗？

偏旁就是组成汉字形体的构件，是由笔画组成，具有一定表词功能或别词作用的形体单位。字典辞书有多种编排方法，其中之一就是按照汉字形体的不同结构特点进行归类，并从每类字的字形中取其相同的部分作为部目，分别统系所收汉字，此类部目就叫做部首。部首编排法始于东汉许慎的《说文解字》，后世多承用。但不同的字书分部标准不同，部首数目及其性质也不尽相同。

显然，"偏旁"和"部首"分属不同的学术系统，"部首"是字典辞书中常用的术语；偏旁是汉字形体分析中常用的术语。"部首"本身就是组成汉字形体的一个偏旁，组成汉字形体的偏旁在字典辞书中却不一定能够成为具有标目作用的部首。

236

古人怎么注音？

古代注音的方法主要包括：譬况法、读若法、直音法和反切法。"譬况法"是以描述性的语言说出字音的特征。如："旌读绸缪之缪，急气言乃得之。""读若法"是用相似的字音打比方，让读者自己猜出所注字的正确读音来。如："珣，读若宣。""直音法"是用同音字注音，如"单音善，父音甫"。反切法就是用两个字来拼读汉字，上字取其声母，下字取其韵母，兼取其声调。始称为"反"、"翻"，后称"切"，又合称"反切"。如：东，都红切；冬，都宗切；当，都郎切。

237

为什么说"笑不露齿"而不说"笑不露牙"?

现代汉语中"齿"和"牙"同义，但我们经常用的成语，如"笑不露齿"、"唇亡齿寒"、"唇齿相依"等，表示牙齿的意义都用"齿"而不用"牙"。这是为什么呢？

其实，"牙"和"齿"原始意义（即本义）是有明显区别的。"齿"的甲骨文字形作"𦥑"，象张口露齿之形。显然，所露之齿是唇后的门牙。所以，齿的本义是"门牙"；而"牙"，《说文》说解为"牡齿也"。牡齿就是大牙，即人们常说的后槽牙。显然，"笑不露齿"、"唇亡齿寒"、"唇齿相依"，指的是门牙，用的是"齿"的本义。

随着语言的发展，"齿""牙"组合为并列式合成词"牙齿"，"齿""牙"的意义所指逐渐混同，"牙膏""牙刷""拔牙""镶牙"以及"健齿""龋齿"中的"牙"或"齿"，不再只指后槽牙或门牙，而是包括所有的"牙"和"齿"。

238

"走马观花"的"走"是什么意思?

现代汉语中，"走"是走路、步行的意思；但这个意义却不是"走"的本义。甲骨文的"走"字作"𧺆"，上部的"夭"，是一个前后摆动两臂的人形，象人奔跑的样子，下面的"止"，象脚之形，提示上面的行为与脚有关，整个字形凸显奔跑的含义。成语"走马观花"中的"走"正是用的本义，意思是骑在奔跑的马上看花。这个成语出自唐代诗人孟郊《登科后》诗："春风得意马蹄疾，一日看尽长安花。"原形容事情如意，心境愉快。后多指大略地观察一下。

239

"本末倒置"的"本"、"末"各指什么？

"本""末"古字形分别作"![本字]""![末字]"，小篆字形分别作"![本篆]""![末篆]"，《说文》说解为"木下曰本""木上曰末"。木，就是树，"木下"和"木上"显然分别指的是树根和树梢。"本末倒置"的字面意思就是把树根和树梢的位置倒着放，比喻把主次、轻重的位置弄颠倒了。

240

"皇后""太后"为什么称"后"？

"后"字甲骨文作"![甲骨文]"或"![甲骨文]"，左上或为"母"，或为"女"，或为"人"，下为倒"子"之形，有的字形在倒"子"下还有许多点儿，象产子时之羊水，整个字形取象于妇女产子之形。前一个甲骨文字形即后来"育"字在《说文》中的或体字"毓"，后一个甲骨文字形在后世则演变为"后"。不难理解，在母权时代，族中最高之主宰为母，母氏最高之德业是"毓"，即为本氏族繁衍后代，因此，以取象于"生育"的"后"称呼她。可见，"后"本来指母权社会中女性酋长。进入父权社会后，族中最高之主宰为男性，但仍以"后"称呼，如夏商时期的最高统治者为男性，但仍被称为"夏后""商后"。到了周以后，最高统治者不再称"后"，而代之以"君""王""天子"等，这样，"后"则转指女性中地位权力最高的"王后""太后"。

241

从"奉匜沃盥"看古代贵族是怎样洗手的？

《左传》记载，晋公子重耳在逃亡过程中，经过秦国时，受到秦王的款待，秦王

曾让怀嬴伺候重耳，怀嬴为重耳"奉匜（yí）沃盥"。"奉"字在"侯马盟书"中写作
""，象双手捧着东西之形，是"捧"字初文。"盥"字甲骨文作""，象伸手到盛
水的器皿中澡洗之形，小篆字形将一只手变为两只手，作""，《说文》说解为"澡
手也"，可见"盥"字本义就是洗手。"沃"是"浇，灌溉"的意思。"匜"是古代一
种器皿，带有鋬，便于往外倒水。可见，重耳当时洗手，是由怀嬴手捧匜将水慢慢
倒在重耳的手上，下有承盘接着流下的水，这就是当时贵族洗手的方法，它不同于
普通百姓的洗手方法。

242

从"王"字形体能看出什么？

二里头文化玉钺

"王"字甲骨文字形作或，金
文字形作或，象斧钺类武器不纳
柄之形。上古时期，斧钺是最高军事统
率权的象征，可见，造字时期，"王"
在人们心目中就是最高军事统帅。随着
汉字形体的发展演变，"王"的小篆字
形已经丧失了"象斧钺之形"的象形功
能；同时，"王"在人们心目中的形象
也不再是最高军事统帅，而是行仁政、
得民心，如民父母，因而天下归往的政
治领袖。于是《说文》把"王"的小篆
字形解释为："天下所归往也。董仲舒曰：'古之造文者，三画而连其中谓之王。三
者，天、地、人也，而参通之者王也。'孔子曰：'一贯三为王。'"《说文》对"王"
字意义和构形理据重新解释，不仅对儒家思想的宣扬有很大的促进作用，同时，对
"王"字形体在秦篆以后的演变态势无疑也具有不可忽视的反作用。

243

"领袖"为什么成了领导人的称谓?

所谓"领袖",就是指衣服的领口和袖口。古代衣领有三种,即交领、直领、方领;袖子有两种,即大袖、窄袖。而领口和袖口这两个部位因为与皮肤直接接触摩擦,容易起毛破损,所以古人在制作衣服时,领口和袖口都是单独用料的,并镶以金边。因此在人们眼中,这两处是既高贵又醒目。

另外,古人穿衣服很讲究衣领与袖口的式样大小,设计考究的领口和袖口,穿戴给人一种堂堂正正的印象。在古人的眼中,领子和袖子既突出醒目,又庄重严谨,具有表率的作用,所以便产生了"领袖"一词。

"领袖"一词最早见于《晋书·魏舒传》,魏舒为国家鞠躬尽瘁,深受晋文帝器重,文帝每次朝会坐罢,目送之曰:"魏舒堂堂,人之领袖也。"后来,"领袖"一般是指正在进行或曾经进行某项较有影响力活动的最高领导人,如"太平天国起义军领袖洪秀全"、"革命领袖孙中山"、"伟大领袖毛泽东"等等。

244

"衣冠禽兽"之说从何而来?

"衣冠禽兽"一词来源于古代的一种官服——补服,然本意是褒义,后来逐渐转化为贬义。

"补服"是一种饰有品级徽识的官服,或称"补袍"、"补褂"。它的前身是绣袍,亦称铭文袍。据传此袍最早产生于前秦苻坚之时,秦州刺史窦滔妻苏氏,亲手纺织彩锦制袍,上绣七言回文诗,赠予其夫,以示夫妻恩爱、夫荣妻贵之厚意,时人称奇,争相仿效,成为六朝、隋代相继流行的纹样。武则天将其吸收入官服体系,天授二年(691)二月,赐朝集使、刺史绣袍,各于背上绣成八字铭,后成定制。唐玄宗之后遂废,但它自则天朝代代沿袭,对明清时期袍服的影响极为深远,形成了一种独特的官服——补服，即以胸背上之补子昭明身份。

明清时期官员所用的补子都是以方补的形式出现的，制作方法有织锦、刺绣和缂丝三种。明代的官补尺寸较大，制作精良，以素色为多，底子大多为红色，上面用金线盘成各种图案。明代的文官补子绣有双禽，相伴而飞，而武官补子则绣单兽，或立或蹲，以形象的不同区别等级。《明史·舆服志三》记载："（洪武）二十四年定，公、侯、驸马、伯服，绣麒麟、白泽。文官一品仙鹤，二品锦鸡，三品孔雀，四品云雁，五品白鹇，六品鹭鸶，七品鸂鶒，八品黄鹂，九品鹌鹑，杂职练鹊；风宪官獬豸。"

明代文八品"黄鹂"补

清代武一品"麒麟"补

与明代的补子相比，清代的补子小而简单，前后成对，文官绣飞禽，武官绣猛兽。补子以青、黑、深红等深色为底，五彩织绣，色彩非常艳丽。清代对补子的规定承袭明制：一品，文鹤、武麒麟；二品，文锦鸡、武狮；三品，文孔雀、武豹；四品，文雁、武虎；五品，文白鹇、武熊；六品，文鹭鸶、武彪；七品，文鸂鶒、武彪；八品，文鹌鹑、武犀牛；九品，文练雀、武海马。此外，都御史、按察使等，均绣獬豸。同时，清代规定，命妇受封，亦得用补服，补子各从其丈夫或儿子之品以分等级。

245

“冠盖”为什么成了官员的代称?

冠盖，分别指官员戴服的冠冕和乘坐车辆的车盖。冠冕是区别官品的主要依据之一，车盖同样体现着等级性。如汉景帝中元元年（前145）定下制度：二百石以下用白布盖，三百石以上用皂布盖，千石以上用皂缯覆盖。

因此，“冠盖”被用作官员代称。“相望”，指互相看得见。“冠盖相望”，形容政府的使节或官员往来不绝。如《战国策·魏策四》：“齐楚约而欲攻魏，魏使人求救于秦，冠盖相望，秦救不出。”《史记·孝文本纪》：“故遣使者冠盖相望，结轶于道，以谕朕意于单于。”西汉晁错《论贵粟疏》：“因其富厚，交通王侯……千里游敖，冠盖相望。”

246

“还以颜色”的“颜”和”色”各是什么意思?

“颜色”在现代汉语中是一个常用词语，意思是色彩。可是，又有“还以颜色”“给某人点儿颜色”等说法，这里的颜色显然不是“色彩”义。那么，这里的“颜色”是什么意义，为什么该词有这种意义呢?“颜”字从页，“页”字甲骨文作“”“”，象人并突出其头首之形，本义就是人头。因此，与人头意义相关的字往往以“页”作为表义构件，如“颀”“颊”“颔”“额”“颗”“硕”等。根据《说文》，“颜”的本义具指所指是脸上的一个部位，即“两眉之间”，俗称印堂，也泛指脸色；“色”小篆字形作“”，《说文》说解为“颜气也。从人从卪”，即脸上所表现出来的神气、表情，也就是脸色。可见“颜”“色”都有脸色的意思，组成合成词的意义仍然是脸色，“还以颜色”“给某人点儿颜色”中的“颜色”都是用的本义。由于人的脸色变化丰富，后用来喻指色彩，而它的比喻义十分常用，成了现代汉语中该词的最基本意义。

"神州大地"的"州"是什么意思?

"州"字甲骨文作"〵〵""〵〵",两旁象川流,中央象土地,即象水中高土之形。小篆字形变作"〵〵",《说文》说解为"水中可居曰州",可见"州"的本义就是水中可供人居住的岛屿。据史料记载,尧时华夏大地曾经历过洪水时期,当时"汤汤洪水滔天,浩浩怀山襄陵",华夏大地大部分淹没在洪水之中,只有地势高的山陵、高原等露出水面,可供人居住,就象一个个小岛,因此,华夏大地又被称为"九州"或"神州"。后来,表示水中高地的"州"字又增加"水"旁作"洲",目前我们说地球上有七大洲的"洲"仍是水中可供人居住的高地的意思。

为什么用"尸位素餐"形容吃闲饭?

夏商周以前,祭祀逝去的先人时,都要有一位代表死者接受祭祀的活人,称作"尸",一般由死者的臣下或晚辈来充任。由于"尸"处在尊贵的位置接受祭祀,后来用"尸"比喻坐享俸禄,不干实事。"尸位"意思是空占职位,不尽职守;"素餐"的意思是白吃饭。尸位素餐指的是空占着职位而不做事,白吃饭。

何谓"题"、"目"?

现代汉语中,"题目"一词是十分常用的,主要意思是标题、篇目等。那么组成该词的两个语素"题"和"目"各是什么意思呢?"目"字很好理解,就是人的眼睛;"题"字,《说文解字》说解为"额也",即人们常说的额头。那么,"题目"的字面意思就是"额头和眼睛"。因为"额头和眼睛"在人脸上所处的位置是上方，比较醒目，与文章标题的位置和作用十分相似，于是就用"题目"喻指文章的标题。

 250

何谓"朴""素"？

"朴"的本义是未经加工成器的木材，"素"的本义是未经染色的生帛。由于"朴""素"的本义都是未经过加工装饰的东西，后来，这两个单音词组成并列式合成词，并产生一系列新的意义：1.（色彩样式等）不浓艳，不华丽；2.（生活）节约，不奢侈；3. 朴实，不浮夸，不虚假；4. 萌芽状态的，未发展的。

 251

何谓"消""息"？

"消"的本义是"尽也"，即消失，引申有消减的意思；"息"字从自从心，"自"的本义是鼻子，心脏与鼻子都是呼吸器官，因此《说文》把"息"说解为"喘也"。"息"的本义是喘息、呼吸，引申有生长、繁殖的意思。"消息"连用最早出现于《易经》："日中则昃，月盈则食，天地盈虚，与时消息。"意思是说，太阳到了中午就要逐渐西斜，月亮圆了就要逐渐亏缺，天地间的事物，或丰盈或虚弱，都随着时间的推移而变化，有时消减，有时滋长。显然，这里的"消""息"还是两个词，意思分别是消减和增长，后来，"消息"凝结为固定的词语，用来指客观世界的变化。到了近代，消息又逐渐成为一种固定的新闻体裁，又叫新闻。

何谓"启""发"？

"启"字甲骨文作""，象以手开门形，本义就是开门。"发"的本义是"射箭"，引申有打开、出发等意义。"启""发"组成合成词产生新的意义，比喻对关闭的思维或思路进行开启，使对方产生联想并有所领悟。

何谓"寻""常"？

"寻"字甲骨文字形作""或""，象平伸双手度物之状，其本义是古代的一种长度单位，其长度相当于一个人平伸双臂时，从一个手的中指尖到另一个手的中指尖的距离，这个长度大约相当于人的身高。一般人的身高为七八尺，因此，一寻的长度，有的认为是七尺，有的认为是八尺。"常"字从巾尚声，《说文》以为是"裳"的异体字，但是根据很多从"巾"的字义与旗帜有关，且古文献中有很多"常"作"旗帜"义的用例，可以认定"常"的本义也是旗帜的名称。这种"常"树立在车上，其高度有一定的标准，这种标准成为高度的等级标志，并由此发展为长度单位。旧注屡见"八尺为寻，倍寻为常"的说法，可以得知，一常大约相当于一丈六尺。后来这两个表示古代长度单位的词组合成并列式合成词"寻常"，并产生新的意义——平常；普通。

何谓"权""衡"？

"权"的本义是秤锤；"衡"的本义是秤杆，都是称量物体轻重的器具"秤"上的重要部件。组成并列结构的合成词"权衡"，最初主要指称量物体轻重的器具，如"为之权衡以称之"(《庄子》)，"平权衡，正度量，调轻重"(《史记》)；后来又引申喻指权力，如"执权衡"(《晋书》)；还引申指法度标准，如"使人尽力于权衡"(《韩非子》)，还引申有"衡量比较"义，这个意义是"权衡"在现代汉语中的主要用法。

何谓"社""会"？

"社"字在甲骨文中与"土"字一样，作"△"，象筑土为坛之形，是远古时期先民祭祀时用来代表土地神的土坛形象的反映，本义就是土神。社祭的神坛和祭祀场所也称为"社"。古代从天子到诸侯，凡是有土地者都可以立社，甚至乡民也可以立社祭祀土地神。社日成为睦邻欢聚的日子，同时还有各种欢庆活动，"社戏"、"社火"就是很好的例子。"会"就是集合。现代生活中的"社会"一词，也与社日活动有关，"社会"字面意思就是社日睦邻欢聚。后来日本学者在明治年间将英文"society"一词译为汉字"社会"，近代中国学者在翻译日本社会学著作时，袭用此词。

何谓"社""稷"？

如前所述，"社"字本义就是土神。后来加上了"礻"旁作"社"。《说文》将"社"字解释为"地主也"，意思就是土地之神。稷，指五谷之神。"社稷"从字面来看是说土谷之神。由于古时的君主为了祈求国事太平，五谷丰登，每年都要到郊外祭祀土地和五谷神，社稷也就成了国家的象征，后来人们就用

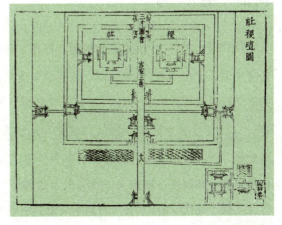

社稷坛图

“社稷”来代表国家。“社稷之忧”、“社稷之患”、“社稷之危”中的“社稷”都指的是“国家”。这个代称一般现代白话文文章已经很少用了。

257

何谓“艺”“术”？

“艺”字金文作“”，象人跽（jì）跪，双手执禾苗或树苗进行栽种之形，小篆作“”，《说文》说解为“种也。从坴、丮。持亟种之。《书》曰：‘我艺黍稷。’”可见，“艺”的本义就是栽种禾苗或树苗。“术”的本义是“邑中道也”，即城邑中的道路，引申指方法、策略。因此“艺术”的字面意义就是一种农业技能，随着社会的发展，“艺术”的意义所指发生了很大变化，现代汉语中“艺术”主要指用形象来反映现实但比现实有典型性的社会意识形态，包括文学、绘画、雕塑、建筑、音乐、舞蹈、戏剧、电影、曲艺、工艺等。

258

何谓“书”“写”？

“书”与“笔”甲骨文字形相同，都作“”或“”，象以手执笔形，从手的角度来说，是在“书”，即书写；从笔的角度来说，是书写工具“笔”。因此，“书”的本义就是书写。后来“书”由本义“书写”引申指书写的结果“书信”“书籍”等。“写”字小篆字形作“”，《说文》说解为“置物也”，意思是把物品从他处传置此处，即移置、放置的意思。引申为传输，又进一步引申为把自己的思想感情等传输出来，即倾吐、倾述义；后又引申指创作、写作，又进一步引申指书写、著录等义。到了现代汉语，“书”的基本义是其引申义“书籍”；“写”的基本义也是其引申义“书写”，即“书”的本义。

259

何谓"间""隙"？

"间"的古文字形体象门闭上而见月光之形，本义是门缝。"隙"的本义是"壁际孔也"，也就是两墙相交处的小孔。后来这两个词组合而成一个合成词，表示两个事物之间的空间或时间的距离，后又引申指可乘的机会。如："是以群小窥见间隙，缘饰文字，巧言丑诋。"（《汉书·刘向传》）还可引申指隔阂、嫌隙。如："及文子成晋、荆之盟，丰兄弟之国，使无有间隙。"（韦昭注："间隙，瑕衅也。"《国语·晋语八》）

260

何谓"规""矩"？

"规"的本义就是用来画圆的工具，即圆规。木工干活会碰到打制圆窗、圆门、圆桌、圆凳等工作，古代工匠就已知道用"规"画圆了；"矩"也是木工用具，是指曲尺。所谓曲尺，并非弯曲之尺，而是一直一横成直角的尺，是木匠打制方形门窗桌凳必备的角尺。现在常说的长方形也叫做矩形，就是因为它的四个角都是直角。"规矩"组成合成词，主要用来比喻标准法度规范。

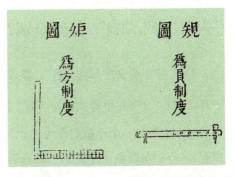

规、矩图

"没有规矩不能成方圆"是句俗语，常强调做任何事都要有一定的规矩、规则、做法，否则无法成功。

何谓"纲""要"?

"纲"字《说文》说解为"维纮绳也。从纟冈声"，即"提网的总绳"，成语"提纲挈领"中"纲"字就是用其本义"提网的总绳"。由本义又引申出其比喻义"事物的总要"，现代汉语中"大纲""总纲"中"纲"都是这个意义。"要"字小篆字形作"**𦥛**"，《说文》说解为"身中也。象人要自臼之形"，指人体胯上胁下部分，这个意义后来写作"腰"。"要"由本义"腰部"引申有比喻义"关键""总要"义，这个意义与"纲"的比喻义相近，因此组成并列式合成词"纲要"。"要"由"关键""总要"义又引申有"少""简略"之义，"简要""要言不烦"中的"要"都是"简略"的意思。

"声""音""响"有何差别?

"声"字甲骨文字形作"**𦥔**"，象以殳击磬，下从"耳""口"，整个字形表示声闻于耳之意；"音"在甲骨文中与"言"同形，作"**𠱾**"，后来为了区别，在"言"字下部的口字中附加一个小横划作为"音"的字形。显然，"声"取象于以殳击磬发出的声音，"音"字取象于"说话"的声音。虽然"声""音"造字取象不同，但"声""音"的本义都是"声音"，因此《说文》把"声"说解为"音也"，把"音"说解为"声也"。后来，"音"又引申有"乐音"之义，即《说文》所说："生于心，有节于外，谓之音。宫商角徵（zhǐ）羽，声；丝竹金石匏土革木，音也。"又引申为"乐曲""歌谣"义，《礼记·乐记》"感于物而动，故形于声；声相应，故生变；变成方，谓之音"。显然，文中的"音""声"所指不同。现代汉语中，"声""音"的常用义都是其本义，并组成并列式合成词"声音"。"响"的本义是"回声"。"响应"

在上古时期本来是两个词组成的短语，意思是象回声一样应答，比喻用言语行动表示赞同、支持某种号召或倡议；现代汉语中"响应"已经凝结为词。"响"又引申有"声音""响亮"以及动词"发出声音"等意义。

 263

何谓"购""买"？

"购"字，《说文》说解为"以财有所求也"，也就是"悬赏征求"的意思，这是"购"在上古汉语中的意思。如《史记·项羽本纪》"吾闻汉购我头千金，邑万户"，《汉书·张汤传》"后购求得书，以相校，无所遗失"。其中"购"都是"悬赏征求"的意思；后来"购"引申有"重价收买"的意思，如《旧唐书·褚遂良传》"太宗尝出御金帛购求王羲之书迹"中"购"字就是这个意义；"购"的意义范围进一步扩大，引申为一般意义"买"，因此，与"买"组成并列式合成词"购买"。"买"字，《说文》说解为"市也"，本义就是以钱购物，这个意义直至现在还是它的最常用的意义。

 264

何谓"爪""牙"？

"爪"的本义是鸟兽的脚趾或趾甲；"牙"本义是大牙，或者说后槽牙，后来泛指牙齿。显然，"爪"和"牙"是动物用来防卫和攻击的主要武器，因此在古代汉语中常用来比喻君主的得力武臣猛将，是褒义词。如《国语·越语上》"然谋臣与爪牙之士，不可不养而择也"，《汉书·李广传》"将军者，国之爪牙也"，其中"爪牙"都是对武臣猛将的褒奖之词。后来，"爪牙"的感情色彩发生变化，由褒义变为贬义，用来指坏人的党羽、走狗。

265

何谓"复辟"？

"复"字，《说文》说解为"往来也"，本义就是"返回，还"，《楚辞·九章·哀郢》"至今九年而不复"中"复"就是"返回"的意思；由"返回"义引申为"恢复"义，《史记·平原君列传》"三去相，三复位"中"复"就是"恢复"义。"辟"字，《说文》说解为"法也。从卩从辛，节制其辠也；从口，用法者也"，本义就是"法，法度"，《左传·昭公六年》"夏有乱政而作《禹刑》，商有乱政而作《汤刑》，周有乱政而作《九刑》。三辟之刑，皆叔世也"，其中"辟"就是"法"义；由"法度"义引申为"天子，国君""官吏"等义。"复辟"本义就是恢复君位。在封建社会，君主至上，"复辟"是褒义词，《明史·王骥传》"石亨、徐有贞等奉英宗复辟"中"复辟"就是褒义词；封建社会瓦解之后，恢复君位是一种复古倒退行为，因此"复辟"的感情色彩也随之变为贬义词，词义范围也扩大为"恢复旧制度"。

266

何谓"禽""兽"？

"禽"字甲骨文字形作"𢓉"，象小而柄长的捕鸟兽之网，表示捕获之事，本义是动词"捕获"，这个意义后来增加表义构件作"擒"。"禽"由动词"捕获"引申指"捕获之物"，即飞禽走兽的总名，华佗创造的"五禽戏"中"五禽"就既包括飞禽又包括走兽。后来"禽"的意义范围缩小，专指"飞禽"。"兽"字甲骨文字形作"𤟥"，左边象远古田猎用具之形，右边象犬形，表示猎犬，本义就是"狩猎""田猎"，后来引申指狩猎所获，即"四足而毛"的"兽"，与"二足而羽"的"禽"相对。

267

何谓"宫""室"?

　　先秦时，"宫"和"室"都是房屋、住宅的通称，是同义词。细分起来，"室"指"四壁之内"，即房间；"宫"则指院墙内的整个建筑。在表示房屋、住宅的意义时，两个词可以相互解释，如《尔雅·释宫》"宫谓之室，室谓之宫"。秦汉以后，"宫"的词义范围缩小，只有帝王所住的房屋、殿堂才称宫，其他人的住宅、房屋一律不准再称宫。《史记·秦始皇本纪》"作宫阿房，故天下谓之阿房宫"中"宫"就是指帝王所住的殿堂。封建制度瓦解以后，"宫"除了用来指原来皇帝居住的房屋、殿堂以外，又产生了新的意义，即群众文化娱乐的场所，如"少年宫""文化宫"等。"室"则主要用于指内室。从此"宫""室"不再是同义词了。

黄帝合宫图

268

何谓"烈士"?

　　"烈"字《说文》说解为"火猛也。从火列声"。本义就是火势猛烈，"烈火"之"烈"就是这个意义；引申有"光明，显赫"之义，《左传·哀公二年》"烈祖康叔"和《国语·晋语九》"君有烈名，臣无叛质"中"烈"都是光明显赫之义；又引申有"刚正，忠义"之义，古代汉语中的"烈士"之"烈"大都是这个意义。"烈士"一般指坚贞不屈刚强之士或有志于建功立业的人，也就是说都是指活着的人。《庄子·秋水》"白刃交于前，视死若生者，烈士之勇也"和曹操《步出夏门行》"烈士暮年，壮心不已"中"烈士"都是这个意义。现代汉语中，"烈士"词义发生转移，专指为正义事业而牺牲的人，是死去的人。

何谓"钱""币"？

战国　平首布

"钱"字，《说文解字》说解为"铦也。古田器。从金戋声。《诗》曰：'庤乃钱镈。'"说明"钱"的本义是古代的一种农具，类似现在的铁铲。由于春秋战国时期有一种货币形状是这种铁铲形（即钱形），于是"钱"成为这种货币的名称，后来成为货币的统称。"币"字，《说文》说解为"帛也"，由于古代以束帛作为祭祀或赠送宾客的礼物，所以车马玉帛等聘享之物也统称为"币"。也就是说，"币"常用来指祭祀或赠送宾客的礼物。后来引申指财物，现代汉语中主要用来指货币。这样，现代汉语中"钱""币"因意义相近而组成并列式合成词。

哪两首诗被誉为"乐府双璧"？

汉乐府诗《孔雀东南飞》和北朝民歌《木兰诗》合称为"乐府双璧"。这两首诗歌都是叙事长诗，以其深刻的社会思想意义和极高的艺术成就，为历代文人所推崇。明人胡应麟《诗薮》中说："五言之赡，极于《焦仲卿妻》；杂言之赡，极于《木兰》。"

　　《孔雀东南飞》又名《古诗为焦仲卿妻作》，是保存下来的最早的一首长篇叙事诗。最早见于南朝陈徐陵所作《玉台新咏》，题为《古诗为焦仲卿妻作》。全诗一千七百多字，通过讲述焦仲卿、刘兰芝二人的婚姻悲剧，有力地批评了封建礼教的罪恶，同时歌颂了刘兰芝夫妇忠于爱情、坚决反抗封建礼教的斗争精神。全诗语言朴素通畅，叙事中兼有浓厚抒情，描写上铺张排比，是当时五言叙事诗的代表作品。

　　《木兰诗》又名《木兰辞》，选自宋代郭茂倩编的《乐府诗集》，也是我国古典叙事长诗的代表作之一。全诗三百余字，讲述了少女木兰代父从军，凯旋回朝，建功受封，辞官还乡的故事，塑造了一个征战沙场的少女英雄形象，打破了"女子不如男"的封建传统观念。它是现实主义和浪漫主义相结合的诗篇。诗的语言丰富多彩，有朴素自然的口语，有精妙工整的律句，句型或整或散、长短错落，加强了诗的音乐性和表现力。

271

"初唐四杰"指的是哪些人？

　　指初唐后期出现的王勃（650～676）、杨炯（650～693）、卢照邻（634？～689）和骆宾王（619～684？）四位诗人，因为他们的诗歌风格和年代都相近，被合称为"初唐四杰"。他们反对当时纤巧绮靡的诗风，提倡刚健骨气，真正反映了社会中下层一般士人的精神风貌和创作追求，是初唐诗风变革的旗手。他们都属于一般士人中确有文才而自负很高的诗人，官小而才大，名高而位卑，心中充满了博取功名的幻想和激情，郁积着不甘居人之下的雄杰之气。其中卢、骆长于七言歌行，王、杨

"初唐四杰"之一骆宾王像

长于五言律诗。"四杰"作诗，重视抒发一己情怀，作不平之鸣，因此在诗中往往有一种壮大的气势和慷慨悲凉的感人力量。特别是卢、骆的七言歌行，气势宏大，视野开阔，写得跌宕流畅，神采飞扬，较早地开启了新的诗风。

272

"诗仙"指的是谁？

李白像

"诗仙"，是后人对唐代伟大的浪漫主义诗人李白的美称。

天宝年间，李白初次来到京都长安，拜见诗坛名宿贺知章，将其诗作《蜀道难》奉上。贺知章读罢，惊讶不已，称李白为"谪仙人"，且邀请李白来酒店畅饮，解下所佩带的金龟作为沽酒之资。杜甫《寄李十二白二十韵》也提到了上述这件事："昔年有狂客，号尔谪仙人。笔落惊风雨，诗成泣鬼神。""李十二白"即李白，"十二"是他在宗族兄弟中的排行；"狂客"指的是贺知章，他晚年自号"四明狂客"。杜诗有"诗史"之称，足见"谪仙"之说当有其事。后世遂以"诗仙"称呼李白。

那么李白的"仙气"具体表现在哪些方面？

首先，李白思想受道教影响很深，访道求仙是他一生的狂热追求。他说自己"十五游神仙，仙游未曾歇"（《感兴》）。25岁离开四川以后，他更是"五岳寻仙不辞远"（《庐山谣寄卢侍御虚舟》），曾去王屋山找寻华盖君，又去山东齐州拜高天师学道，注册成为道教徒。

李白《上阳台帖》（传）

其次，他在求仙的岁月里，创作了许多向往仙境的诗歌，一派光怪陆离的景象，令人惊叹。

 273

"诗圣"指的是谁？

"诗圣"，是后人对唐代伟大的现实主义诗人杜甫的美称。

何谓"圣"？道德修养极高者称为圣，如孔、孟；精通一事者也称为圣，如汉代草书家张芝、唐代草书家张旭被称为"草圣"，唐代画家吴道子被称为"画圣"。杜甫被称为"诗圣"，则兼具上述两个方面：一是指他的完美人格、醇厚的伦理风范；二是指他精深的诗歌造诣、承前启后的诗坛地位。

杜甫的诗歌在其有生之年并未被世人重视，诚如他晚年的自叹："百年歌自苦，未见有知音。"杜甫去世八十多年以后，他的诗名才被中唐诗人韩愈、白居易、元稹等推崇，"李杜"并提成为时尚。这与当时的政治情况和审美思潮有紧密关系。安史

杜甫像

《杜工部集》内页

之乱以及其后唐与吐蕃的战争、军阀之间的争斗，严重地动摇了唐王朝的政治经济基础，盛唐时代的理想主义、浪漫情怀消失了，写实主义的诗歌风气开始盛行。于是，写实主义的开山大师杜甫才取得了诗坛上的重要地位。

但杜甫被看成诗国圣人，却是在两宋时期。最先把杜甫与孔子作出比较的是北宋人秦观，他在《韩愈论》中说："子美之诗，实积众家之长，适其时而已"，"孔子圣之时者也。孔子谓集大成。呜呼，杜氏、韩氏，亦集诗文之大成欤！"这段话里把孔子、杜甫并提，说两人都具有"集大成"的地位，虽未明白说出杜甫是诗圣，但诗圣的意思已隐约可见。南宋杨万里则直接称杜甫为"圣于诗者"（《江西宗派诗序》）。但是，明确取用"诗圣"二字来美誉杜甫，却是明代著名诗人、学者杨慎，他在《词品·序》中首次拈出这个词语来称呼杜甫。此后，"诗圣"这顶桂冠便牢牢地戴在杜甫头上，直到今天。

274

"诗佛"指的是谁?

"诗佛",是后人对唐代著名诗人王维的美称。

王维,字摩诘,祖籍祁州（今山西祁县东南）。其名和字均取自于《维摩诘经》中的维摩诘居士。王维多才多艺,工诗善画,兼通音乐,书法也有很深的造诣,闻名于唐开元天宝年间,当时有"天下文宗"之称。

在盛唐炽盛的佛风中,王维虔诚地投向佛教,佛教影响了他的生活节奏和政治态度。他 21 岁中进士,得到张九龄提拔,官至监察御史。张九龄罢相,他便过着半官半隐的生活。晚年更是奉佛长斋,衣不文采,居蓝田别墅,与道友裴迪往来,"弹琴赋诗,傲啸终日"。他的一生与政治似远似近,对社会似亲似疏,对自我似执非执。他的诗与画也如此。一般人只将佛境当作人生调节的手法,王维则是将佛引入人生,追求佛境中的"我"与现实中的"我"的合一,佛境中的艺术与艺术中的佛境合一,佛教深深地融入他的社会生活、政治追求、艺术创作中,达到了政、艺、禅三位一体。

王维生前,人们就认为他是"当代诗匠,又精禅上理"（苑咸《酬王维序》）,死后更得到"诗佛"的称号。

王维像

275

"诗鬼"指的是谁？

"诗鬼"，是后人对唐代著名诗人李贺的美称。

李贺，字长吉。晚唐诗人。福昌（今河南宜阳）人。祖籍陇西，自称"陇西长吉"。李贺为唐宗室郑王李亮的后裔，但其家已没落。他"细瘦通眉，长指爪"，童年即能词章。一生体弱多病，27岁逝世。

李贺诗的艺术最大的特色，就是想象丰富奇特、语言瑰丽奇峭。他上访天河、游月宫；下论古今、探鬼魅，想象神奇瑰丽、旖旎绚烂。他的笔下有许多精警、奇峭而有独创性的语言。如"羲和敲日玻璃声"（《秦王饮酒》）、"银浦流云学水声"（《天上谣》）、"玉轮轧露湿团光"（《梦天》）等匪夷所思的奇语，比比皆是。尤其是写神仙鬼魅的作品，常常让人感到幽灵出没，阴森可怖。据统计，他的作品中出现"死"字20多个，"老"字50多个。

杜牧赞之为"骚之苗裔"（《李长吉歌诗叙》）。高棅、王夫之等都对李贺的诗才推崇备至，黎简甚至说："论长吉每道是鬼才，而其为仙语，乃李白所不及。"因此，后人遂称李贺为"诗鬼"。

276

"大历十才子"都有谁？

指唐代宗大历年间十位诗人所代表的一个诗歌流派，最初见于中唐诗人姚合编的《极玄集》，即李端、卢纶、吉中孚、韩翃、钱起、司空曙、苗发、崔峒、耿沣、夏侯审十人，其中以钱起、卢纶成就较高。他们不再像前辈盛唐诗人那样有兼济天下的宏图大志，而是集情趣于山水，寄心绪于景物。其诗歌多唱和、应制之作，很少反映社会的动乱和百姓的疾苦，歌颂升平、吟咏山水、称道隐逸是其基本主题。他们的共同特点是偏重诗歌形式技巧，善写自然景物及乡情旅思等，但题材风格比较单调。

277

谁被称为"张三影"?

北宋词人张先（990～1078），因"云破月来花弄影"、"帘压卷花影"和"堕轻絮无影"三句写"影"佳句而得名"张三影"。张先是北宋年寿最高的词人，他擅长对自然景物的描写，往往通过物影来表现景物的动态美和朦胧美。他从两个方面改变了词的发展方向：一是大量用词来赠别酬唱，扩大了词的实用功能。以前的文士日常交际中只用正统的诗歌来唱和赠答，词被视为不登大雅之堂的"小道"而只写给歌妓演唱。张先打破了惯例，在文士的社交场合中，也常常用词来酬唱赠别，扩大了词的日常交际功能，从而在观念上提高了词的文学地位。二是率先用题序，将日常生活引入词中。他现存165首词，有70多首用了题序，使词的题材取向逐渐贴近作者的日常生活，改变了以往词作有调而无题的传统格局，也加强了词的纪实性和现实感。此后苏轼等人唱和词作日渐增多和大量用题序表明创作的缘起、背景，即受张先的启发。正因为如此，张先词被人视为"古今一大转移"（陈廷焯《白雨斋词话》卷一）。

278

"二晏"指哪两位词人?

指北宋前期著名词家晏殊、晏几道父子。晏殊（991～1055）字同叔，江西临川人。少时以"神童"被荐入朝，后屡历显要，仁宗时官至宰相，谥"元献"。他受南唐冯延巳影响很深，继承并发展了五代柔软婉丽词风，加之国家重臣地位和爱好文酒宴会的生活情趣，使他的词雍容华贵。晏殊的年辈较高，政治地位又显赫，欧阳修等著名词人或出其门下，或为其幕僚，因此，他被后人推为"北宋倚声家初祖"（冯煦《蒿庵论词》）。有《珠玉词》，绝大部分作品的内容是抒写男女之间的相思爱恋和离愁别恨。其词注重字句和音韵节奏，闲雅婉丽，艺术造诣很高。晏几道

（1030？～1106？）字叔原，晏殊幼子。早年过着华贵的公子生活，不懂得处事营生，中年仕途不顺，晚年穷困落魄。由于经历了由富贵到贫穷的巨大变故，他经常以感伤的笔调描写过去的生活，词风近于李煜。其词多写男女悲欢离合，表达对那些不幸的歌女的同情，流露出浓重的感伤情调。有《小山词》。

279

"元曲四大家"都有谁？

指元代四位著名的戏曲家关汉卿、马致远、郑光祖和白朴。关汉卿（约1220～1300），号已斋叟，祁州（今河北安国）人。有杂剧60多种，著名的有《窦娥冤》、《救风尘》、《蝴蝶梦》、《单刀会》、《哭存孝》等。白朴（1226～1306），字仁甫，一字太素，号兰谷。作品仅存《梧桐雨》和《墙头马上》。马致远（1250？～1321？），号东篱，代表作为《汉宫秋》，传世的还有《陈抟高卧》、《任风子》、《荐福碑》、《青衫泪》、《岳阳楼》、《黄粱梦》等。郑光祖字德辉，约生于元世祖至元初年。《倩女离魂》是其代表作，另存有杂剧：《㑇梅香》、《王粲登楼》、《周公摄政》、《伊尹扶汤》等8种。四人都是元曲大家，当以关汉卿的水平最高。王国维在《宋元戏曲史》中说："元代曲家，自明朝以来，称关、马、郑、白，然以年代及造诣论之，宁称关、白、马、郑为妥也。关汉卿一空倚傍，自铸伟词，而其言曲尽人情，字字本色，故当为元人第一。"

280

"三言二拍"包括哪些作品？

是明代五本著名传奇短篇小说集的合称。"三言"即冯梦龙（1574～1646）的《喻世明言》、《警世通言》、《醒世恒言》的合称。"二拍"是凌濛初（1580～1644）的《初刻拍案惊奇》和《二刻拍案惊奇》的合称。由于"三言"和"二拍"编著年代相近，内容形式类似，故后人将其合称为"三言二拍"。这五部小说集辑录了当时社会上流传的很多故事，是我国古代短篇小说集的代表作。"三言二拍"是反映明代生活的著名作品，在通俗文学界占有极为重要的历史地位。其语言通俗易懂，故事曲折生动，描写准确有力，具有很高的思想性和艺术性，在古今中外备受关注。

"四大谴责小说"包括哪些作品？

是晚清出现的四部谴责小说的合称，包括李宝嘉的《官场现形记》、吴趼人的《二十年目睹之怪现状》、刘鹗的《老残游记》和曾朴的《孽海花》。《官场现形记》由多个故事环绕而成，揭露了官场蝇营狗苟、排挤倾轧的丑恶现实。《二十年目睹之怪现状》是吴趼人的自传体小说，贯穿了近 200 个故事，记录了从 1884 年中法战争开始近 20 年目睹的无数怪现状，描绘出一幅行将崩溃的清朝社会画卷。《老残游记》借游医老残在游历中的所见所闻，反映了晚清的社会现实，揭露了黑暗的官场现状。《孽海花》以状元金雯青与妓女傅彩云的婚姻故事为线索，对甲午战争前近 30 年间众多的真实人物进行了艺术加工，反映了当时广阔的社会情状，表达了反帝反封建的思想。

什么是"应制诗"？

应制诗是古代臣属奉皇帝之命而作的应酬诗，唐以后大都为五言六韵或八韵的排律。内容多为歌功颂德，少数也陈述一些对皇帝的期望。由于写这类诗须看君王脸色，合身份，又不能离题，不可出格，实在不容易创作。而一般文学史也多以歌功颂德、附庸风雅视之，对此类文体并无太多关注。

应制诗的价值取向与审美情趣大体一样，具有以下基本特征：其一，以帝王为中心。封建帝王，是天之骄子，体现上天的意志，是皇权神授的标志，是宗法制度的权威，是宗法文化的象征。从膜拜周天子到西汉造神运动中的神化天子，整个应制诗，因奉和应制而作，围绕着当朝皇帝的日常活动来展开，凡是帝王生活中的重大活动或诗歌创作，大臣们歌咏之，奉和之。其二，以歌功颂德为主旨。应制诗大多产生于王朝建国之初与盛世，于帝王，于国事，于时世，有功可歌，有德可颂。如上官仪、张九龄、张说所处的时代，正是李唐王朝的兴盛时期，适逢贞观之治与开元盛世，社会安定，经济繁荣，政通人和，一派兴盛景象，为应制诗的基本主旨奠定了社会基础。歌颂明主，歌颂时代，歌其功，颂其德，纪其行，述其事，感其言，明其志，自然成为应制诗的基本价值取向。可以说，应制诗是一代帝王的颂歌，是盛世辉煌的赞歌，是历史光明的象征。其三，以雍容典雅为基本风格。雍容典雅，是君子风度，是儒雅气度，是宫廷文学艺术的美学追求，体现出来王者之气，富贵之气，儒雅之气。

283

古人作诗时的"分韵"、"分题"各指什么？

"分韵"是旧时作诗方式之一。指作诗时先规定若干字为韵，各人分拈韵字，依韵作诗，叫做"分韵"，一称"赋韵"。古代诗人联句时多用之，后来并不限于联句。白居易《花楼望雪命宴赋诗》："素壁联题分韵句，红炉巡饮暖寒杯。"

"分题"也是旧时作诗方式之一。若干人相聚，分找题目以赋诗，称"分题"，亦称"探题"。大抵以各物为题，共赋一事。宋严羽《沧浪诗话·诗体》："古人分题，或各赋一物，如云送某人分题得物也。"分题有时分韵，但不限制。

284

什么叫"押韵"？

押韵是诗词等韵文的语言特点之一。一般用于偶句句尾，以同韵的字相押，所以叫"押韵"，也称"韵脚"。其主要作用是使声音和谐优美，吟诵顺口悦耳，便于记忆流传。"韵"和"韵母"是两个并不完全相同的概念，所谓同韵，指韵部相同或相近的韵母，如有韵尾则韵尾相同，韵头可以不同。为了便于押韵，人们把同韵的、可以相押韵的字归纳为若干韵部。

押韵是增强诗歌音乐性的重要手段，近体诗为了使声调和谐、容易记忆，对于押韵十分讲究。古人通常使用官方颁布的专门指导押韵的书，如《唐韵》、《广韵》、《礼部韵略》、《佩文诗韵》、《诗韵集成》、《诗韵合璧》等。但是需要明白，并不值得为迁就押韵而破坏诗句的自然，除非是参加科举，否则即使偶尔一两句出韵，古人也是允许的。

近体诗押韵有较严格的规定，总结如下：

1. 偶句押韵：律诗是二四六八句押韵，绝句是二四句押韵，无论律诗还是绝句，首句均可以押韵或不押韵。

2. 只押平声韵：近体诗规定，只能押平声韵，这几乎是一条死规矩，事实上以近体诗的体例假如押仄声字会感到非常拗口，所以古人都能自觉遵守这一规则。记忆中也没有任何可供借鉴的反例，所以这里就不另举例。

3. 一韵到底，中间不能换韵。古诗（古风）允许中途换韵，但近体诗不允许这样。

285

什么叫"对仗"？

对仗是中古时诗歌格律的表现之一。对仗又称队仗、排偶。它是把同类或对立概念的词语放在相对应的位置上使之出现相互映衬的状态，使语句更具韵味，增强词语表现力。对仗有如公府仪仗，两两相对。对仗与汉魏时代的骈偶文句密切相关，可以说是由骈偶发展而成的，对仗本身应该也是一种骈偶。格律诗对仗的具体内容，首先是上下两句平仄必须相反，其次是要求相对的句子句型应该相同，句法结构要一致，如主谓结构对主谓结构，偏正结构对偏正结构，述补结构对述补结构等。有的对仗的句式结构不一定相同，但要求字面要相对。再次，要求词语所属的词类（词性）相一致，如名词对名词，动词对动词，形容词对形容词等；词语的

"词汇意义"也要相同。如同是名词，它们所属的词义范围要相同，如天文、地理、宫室、服饰、器物、动物、植物、人体、行为、动作等同一意义范围内的词方可为对。

词语对仗的要求是：词义必须同属一类，如以山川对山川，以草木对草木等；词性必须基本相同，如名词对名词，动词对动词等；平仄必须相对，即以平对仄或以仄对平；结构必须对称，即以单纯词对单纯词，以合成词对合成词；另外，要避免同字相对。句式的对仗，主要是句子的结构相同，如以主谓短语对主谓短语，以动宾短语对动宾短语等。对仗可使诗词在形式上和意义上显得整齐匀称，给人以美感，是汉语所特有的艺术手段。

286

什么是"工对"、"宽对"？

"工对"、"宽对"为诗律术语。近体诗中用得很工整的对仗，称为"工对"。要做到对仗工整，一般必须用同一门类的词语为对，对仗须用同类词性，如名词对名词，代词对代词，形容词对形容词，副词对副词。旧时把名词又分为天文、时令、地理、器物、衣饰、饮食、文具、文学、草木、鸟兽虫鱼、形体、人事、人伦等门类。如杜甫《绝句》"两个黄鹂鸣翠柳，一行白鹭上青天。窗含西岭千秋雪，门泊东吴万里船"，对仗相当工整。诗中的"两个"对"一行"（数量结构对数量结构）、"黄鹂"对"白鹭"（禽类名词相对）、"翠"对"青"（颜色名词相对）、"千"对"万"（数词相对）都是同类词为对，非常工整。

宽对与工对是相对的概念。宽对是一种不很工整的对仗，一般只要句型相同、词的词性相同，即可构成对仗。这样的对仗，一般称之为"宽对"。如黄鲁直《答龙门秀才见寄》诗第二联"明月清风非俗物，轻裘肥马谢儿曹"便是宽对。

什么叫"一三五不论，二四六分明"?

"一三五不论，二四六分明"是前人总结出的关于唐代开始形成的近体格律诗的一个基本规律的口诀。这个口诀，是说五言句子逢一、三位置上的字，七言句子逢一、三、五位置上的字（五言的"五"位置上的字是不能更换的），平仄可以不论，而五言二、四位置上的字，七言二、四、六位置上的字，其平仄必须明确、严格，不可含糊。如此，除每句的尾字外，逢单位置上的字，其平仄就有了变通，这也是格律诗严格之下的一种自由。这个口诀对于初学格律的人来说，是有一定作用的，因为它简单明了。

但是，"一三五不论，二四六分明"这个口诀虽然在一般情况下是相对比较正确的，但在某些情况下却不一定适当。有时"一、三、五"不能不论，某些情况下"二、四、六"也不见得就"分明"。比如：在五言"平平仄仄平"这个格式中，第一字不能不论，在七言"仄仄平平仄仄平"这个格式中，第三字不能不论，否则就要犯孤平。孤平可是近体诗的大忌。"二四六分明"这句话也是不全面的。五言第二字"分明"是对的，七言第二四两字"分明"是对的，至于五言第四字、七言第六字，就不一定"分明"。依特定格式"平平仄平仄"来看，第四字并不一定"分明"。又如"仄仄平平仄"这个格式也可以换成"仄仄平仄仄"，只需在对句第三字补偿一个平声就是了。七言由此类推，"二四六分明"的话也不是完全正确的。

288

何谓秦隶？

秦隶，即秦代隶书，亦名秦分。这种书体带有浓重的篆书遗意。点画平直，有明显的波挑与转折，是秦代官方承认并在官方公文和日常生活中被广泛应用的字体，较小篆易用。许慎《说文解字·叙》说："是时秦烧灭经书，涤除旧典，大发隶卒，兴役戍，官狱职务繁，初有隶书，以趣约易。"唐代张怀瓘《书断》也说："（秦朝）

云梦睡虎地秦简

以奏事繁多，篆字难成，乃用隶字，以为隶人佐书。"可见隶书在秦代是小篆的辅助书体。但隶书的应用并非始于秦代，《书断》引郦道元《水经注》曰："隶字古，非始于秦时。"唐兰先生也说秦隶书"有一部分是承袭六国古文"。早在战国时期的楚国已普遍使用隶书。所以秦代"以为隶人佐书"的隶书，已是在社会上广泛应用的一种统一的文字。隶书的出现和使用是文字发展到一定阶段的产物，是在不同时代人们使用文字的结果。

1975年在湖北云梦睡虎地十一号墓出土的《云梦睡虎地秦简》，就属于"秦隶"，字体为早期的隶书，由对篆书简化和草写逐渐演变而来，有些字形结构仍留有篆书遗意，字体特征以方折为基调，略参圆转，笔致圆润，气息浑厚，有瘦硬通神、章法茂密、平实简朴之特征，较篆书易用。

 289

何谓缪篆？

缪篆是汉代用于摹刻印章的一种篆书。形体略方，笔画平直，与小篆略同。用缪篆刻印，方正平直，古朴深厚，具有很高的艺术性。

《武威张伯升枢铭》

对"缪"字的含义有不同解释：一说缪即绸缪，意思是纠缠或束缚重叠，像一根绳子缠绕在一起，形容一种曲折回绕的字体。另一说：古文中的缪与谬通用，具有不合理、错误、违反、假装的意思。这种字体在结构上有谬误、不大规矩，对字体笔画随意增减或回环折叠，以适应印面布局的需要，是不规范的篆体，故而被命名为缪篆。清代桂馥《缪篆分韵》则将汉魏印采用的多体篆文统称为"缪篆"，亦称"摹印"。

缪篆在结构上有五大特点：一曰字形方正，二曰横平竖直，三曰笔画均布，四曰线条折叠，五曰充满顶格。缪篆体属于篆书，但并不同于大篆、小篆，篆法也没有完全符合《说文》的要求。清代陆增祥《八琼室金石补正》说："以笔势审之，似与秦篆有差异。"缪篆中融入了一些隶书的偏旁和结构特征，字形方扁皆有，转折处有方折带圆转，如《群臣上寿刻石》、《郁平大尹冯君孺久墓题记》、《武威张伯升枢铭》等，同属于典型的缪篆。

290

何谓铭石书？

"铭"的本意是"镂刻"，"镌刻"，故铭石书即"刻石之书"，指碑碣、墓志等上面镌刻的文字。

铭石书最早见于南朝宋羊欣的《采古来能书人名》一书："钟书有三体，一曰铭石之书，最妙者也；二曰章程书，传秘书，教小学者也；三曰行狎书，相闻者也。三法皆世人所善。"钟繇的书法尤其楷书流传后世，影响极大，被后世尊称为"楷书之祖"。因此人们认为铭石书应是钟繇的楷书。学界对此种解释颇有异议，《唐六典》卷十说："四曰八分，谓石径（经）、碑碣所用。"刘有定注元代郑构《衍极·古学篇》说："初，行草之书，至魏晋以来，惟用简札，至铭石刻，必正书之。故钟繇正书谓之'铭石'。"清顾蔼吉在其《隶辨》一书中认为："钟繇《受禅表》、《泰山铭》皆铭石书也，羲之谓之八分。"说铭石书应是八分书。究其当时的社会背景，大凡在庄重严肃的场合之下，所用的书体主要是规矩严正的汉隶。所以铭石书应是隶书。

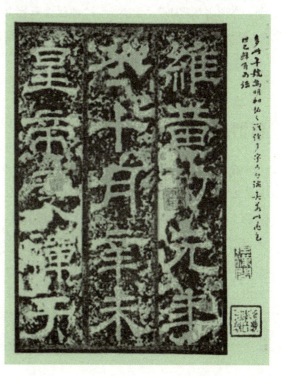

钟繇《受禅表碑》

何谓章程书？

章程书作为书体的一种，最早见于南朝宋羊欣《采古来能书人名》："钟书有三体……二曰章程书，传秘书，教小学者也。"对于"章程"二字的解释有很多种，一种认为章程书是专指写公告、律令、奏章的条理分明、法则严格的书体。另一种则认为章程书指的就是八分书，如张怀瓘《书断》认为"楷隶初制，大范几同，故后人惑之，学者务之，盖其岁深，渐若八字分散，又名曰为八分，时人用写奏章或法令，亦谓之章程书"。梁鹄云："钟繇善章程书也。"韦续《五十六种书并序》中曰："八分书，汉灵帝时上谷王次仲所作，魏钟繇谓之章程书。"

何谓行狎书？

我们常说的行狎书，有人也写作"行押书"，是早期的行书字体。押，本意为署，即署名、签名之意。是当时人们在签字、画押、传递讯息时随手写成的行书，故称为行押书。唐韦续《五十六种书并序》载："行书，正之小伪也，钟繇谓之'行狎书'。"

羊欣曰："行狎书，相闻者也。""相闻"一词是汉魏、西晋及南北朝时期的习惯用语，意谓"双方互通讯息的书信尺牍"，如《后汉书·隗嚣传》载光武帝与隗嚣书："自今以后，手书相闻，勿用傍人解构之言。"可见"行狎书"是一种专门用以书写尺牍、便笺的书体，是简便快捷、挥笔而就的行书。

何谓奴书?

所谓奴书有两种意思:一是指书体平板,缺少变化。二是指书体毫无己意,全是依葫芦画样。宋欧阳修《笔说》云:"学书当自成一家之体,其模仿他人,谓之奴书。"宋沈括《梦溪补笔谈·艺文》曰:"尽得师法,律度备全,犹是奴书。然须自此入;过此一路,乃涉妙境,无迹可窥,然后入神。"

何为漆书?

漆书,书体名。其释义有两种解释:一是以漆作材料写成的文字。相传在孔子住宅的墙壁中发现了以漆书为之的古文经书,故而得名。南朝梁周兴嗣《千字文》亦有记载"漆书壁经"。二是书法形体。清代中期的大书法家金农为了进一步强化个人书法的特点,截毫端作书,用笔侧锋写出横画宽厚、竖笔瘦削、字形竖长的一种字体,被后世称为"漆书"。金农的漆书,无论点画撇捺,均以方笔为主,追求刀味石趣,横画两端时起圭角,竖画收笔常露尖头,结体方正茂密,时长时扁,字形往往上宽下窄,常取斜势,再加上用墨黑浓,磅礴大气,险劲雄浑,给人极强的视觉冲击力。后人无不因其艺术上的超人创造力所折服。郑板

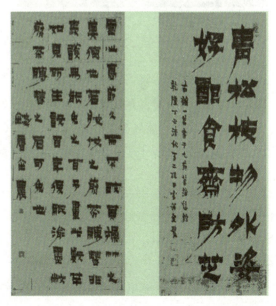

金农漆书

215

桥尝有一诗赞金农："乱发团成字，深山凿成诗。不须论骨髓，谁能学其皮。"这是对金农漆书艺术最高、最恰当的评价。

295

何谓擘窠书？

擘窠书"天下第一关"

擘窠（bòkē）书，大字的别称，特别指楷书的大字。清代叶昌炽："题榜，其极大者为擘窠书。"对于"擘窠"的含义也有不同认识。一种认为"擘窠"原义指食指与大拇指中间的"虎口"，引申为大字的意思。如清代朱履贞《书学捷要》称："书有擘窠书者，大书也。特未详擘窠之义、意者，擘，巨擘也；窠，穴也，即大指中之窠穴也，把握大笔在大指中之窠，即虎口中也。小字、中字用拟镫，大笔大书用擘窠。"另一种看法认为，"擘窠"最初是篆刻印章用语，古人写碑为求匀整，有以横直界线划成方格者，叫"擘窠"。如唐代颜真卿《乞御书天下放生池碑额表》称："前书点画稍细，恐不堪经久。臣今谨据石擘窠大书一本，随表奉进。"宋赵希鹄曾说："汉印多用五字，不用擘窠。"

296

什么叫"结字"？

所谓结字，指的是书法中字的笔划安排及形态布置。汉字各种字体，皆由点画连结，搭配而成。笔画的长、短、粗、细、俯、仰、缩、伸，偏旁的宽、窄、高、低、敬、正，构成了每个字的不同形态，要使字的笔画搭配适宜、得体、匀美，研究其结体必不可少。

东汉蔡邕《九势》说："凡落笔结字，上皆覆下，下以承上，使其形势递相映带，无使势背。"元赵孟頫在《兰亭十三跋》中云："书法以用笔为上，而结字亦须用工。盖结字因时相传，用笔千古不易。"

清王澍《论书剩语》："结字须令整齐中有参差，方免字如算子之病，逐一排比，千体一同，便不复成书。"又说："结体欲紧，用笔欲宽，一顿一挫，能取能舍，有何不到古人处。"清冯班在《钝吟书要》中所云："先学间架，古人所谓结字也；间架既明，则学用笔。间架可看石碑，用笔非真迹不可。结字，晋人用理，唐人用法，宋人用意。"又云："书法无他秘，只有用笔与结字耳。"可见，结字在书法中占有重要地位。

传欧阳询写有《结字三十六法》，其中记有排叠、避就、顶戴、穿插、向背、偏侧等结字法，明人李淳《大字结体八十四法》中则记有天覆、地载、让左、让右、分疆、三匀、二段、三停等，皆是对书法汉字造型结体的总结，都有一定参考作用。不过对于结字方法要灵活运用，不可以生搬硬套。

297

什么是"隶变"？

隶书由萌生到成熟，文字学上称之为"隶变"。隶变的过程就是解散篆体而隶书生成的过程。晋卫恒《四体书势》说："隶书者，篆之捷也。"说明了隶书是篆书的快写。由篆书变为隶书，一方面是对字形结构的改造，解散篆体，改曲为直，把古字"随体诘诎"的线条分解或改成平直的笔画，依靠快写，省略，假借，合并部首等；另一方面是书写方式即用笔方法的改变，圆转不断的线条变为方折的断笔。两方面同时进行而又相互渗透，相互影响，相互促进。其结果是字体象形性的减弱以致于消失，并在变化中逐步形成自己的规律，符号性得以增强和最终确立并普遍运用，我们把这种隶书书体的发展演变现象及内在规律称之为"隶变"。隶变是在战国秦系文字基础上展开的，是古今汉字的分水岭，它以简化为基本动力，是汉字发展史上最重要的一次变革。

 298

什么叫"魏碑"？

魏碑指元魏时期碑志造像等刻石的文字。现存的魏碑书体都是楷书，因此有时也把这些楷书碑刻作品称为"魏楷"。魏碑原本也称北碑，在北朝相继的各个王朝中以北魏的立国时间最长，后来就用"魏碑"来指称包括东魏、西魏、北齐和北周在内的整个北朝的碑刻书法作品。这些碑刻作品主要是以"石碑"、"墓志铭"、"摩崖"和"造像记"的形式存在的。龙门石窟的造像题记就有三千余品，而著名的是《龙门二十品》。墓志在南北朝时十分盛行，其中北魏的墓志铭比前代都多，书法中带有汉隶笔法，结体方严，笔画沉着，变化多端，美不胜收。康有为称魏碑有十美："古今之中，唯南碑与魏为可宗，可宗为何？曰有十美：一曰魄力雄强；二曰气象浑穆；三曰笔法跳跃；四曰点画峻厚；五曰意态奇逸；六曰精神飞动；七曰兴趣酣足；八曰骨法洞达；九曰结构天成；十曰血肉丰美。是十美者，唯魏碑、南碑有之。"（《广艺舟双楫》）较全面地概括了魏碑书法雄强、朴拙、自然天成的艺术特点，对我们研究魏碑书法的演变规律和对魏碑书体的学习大有裨益。

 299

何为馆阁体？

馆阁体之意有两种：一是文体名。指流行于馆阁中的力求典雅庄重的文体。馆阁指掌管图书、经籍和编修国史的官署，明清两代翰林院，亦称馆阁。馆阁体的前身是宋代的院体，渊源可以追溯到中唐以后被异化的唐楷。二是书体名。指流行于馆阁及科举考试的书写风格，方正光洁，拘谨刻板，是明清科举取士逐渐僵化的产物。明代称"台阁体"，清代称"馆阁体"。其特点是字体整齐规范统一，字迹清晰工整，不能涂改勾划，不能使用异体字。此书体主要是为宫廷、皇室服务，其表现为点画圆润光洁，字形方正整齐，墨色浓重黑亮。宋沈括《梦溪笔谈》亦云："三馆楷书作字，不可不谓不精不丽，求其佳处，到死无一笔。"清洪亮吉《北江诗话》记载："今楷书之匀圆丰满者，谓之馆阁体，类

馆阁体图例

皆千手雷同。"这种字体千篇一律，状若算子，毫无生动气息可言，既束缚了人的个性，也阻碍了书法的创新和发展。

300

欧体书是怎样的字体？

欧体书是被誉为"初唐四家"之一的大书法家欧阳询所写的一种正楷书体。其书法结字易方为瘦长，用笔易妍媚为遒劲，寓险绝于平正之中；点画瘦硬劲健，棱角分明，善于蓄势造险，出奇制胜，具有"二王"法度，并吸收了北朝书法的精髓。《书断》称之为"森森焉若武库矛戟"。

清梁𪩘（yǎn）《评书帖》说："人不能到而我到之，其力险；人不敢放而我放之，其笔险。欧书凡险笔必力破余地，而又通体严正。安顿照应，不偏不支，故其险也劲而稳。"意思是说欧书造型险劲却有稳定之感，点画位置轻重缓急，准确无误，丝毫不能移动，

欧阳询《九成宫醴泉铭》

极其严谨。

宋姜夔《续书谱·用笔》也载："时人称赞欧体书为'翰墨之冠'，清劲秀健，古今一人。"但也有反面批评语言，如"欧阳率更，结体太拘"。姜夔《续书谱·真书用笔》也说："用笔不欲太肥，肥则形浊；又不欲太瘦，瘦则形枯；不欲多露锋芒，露则意不持重；不欲深藏圭角，藏则体不精神；不欲上大下小，不欲左高右低，不欲前多后少。欧阳率更结体太拘，而用笔特备众美。虽小楷而翰墨洒落，追踵钟王，来者不能及也。"总之，欧体书法在瘦硬劲健的基础上，个别字迹还存在顺势成形的隶味。代表作有《九成宫醴泉铭》、《化度寺碑》、《虞恭公温彦博碑》等。

301

什么叫做"中锋"用笔？

"中锋用笔"是书法中较为常用的一种用笔方式。我国汉代著名的书法家蔡邕在《九势》中这样描写中锋："令笔心在点画中行。"即在书写的过程中，应该使笔锋始终处于笔画的中央。在宣纸上书写时，墨向笔画两边渗透，其渗透的程度相同。这样的笔画线条质量较高，看起来有立体感，笔画的色调保持一致。如果使用了偏锋，那么出现的情况就是线条的一侧厚实，另侧单薄。清代著名的书法理论家笪重光曾云："能运中锋，虽败笔亦圆；不会中锋，即佳颖亦劣，优劣之根，断在于此。"（《书筏》）中锋用笔的好处有很多，可以使线条厚实凝练，笔力饱满充实，蕴涵丰富，外柔内刚，富有变化，有着极强的表现力。古代书论中所说的"锥画沙"、"印印泥"、"屋漏痕"等，就是强调中锋用笔。除"中锋"以外，笔法中还有"侧锋"、"藏锋"、"露锋"之说。

302

为什么历代书法家爱写《千字文》？

《千字文》是梁代周兴嗣集王羲之字编写而成的。此文一出，遂引起人们的普遍关注，成为很多书家学习书法的范本，古往今来不知有多少书法家学习《千字文》、书写《千字文》。智永、赵佶、赵孟頫、祝枝山、梁同书等人都有《千字文》书作存世。唐朝以后，也出现了一大批以《千字文》为名的作品。唐义净编纂了《梵语千字文》，宋代胡寅著《叙古千字文》，元代夏太和有《性理千字文》等等，可见《千字文》影响之大。那么《千字文》为什么有如此大的魅力呢？

首先，识字是读书、明道的前提条件。我国古代十分重视"小学"教育，而《千字文》字字不同、形体各异，几乎涵盖了汉字中所有的结构、偏旁，是识字的理想范本。其次，《千字文》中包含了大量的天文、地理、历史和人文信息，是古代儒家思想的教科书，在识字之余，可以达到启发蒙童的作用。第三，《千字文》辞藻华丽，文笔优美，韵脚分明，朗朗上口，适合背诵。

《千字文》在1400多年的流传过程中，内容也有所改动，版本不一，还远涉重洋影响到了日本、朝鲜等国家，对中华文明的传播功不可没。

303

《法书要录》是一本什么书？

《法书要录》是唐代著名的书法家、书法理论家张彦远的巨著。张彦远字爱宾，山西永济人。出身于名门大族，其高祖、曾祖和祖父皆曾为相，有"三相张家"之称，家学深厚，学问渊博，擅长书法绘画。尤工书法大字，擅长隶书，曾书有《三祖大师碑阴记》、《山行诗》等作品。曾历任左仆射补阙、祠部员外郎、大理卿等。

《法书要录》全书共有十卷，成书于唐代元和年间（806～820），这是一部书法理论集。全书收录了自后汉赵壹《非草书》到唐代张怀瓘《书断》等历代书法理论著作共三十九种，有的只存有其目，实际上只有三十六篇。《法书要录》中保存了不少珍贵的艺术史料，例如东晋王羲之的《论书》、《题笔阵图后》、唐代虞世南的《书旨述》、张怀瓘的《书断》等等，有着极高的文献价值和书法理论价值。明毛晋云："余读其《法书要录》十卷，载汉魏以来名文百篇，不下一注脚，不参一评跋，岂其鉴识未精耶？盖谓昔贤垂不朽之艺，后人睹妙绝之迹，自有袁昂二虞窦臮（jì）诸人日月在."（《中国书学丛书》本之《法书要录附录》引）。其中《唐朝叙书录》、韦述《叙书录》、卢元卿《法书录》等，保存了唐代第一手的法书文献资料。后之论书者，大抵以此为据。

书法史上的"二爨"指的是什么？

"二爨（cuàn）"即《爨宝子》和《爨龙颜》二碑，后者因字多碑大被称为"大爨"，前者则被称为"小爨"。二碑合称"大小爨"、"滇南二爨"或"二爨"。

《爨宝子碑》

《爨龙颜碑》

《爨宝子碑》全称为《晋故振威将军建宁太守爨府君墓碑》。乾隆年间出土。此碑的书法在隶楷之间，处于隶书向楷书过渡的重要阶段，为汉字演变和书法研究提供了宝贵资料，有着较高的艺术价值和文献价值。康有为曾在《广艺舟双楫》中评《爨宝子碑》曰"端朴若古佛之容"、"朴厚古茂，奇态百出，与魏碑之《灵庙》、《鞠彦云》皆在隶楷之间，可以考见变体源流"（《广艺舟双楫·宝南第九》）。它率真可爱，憨厚中见灵巧，朴拙中露端庄，气魄宏大雄强，姿奇态妙，一派天真。由于其脱胎于汉隶笔法，故而某些字还存有隶书特有的波磔。

《爨龙颜碑》全称为《宋故龙骧将军护镇蛮校尉宁州刺史邛都县侯爨使君之碑》。

比《爨宝子碑》在时间上晚五十余年，虽然楷书风格较为明显，但仍然介于隶楷之间。书风古雅、茂密，饶有隶意，是隶书至楷书过渡的典型。康有为对此碑十分推崇，称此碑"与《灵庙碑》同体，浑金璞玉，皆师元常（钟繇），实承中郎（蔡邕）之正统"（《广艺舟双楫·体系第十三》），在《碑品》中将《爨龙颜碑》列为"神品第一"，赞其"下画如昆刀刻玉，但见浑美；布势如精工画人，各有意度，当为隶楷极则"（《广艺舟双楫·宝南第九》）。

305

《瘗鹤铭》是谁书写的？

《瘗（yì）鹤铭》碑原来位于镇江焦山的峭壁上，在唐宋之际，因为山体遭受雷击引起滑坡，石碑就随山石一起坠入江中。北宋庆历八年（1048），镇江太守钱子高从江中获得了一块《瘗鹤铭》残石，便将其与另外三块晋唐时期的石碑一起置于焦山之上，取名"宝墨亭"，后改为"宝墨轩"，焦山碑林由此而来。残石重见天日以后，有许多人前来观摩摹拓，有的甚至凿几字带走，学者们也都来研究它，《瘗鹤铭》从此闻名天下。

《瘗鹤铭》有一个美丽的传说。传说东晋著名的书法家王羲之到焦山游玩，见到一对仙鹤在空中盘旋起舞，姿势优美，十分感叹。寺中僧人遂将仙鹤送给王羲之，约定等王羲之办事回来再将鹤带走。等王羲之再次来到焦山时，仙鹤已经死去。王羲之悲伤至极，遂含泪在岩壁上写下了《瘗鹤铭》（瘗鹤铭即为埋葬鹤的铭文）以示悼念。

然而，《瘗鹤铭》的作者究竟是谁？千百年来始终争论不休，这主要是由于铭文只书名号，未写作者。有人考证王羲之的妻子是镇江人，故《瘗鹤铭》应出于王羲之手。最早记载此铭为王羲之说者为唐人孙处元所著《润州图经》，据欧阳修《集古录跋尾·题瘗鹤铭》云："按润州图经以为王羲之书。字迹亦奇特，然不类王羲之笔法，而类颜鲁公，不知何人书也？华阳真逸是顾况道号，今不敢遂以为况者。碑无年月，不知何时？疑前后有人同斯号者也。"从王羲之说者主要有宋苏舜钦、黄庭坚、赵水晋等。也有人认为是梁代书法家陶弘景所书。陶弘景隶书、行书均佳，当时他已解官归隐道教圣地镇江茅山华阳洞，故有人认为这属于他的墨迹。如康有为云："梁碑则《瘗鹤铭》为贞白（陶弘景）之书。"（《广艺舟双楫·宝南第九》）也有人认为为唐代王瓒所作，此外还有皮日休说、颜真卿说等等，但目前都还缺乏证据。《瘗鹤铭》的作者究竟是谁也就成为一直困扰书法界的千古之谜，不过目前大部分人同意作者为陶弘景一说。

306

历代有哪些著名的石经？

所谓"石经"，乃是我国古代刻在石碑上、摩崖上的儒家、佛家及道家的经典。石经的历史源远流长，早在汉代就有将儒家经典刻入石碑的先例，例如著名的《熹平石经》。

《熹平石经》又称"汉石经"，是我国历史上最早的石刻官定儒家经本，字体一律采用隶书，故又称"一体石经"。汉灵帝熹平四年（175），蔡邕等奏求正定六经文

《三体石经》

字，得到了汉灵帝的许可。于是，由蔡邕等人书丹，刻碑四十六块，立于洛阳太学门外。所刻经书有《尚书》、《论语》、《鲁诗》、《仪礼》、《春秋》和《公羊传》等，共约二十多万字。这对纠正当时的俗儒穿凿附会，臆造别字，维护文字、文化的统一起了积极作用。

除了《熹平石经》外，迄今可考的儒家石经，还有很多。例如曹魏正始二年（241）在洛阳用三体刊刻的《正始石经》，唐文宗大和七年（833）在长安楷书刊刻的《开成石经》，北宋用楷体、篆体刊刻的《二体石经》，此外还有《广政石经》、《嘉祐石经》、《南宋石经》等。

石经除了刊刻儒家经典外，也刊刻道家、佛家经籍。刻佛经约始于北魏之末，盛于北齐、北周，著名的有《房山石经》、《泰山金刚经》等。道家所刻石经多为《道德经》。

307

"唐书尚法"尚的是什么"法"？

"唐书尚法"一词相信人们都很熟悉，但"唐书尚法"这个概念提出则比较晚。董其昌在他的《容台集·论书》中说："晋人书取韵，唐人书取法，宋人书取意。"冯班在其《钝吟书要》中说："晋人尽理，唐人尽法，宋人多用新意。"真正把"晋尚韵"、"唐尚法"、"宋尚意"明确界定下来的要到乾隆年间的梁巘，其在《评书帖》中说："晋尚韵，唐尚法，宋尚意，元明尚态。"三人都认为唐人用法。这里的"法"应为法度、技法之意。唐代的楷书就非常注重法度，就像唐代的诗歌重视格律一样。唐代是南北书风大一统的时期，此前书风南北差距较大，且经历了数百年的战乱，文化破坏严重，急切需要统一的秩序。书法风貌是在崇尚以二王为代表的晋人书风的基础上形成的，这种追求晋人风气促使唐人在法度的继承和完善上形成了新目标，虽比之晋人书韵不足，但技法却大大向前推进了一步，诸如唐人对晋人法帖的复制和集字等都体现了其对技法传承的重视。

308

如何理解"心正则笔正"？

"心正则笔正"是中国书法史乃至中国历史上著名的柳公权"笔谏"故事。典出《新唐书》，说的是唐穆宗时，柳公权以夏州书记的身份入奏，随即被任命为拾遗侍书学士。唐穆宗问柳公权书法如何用笔，柳公权回答说："心正则笔正，乃可为法。"唐穆宗听了脸色一变，明白他是在以书法下笔来进谏。

"心正则笔正"有两层意思：一层含义是书法上的，说的是心正则写出的字也是端正笔直，透出一股正气。如扬雄《法言·问神》云："言，心声也；书，心画也。声画形，君子小人见矣。声画者，君子小人所以动情乎！"扬雄看到"书"与内心世界相沟通，君子可以从"书"这一"心画"中流美，而小人也可以在"心画"中显现其真面目。三国时钟繇在《笔法》中云："笔迹者，界也；流美者，人也。"柳公权则丰富发展了这一思想。他的"心正笔正"说，以新的命题将人格、伦理与书法的关系联通起来。从此"心正笔正"说一直流传至后世，成为书法伦理标准之一。宋苏轼《东坡题跋》谓："柳少师……其言心正则笔正者，非独讽谏，理固然也。世之小人书字虽工，而其神情终有睢盱侧媚之态，不知人情随想而见，如韩子所谓窃斧者乎？抑真尔也？然至使人见其书而犹憎之，则其人可知矣。"又在《柳氏二外甥求笔迹》诗中曾云："何当火急传家法，欲见诚悬笔谏时。"从创作的角度关照，此命题正是深刻揭示了书法与书家内心世界的复杂微妙的关系，也是书家人格在书法中的外化和表现。宋代姜夔在《续书谱》"用笔"一节中说："'心正则笔正'，'意在笔前，字居心后'，皆名言也。"清周星莲在《临池管见》中云："柳公权曰，'心正则笔正'。笔正则锋易正，中锋即是正锋。"他又说："古人谓心正则气定，气定则腕活，腕活则笔端，笔端则墨注，墨注则神凝，神凝则象滋，无意而皆意，不法而皆法。此正是先天一著工夫，省却多少言思拟议，所谓一了百了也。"这些都是从技法上去理解，加以评述，不无道理，但总有牵强之感。

"心正则笔正"的另一层意思则是说作为帝王只有心正，处理国家事务时才能做到公平公正。柳公权以书喻政，一方面说明其面对书法创作的态度，一方面也巧妙地藉由书法艺术的精神进谏。

309

"陈惊座"指的是谁?

"陈惊座"是指西汉时期的陈遵。据《汉书·游侠传·陈遵》记载："（陈遵）性善书，与人尺牍，主皆藏弆（jǔ）以为荣。"为什么人家要把陈遵的字藏起来呢？是因为他的书法很有名。同书又云："（陈遵）所到，衣冠怀之，唯恐在后。时列侯有与遵同姓字者，每至人门，曰陈孟公，坐中莫不震动，既至而非，因号其人曰陈惊座云。"南朝宋羊欣在《采古来能书人名》中称陈遵"善篆隶，每书，一座皆惊，时人谓为陈惊座"。后用以喻指善于书法或名震于时的名士。如宋苏轼《陈季常自岐亭见访郡中及旧州诸豪争欲邀致之戏作陈孟公诗》："汝家安得客孟公，从来只识陈惊座。"清吴伟业《癸巳春日禊饮社集虎丘即事》："众中谁识陈惊座，顾陆相看是老成。"

310

"临池学书"说的是谁的故事？

"临池学书"说的是我国东汉书法家张芝（字伯英）刻苦练习书法的故事。《后汉书·张芝传》注引王愔《文志》曰：张芝"尤好草书，学崔、杜之法，家之衣帛，必书而后练。临池学书，水为之黑"。晋卫恒《四体书势》中记载：张芝"凡家之衣帛，必先书而练（煮染）之；临池学书，池水尽墨"。后人称书法为"临池"，即来源于此。

张芝是我国最早的一个今草大师。敦煌酒泉（今甘肃酒泉）人，擅长草书中的章草，将原来字字区别、笔画分离的草法，改为上下牵连富于变化的今草新写法，富有独创性，在当时影响很大。书迹今无墨迹传世，仅北宋《淳化阁帖》中收有他的《八月帖》等刻帖。

张怀瓘《书断》称他"学崔（瑗）、杜（操）之法，因而变之，以成今草，转精其妙。字之体势，一笔而成，偶有不连，而血脉不断，及其连者，气脉通于隔行"，三国魏书家韦诞称他为"草圣"。晋王羲之对汉、魏书迹，惟推钟（繇）、张（芝）两家，认为其余不足观。

张芝草书

311

"一台二妙"指哪两位书法家？

一台二妙典出《晋书·卫瓘传》："瓘学问深博，明习文艺，与尚书郎敦煌索靖俱善草书，时人号为'一台二妙'。"台为古代官署名。一台是指他俩同是官居台省，瓘为尚书令，靖为尚书郎。"二妙"，是说他俩的草书都有极高的造诣，时人谓"瓘得伯英（张芝）筋，靖得伯英肉"，各得其妙。

"二妙"同时又称以才艺著名的二人，如《新唐书·韦维传》："（韦维）迁户部郎中，善裁剖，时员外宋之问善诗，故时称'户部二妙'。"元夏文彦《图绘宝鉴》卷四："（艾淑）善画竹，与陈所翁同舍画龙，俱得名，时称'六馆二妙'。""一台二妙"后又常用于泛称同官而俱负时名的两个人，如唐韦应物《路逢崔、元二侍御避马且招以诗见赠》诗："一台称二妙，归路望行尘。"元范德机《寄友人》诗："如此一台兼二妙，令人万里破千愁。"清钱谦益《送詹叶二御史赴南台》诗："帝遣雄班重镐京，一台二妙遂先鸣。"

312

"买王得羊，不失所望"是怎么一回事？

王指的是东晋书法家王献之，羊指的是南朝宋时书法家羊欣。羊欣少年时期学书于舅父王献之。据《宋书·羊欣传》载，羊欣之父为乌程县令时，羊欣十二岁，王献之当时任吴兴太守，非常喜欢羊欣。羊欣曾经穿着新的绢裙在白天睡觉，献之到县衙见到这一情境，"书裙数幅而去"，羊欣醒来，发现王献之的墨迹，大喜过望，从此加意练习书法，"因此弥善"。唐陆龟蒙《怀杨台文杨鼎文二秀才》诗句："重思醉墨纵横甚，书破羊欣白练裙。"便是引用这个典故。南朝梁大文学家沈约评价："敬元（羊欣字）尤善于隶书，子敬（王献之字）之后可以独步。"梁庾肩吾《书品》谓："羊欣早随子敬，最得王体。"当时王献之的书很难求，人们如能得到羊欣的作品也很高兴，因此有"买王得羊，不失所望"的谚语。后这一典故又常指摹仿名人的字画虽然逼真而终差一等。如唐张怀瓘《书断·妙品·羊欣》："时人云：'买王得羊，不失所望。'今大令书中风神怯者，往往是羊也。"明潘之淙《书法离钩·品题》："宋齐之际人语曰：'买王得羊，不失所望。'盖时重大令，而羊欣为大令门人，妙有大令法者也。"明王世贞《十绝句诗画跋》："或云赵书有疵笔，出俞紫芝手。果尔，所谓买王得羊耳。"

羊欣的书法真迹已无流传。北宋《淳化阁帖》中有《笔精帖》传为他所书。另外，传世的王献之书迹中，可能混有他的作品，今已难辨。羊欣还撰有《续笔阵图》，已失传。又有《采古来能书人名》一文，是中国早期的书家简明史传著作。

313

如何理解"非恨臣无二王法，亦恨二王无臣法"？

此语典出《南史·张融传》："融善草书，常自美其能。帝曰：卿书殊有骨力，但恨无二王法。答曰：非恨臣无二王法，亦恨二王无臣法。"大意是说张融擅长草书，常沾沾自喜，自负其能。齐高帝萧道成对他说："你的书法很有骨力，可惜没有二王（东晋王羲之、王献之父子）之气度。"他答道："我倒不遗憾我的字没有二王的气度，反倒遗憾二王没有我张融的风骨气韵。"可见张融在书法上是多么的自负。但从纯理论角度看，此言又是绝对真理，说出了历史嬗变的真谛。撇开张融本人而言，单论"臣法"与"二王法"，此语不无可取之处。尽管张融在特定条件下出此狂言为人讥笑，但一般地说，他的"恨二王无臣法"，在观念上却是凌烁前辈、居高临下的。"二王法"是前人法，对后人言是经典；其后人之法对更后人而言，不啻也是楷范。每一时代的风尚各异，后代要有建树，势必要冲破前一代确立的种种"二王法"，自出机杼，独标新帜，这对于当时人而言是"臣法"，对后世人则又成了新的"二王法"。唐之视晋与宋之视唐，元之视宋与清之视明，无不是"二王法"与"臣法"之间互相影响又互相转换的嬗变关系。

在举止风度上，张融亦异于常人，颇为时人所惊异，而后又常叹曰："不恨我不见古人，所恨古人又不见我。"在事事崇古的时代风气中，这是多么强烈的个性！南宋大词人辛弃疾就很欣赏这句话，将它化成自己的词句："不恨古人吾不见，恨古人不见吾狂耳。"

 314

"买褚得薛，不失其节"是怎么回事？

褚指的是唐代书法家褚遂良，薛指的是唐代书法家薛稷，二人均为"唐初四大家"之一。薛稷为隋代著名文学家薛道衡的孙子，唐太宗名臣魏徵的外孙。薛稷书学虞世南和褚遂良，是褚遂良的高足。张怀瓘《书断》立传称："书学褚公，尤尚绮丽媚好，肌肉得师之半，可谓河南公之高足，甚为时所珍尚。"又"稷外祖魏徵家，富图籍，多有虞褚旧迹"。丰富的家藏，得天独厚的学习条件，再加上从魏徵处获观所藏虞、褚书法，临习精勤，薛稷的书法终于与褚遂良的相去不远。唐杜甫《寄刘峡州伯华使君四十韵》有："学并卢王敏，书偕褚薛能。"董逌《广川书跋》卷七评曰："薛稷于书，得欧、虞、褚、陆（陆柬之）遗墨至备，故于法可据。然其师承血脉，则于褚为近。"故在唐中宗、睿宗之时便流传有"买褚得薛不落节"之说。薛稷书法出自褚氏，虽有新意，然并未能尽脱褚氏之风而独张一军。

 315

被誉为"书中仙手"的唐代书法家是谁？

在唐代，不论书法创作还是书法理论上都是人才辈出，人们还结合他们自身的特点给了他们特有的昵称，如"颠张醉素"就是说张旭和怀素，"颜筋柳骨"是指颜真卿和柳公权等，而"书中仙手"则是专指李邕。李邕字泰和，广陵江都（今江苏扬州）人。李邕曾任汲郡、北海太守，人又称他为"李北海"。李邕善碑颂之文，常常有人拿巨金求其文，当时认为，从古以来卖字得钱的人没有能超过李邕的。他又是一位性格豪爽、仗义疏财的人，常把自己赚来及受贿的钱财，送与穷人家，所以到头来仍是家中没有积蓄。在书法上，李邕以行、草最为著名，其书以二王为宗，用笔厚重坚劲、爽迈凌厉而不失法度，李阳冰称他为"仙手"。他对书法力主创新，反对模仿，曾说："似我者俗，学我者死。"作品有《叶有道碑》、《端州石室记》、《法华寺碑》、《李秀碑》等，其中以《云麾将军李思训碑》和《岳麓寺碑》最为有名。

虞世南的"五绝"指的是什么？

虞世南是初唐时期伟大的书法家，唐太宗曾评价他身兼"五绝"，也就是五个天下第一："一曰忠谠，二曰友悌，三曰博文，四曰词藻，五曰书翰。"（张怀瓘《书断》中篇之《妙品》）事实真是如此吗？我们不妨通过一些事例看一看。

传说唐太宗擅长书法，但每遇到带"戈"脚的字就束手无策，写不好。有一次他要写一个"戬"字，但一看到右边的"戈"不禁感叹，突然心生一计，把"戈"部空下让虞世南来补上。写好后拿给大臣魏徵看。没想到魏徵看了看回答道："只有那'戈'字写得好。"唐太宗听后不禁大笑。

虽然是传说，但我们也能从中领略到虞世南书法的高妙。确实，虞世南有着很高的书法水平。他师承智永禅师，在书法上非常用功，成就突出，同欧阳询、褚遂良、薛稷并称为"唐初四大家"。后世对他的评价很多，例如李嗣真《书后品》列其书为"上之下品"，评云："萧散洒落，真草惟命，如罗绮娇春，鹓鸿戏沼，故当（萧）子云之上。"张怀瓘认为："虞则内含刚柔，欧则外露筋骨，君子藏器，以虞为

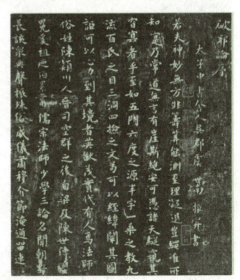

虞世南《破邪论》

优。"（张怀瓘《书断》中篇之《妙品》）虞世南还擅长诗词，很多诗词被千古流传，例如他的作品《蝉》："垂绥（ruí）饮清露，流响出疏桐。居高声自远，非是藉秋风。"具有很高的艺术价值，被视为其代表作。

由此可见，"五绝"之说虽有过誉之嫌，但也能从另一个方面折射出虞世南的卓尔不凡。

317

杨凝式是"疯子"吗？

杨凝式《韭花帖》

在五代时期，有一位以"疯"著称的书法大家，他就是杨凝式。其书法初学欧、颜两家，后又涉猎二王父子，在唐代书法的基础上一反常态，推陈出新，形成了奇绝奔放、潇洒自如的书法风格。其作《韭花帖》被后人称为"五代《兰亭》"而享有极高的声誉。然而就是这样一位天才书家，竟被人称为"杨疯子"，这是何故呢？

杨凝式身处王朝更迭迅速的五代时期，混战不断，政治不稳，民不聊生。他历仕后梁、后唐、后晋、后汉、后周五代，在传统儒家忠君思想的影响下，思想极度痛苦，装疯度日。杨凝式的放荡不羁、疯傻癫狂正是对当时社会和自己命运的有力反击，佯狂的背后隐藏着脆弱的内心。由于行为放荡，故人称其为"杨疯子"。

杨氏传世的作品有《韭花帖》、《卢鸿草堂十志图跋》、《神仙起居法》和《夏热帖》等。风格各异，各有千秋，被历代所宝。所传作品以《韭花帖》最为知名，深得王羲之《兰亭集序》的笔意，布白疏朗，俊秀洒脱。黄庭坚云："由晋以来难得脱然都无风尘气似二王者，惟颜鲁公、杨少师（杨凝式）仿佛大令尔。鲁公书今人随俗多尊尚之，少师书口称善而腹非也，欲深晓杨氏书，当如九方皋相马，遗其玄黄牝牡乃得之。"又题诗曰："世人尽学兰亭面，欲换凡骨无金丹。谁知洛阳杨疯子，下笔便到乌丝栏。"（黄庭坚《山谷题跋》卷四《跋法帖》）杨凝式是书法史上承上启下的重要人物，对宋代书风有开创之功，苏轼、黄庭坚、米芾、蔡襄等都深受其影响。苏轼评曰："自颜、柳没，笔法衰绝，加以唐末丧乱，人物凋落磨灭，五代文采风流，扫地尽矣。独杨公凝式笔迹雄杰，有二王、颜、柳之余，此真可谓书之豪杰，不为时世所汩没者。"（苏轼《东坡题跋》卷四《评杨氏所藏欧蔡书》）

318

五代最知名的篆书家是谁？

徐铉（916～991）是五代最知名的篆书大家。扬州广陵人。十岁能文，聪明好学，官至散骑常侍，是继二李（李斯、李阳冰）之后的又一位篆书大家。《宣和书谱》对徐铉篆书的评价说："识者谓之阳冰之后，续篆法者唯铉而已。"由此可见他在当时的影响。徐铉的小篆虽然没有完全娴熟于秦法的高古绝尘，但其对秦以来的篆法传承，仍起着功不可没的作用。

徐铉专攻小篆近五十年，初学李阳冰，晚年得到《峄（yì）山碑》摹本，潜心精

徐铉《许真人井铭》　　　　徐铉《千字文残卷》

研，终于成为继李阳冰之后的一代篆书大家。他的小篆似隶非隶，字无垂脚，字下权股较大。结体纯正，点画精严，法度完备，气息高古。宋代的沈括曾把其书迹拿来对着日光看，发现其笔画的正中有一缕浓墨，即使是转折处，也不偏斜。由此可见他驾驭中锋的能力，已达到炉火纯青的地步。其传世名作有摹李斯《峄山碑》、篆书古文《千字文残卷》和篆书《许真人井铭》。其弟徐锴，文翰俱佳，在江南一带享有盛名，时人称为"二徐"。

被誉为"神笔"的书法家是谁？

书法史上被誉为"神笔"的，是明末清初的书法家王铎。王铎（1592～1652），字觉斯，号嵩樵、石樵、烟潭渔叟等。河南孟津人。明天启二年（1622）进士，授翰林院庶吉士。崇祯十七年（1644）授礼部尚书，清顺治二年（1645）降清后，官至礼部尚书，掌管弘文院事，后任太宗实录副总裁并加太子太保。

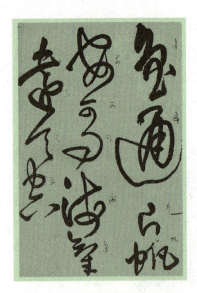

王铎《自作五律诗》局部

王铎博古好学，工诗文、书画，是明末清初书坛革新派的中坚人物。他自幼学书，从《圣教序》入手，在此基础上，广采博取，尤对二王书派情有独钟，曾云："《淳化》、《圣教》、《褚兰亭》，予寝处焉。"王铎由于供奉翰林院，内府收藏得以饱览，经过长期研习，对魏晋书法，尤其是二王书法，甚至能做到"如灯取影，不失毫发"的地步。王铎在学习二王书法的同时，突然发现最深得二王精髓的是宋人米芾，从此以米字作为切入点和树立自己个人风格的突破口，借以直窥二王堂奥。在师米的同时，王铎悟到米芾以"刷"字为特征的用笔，纳入到自家中锋绞转之中，以墨的流动来制造点线与墨块的对比，纵而能敛，势若不尽。五十岁时，王铎的书风已逐渐趋于成熟。晚年的王铎，书法已达到炉火纯青的境界。

王铎所能的各书体中，以行书草书最为世人瞩目。书迹甚多，可谓件件精品，其代表作有《自作五律诗》、《拟山园帖》等等。

隶书是由谁创造的？

隶书是在秦汉时代通行的文字。战国时期以至秦朝建立之后，官府中有一批专门抄写公文的小官吏，为了书写的迅速和方便，就把小篆圆转的笔画写成方折。因为这种字体最早在小官吏和奴隶、差役中使用，所以称为"隶书"。相传，创造隶书的是秦代人程邈。程邈，字元岑，曾经当过县狱吏，因为得罪了秦始皇被关进了监狱，坐了 10 年牢。在这 10 年里，他收集整理了流传在民间的各种字体，删繁就简，去粗取精，把大小篆的圆转变成了方折，从而创造了一种新的字体——隶书。后来，秦始皇知道了此事，便把他从监狱里放了出来，并提升为御史。因此，历史上一般都认为程邈是隶书的创造者。

我们从中国文字书法发展史来看，有关程邈造隶，至今没有可靠的文献和考古资料加以证明。考古发现中秦简的出土，表明所谓程邈创造的新书体，早在战国时各国民间就已流行使用。程邈造隶的故事有很大的附会性。他只是对这些字进行了比较系统的整理、加工，"去杂取精"，进一步规范罢了。

发明"薛涛笺"的薛涛书法如何？

世人但知薛涛是一位名妓，一位女诗人，却不知她还是一个书法家。薛涛，字洪度，长安（今陕西省西安市）人。小的时候便随父亲去了四川。后来当了乐妓，因善于书法，当时人们称她为女校书。当年她在西南边陲时，每一位新上任的节度使必定都要拜访这位成都的女校书，已成官场惯例。她后来出钱把自己从乐籍中赎了出来，搬到了浣花溪边住，自己开始研究造纸，制成粉红色、上有松花纹路的信笺，很得文人雅士的喜爱，后来这种经过艺术加工的信笺的制造方法便流传了下来，人们就将这种信笺称之为"薛涛笺"。薛涛书法以二王为宗，笔力峻迈，毫无女子脂粉气，历史上曾将她与东晋女书家卫夫人相提并论。传世书迹不多，有《萱草书帖》。

322

毛笔是谁发明的？

唐代文学家韩愈在《毛颖传》里说秦将蒙恬率军伐楚，南下至中山地区，因见那里兔毛甚佳，就用来制笔，毛笔就此诞生。韩愈的文章有些戏说的性质，未可当真。据考古发现，湖北省随州市擂鼓墩曾侯乙墓发现了春秋时期的毛笔，是目前发现最早的笔。晋人崔豹在《古今注》中说："古之笔不论以竹以木，但能染墨成字，即谓之笔。"说明在蒙恬以前已经有了毛笔。蒙恬虽然没有创制毛笔，但他对笔杆、笔毛所用材料和制法参以己意，加以改良。如采用鹿毛和羊毛两种不同硬度的毛制笔尖，使之刚柔相济，便于书写。1972年甘肃武威磨咀子一座东汉中期墓中出土的一支毛笔，笔杆呈浅褐色，上面刻有隶书"白马作"三字，笔头的芯及锋用黑紫色的硬毛，外层覆以较软的黄褐色的毛。其形制与秦笔一样，杆前端中空以纳笔头，杆外扎丝髹漆以加固。此笔可以看作是经过蒙恬改进的毛笔的典型实例。

323

什么是"矾头"？

"矾头"是中国画的表现技法之一，具体指山水画中山顶上的石头，因其形如矾石顶部尚未结晶之形，故名。纵观画史上善用矾头的画家首推五代的董源和巨然。元代黄公望《写山水诀》谓："董源小山石，谓之矾头。"巨然因早年师从于董源，

五代　董源《潇湘图》

故米芾《画史》谓："巨然少年时多作矾头。"

董源的代表作《潇湘图》所画的是江南丘陵景色，连绵的山峦顶上有一个个小丘，用干笔、湿笔、破笔画出，浓淡相参，极尽变幻莫测之奇。郭若虚《图画见闻志》云："画山石者，多作矾头，亦为凌面，落笔便见坚重之性。"

 324

画法中的"攒聚"指的是什么？

"攒聚"是山水画中的一种技法，指山水画构图中对石块的聚散、多寡、疏密的安排，需要精心斟酌，才能得当相宜，产生大小相间、聚散不一、形态各异的效果。画史上有不少画家对此提出自己的见解，清代龚贤在其《画诀》中说："石必一丛数块，大石间小石，然须联络，面宜一向；即不一向，亦宜大小顾盼。"唐岱《绘事发微》则说："石须大小攒聚。……有平大者、有尖峭者、横卧者、直竖者，体式不可雷同，或嵯峨而楞层，或朴实而苍润，或临岸而探水，或浸水而半露。沙中碎石，俱有滚滚流动之意。"

325

什么叫做"点苔"？

"点苔"是中国画的一种表现技法，具体是用毛笔在画上作出圆、扁、尖以及其他不规则形状的点子，也有画成如"个"、"介"字等形状，这些点称之为"苔点"。它用以表现山石、土坡、河岸，以及树枝、树根等处的苔藓杂草，或是峰峦山颠、峭壁悬崖上的远树灌木。苔点不仅仅用于山水画中，在人物、花卉、鸟兽、建筑等画的布景中也广泛应用。

苔点的分布位置，在一幅画中起着统一气势、平衡全局的作用，有"苔痕为美人簪花"之誉。因此历代画家重视点苔，明代唐志契《绘事微言》说："画不点苔，山无生气。""点苔"是一幅山水画完成时最要紧的一道"工序"，属于"点睛之笔"。故其难度极大，要点得看似随意但笔笔有理由有根据。清代方薰《山静居画论》曰："古画有全不点苔者，有以苔为皴者，疏点、密点、尖点、圆点、横点、竖点及介叶水藻点之类，各有相当，斟酌用之，未可率意也。"

明末清初的石涛还根据不同画家作画的习惯，在实践的基础上概括出各种各样苔点的特征："点有风雪雨晴，四时得宜点，有反正阴阳衬贴点，有夹水夹墨一气混杂点，有含苞藻丝、缨络牵连点，有空空洞洞干燥没味点，有有墨无墨飞白如烟点，有焦似漆邋遢透明点。更有两点，未肯向学人道破，有没天没地当头劈面点，有千岩万壑明净无一点。噫！法无定相，气概成章耳。"在他的作品《山水清音图》中点苔之多，用笔之奇，为常人所不敢，尤其是苔点的笔法，全为尖笔浓墨的"个"字或"介"字点，在画面上显得格外夺目。分布于上部的主峰、两边的侧峰以及下部的巨石上的苔点，依山石峭壁的皴法而作，很有古人所谓"以点为皴"的味道。

326

什么是"宿墨法"?

中国画作为中国的传统艺术，有着独特的艺术魅力，其核心是笔墨技法。笔法可以出神入化，墨法也是千变万化，宿墨法便是其中之一。

宿墨即是用剩下的隔夜的墨，不湿也不全干，近粘液状。因存放时间久水分蒸发，墨又浓又黑，遇水漫涣，水墨分离见笔痕，有一种独特的效果。宿墨常用于最后一道墨，用得好能起到提神作用。因宿墨中有渣滓析出，用不好极易使画面污浊，故用宿墨要求具有较高的笔墨功夫。现代山水大家黄宾虹以善用宿墨著称。黄宾虹平素作画，选墨严格，都用上好的墨条直接泡在砚中制宿墨，故所作画的墨色又黑又亮。他将宿墨分为"浓宿"、"淡宿"。顾名思义，"浓宿"即浓到如漆；"淡宿"因墨脱胶所致，画到纸上，墨渍沉在纸上，渍旁化开有水渍痕，看去似"淡墨"。黄宾虹常常"浓宿"、"淡宿"混用，画面层层墨点处点以宿墨，使墨黑中见亮，加强黑白对比，使画面更加精神。书法家张宗祥赞道："黄宾老画，墨黑中有光彩，与青绿相比，益显清华。"

现代 黄宾虹《青城山色图》

327

绘画中"墨四要"指哪四要？

首先用墨要"笔墨一致"。笔墨技法是中国画的基本功也是核心，因此历代画家、评论家无不对此予以高度的重视。明代董其昌认为："画岂有无笔墨者。"笔和墨的关系又是强调笔为主导，墨随笔出，现代国画大师黄宾虹说"论用笔法，必兼用墨，墨法之妙，全从笔出"；其次是用墨要"活"，在落笔时要胸有成竹，干净利落，使墨色滋润自然；同时用墨要"鲜"，要具有灵动的墨韵和精神，清雅恬淡；最后就是要用墨用笔虚实结合，具有浓、淡、干、枯、湿的变化，让人有变幻莫测之感。

 328

何谓"减笔"？

宋 梁楷《太白行吟图》

中国古代绘画发展到宋代，各种技法已经全面成熟。在传统缜密细致的画风中出现了一种力求单纯简括，只用简单几笔描绘对象的减笔画法。石恪可以说是最早将"减笔"运用到画面中的，他的画"惟面部手足用画法，衣纹皆粗笔成之"，画法独树一帜，为减笔画开山鼻祖。此后南宋的梁楷吸收了唐、五代以来的写意减笔的技法而又有所发展变化，在继承前人的基础上形成自己的独特风格。他的减笔人物画作品《太白行吟图》，以简练的笔墨表现人物动态，寥寥几笔，将太白吟诗的陶醉之态跃然纸上。他把写意画推上一个新的高度，后世有很多画家效仿，如八大山人、任伯年、齐白石等。现代画家黄宾虹说："笔墨之妙，尤在疏密，密不容针，疏可行舟。然要密不相犯，疏而不离。"又说："减笔当求法密，细笔宜求气足。"

石恪、梁楷开一代绘画简率之风，丰富了中国画的艺术表现手法，体现了中国绘画艺术特有的审美观念，影响深远。

何谓"三停五眼"？

三停五眼是中国古代人物画创作中根据成年人的面部五官位置和比例归纳出来的如何正确描绘人物面部的规律。它依据人面部正面的纵向和横向比例关系分成三等、五等分，即将人面部正面纵向分为三个等分即"三停"，从发际至眉线为一停、眉线至鼻底为一停、鼻底至颏底线为一停；在横向上分为五等分，以一个眼长为一等分，即两眼之间距离为一个眼的距离，从外眼角垂线至外耳孔垂线之间为一个眼的距离，整个面部正面纵向分为五个眼之距离。三停五眼是衡量人的五官大小、比例、位置的准绳。

为什么要"惜墨如金"？

"惜墨如金"意即用墨要恰如其分，不可任意挥霍，尽可能做到用墨不多而表现丰富。

相传北宋山水画家李成"惜墨如金"。李成的代表作《读碑窠石图》所画寒林，以渴笔画枯枝，树身只以淡墨拖抹，但在画面上仍然获得"山林薮泽，平远险易"的效果。元代倪瓒作画用笔轻且松，燥锋多，润笔少，多用皴擦，简约萧疏。钱杜《松壶画忆》中便谓之惜墨如金。

惜墨与泼墨是两种不同的用墨表现法，对于二者区别，清代吴历曾说："泼墨、惜墨，画家用墨之微妙，泼者气磅礴，惜者骨疏秀。"

331

"不似之似"是什么意思?

中国绘画讲求抒发情怀,注重意的表现,强调艺术形象妙在似与不似之间,那么什么是"似与不似"呢? 怎么将这对看似矛盾的关系和谐统一在同一画面中呢? 这就需要画家的观察和艺术的再创造,不只是照搬客观对象而有所概括、取舍、调节,以求达到比生活更高的艺术效果。

早在晋代,顾恺之就对如何描绘对象的"形"、"神"进行研究,其后历代画家都在实践中进一步探讨。明代沈颢《画麈》中将它概括成:"似而不似,不似而似。"清代石涛亦有题诗:"名山许游未许画,画必似之山必怪。变幻神奇懵懂间,不似似之当下拜。"

"不似之似"是画家侧重于把心灵、视觉感受到的内在心象,即审美意象,传达到画面的必然。它是"外师造化,中得心源"传统观念的体现。生活真实为艺术真实提供了丰富的题材,使艺术具有真实性,它既不是对事物形状的简单摹仿,又不是脱离现实生活的任意虚构。艺术家要积累素材就必须深入地观察生活,没有对客观对象全面真实的体会就无法创作出优秀的作品。石涛说自己"搜尽奇峰打草稿",就说明他对自然界中的名山大川作了具体详实的全面研究,掌握了客观对象的本质特征,在此基础上他才能将客观对象原本具有的内在美表现出来。因为丰富的生活经验是艺术家进行创作的基础,要达到"不似之似"的标准,艺术家首先就要"外师造化",然后才能"中得心源"。

黄宾虹说:"作画当以不似之似为真似。"又说:"绝似物象者与绝不似物象者,皆欺世盗名之画,惟绝似又绝不似于物象者,此乃真画。"齐白石认为:"作画妙在似与不似之间,太似为媚俗,不似为欺世。"所谓"妙在似与不似之间",就是妙在"不似之似"。既不似又似,既似又不似,这种辩证的艺术表达法巧妙地揭示了艺术的真谛,从而成为最高的艺术真实。

332

"吴门四家"指的是谁？

自元朝以后，江浙等沿海地区经济迅速发展，各地商贾汇聚。经济的发展带动文化的进步，江南一带，亦成为文人荟萃之地。到了明代中叶，院画势力日衰，"浙派"也渐趋末流，代之而起的，是活跃于苏州地区的"吴门派"。史料记载，明代在

明　文徵明《古木寒泉图》

明　仇英《玉洞仙缘图》

苏州有名的画家有150余人，占明代画家总数的五分之一，他们在苏州从事绘画活动，形成一个强大的绘画团体。又因苏州古为吴地，故称"吴门"，并将这个画家群称为"吴门画派"。又将其中成就突出的沈周、文徵明、唐寅、仇英，合称"吴门四家"。

吴门四家中沈、文、唐三人属于文人笔墨，仇英虽是工匠出身，但画风受到文人画家的影响。吴门四家的绘画成就很大，每一家都开一代之风。其中沈周、文徵明都擅长画山水；唐寅山水、人物都很擅长，他们多宗南宋院体为法；仇英以工笔人物、青绿山水见称。他们所绘山水，既有雄伟险峻的北方山川，也有清秀幽静的南方风景，开拓了元明清以来山水画的新境界。

明 唐寅《秋风纨扇图》

明 沈周《庐山高图》

"吴门四家"虽关系密切，但个人风格各具特色。沈周的山水师从五代的董源、巨然，出入于元代黄公望与吴镇，形成了笔墨挺健、气韵浑厚的面貌，而他的花卉，继承发展了元代写意花鸟画的传统，笔墨尚朴，风格淡逸，对明代后期水墨写意画，具有承前启后的作用。文徵明虽是沈周的徒弟，画风上比较接近，但在其老师的基础上吸取赵孟頫、王蒙的笔法，形成缜密工致、清秀古雅、抒情写意的细笔山水。

唐寅和仇英都曾师从当时以"院派"著称的周臣，吸取南宋的李成、范宽、李唐、刘松年、马远、夏圭诸家之长，运用了元人水墨写意的笔墨，形成了劲秀潇洒的风格。其中又以仇英摹古的功力深厚，他师法南宋院体，人物山水多以工笔重色为主，风格浓丽典雅，兼能水墨写意。他所画人物仕女，形象优美，线条流畅，形成了明代后期人物仕女画的时代风貌，对明清画坛影响很大。

"吴门画派"是一个既有文人画家，又有职业画家、画工的群体，它的出现，既振兴了文人画，又规范了"浙派"末流技法粗陋之习，推动了明代绘画的深入发展。

333

"画中九友"指谁？

明清时期是中国画发展的又一座高峰，各个画派纷至迭出，出现了一大批对后世影响深远的画家。画中九友便是指在那个时期出现的九位画家，他们分别是董其昌、杨文聪、程嘉燧、张学曾、卞文瑜、邵弥、李流芳、王时敏、王鉴。在画风上他们倾向于董其昌提倡的清幽简淡的南宗画，虽然隶属于各个画派，但是他们之间具有相同的追求，进而相互切磋画艺，培养了深厚的友谊，故称"画中九友"。清初的吴伟业还作《画中九友歌》赞颂他们，可见他们在当时画坛的影响之大。

334

"金陵八家"是指哪八位画家？

在清代康熙、乾隆年间，南京聚集了一大批有才华的画家，世称"金陵画派"。

清　樊圻《秋山听瀑图》

金陵画派以龚贤为代表，还有樊圻、高岑、邹喆、吴宏、叶欣、胡慥、谢荪七人，彼此画风不尽相同，都有一定的时誉，世称"金陵八家"。

金陵八家经历了政治腐败、社会黑暗的明末和阶级矛盾、民族矛盾空前激化的清初。因此，他们大多隐居不仕，悠游于江淮一带，以书画为生，在以诗酒自娱的生活中流露出不趋时尚的政治抱负和艺术主张。他们都不受清初画坛摹古之风的影响，主张从实际生活的经历和大自然中寻找灵感，作品具有写实性。但是他们的个人艺术风格却大相径庭，各有不同的专长和面貌。其中以龚贤成就最突出，其画的布局常有奇趣，皆自出新意。

龚贤，字半千、野遗，号柴丈人。江苏昆山人。龚贤一生贫苦，虽一介寒士，但品格高尚。明时曾参加当时爱国团体"复社"，与复社的文人遗老有着深厚的友谊。明亡后，他曾流亡在外十年之久，内心始终保持着坚贞的民族气节。晚年全靠卖画、写字和授徒维持生计，直至死于贫病。龚贤画法师董源、吴镇，主张师法造化，善用积墨，连皴带擦，墨色极为厚重，形成鲜明强烈的画面感。程邃评其画曰："半千用笔如龙驭风，似云行空，隐现变幻，渺乎其不可穷，盖以韵胜，不以力雄者也。"

樊圻，字会公，江宁人。其山水画主要有两种风格，细笔师法赵孟頫，清润秀雅，粗笔师法董源，追求随心所欲的布局、放逸的笔墨。

吴宏，字远度，号竹史，江西金溪人，后居

金陵。善画山水，师法李成、范宽等诸家之长，画石生笔方硬，画树多粗笔笔墨。

"清初四僧"指的是哪四个人？

清朝初年，统治者为了维护统治，采取文化高压政策，清初画坛以宫廷画院画家王时敏、王鉴、王原祁、王翚等为代表的"正统派"倡导的复古之风受到统治者的推崇，从而使画坛呈现一种因循守旧、千篇一律的面貌。这时，画坛一些具有强烈民族意识和富有创新精神的汉族知识分子画家，开始突破传统，在艺术上敢破敢立，强调个性解放，提倡"借古开今"，反对泥古不化，利用绘画的形式来表达自己真实的生活情感，创造出不守绳墨、独具风采的画风，振兴了当时的画坛。其中的代表为释家八大山人、石涛、髡残和弘仁等。他们四人都是从明朝入清，不满满族的统治而削发为僧，画史上称他们为"清初四僧"。

八大山人，名朱耷，明宁王朱权的后代。明亡后，削发为僧。以花鸟画著称于世，其画继承了陈淳、徐渭的传统，将泼墨写意画发展到了一个新的高度。他的作品往往以象征手法抒情写意，如画鱼、鸭、鸟等动物时，皆以白眼向天，充满倔强之气。这样的形象，正是朱耷自我心态的写照。他的山水画，多取荒寒萧疏之景，残水剩山，抑塞之情溢于纸素，可谓"墨点无多泪点多，山河仍为旧山河"、"想见时人解读图画，一峰还写宋山河"，将愤世嫉俗之情和国破家亡之痛寄情于画。朱耷笔墨苍劲圆秀，清逸横生，不论大幅或小品，构图简约空灵，景象奇险，格调冷隽，都有浑朴酣畅又明朗秀健的风神。朱耷的绘画对后来的扬州八怪和近现代大写意花鸟画影响很大。

清　朱耷《鸭图》

清　石涛《飞瀑奇峰图》

　　石涛，为明代宗室。本姓朱，名若极。为僧后，更名元济、原济、道济，自称苦瓜和尚，别署阿长济山僧、石道人，还有大涤子、清湘遗人、清湘老人，晚号瞎尊者、零丁老人等。石涛工诗文，善书画。其擅画山水，兼工兰竹。他的山水画广泛师法历代画家之长，又注重师法造化。他饱览名山大川，"搜尽奇峰打草稿"，形成自己苍郁恣肆的独特风格。作品笔法流畅凝重，尤长于点苔，善用墨法，枯湿浓淡兼施并用，极尽变化；尤其喜欢用湿笔，通过笔墨的融合与水墨的渗化，表现出山川的氤氲气象和深厚之态。构图以奇为胜，善用"截取法"，以特写之景传达深邃之境。其花鸟、兰竹，亦不拘成法，自抒胸臆，笔墨爽利峻迈，淋漓清润，极富个性，对清代以至现当代的中国绘画发展产生了极为深远的影响。现存的代表作有《搜尽奇峰打草稿图》、《惠泉夜泛图》、《山水清音图》、《梅竹图》、《墨荷图》、《竹菊石图》等。有《苦瓜和尚画语录》一卷，阐述了他对山水画的见解。他提出"一画"说，主张"借古以开今"、"我用我法"及"搜尽奇峰打草稿"等观点，在中国画史上具有十分重要的意义。

髡残，字石溪，号白秃，自署石道人，湖广武陵（今湖南常德）人。因字石溪，故与石涛并称"二石"。髡残人物、花鸟、山水画皆能，以山水为最精。他性直硬，脾气倔强，难于与人相合。这种强烈的个性表现在绘画上则为"一空依傍，独张赵帜，可谓六法中豪杰"。他自己也说："拙画虽不及古人，亦不必古人可也。"他长期生活在山林泽薮之间，侣烟霞而友泉石，蹀躅峰巅，留连崖畔，以自然净化无垢之美，对比人生坎坷、市俗机巧，从中感悟禅机画趣。髡残作品中的题跋诗歌多作佛家语，这不仅因其身为和尚，而且在他看来，禅机画趣同是一理，无处不通。如《禅机画趣图》轴、《物外田园图》册等，融禅机与画理于一炉，是髡残画作的主要特点之一。他的作品于平中求奇，画风凝重幽深。今见髡残最早的作品为清顺治十四年（1657）所作《山水图》轴，绘画风格已经成熟。此后两年无画迹，而在清顺治十七年（1660）传世作品骤然增多，至清康熙六年（1667），这段时间是他的创作高峰期，今天所见髡残的作品大都是此一时期内的创作。

弘仁，俗名江舫，字鸥盟，徽州歙县（今属安徽）人。明朝灭亡后入武夷山为僧，经常云游各地，往来于黄山、白岳之间。以画黄山为著，是安徽"新安画派"的重要人物。在绘画上弘仁主张广泛吸收前人成果，初学黄公望，晚法倪瓒，并"凡晋、唐、宋、元真迹所归，师必谋一见"。师法前贤，却不为法所缚。"唐宋遗留看笔皴，自伤涂抹亦因循。道林爱马无妨道，墨汁何当更累人。""敢言天地是吾师，万壑千岩独杖藜。梦想富春居士好，并无一段入藩篱。"主张学习前人笔法应当取其神意而不应在笔墨迹象间。弘仁的山水画，无论册页小品还是长篇巨制，黄山为他提供了取之不尽、用之不竭的创作源泉。同时代画家查士标云："渐公画入武夷而一变，归黄山而益奇。"石涛则说："公游黄山最久，故得黄山之真性情也，即一木一石，皆黄山本色。"弘仁《黄山图》册共60幅，画六十处风景点，将黄山的各处名胜尽收笔底，可以说他是黄山写生第一人。山水画之外，弘仁最爱画松树、梅花。现存《松梅图》卷和《墨梅图》轴为其画松与梅的代表作品。其松，落笔凝重，气势磅礴；画梅，枝如屈铁，暗香流动。松与梅冲寒傲雪、高标独立的精神正是弘仁人

清　髡残《苍翠凌天图》

清　弘仁《西岩松雪图》

格的自我写照。

石涛之画，奇肆超逸；石溪之画，苍古淳雅；弘仁之画，高简幽疏；八大山人之画，则简略精练，他们的艺术主张和画风对后世产生了深远的影响。

336

古代绘画的"南北宗"是怎么分的？

"南北宗"原是佛教上的宗派，佛教发展到唐朝，分六祖慧能和神秀两支。他们的修行方式不同，一个是顿悟，一个是渐修。其中六祖在南方，神秀在北方，各自为宗，因而有了"南北宗"之说。

　　明代画家董其昌借鉴佛教的教义将中国的山水画划分为"南北宗"，在他的《画旨》中谈到："禅家有南北二宗，唐时始分；画之南北宗，亦唐时分也，但其人非南北耳。北宗则李思训父子著色山水，流传而为宋之赵幹、赵伯驹、伯骕，以及马、夏辈；南宗则王摩诘始用渲淡，一变钩斫之法，其传为张璪、荆、关、郭忠恕、董、巨、米家父子，以至元之四大家。"他将李思训和王维视为"北宗"和"南宗"两种画风的始祖。"南宗"鼻祖王维用水墨渲染的方法，其后的张璪、荆浩、关同、董源、巨然、郭忠恕、米家父子、元四家在王维的基础上将水墨山水发展到了顶峰。他们画风多笔墨纵横，挥洒淋漓，有一种文人气息。"北宗"以李思训父子著色山水为宗，传至宋代的赵幹、赵伯驹、赵伯骕，以及马远、夏圭及明代的戴进、吴伟等，他们多为画院的画家，因此画风多工致细腻。

唐　李思训《江帆楼阁图》

　　董其昌从自身修养出发标榜"南宗画"，即文人画，认为其出于"顿悟"，因而"高越绝伦"。认为北宗画是"渐识"，也就是从勤习苦练中产生，从而轻视"北宗画"。其南北宗论对后世的画坛带来了深远的影响。这种"崇南抑北"的思想到了清代仍有大批追随者。

337

"清四王"指哪四位画家？

清代统治者实行文化专制政策，闭关自守，使明中期以来萌芽的艺术解放思潮，失去了滋生发展的土壤，从而使得全面的复古主义和禁欲主义盛极一时。在这样的背景下，绘画领域内也开始产生了迎合帝王趣味的审美思潮。其中，以宫廷画院画家王时敏为首，王鉴、王翚（huī）、王原祁为代表，合称为"清初四王"。他们在艺术上强调"日夕临摹"、"宛然古人"，脱离现实，醉心于追摹前人笔墨技巧。摹古成为他们山水画创作的根本，这种艺术主张和艺术风格颇能迎合当时清王朝的文化专

清　王鉴《九夏松风图》　　　　　　　　　清　王时敏《仙山楼阁图》

制政策以及士大夫的审美口味，很得当权者的支持和欣赏，被奉为所谓的"正统派"。

"四王"中王时敏、王鉴、王原祁是江苏太仓人，王翚是江苏常熟人，他们之间既是师又是友，王原祁又是王时敏的孙子，正是这种紧密的关系导致他们的艺术风格具有趋同性：摹古并崇拜元四家，注重笔墨，追求平淡清闲的情调，发展了干笔渴墨层层积染技法，使山水画形式更加精致。其中王时敏、王原祁祖孙更重笔墨风格，追摹黄公望。王原祁的个人面貌稍为突出，笔墨更为精细。而王翚师承不拘一家，虽力主仿古，却能合南北宗为一体，并注重师法自然，从而面貌多样。

"四王"的山水画几乎左右了清代。他们在画坛，成为清初画坛的主流，学习借

清　王原祁《仿黄公望富春山图》

清　王翚《虞山枫林图》

鉴古人立意、布局、色彩等方面达到了很高的水平。但一味的崇古却限制了艺术的创造性，给人画面样式重复的感觉，受到后世的诟病。

338

何谓"唐卡"？

　　唐卡，也叫唐嘎、唐喀，是藏文的音译。唐卡是藏传佛教艺术中一种独有的绘画艺术，是一种悬挂在殿宇中用于供奉的宗教卷轴画。唐卡的题材内容多为藏族的历史、政治、文化和社会生活等，堪称藏民族的百科全书。根据制作唐卡所用材料，可以将唐卡分为两大类：一类用丝绢制成的唐卡叫"国唐"；另一种用颜料绘制的唐卡叫"止唐"。唐卡构图严谨、均衡、丰满、多变，画法主要有工笔重彩与白描。它便于悬挂，易于收藏，有利于宗教宣传，具有鲜明的民族特点、浓郁的宗教色彩和独特的艺术风格，历来被藏族人民视为珍宝。

唐卡

唐卡的绘制极为复杂，用料极其考究，颜料全为天然矿植物原料，色泽艳丽，经久不褪，具有浓郁的雪域风格；在施色方面，有独特的讲究，重彩底色约分为红、黑、蓝、金、银五种。红唐卡多绘佛本生故事，风格富丽；黑唐卡多绘护法神、金刚一类镇妖降魔的内容，并施金色勾线，画面威严庄重；蓝唐卡则多绘欢喜佛、胜乐金刚一类题材，有吉祥喜庆之意；金、银唐卡，画面富贵典雅，色彩单纯辉煌。

西藏唐卡的历史源远流长，兴起于松赞干布时期，随绘画艺术的兴起和佛教艺术的发展而产生，后由于朝代更替和社会动乱等原因，唐宋时期保存下来的唐卡已不多见。在萨迦寺保存有一幅叫做"桑结东厦"的唐卡，上画三十五尊佛像，其古朴典雅的风格与敦煌石窟中同时期的壁画极为相似，据说是吐蕃时期的作品，是一件极为罕见的珍贵文物。

339

何谓"帛画"？

帛是一种白色质地的丝织品，帛画是指在帛上用笔墨和色彩描绘人物、走兽、飞鸟及神灵、异兽等形象的图画，约兴起于战国时期，至西汉发展到高峰。从现存出土的实物来看，湖南长沙楚墓的二张帛画为最早。其中《人物龙凤帛画》绘有宽袖长袍侧身而立的女子，其上方有引颈张喙的凤鸟和张举双足的虬龙，均呈向上升腾之状；另一张《人物御龙帛画》绘有一戴高冠，着长袍，佩长剑，气宇轩昂的男子，侧身左向，执缰乘风驭龙。其后有出土于湖南长沙马王堆汉墓1号墓和3号墓内棺上的帛画和山东临沂金雀山汉墓的帛画，不仅保存较好而且具有色彩，内容上也相似。作为我国古代的一种随葬品，多体现引魂升天的主题。帛画分三段，分别描绘了天上、人间和地下的不同景象。内容丰富，构图繁复而不紊乱，线条流畅，色彩富丽，为汉代绘画之精品。

帛画还体现了我国绘画的发展历史，战国时期的《人物龙凤帛画》和《人物御龙帛画》，都是用墨笔描绘，用简练的线条来刻画人物形象以及人物所处的环境。到

战国《人物御龙帛画》   战国《人物龙凤帛画》

了汉代，人物帛画内容增多，构图复杂，章法也有所改变，运笔更加流畅生动，色彩绚烂，人物造型有一定的写实性和装饰性，显示出相当高的艺术水平。从长沙出土的楚汉帛画，到传世的晋画摹本，从其一脉相承的用笔和绘画风格上可以探寻到我国早期人物画的规律，同时也可以窥见中国历史文化的一个侧面。

340

什么是道释画？

以画道教和佛教内容为题材的绘画形式称为道释画。它在我国人物画发展史上占主导地位。

道释画形成后，名家辈出。据画史记载，东晋顾恺之在建业瓦官寺画《维摩诘像》名动当时，此外还有唐代吴道子在兴唐寺画《金刚变相》，唐代张素卿画《天官像》，武宗元在洛阳三圣宫画《太乙像》等。但是这些寺院壁画多因年代久远和战乱

永乐宫壁画

等原因已荡然无存。留存至今的仅有敦煌壁画、新疆克孜尔石窟壁画、永乐宫壁画等几处。除了壁画外，现存画迹还有卷轴类绘画，如五代宋初石恪的《二祖调心图》、北宋李公麟的《维摩天女》、武宗元的《朝元仙仗图》、南宋梁楷的《斫竹图》等，都是道释画的上乘之作。

341

"仕女画"中都是美女吗？

"仕女"是指我国古代封建社会贵族阶级上层社会的妇女。"仕女画"顾名思义特指以此类妇女生活为题材的中国画。出现于战国秦汉时期，至隋唐五代发展到了顶峰，明清又呈现出另一种风貌。纵观画史，历代都有善画仕女的高手，《女史箴图》、《洛神赋图》等几件传为顾恺之作品的宋人摹本是现存最早的卷轴仕女画，它们代表了魏晋时期的仕女画风格，描绘的女子主要是古代贤妇和神话传说中的仙女等。唐代周昉的《挥扇仕女图》、张萱的《虢国夫人游春图》，表现的对象则是现实中的贵妇，通过对纳凉、理妆、簪花、游骑等女子的描写，向人们展现了当时上层妇女闲逸的生活及其复杂的内心世界。明代有仇英的《修竹仕女图》、唐寅《孟蜀宫

清 费丹旭《柳下佳人图》   明 仇英《修竹仕女图》

妓图》等。清代有费丹旭的《仕女册》、改琦的《红楼梦图咏》等。

　　从上述的历代名画中可以清晰地看到仕女画风格的流变史。魏晋时期人物体态修长，一派仙风道骨；唐代仕女体态丰硕，面颊圆润，云鬟高耸，服饰艳丽；五代、宋、元时期，世俗、平民女子题材开始出现于画家笔下，人物造型严谨，形态比例更加准确，体态生动自然；明清时期，戏剧小说、传奇故事中的各色女子则成为画家们最乐于创作的仕女形象，其中明代及清初仕女形体修长，面庞瘦削，气格舒放，举止间流露着女性文雅恬静之美。但是清朝中后期，仕女画在人物创作上日益脱离生活，所画人物多削肩、柳腰、细目、樱唇，呈现出一种弱不禁风的病态。

由此可见，仕女画中出现的并不一定都是美女，但人们还是习惯将仕女画称为"美人画"，因为她们是画家们按照自己心中"美"的理想来塑造的，并且她们符合各个时代对女性的审美标准。因此有人说，一部仕女画史其实也是一部人类对"女性美"意识的流变史。

 342

"文人画"是什么样的画？

文人画一般是指由文人、士大夫所绘之画，此类人在学问、才情、思想和绘画技巧上都具有一定造诣，并且还有较高的人品。近代陈衡恪先生认为："文人画有四个要素：人品、学问、才情和思想，具此四者，乃能完善。"因此文人画往往具有文学性、哲学性、抒情性和艺术性。

通常"文人画"多取材于山水、花鸟、梅兰竹菊和木石，取其意韵，借以抒发

宋　苏轼《枯木怪石图》

个人抱负和情怀。他们标举"士气"、"逸品"，崇尚品藻，讲究笔墨情趣，脱略形似，强调神韵，很重视文学、书法修养和画中意境的缔造。北宋的苏轼最早从理论上提出"文人画"的概念，在《东坡集》卷六十七《跋宋汉杰画山》中云："观士人画，如阅天下马，取其意气所到。乃若画工，往往只取鞭策皮毛，槽枥刍秣，无一点俊发，看数尺许便倦。"同时他还对文人画和画工画作了比较和评论，认为："吴生虽妙绝，犹以画工论。摩诘得之于象外，有如仙翮谢樊笼。"（《凤翔八观·王维吴道子画》）他倡导具有诗情画意的文人画风格，反对画风刻板、俗气，完全追求形似的画工风格，将唐代画家王维推崇为文人画的始祖，赞曰："味摩诘之诗，诗中有画；观摩诘之画，画中有诗。"

虽然纵观历代绘画史，画工及其作品均占相当多数，但文人画以其特有的"雅"在中国绘画史上独树一帜，对中国画的美学思想以及对水墨、写意画等技法的发展，都有相当大的影响。

343

何谓"界画"？

"界画"就是用界尺（原是古代写字时用来间隔行距的文具）直线绘制的画。它既可以指绘画的一种技法，也可以是中国画的一种分科。明代陶宗仪《辍耕录》载"画家十三科"中就有"界画楼台"一科。

界画多以宫室、楼台、屋宇等建筑物为题材。它起源很早，晋代顾恺之已有"台榭一足器耳，难成易好，不待迁想妙得也"之语。到了隋代，界画已经发展到一定水平。唐代张彦远认为，界画的真正独立归功于隋代杨契丹、展子虔两位画家，因为界画的早期形式还不同程度地依附于人物画和山水画。《历代名画记》中评展子虔的界画说："触物留情，备皆妙绝，尤垂生阁。"到了唐代，最优秀的界画画家当推李思训、李昭道父子。收藏于故宫博物院的几件李派风格的作品，如《宫苑图》，图中的亭台楼阁，宫殿堂馆，连绵环回于山间溪畔，雕梁画栋，彩纹绮幔，令人目不暇接，且描画工细，设色浓丽，金碧辉煌，洋溢着唐王朝欣欣向荣的时代精神。

宋代是我国古代绘画的鼎盛时期，也是界画发展的高峰期。由于宋代统治阶级的喜好，使画院具有相当规模，界画画家在画院中的地位比较高，《宣和画谱》列界画"屋木"为诸画种中第三位。《宋史·选举志》明确规定，界画家能迁升"待诏"的职位。因此画院的多数画家都能熟练掌握界画技法，如郭忠恕、王士元、吕拙、李嵩、赵伯驹等。而其中最为优秀的当推郭忠恕，他以"俊伟奇特之气，辅以博文强学之资，游规矩准绳中而不为所窘"的方法画界画楼阁，令人有流连忘返感。其代表作《明皇避暑宫图》工而不板，繁而不乱，清俊秀逸。元代的界画继承宋代的传统，但在精细工巧方面又有自己的特色。此时文人画大兴，工笔严谨、造型准

北宋　郭忠恕《明皇避暑宫图》

确的界画遭到排斥，出现了衰败迹象。明代《明画录》中所列的界画家仅石锐和杜堇二人。清代界画则以袁江、袁耀为代表。

　　近现代擅长界画者更少，较为人称道的有江西画家黄秋园先生，他的界画远宗唐宋，雍容典雅，具有很强的感染力。现代研究和创作界画的画家更是寥若晨星，十分少见。

344

什么是风俗画？

南宋　李唐《村医图》

风俗画是以日常生活为题材，表现社会风俗习惯及农民劳动生活的一种绘画形式。最早可以追溯到汉代，如辽阳、望都等地墓室壁画和画像石、画像砖中便描绘了古代宴客以及杂耍的场景。真正意义的风俗画出现于唐代，如画家韩滉，他以农家风俗小景入画，最擅长刻画牛、羊、驴等动物的神态。南宋陆游赞其画："每见村童牧牛于风林烟草之间，便觉身在图画，起辞官归里之望。"现存画迹有《五牛图》、《田家风俗图》等。其后很多画家描绘此类题材，宋代李唐的《村医图》、张择端的《清明上河图》、左建的《农家迎妇图》、朱光普的《村田乐事图》、李嵩的《货郎图》等，均为一代名作。

因风俗画独特的视角反映了当时社会中下阶层的生活面貌，使其不仅具有艺术价值，更具有重要的社会价值。

唐　韩滉《五牛图》

345

何谓"组画"?

组画是一种以多幅绘画作品组成的表现同一主题的绘画形式。其中每一幅画又是相对独立的，不同于连环画那样具有前后内容的连续性。在内容上，组画多表现道德训谕、历史、宗教、传记等题材，其特点是场面广阔，气势宏伟。在表现方法上，以油画、版画最常见。其他如壁画、水粉画和中国画等也出现了组画形式。

中国画中组画的表现形式与传统的条屏有些类似，传东晋顾恺之的《女史箴图》便是中国早期以组画形式出现的卷轴画。

东晋　顾恺之《女史箴图》（唐人摹本）

346

绘画作品中的"小品"是怎样的？

提到"小品"，人们马上就能想到赵丽蓉、赵本山、范伟、黄宏、郭达、郭冬临等人风趣幽默的表演。这些小品反映的小题材、小事件源于基层和老百姓中间，人情冷暖、世相百态都是小品描写的对象，都可以通过小品这种形式在艺术上得到升华。比起话剧、折子戏，小品以其短小、精炼活泼以及诙谐的表演形式倍受观众的喜爱。而在我国古代的绘画史上，将一种尺幅较小、精细而雅致的绘画作品也称为"小品"。

小品画盛行于宋代。传说宋徽宗赵佶建成龙德宫，命待诏图画宫中屏风和壁画。因此有人说现存的小品画原来乃是镶嵌在屏风上的。也有说是灯片和窗纱上用的装饰图，故有方有圆。但据学者考证，小品画在古代多是作纨扇之用，只是因年代久远等原因扇骨多已经遗佚。

小品尺幅虽小，但意境深远。南朝宋宗炳谓："竖划三寸，当千仞之高；横墨数尺，体百里之回。"唐代王维说："咫尺之图，写百千里之景。"

由此可见，此"小品"非彼"小品"，但是它们都具有小中见大、隽永警辟、简洁精练、意味深长的特色。

宋　林椿《葡萄草虫图》

宋　夏圭《临流赋琴图》

何谓"小景"?

小景是中国画中特有的一种构图取景的方式，其画面多描绘烟雨芦雁、寒汀远渚之景，给人一种清闲、静谧之感。从传世作品和史料记载中可知小景画最早始于北宋名僧惠崇，有"惠崇小景"之称。与其同时代的沈括在《图画歌》中称赞"小景惠崇烟漠漠"，郭若虚亦云："寒汀远渚，荒洒虚旷之象。"王安石更是在《纯甫出僧惠崇画要予作诗》中直言："画史纷纷何足数，惠崇晚出吾最许。"足见惠崇的画在当时的地位了。一代诗文书画大家苏轼描绘《惠崇春江晚景》云："竹外桃花三两枝，春江水暖鸭先知。"尤为后人所称许，流传至今。

北宋　惠崇《沙汀丛树图》

惠崇的画在当时深受社会名流所喜爱，有一批追随者如赵令穰、马贲等人。但是到了宋徽宗朝，统治者赵佶贬斥"京城外坡坂汀渚之景，不足与崇山峻岭可比"，使小景画逐渐衰落。但是小景画那种独特的萧瑟、恬淡的意趣至今仍为人称道。

348

什么是"折枝花"？

清　郎世宁《牡丹》

宋　佚名《碧桃图》

折枝花是花鸟画的一种特殊形式。在绘画布局上，它不画全株，只是截取带有花、叶的单枝花卉作为素材。画家在写实的基础上构思和创造出生动自然又和谐统一的效果。为了避免单调，一般一枝上画出花的各个时期的生长动态，配以绿叶，相互呼应。

早在唐代已有这样的绘画形式，韩偓《已凉》诗云："碧阑干外绣帘垂，猩血屏风画折枝。"但是真正成型在宋元时期，很多宋画小品都采用这样的构图形式。元明以后亦有很多画家都喜用折枝花的构图，像宋代的扬无咎、清代的恽寿平以及西洋画家郎世宁等。

折枝花以其简洁的构图形式、恬淡自然的风格表现出花卉的隽雅气质，深受人们喜爱。

349

什么是 "苏州片"?

明代江南一带由于经济迅速发展，带动文化的进步，文人雅士荟萃。许多书画家亦云集于此。尤其是苏州地区画坛名家辈出，出现了以文徵明、沈周、唐寅、仇英四大家为代表的吴门画家群，书画家热情高涨。同时，明代中后期宫廷收藏散入民间又多汇集在苏州地区收藏家之手，使苏州成为了当时全国书画创作、流通、收藏的中心。吴门商贾、文人结友赠送书画收藏鉴赏形成风气并带动书画向商品转化，出现了一批以获利为目的的书画作品。

由于书画是一种特殊的商品，取决于收藏家的喜好，而收藏家搜求的作品多是传世古迹和当代名家的书画，其真品数量远远不能满足市场的需求，因为利润的驱使使作伪之风盛行。清代学者顾炎武在《肇域志》中载："苏州人聪慧好古亦善仿古法为之。书画之临摹，鼎彝之治，能令真赝不辨之。"

"苏州片"就是这种崇尚收藏、嗜古之风下形成的一种特殊的行业。它是以作坊形式，依照蓝本分工合作生产，以销售牟利为目的的仿古书画。在形式上以手卷为

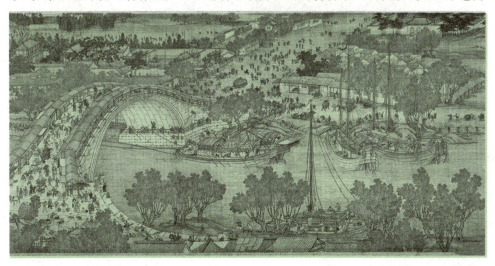

苏州片赝本《清明上河图》

多，画法工细繁琐，色彩艳丽俗气。"苏州片"主要仿制绢本的青绿山水和工笔人物画，如唐代的李思训、李昭道父子，宋代赵伯驹、赵佶及明代文徵明、唐寅、仇英作品为多。

"苏州片"流行于明清两代，那些缺乏个性、匠气十足的程式化的作品对后来兴起的湖南、河南、扬州等地作伪之风的影响很大，严重扰乱了书画市场的有序经营。

"后门造"是什么意思？

后门指的是北京故宫地安门一带，京城民间习称地安门为故宫的后门。清代末年至民国初年，这一带开始大批地伪造清代带有"臣字款"的书画，包括清代宫廷如意馆书画家及清代某些官僚的作品，以及王公大臣为皇帝创作和临摹的书画，尤以仿郎世宁的作品居多，经古玩店出售，这些赝品书画被称为"后门造"。

"后门造"的赝品题材广泛，有山水、人物、花卉、走兽等。在形式上有手卷、成扇、卷轴等等。"后门造"用特制的材料装裱，形式上同一般书画的装潢也有所不同，多用锦缎装裱，外观极为富丽堂皇。它的作伪特点为：画幅装潢豪华，并有大批伪造的清宫各种收藏印。画法上多仿郎世宁等西洋画家那种中西融合的画法，工细复杂。最著名的

董邦达《设色山水图》

"后门造"作品是伪造郎世宁的大张手卷，如郎世宁《圆明园观围图》、郎世宁《百骏图》、焦秉贞《人物界画图》轴等，还有署有"臣董邦达敬绘"字样的董邦达的《设色山水图》轴等，都是"后门造"的典型代表。

351

我国古代所说的"装潢"是指什么？

"装潢"是我国古代特有的一种对书画、碑帖、善本等进行装裱的技艺。它的起源很早，唐张彦远《历代名画记》载："自晋代以前，装背不佳。"装潢技术发展到唐代已经渐趋成熟，发展成专门的技艺，而且各家有独特的装裱方法和形式。《新唐书·艺文志序》谓唐贞观年间："列经、史、子、集四库。其本有正有副，轴带帙签皆异色以别之。"不仅如此，唐代还出现了专门的装潢匠。据《唐六典》记载，崇文馆有装潢匠五人，秘书省有装潢匠十人。宋代的装潢技术益加精妙，南宋周密《齐东野语》云："四库装轴之法，极其瑰致。"

书画、碑帖等经过装潢加工，更加具有装饰性、观赏性，也利于保存。此后逐渐将装潢引申为对商品、器具的装饰，并着重从视觉艺术的角度来探讨和研究房间设计、装修、家具布置、小饰品的摆放等等，成为现代人家居设计理念的代名词。

352

什么叫底包？

梨园行所谓的"底包"，也称"班底"，相对于戏班里外邀的名角而言，底包就是京剧戏班里的基层演职人员或者说基本成员。比如武行，即在戏中扮演各路英雄好汉、兵勇、喽啰、打手等等的角色；再比如扮演宫娥彩女、仆妇丫鬟、旗锣伞报、家院门客等等角色的这一类演员；还包括大多数演员们公共通用的伴奏人员、服装化装等后台服务人员等。

曾经风靡一时的"民国第一言情小说"《秋海棠》，秦瘦鸥先生即以京剧演员为原型而创作，其中有一段说："（管事）领着他在后台兜了一个圈子，所有管事的人和'班底'里的一班二三路角色，也替他逐一引见。"班底或者底包演员之中也有后来声名鹊起的显赫人物，最著名者恐怕非花脸名宿金少山莫属了。金少山（1890～1948），幼习净行，他的父亲是京剧早期名震一时的正净金秀山。金少山早年并不得志，曾经长期在上海共舞台担任"底包"演员。著名戏曲评论家徐慕云先生著《梨园外纪》有文记金少山云："十数年前少山方出演老共舞台时，月包只百数十元，除唱开锣戏外，即京伶南下亦很难轮到他充任配角"；"有一年（程）砚秋偕（贯）大元、（侯）喜瑞、（周）瑞安诸人献技该台，某日值（贯）大元贴《洪羊洞》，因此剧照例须有两个分量相称的花面扮演黑红二将，而砚秋又仅带侯氏一人，故而遂把班底里的金少山选拔出来，担任焦赞一角"。自此金少山才算是由底包演员里熬出来了，后来又因为在上海与梅兰芳合作演出《霸王别姬》，人称"金霸王"，而声名大振，最终成为独自挑班的头牌名净。

353

"检场的"是什么意思?

检场的，这里是指京剧戏班里的一部分后台服务人员。凡是在舞台上搬桌移椅、摆放道具、安床帐、撒火彩、打台帘、扔拜垫等琐碎事物均由检场的负责。

京剧有"七行七科"之说，据齐如山先生云："中国戏班的规定，是登台演戏的人员，都名曰行；副佐帮助演戏而不登台的人员，都名曰科。""七行"包括生行、旦行、净行、丑行、武行、流行、上下手；"七科"包括音乐科、剧通科、剧装科、盔箱科、容装科、经励科、交通科。齐如山先生又说："那么这七科二字，始自何时？始自清末民初。"其中的剧通科就是指检场人员。齐如山先生文中记载——"这科人员，从前名曰监场人，亦曰检场人。"检场有许多规矩，比如不是万不得已，不得在台上横穿走来走去，倘若舞台的另一侧有事情，必须从后台绕过去，不能乱窜。虽然是管理摆放道具的琐碎工作，却并不简单。在写意化的京剧里，许多道具桌椅也是虚拟性的，并不能随意摆放，是有很多讲究的。下面再来引用一段齐如山先生的话——"比方只说椅子一项，有内场椅、外场椅、里八字、外八字、倒椅等等，各有各的意义，摆设不对，便要于剧情发生障碍。且各剧有各剧的情形，故排一出新戏时，则监场人亦非到不可，倘彼于剧情不熟，则全剧乱矣。故彼亦须有提纲，详记各场之情节，此即名曰场子提纲，因为他熟知每场的情节，连戏中某人同某人是什么关系，他都得知道，否则桌椅便无法摆设，故他名曰剧通，也算有些意思。"这足以说明检场的重要性了。

354

什么是封箱?

封箱就是将平时演出时盛放行头、道具所用的箱子封装起来，贴上"封箱大吉"的封条，表示暂时不再演出，此乃京剧戏班中的一种习俗，也就是年终休息。戏班谓之"封箱"或者"封台",官员谓之"封印"。各行各业辛勤劳作一年,至年终岁暮之时都需要休息,连官员也不例外。清代徐珂编撰《清稗类钞》"时令类"中记云:"京师大小官署,例于每年十二月之十九日、二十、二十一三日之内,由钦天监选择吉期吉时,照例封印,颁示天下,一体遵行。"此外,清末富察敦崇著《燕京岁时记》又云:"封印之后,梨园戏馆择日封台,八班合演,至来岁元旦则赐福开戏矣,亦所以歌咏升平也。"

封箱之前还要演一场封箱戏。在《尚小云与荣春社》一文中,尚长春先生回忆荣春社的演出情况时,写道:"一年最后的假期就是春节了。一般是腊月二十三演封箱戏,第二天起停止演出。"

虽然封箱期间不演出,可是也还是有些事情要做的。比如,所有在科班里学戏的学生,出科之后仍要效力一段时间,虽无月薪,但是每天演唱一场之后会付给戏份,戏份的多少由社长和老师们评定。那么什么时候评定呢?据叶龙章先生所著《喜(富)连成科班的始末》一文记载:"每年评定两次,一次是每年三月十八祭神日,一次是每年十二月二十日封箱休息时。"

封箱几日,稍事休息之后还要开台,恢复演出。据齐如山先生云:"从前旧规矩,每年正月初一日开戏,较平时早一两个钟头,大致上午十点便可开戏,此名曰开台。"新一年的演出活动又开始了。

355

传统舞台上的"出将""入相"是什么意思?

中国传统的戏曲演出舞台,无论室内室外,通常是一座四方形的建筑样式,这种舞台三面开敞,面向观众,一面留作后台。前后台之间设有板壁,于板壁左右两端开设小门,板壁面对前台的方向挂的就是"守旧"——门帘台帐。台帐上绣有各种装饰图案,门帘上方通常就会绣上"出将""入相"的字样,有些露天的舞台干脆就直接在两侧小门上方雕刻出这四个字来。这两个门是为演员上下场所用,传统演出时,演员一般从右门上自左门下,所以右侧为上场门——写"出将"二字,左侧为下场门——写"入相"二字。

所谓"出将入相"，本意是说文武双全，出战领兵为将，入阁理事为相。北魏《元英墓志》中有："出将入相，朝望攸居。"唐代吴兢《贞观政要·任贤》中亦云："才兼文武，出将入相，臣不如李靖。"舞台上的上场门和下场门用这四个字是别有意味的。在中国戏曲舞台上，时空变换是非常自由的，这是一个诗意化的、写意味道十足的舞台。在门帘的一起一放之时，演员的一出一入之间，今与古、时与空都瞬间变化了，也正是在这出出入入、上上下下之间，观众看到他们喜爱的演员为将为相、演文扮武，真真假假，虚虚实实，妙不可言！尤其是那上场门，一幅"出将"的门帘挑起来并不简单。齐如山先生说："因为打上场门帘必须懂得锣鼓经，锣鼓牌子打到尺寸，便须打开，早一点晚一点都不成。国剧好角出台，应有碰头好，倘门帘打得不对劲，那就可以把碰头好给耽误喽。倘如此则不但演员恨怒，于全剧也可以减色。"

356

什么是脸谱？

与写意的戏曲精神相应合，中国戏曲的化装也是夸张的。将角色的五官相貌、骨骼肌肉、纹理肤色，乃至心理性格以图案化的方式，用"油"或者"水"调和颜料，画在演员的脸上，这些图案具有一定的规范和样式，这就是脸谱。广义的脸谱，可以说生、旦、净、丑各行当都有各自的脸谱样式，不过一般我们提到的脸谱，是指狭义的脸谱，专指大多数应用于"净行"和"丑行"的脸谱样式。中国各种地方戏曲都有脸谱，其中京剧脸谱更是集大成于一身，精美丰富，蔚为壮观。

作为一种化装的方式，脸谱有大面和涂面两个源头。"大面"，亦作"代面"，是用金、木等材料制成面具以代替或遮挡本来面目。《太平御览》卷七十九引《龙鱼河图》云："蚩尤兄弟八十一人，并兽身人语，铜头铁额。"这大概就是最早的金属面具吧。这种面具应用于戏曲舞台就是"大面"。据《旧唐书·音乐志》记载："大面出于北齐。北齐兰陵王长恭，才武而面美，常著假面以对敌。尝击周师金墉城下，勇冠三军，齐人壮之，为此舞以效其指麾击刺之容，谓之兰陵王入阵曲。"唐代崔令钦所著《教坊记》中也有相似的记载，更说出"乃刻木为假面，临阵着之"的话。这部《兰陵王入阵曲》是著名的大面歌舞戏，有唐一代非常流行。在唐代，除了使用面具化装的表演，也出现了直接在脸上涂抹化装的表演形式，如参军戏。到宋金时期，涂面化装进一步发展，形成了"素面""花面"的基本形式。至元杂剧一兴，中国戏曲脸谱艺术也就随之形成规模，渐趋成熟。

京剧脸谱有哪些样式？

"脸"而名"谱"，这"脸"便有类别可考，便有系统可循。

在京剧舞台上，剧中人物的脸谱看起来五彩缤纷，千姿百态，绝无雷同。虽一样是面黑而勇猛的武将，张飞的脸谱并不同于铫期的脸谱，铫期的脸谱也不同于项羽的脸谱，和现实生活中一样的是"人心之不同各如其面"，而绝不会是"千人一面"。虽然变化多样，仍然有谱可循，有谱可依，这就是谱式，也就是图案的样式，也可以说是脸谱的类别化和系统化。

以京剧净行为例，大致的基本谱式有十几种。常用的有：整脸，如三国戏中之关羽、曹操；六分脸，如《群英会》之黄盖、《二进宫》之徐彦昭；三块瓦脸，如《天水关》之姜维、《刺王僚》之专诸；十字门脸，如《芦花荡》之张飞、《打金砖》之铫期；碎花脸，如《金沙滩》之杨七郎、《桃花村》之周通；歪脸，如《三打陶三春》之郑恩、《审七长亭》之李七；象形脸，如《四平山》之李元霸、《闹天宫》之孙悟空；僧道脸，如《野猪林》之鲁智深、

《洪羊洞》—孟良—武净饰

《黑风帕》—高旺—武净饰

《钓金龟》—张义—丑饰

《五台山》之杨五郎；神佛脸，如太乙真人、如来佛；太监脸，如《法门寺》之刘瑾、《凤还巢》之周监军等等。

依据这些图谱、样式，演员再加以前人的经验、自己的观察以及剧中人物的生理特点、性格特征，脸谱便可千变万化，由一式而生百样了。

 358

什么叫三块瓦？

这是京剧脸谱的一种样式，也是最基本、最为常见的一种谱式。这种脸谱突出的是面部的眉、眼、鼻三个部位，把这三个部分非常夸张地勾画出来，使得额头和两颊的主色被平均分为三块，其形如瓦，故名三块瓦脸；也因为眉、眼、鼻这三部分被称作眼窝、眉窝和鼻窝，所以这种谱式也叫三块窝脸。

三块瓦脸的用途较广，很多人物都可以使用，而且还能加以演变。例如，在三块瓦脸的基础上，增加花纹，使其丰富，就是花三块瓦脸，如《连环套》之窦尔敦；在三块瓦脸的基础上，使眉、眼、鼻以及额头、两颊等部位的花纹更加细密，就是碎三块瓦脸，如《长坂坡》之许褚；在三块瓦脸的基础上，将眼梢的线条勾画成下垂的形状，用以表现剧中人物年老，皮肤松弛的特点，就是老三块瓦脸，如《嘉兴府》之鲍赐安。

359

脸谱的色彩有什么含义？

京剧脸谱的勾画方法基本上可分为揉、抹和勾三种，用色十分鲜明，效果强烈。京剧艺术虽然夸张，但依然来源于生活，正如黄殿祺先生在《我国戏曲脸谱的色彩》一文中所云："色彩不论怎么强烈，它也还是对人的皮肤颜色的夸张而已。"至于人的肤色，在生活中或者在评书、小说中常常听到许多形容，如"满面红光"、"面如重枣""脸色煞白"、"面无血色"、"面皮黝黑"、"面似生铁"、"脸色蜡黄"、"脸似淡金"、"面如傅粉"等等，舞台上红、白、黑、黄等颜色也最为常见，之后又逐渐发展丰富，蓝、绿、粉、紫、灰、赭、金、银，构成了脸谱完整的色彩系列。

这些色彩在应用的过程中被赋予了象征性的含义。某一个典型人物的脸谱色彩一旦被固定下来，人们就会约定俗成地将这个人物的性格、气质和人品特点赋予这种色彩，于是乎，某种色彩就象征着某一类人物的性格、气质和人品了。京剧艺谚有云："红忠紫孝，黑正粉老，黄狠灰贪、蓝凶绿躁，水白奸邪，油白狂傲，神怪妖魔，金银普照"，说的正是各种色彩象征的性格含义。比如，红色，以三国中的关羽关云长为典型人物，关羽忠勇正义的典型性格就成为红色的含义，所以很多使用红色脸谱的人物也都或多或少地具有类似的性格特点，比如姜维、吴汉、申包胥等；粉红色，以隋唐故事中的靠山王杨林为代表，表示烈士暮年，忠勇依然，可是血气渐衰；黑色以宋代的包拯为代表，表示秉公执法，刚正不阿；水白色以曹操为代表，表示奸疑多诈；油白色以马谡为代表，表示刚愎自用。以此类推，各不相同。

360

京剧髯口有多少种样式？

京剧髯口多用牦牛毛或者人发制成，样式很多，配合剧中人物的年龄、身份、容貌、境遇等情况而有不同。

清代徐珂编撰《清稗类钞》，其中戏剧类中记载云："髯之总名曰口面。老生之三绺长须，黑者曰黑三，白者曰白三，花者曰彩三。"这种老生三绺的髯口，简称为"三"，多用于文雅清秀的人物，与徐珂所记不同的是灰黑色的三绺髯，表示花白的胡须，现在称作"黪（cǎn）三"，而非"彩三"，想来是读音讹误之故。另外，还有一种大黑三，以人发制成，黑、长、光、顺，为"美髯公"关羽所专用。

三绺之外，还有不分绺的"满髯"，简称"满"，净行所用的"满"长而密，如《铡美案》中之包拯。满髯也有黑满、白满与黪满之分，另外也有个特别的例子，就是"紫满"，为碧目紫髯的孙权所用。比较短而稀薄的满髯，被称为"二涛"，多用

《李陵碑》—杨继业—老生饰，俊扮

《乌盆记》—张别古—丑饰

于地位较低的家人院公之流，如《南天门》中之曹福。将满髯中间嘴的部位，另作一开口，再吊一小片于颏下，就成为"扎髯"，简称"扎"，《清稗类钞》中谓之"抓"，多用于性情粗豪的净行角色，如《李逵探母》中之李逵。

丑行所用的髯口，也有三髯，只是稀薄短细的三小绺，称为"丑三"；极短的满髯，形如"一"字，有黑、红两色，叫做"一字髯"；还有如《清稗类钞》中所记的"须之下颌用鬃丝吊挂短髭者曰吊达"，现在写做"吊搭"，也是丑行常用的髯口。

除此之外，还有"一戳"、"二字"、"八字"、"四喜"、"五撮"、"虬髯"等等，名目尚多。

361

什么叫掭？

在陈凯歌导演的电影《霸王别姬》中，有这么一段情节：新时代来临了，《霸王别姬》的开戏锣鼓照旧响起，可是后台悄然发生了变化，"霸王"和"虞姬"已经装扮完毕，正准备上场时，段小楼（张丰毅饰）发现长期搭档的师弟程蝶衣（张国荣饰）被新时代的宠儿"小四儿"替换下来，面对着这两个"虞姬"，段小楼气冲冲地对旁边的人大喝一声："掭（tiàn）喽！掭喽！我不唱了，谁爱唱谁唱去！"

《梅兰芳舞台生活四十年》第六章云："这场大武戏完了之后，杨老板（即杨小楼）下来双手轻快地掭了盔头，对我说：'兰芳，我累了，今天咱们就打住吧。'"

"掭"字的本义是轻轻拨动，如《聊斋志异·促织》云："遽捕之，入石穴中，掭以尖草，不出。"在京剧里，说"掭"或者"掭头"，乃是指卸去盔帽、头面的动作。如果在演出当中，头盔或者头面不慎脱落，也叫"掭"，但是场上掭头就是演出事故了，应当力戒。舞台上净行和武生行最容易掭头，因为净行出于勾画脸谱的关系，头盔仅戴于脑后，而武生则因为舞蹈动作繁复，跌扑翻打，倘若头上水纱、盔帽勒得不紧，都会造成场上掭头的事故。

362

靠是什么？

《借云》—赵云—武生饰

古代武将临阵杀敌，身上都要穿戴起保护作用的盔甲，盔者护头，甲者护身，铠甲就是战衣。《周礼·考工记》疏云："古用皮，谓之甲，今用金，谓之铠。"用金属也好，用皮革也罢，现实生活中的战衣铠甲总是沉重无比的。到了舞台上，载歌载舞之时，如果穿上这真实的铠甲，对于演员来说，那可真成了"生命中不能承受之重"了。所以人们就用精绸彩缎，盘金绣银地制成适合舞蹈的美化了的铠甲战衣，这就是"靠"，它是写意化的、象征性的铠甲。穿上这样的靠服，盘旋起舞之时，靠旗飘飘，衣甲生风，而且金彩满目，五色生辉，加之演员英气勃发，威风凛凛，真是美不胜收。

在剧中，男性角色穿的名男靠，女性角色穿的名女靠。靠分为硬靠、软靠和改良靠三种。后背扎带四面三角形靠背旗的靠，是硬靠，也称"大靠"。不扎靠背旗的就是软靠。还有一些经过改造的比较轻便的靠叫改良靠。一身完整的大靠，包括靠身、护肩、腰窝、靠肚、吊鱼、后斗、靠武、靠领、靠旗、靠杆、靠枕、靠穗、靠掌、靠绸、靠绳等部分。穿靠的时候，有扎靠和披靠两种方式。像《长坂坡》、《挑滑车》等大武生戏中，赵云、高宠都是扎靠，表示全身披挂上阵临敌。像《李陵碑》中的老令公杨继业，不穿靠袖，只是把靠身的前后片披在身上，这就是披靠，表示剧中人身处困境，甲胄不全。

363

把子是什么意思？

古代武将们身上的盔铠甲胄经过传统戏曲的加工提炼，变成了舞台上的盔头和靠服，那么手中使用的刀、枪、剑、戟、斧、钺、钩、叉、镗、棍、槊、棒、鞭、铜、锤、抓等等兵器也被舞台化，全部武器道具的总称就是"把子"。

舞台上刀来枪往、大动干戈的剧情，总离不开各种各样的把子。模拟武功打斗的基本功，就叫做"把子功"；盛放把子的戏箱叫做"把子箱"。据叶龙章先生《喜（富）连成科班的始末》记载，当年富连成科班制定的梨园规约中，有对于后台座位次序的管理规定——"末行坐靴包箱，武行上下手坐把子箱，丑行座位不分。"

364

什么叫起霸？

在戏曲舞台上，表现大将军上阵临敌之前整盔理甲的动作，是一套非常经典的舞蹈，这套舞蹈被称为"起霸"。据说始于明代沈采的传奇《千金记·起霸》。梅兰芳先生的代表作《霸王别姬》就是依据这部《千金记》传奇编写而成的。其中《起霸》一折的内容，就是霸王项羽顶盔挂甲，罩袍束带，做好上阵前的准备，整理检查盔甲的情况。通过舞蹈动作表现霸王的英雄气概和大将风度，所以名曰"起霸"。后来，在戏曲舞台上，起霸是广泛应用于各种武将的出场舞蹈。可分为：男霸、女霸、整霸、半霸、正霸、反霸、单起霸、双起霸还有多人起霸等等。不同的角色应用起霸时，有不同的动作特点，以适应不同的身份与性格。如程砚秋先生《演戏

《霸王别姬》杨小楼饰项羽

须知》中论起霸云："老生要躬，花面要撑，武生取中，小生要紧，旦角要松，以上对胸背而言。"

365

什么叫走边？

《恶虎村》—黄天霸—武生饰，俊扮

如果说"起霸"多用于身份沉稳的大将军的话，那么，"走边"则多用于身手敏捷的江湖豪杰。表现夜行、巡查等情节，月黑风高，羊肠小径，夜行人出发前整袖、勒胸、紧大带、系靴子，行动时眼观六路，耳听八方，高纵低越，飞身潜行，这一切都演化成舞蹈动作——走边。走边多用于短打武生，比如《恶虎村》之黄天霸。走边和起霸相似，也可以分为单人走边、双人走边和多人走边等。

366

边式是什么意思？

这其实是一句老北京话，也写做"边饰"。齐如山先生编著的《北京土话》第四章就收录了这个词条——"边饰，穿衣服长短肥瘦周身合适，曰'边饰'；身材长短肥瘦合适亦曰'边饰'。或云系由'修饰边幅'四字省来。"枝巢子夏仁虎先生

（1873～1963）所著《旧京琐记》卷二"语言"中亦云："美曰俊，亦曰俏式，又曰边式、曰得样。"就是好看、美的意思。所以当演员的表演动作潇洒利落、服装大方美观、化妆干净准确时，就可以用"边式"来称赞他。

367

"腔"与"调"是不是一个意思？

宋人袁去华有长短句《思佳客》一阕，题曰"王宰席上赠歌姬"，其词云："把酒听歌始此回，流莺花底语徘徊。神仙也许人间见，腔调新翻辇下来。银烛灺（xiè），玉山颓。谁言弱水隔蓬莱。绝胜想像高唐赋，浪作行云行雨猜。"

提到音乐、戏曲时，我们常常腔调并称。其实，腔与调还是有区别的。京剧大师程砚秋先生创造了优美婉转的"程腔"，他对于腔调曾经专门论述——"调只是'工尺'，是属于物的（笛管或胡琴），是公共的，是固定的。"所以"调"就是音乐的旋律或调式，长短高低，有一定之数。依照《说文新附》的解释："腔，内空也。从肉，从空，空亦声。"有肉（月），有声（空），这不就是歌唱么！既然是唱，那么轻重、顿挫、连断、徐疾的唱法，就因地而异，因人而异了。所以，程砚秋先生云："腔是个别的，不是公共的，是灵活的，不是固定的。"例如，同样是京剧西皮、二黄的曲调，可是谭鑫培唱来有谭鑫培的腔，马连良唱来有马连良的腔，奚啸伯唱来有奚啸伯的腔。

368

"戏"与"曲"有什么区别？

中国汉字有"六书"之说，所谓指事、象形、形声、会意、转注、假借是也。戏曲的这个"戏"字，如依旧体字的写法是"戲"，乃是形声字，左声右形。《说文解字》的解释是："三军之偏也，一曰兵也。从戈虘声。"既然有"戈"，这个字的本意就和战争、军队、争斗有关。而舞台上抑扬褒贬、忠奸善恶，其实处处充满矛盾与冲突。所以古人将"演故事"名之曰"戏"，实在是很有道理的。

然则"曲"又是什么呢？曲就是歌唱，就是音乐。中国人是以歌舞演故事，歌舞虽并称，而歌举其首，于是乎以"曲"演"戏"，"戏""曲"相连了。若论戏与曲的区别，程砚秋先生曾言："'戏'是整个的，'曲'是一部分。"一出戏，要有剧本、有演员、有舞美、有道具、有音乐。在中国，"曲"是"戏"的重要组成部分，然而"曲"又不仅是"戏"的一部分，更是戏的灵魂。甚至可以以"曲"代替"戏"，有诗为证——"可怜一曲长生殿，断送功名到白头"；"新排一曲桃花扇，到处争传四喜班"；"一曲清歌动九城，红氍毹（qúshū）衬舞身轻"等等，诗中所说何止一段歌曲而已，其实是在说戏，可是却以"曲"涵盖了"戏"。由此也可看出中国人对于歌唱的重视。戏曲中的"四功"，说"唱、念、做、打"也好，说"唱、做、念、打"也好，"唱"总是第一位的。同样的道理，"以歌舞演故事"，也是歌舞在先的。

京剧的"五法"有哪些？

1932 年赴欧洲考察时的程砚秋

四功五法是京剧表演的基础。"四功"已经在前文解释过了，那么"五法"又是什么呢？关于"五法"，常见的说法是指"手、眼、身、法、步"。手有手法，眼有眼法，这都可以说得通，可是"法"法是什么呢？实在有些古怪。于是，有人解释说是"手、眼、身、发、步"。头发上的功夫值得单立一法？恐怕要有待高明之士去说圆全了。

"五法"之说，程砚秋先生的论述最为准确——"所谓五法，它是口法、手法、眼法、身法、步法。通称'口手眼身步'。这五个法子，虽然各有各的独立性，但是在舞台上又必须相互为依、互相配合的。"

与"四功"之中的"唱功"居首相应和，"五法"之中便首先强调"口法"，发音、吐字、换气、偷声无不在于口中有法；唱得字正腔圆，念得抑扬顿挫，也必须口中有法。

京剧舞台，举手投足无不是舞，齐如山先生著《国剧身段谱》专列有"手谱"，梅兰芳先生手姿精绝，如何指人、如何持物、如何托盘、如何拈花、如何举扇，美如兰花，千姿百态，有手势谱的照片传世。

眼为心之苗，凶、狠、媚、醉、喜、怒、悲、思无不从眼中出，眼之重要自不待言。身体是枢纽，脚步是根基，也必须依"法"而行。

五法与四功相互配合，使演员能够更好地塑造人物、刻画性格，使观众能够欣赏到更加完美的戏曲艺术。

370

什么是五音四呼？

《孟子·离娄上》："不以六律，不能正五音。"

中国古代是五声音阶的，这五个音即宫、商、角、徵、羽。在歌唱时，就要使气息与口腔相互配合，才能做到音准。据宋代司马光《辨五音例》云："欲知宫，舌居中；欲知商，开口张；欲知角，舌缩却；欲知徵，舌柱齿；欲知羽，撮口聚。"所谓舌居中，就是喉音；开口张，就是齿音；舌缩却，就是牙音；舌柱齿，就是舌音；撮口聚，就是唇音。准确掌握这唇、齿、牙、喉、舌五种发音，才能唱准确，唱清晰，进而唱情唱意，如程砚秋先生云："歌以咏言，声以宣意，哀乐所感，托声于歌。"

"五音"之外，又有"四呼"。开口喊叫谓之"呼"。清代段玉裁《说文解字注》云："外息也。外息、出其息也。"开口出声、发音吐字之时，口腔有四种形状，分别是——开口呼、齐口呼、合口呼、撮口呼，简称开、齐、合、撮，这就是"四呼"。比如，唱念"麻""开"等字时就是开口呼；唱念"急""七""金"等字时就是齐口呼；唱念"和""路"等字时就是合口呼；唱念"如""履"等字时就是撮口呼。四呼是口腔形状的规律，演员掌握好了就能做到字正，字正而后腔圆，腔圆而后音美，音美而后韵扬，观众才能听得准、听得清、听得舒畅。

什么是自报家门？

这是中国传统戏曲中一种特殊的表现手法，是由角色上场时向观众自我介绍。以王实甫之《西厢记》为例："第一本第一折，【正末扮张生骑马引仆上开】小生姓张，名珙，字君瑞，本贯西洛人也。先人拜礼部尚书，不幸五旬之上，因病身亡，后一年丧母。小生书剑飘零，功名未遂，游于四方。即今贞元十七年二月上旬，唐德宗即位，欲往上朝取应。路经河中府，过蒲关上。……"这一段念白很长，限于篇幅，不能全录。仅这几句，已可看出"自报家门"的面目了。戏刚一开始，不必画外音，不必打字幕，这个角色的姓名、籍贯、家庭背景、生活状况以及故事发生的时间、地点，就已经清清楚楚地介绍给观众了。

京剧里也保留了这种手法，自报家门的情况十分普遍。例如《失街亭》，诸葛亮一上场，念完引子，归座，念定场诗，然后就是自报家门——"老夫，复姓诸葛名亮，字孔明，道号卧龙。"《女起解》中的老解差崇公道上场："你说你公道，我说我公道，公道不公道，自有天知道。小老儿崇公道。"自报家门在舞台上大多数情况都是用念白的方式进行介绍，目的就是让观众听得清楚明白。

引子是什么？

"引子"在京剧里是指一种有唱有念的韵文，半说半唱，似有说唱艺术的遗韵。

引子在宋元时代的说唱艺术里是指开始演唱时的第一支曲子，如宋代周密《武林旧事·车驾幸学》："驾至纯礼坊，随驾乐部，参军色念致语，杂剧色念口号，起'引子'，导驾至大成殿棂星门。"在昆曲中也是如此，如《牡丹亭·惊梦》一折，杜丽娘出场唱的第一支曲子《绕地游》："梦回莺啭，乱煞年光遍。人立小庭深院。炷尽沉烟，抛残绣线，恁今春关情似去年？"这支曲子也属于引子的性质。

其实引子也有"自报家门"的意思，在角色初次登场时使用。只不过比自报家门更加凝炼，词句是诗意化的，在长短句的格式中把角色自己的身份、处境、情绪、志趣等等唱念出来。引子可长可短。短者如：《四郎探母·坐宫》一折，杨四郎登场所念"金井锁梧桐，长叹空随一阵风"，观者在这句引子的引导下，似乎已经感受到杨四郎失落番邦郁郁寡欢的心情了。长的引子，如：《失空斩》中诸葛亮登场所念："羽扇纶巾四轮车，快似风云。阴阳反掌定乾坤，保汉家两代贤臣"，前面王平、马岱、赵云、马谡四员大将起霸站帐，铺垫了气势，然后诸葛亮手持羽扇缓步登场，念完这支大引子，让观众立刻感受到诸葛亮沉稳肃穆、决胜千里的指挥官气质。引子的使用通常还会和"定场诗"相配合，比如《击鼓骂曹》，祢衡念完引子之后，归座念："口似悬河语似流，全凭舌战运机谋。男儿若得擎天手，自然谈笑觅封侯。"其实可以说是另一种形式的"自报家门"。

373

程式化是什么意思？

提到京剧的时候，人们常常会说它的特点是程式化。如王元化先生著《京剧与传统文化》一文："虚拟性、程式化、写意性这三个基本特征是京剧界经过多年探讨，积累了许多人的研究成果概括而成的。"

程式者何谓？规格也，准则也，法式也！《管子·形势》："仪者，万物之程式也；法度者，万民之仪表也。"将生活中的自然形态加工提炼，变成舞台上的规范形式，这就是京剧的程式。例如，倘若途中遇雨，又没带伞，在现实生活中人们总是会用手、用手绢或者用书、用报来遮着点头部，而到了舞台上，一手抬臂、翻水袖在头侧一挡，另一手撩袍、存腿，这就是一个程式化的动作。提鞭当马，搬椅做门，一颦一笑，一举一动，唱念做打无不有规则，无不是程式。传统戏曲塑造人物的方式，俞振飞先生说："首先，是通过学习、模仿、训练，来掌握大量的程式，作为表现手段，作为外部表演的素材；然后通过深入生活、体验角色，来酝酿内心感情，成为内心表演的素材；再以后，还有一个外与内的结合，即程式与体验结合的过程。"正是因为京剧是通过程式来演人物的，所以人们常说这是"带着手铐脚镣的舞蹈"。可是运用好了，戴着手铐脚镣也未尝不可以舞出动人的姿态来，不会运用或者运用不好，就是没有手铐脚镣，也会磕磕绊绊、丑态百出，关键还是在人、在演员身上。仍然借用俞振飞先生的话："表演程式鲜明、强烈，合乎美学要求，用好了，很有艺术魅力！"

374

什么叫连台本戏？

所谓连台本戏，就相当于现代的电视连续剧，是需要接连几天才能演完的整本大戏。最近我们能在舞台上看到的最著名的连台本戏，就是白先勇先生创作的青春版《牡丹亭》，要连续三天才能演完。

连台本戏在京剧繁荣鼎盛的时期是非常流行的。四大徽班中的三庆班就常常上演连台本戏，如《三国志》，由"马跳檀溪"到"战长沙"，是整本大戏；四喜班有八本《施公案》、八本《雁门关》和四本《永庆升平》等。此外，著名的连台本戏还有《济公传》、《西游记》、《封神榜》、《狸猫换太子》等。《狸猫换太子》前几年也曾经复排过，由麒派老生陈少云扮演陈琳，作为新编连台本戏上演，如今已成为上海京剧院的代表剧目了。但是总体来说，随着时代的变迁，欣赏习惯的变化，连台本戏的演出状况基本上是今不如昔了。

375

什么叫打炮戏？

演员到一个新的地方演出，前两三天演出的剧目，被称为打炮戏，大约是取大炮一响、一鸣惊人的意思。

著名的剧评家丁秉鐩先生曾著文《金少山在北平》，其中专立一章曰"抵平四场打炮戏"，特别记录这位"十全大净"的打炮戏。据丁先生回忆："金少山是在（民国）二十六年一月（丙子年腊尾）回到北平的"，打炮戏安排在二月十四日（旧历丁丑年正月初五日）开演，这一天"贴出金少山、周瑞安、王福山的头二本《连环套》，自行围射猎，坐寨盗马起，到盗钩下山完"。第二天的剧目是金少山、李多奎的《遇后龙袍》。这两天的打炮戏，受到北京观众的欢迎，丁秉鐩先生还为天津《大公报》写了报导，主标题是《金少山演出盛况》，副标题是——"遇皇后打龙袍黄钟大吕，盗御马连环套痛快淋漓"，可以说金少山初到北京，一炮而响、一炮而红了。演员都会选择自己拿手的、擅演的剧目作为打炮戏。

梅兰芳先生在民国二年（1913）刚满二十岁时，初到上海，在丹桂第一舞台演出。《梅兰芳舞台生活四十年》中记载："头三天的打炮戏码，我们是这样拟定的。第一日《彩楼配》、《朱砂痣》；第二日《玉堂春》、《取成都》；第三日《武家坡》。"当然也是一炮而红，在上海立住了脚。

376

什么叫对台戏？

两个演员、两个班社或者说两个剧团，实力相当，在同样的时期，相近的地点进行演出，争一时之长短胜负，就叫演对台戏。

行当相同而又实力相近的演员之间的竞争是屡见不鲜的。京剧史上被传为佳话的对台戏，自然也不少。比如著名的"梅程之争"，就是梅兰芳和程砚秋两位旦角大师的对台戏。据丁秉鐩先生的《菊坛旧闻录》记载："民国三十五年，梅程在上海又对垒了一次。梅在中国大戏院，配角有杨宝森、俞振飞、姜妙香等；程砚秋在天蟾大舞台，配角有谭富英、叶盛兰等，双方阵容都极为硬整，两戏院打对台。"这样的对台戏；是两个演员之间艺术水平的竞争，不失为一段佳话，而且还能给观众带来更加精彩纷呈的演出，所以观众们也是乐见其争的。

377

马前、马后是什么意思？

北京评书一代宗师连阔如（1903～1971）先生除开创了连派评书艺术之外，还留给后人一部奇书《江湖丛谈》，其开篇即谈江湖之春点。何为春点？老连先生云："各行都有各行的术语，俗话说叫'调侃儿'，江湖艺人管他们所调的侃儿，总称叫做'春点'。"比如，管"走"调侃儿叫"窍"，管"吃饭"调侃儿叫"安根"等等。这"马前"、"马后"也可以说是梨园行常用的一句"春点"，这样的行业术语，非常实用。

"马前"的意思就是要加快演出的速度，如果台上的表演或者后台的化装速度过慢，都可以用"马前"来催促演员。若是在台上，就要减少唱念的词句或者压缩表演的内容；若是还在化装，手底下就得加快速度了。"马后"的意思则是要放慢速度了。比如，后面出场的演员来晚了，还没有化好装，或者干脆就还没来，那么只能让前面的演员在台上放慢速度，拖延一点时间。只要提醒一句"马后"，前面的演员就明白了，在台上演唱时可以即兴增加一些词句，或者增加一些表演。《中国京剧史》上卷，老生前贤"余三胜"的传记中云："相传，还有一次余三胜与演旦角的胡喜禄合演《四郎探母》，胡误场，余已登场演至西皮慢板唱段，当余闻知胡误场未到时，临场加唱'我好比'数十句，直至胡穿好戏装方止。事后有人问余，若胡还未到做何处理？余说，我唱完之后还可以加念话白，若还未到，我一个人也会将这场戏结束下台的。"这是一段"马后"的佳话了，也足见余三胜老先生经验之丰富、功力之深厚了。

378

京剧老生的三鼎甲是谁？

前文提到的"老生前贤余三胜"，就是京剧老生"三鼎甲"之一。

鼎甲者，中国古代科举制度中状元、榜眼、探花之总称。以鼎有三足，一甲共三名，故称。在京剧形成的初期，也就是清代的道光年间，程长庚、余三胜与张二奎被誉为"三鼎甲"。

其中程长庚声望最盛，以学养之深、品德之高、技艺之精而有"伶圣"之誉。程长庚（1811～1879）本名椿，字玉珊，三庆班的主演和班主。他的演唱高亢雄壮、慷慨激昂，《梨园旧话》云："高亢之中，又别具沉雄之致，视他伶之徒唱高调，听之索然无韵者，殆有天壤之别。"

《群英会》程长庚饰鲁肃

余三胜（1802～1866），本名开龙，字启云，是三鼎甲中最年长者，也成名最早。他的演唱抑扬婉转、优美动听，使京剧的声腔艺术进一步完美和丰富，据说京剧中的二黄反调都是余三胜所创。余三胜的儿子余紫云也是清代末期名噪一时的京剧旦角演员。他的孙子余叔岩，也成为京剧老生行当中里程碑式的人物，开创了老生余派艺术。

张二奎（1814～1860），原名士元，原为票友，后下海演戏，是四喜班的主演和班主。他的演唱，按照《清代声色志》的说法是："嗓音洪亮，行腔不喜曲折，而字字坚实，颠扑不破。"也许因为他本籍河北，故而还保留着"燕赵悲歌"的古朴元素。张二奎是三鼎甲中最年轻，也是舞台生涯最短的一位。

余三胜造像

379

京剧的三大贤是谁？

《定军山》余叔岩饰黄忠

《贵妃醉酒》梅兰芳饰杨玉环

京剧《珠帘寨》里有一个著名的老生唱段——"昔日有个三大贤"，而在现实之中，京剧界的确也是"昔日"曾有"三大贤"之说。这三大贤是指杨小楼、余叔岩和梅兰芳三位先生。

杨小楼（1878～1938）名嘉训，出身梨园世家，祖父杨二喜，工武旦；父杨月楼，工武生。杨小楼是公认的"武生泰斗，一代宗师"，是京剧武生杨派的创始人，表演风格以"武戏文唱"而著称于世。如今已是耄耋之年的著名戏剧家刘曾复先生自谓平生四件得意事，其中之一就是"听过杨小楼"，足见杨小楼的魅力，可惜的是没有留下影像资料，只有唱片传世。

余叔岩（1890～1943）名第祺，字小云，出身梨园世家，祖父余三胜，工老生；父余紫云，工旦角。余叔岩是京剧老生余派的创始人，他的演唱"清、刚、醇、厚"，表演细腻，艺学谭鑫培而有出蓝之胜，创立余派，影响深远。为后人留下唱片资料共"十八张半"，成为老生声腔艺术之圭臬。

梅兰芳（1894～1961）名澜，字畹华，也是出身梨园世家，祖父梅巧玲，工旦角；父梅竹芬，工旦角，早亡；伯父梅雨田为"胡琴圣手"。梅兰芳先生是最著名的中国京剧演员，他创造的梅派艺术成为京剧旦角艺术的典范，更是中国艺术美的典范，以"梅兰芳"三字命名的中国传统戏曲表演艺术体系独树一帜于世界艺术之林。

这三位大宗师虽然所工的行当不同，但是他们的艺术都达到了中国传统艺术的至美境界——即中正平和之美，共称三贤，良有以也。

 380

南麒北马关东唐指的是谁？

《四进士》周信芳饰宋士杰　　《借东风》马连良饰诸葛亮　　《古城会》唐韵笙饰关羽（右）

这是指三位著名的老生演员，即上海的周信芳先生、北京的马连良先生和东北地区的唐韵笙先生。他们都是老生演员，长于做工，表演的剧目也有许多相似之处，可以说是一时瑜亮。

周信芳（1895～1975）本名士楚。所谓"南麒"，是因为周信芳先生的艺名是"麒麟童"，浙江慈溪人，长期演出于上海。周信芳先生的表演极富情感，嗓音虽不佳而善于利用，别有韵味，念白与做工尤为擅长，世称"麒派"，代表剧目有《四进士》、《徐策跑城》、《萧何月下追韩信》等。

马连良（1901～1966）字温如，北京人，幼年学艺于北京最著名的戏曲科班"喜连成"，是"马派"创始人、四大须生之一。与周信芳先生相同之处，也是念、做俱佳，上演的剧目也有相似，如《四进士》、《打严嵩》、《清风亭》等，可是风格各异，马先生流利潇洒，周先生则顿挫老辣。

唐韵笙（1902～1971），原姓石，幼失怙。文武全才，能戏甚多。长期在东北地区演出，三十岁左右即名声大噪，有"关外麒麟童"之称。老生戏中也擅演《徐策跑城》、《萧何月下追韩信》等剧目，还擅演红生戏《古城会》、《灞桥挑袍》等。

京剧有哪些流派？

《四郎探母》谭鑫培饰杨延辉

流派作为中国传统戏曲的一个独特标志，在各种地方戏中也有体现，然京剧尤甚，流派纷呈，各个行当都有许多杰出的代表派别。徐城北先生《京剧与传统文化》中云："流派在哪里呢？都在表演中"，"当初，总是这位演员先在表演上有创造，得到了观众的认可，于是便有观众以其姓氏'加封'成派。一旦加封，便相对稳定——人在、派在，人不在了，派也还能再延续一段或长或短的时间"。

京剧中的流派，依行当来说，生行之中有谭（鑫培）派、汪（桂芬）派、孙（菊仙）派、余（叔岩）派、言（菊朋）派、马（连良）派、高（庆奎）派、杨（宝森）派、奚（啸伯）派、麒（周信芳）派、杨（小楼）派、尚（和玉）派、姜（妙香）派、叶（盛兰）派等。

旦行之中有王（瑶卿）派、梅（兰芳）派、尚（小云）派、程（砚秋）派、荀（慧生）派、筱（翠花）派、张（君秋）派、黄（桂秋）派、李（多奎）派等。

净行之中有金（少山）派、郝（寿臣）派、侯（喜瑞）派、裘（盛戎）派等。

丑行有萧（长华）派、王（长林）派等。

王瑶卿便装照

这些流派的创始人依据自己的个人条件在唱、念、做、打的表演风格上形成了特色，形成了派别，更有许多门人弟子学习继承，一传再传，使其"派"而能"流"，生生不息。

曲艺中的拜师收徒是怎么回事儿？

《廉锦枫》萧长华饰吴士公

拜师收徒是戏曲曲艺等行当中最基本的习俗。在旧社会，艺人为了维护自身利益，都严格遵循师承关系。从艺者必须磕头拜师才算有了门户，同行才会予以承认；否则将会被同行骂为"没爹"（因那时师徒关系是"一朝为师，终身为父"，徒弟对师父负有养老送终的义务），并可禁止其演出。

曲艺各门类中拜师的情况大体相同。以相声为例，拜师时必须有"引"、"保"、"代"，即引师（介绍人）、保师（保证人）、代师（代教人）；还要请"说评书的"、"变戏法儿的"、"唱八角鼓的"、"练把式的"各门来一位师父，在某饭庄定下几桌酒席，举行拜师仪式。届时要立门生帖（即字据），通常上写："师道大矣哉，入门授业投一技所能，乃系温饱养家之策，历代相传，礼节隆重。今有（师赐艺名）情愿拜于门下，受业学演相声。三年期满，谢师效力一年。课艺期间，收入归师，吃穿由师供给。自后虽分师徒，谊同父子。对于师门，当知恭敬。身受训诲，没齿难忘。情出本心，绝无反悔。空口无凭，谨据此字，以昭郑重。"下面即是艺徒签字画押，引、保、代师签字画押，"年月日立"。有的还写有"四路生理，天灾人祸，车轧马踏，投河觅井，悬梁自尽，各听天命，与师无涉。中途辍学，赔偿三年膳费"等词句。然后，烧香供祖，给师父磕头，师父按辈给字，为徒弟起艺名。拜师之后，大家彼此贺喜，然后入席聚餐，餐后各自散去。

比如下面就是相声演员佟大方拜金晓珊为师学艺所立之字据（现存北京广德楼

曲艺博物馆），字据立于民国三十八年（1949）六月，全篇 143 个字，无标点，毛笔书写在一张长 25.8 厘米、宽 18.2 厘米的"北平市政府公文纸"上。字据为艺徒规定了受业内容、学艺期限、收入分配方法及应负担的责任。不知何因，是件只有立字据人签名，介绍人、保师、代笔师、师父均无签名。字据分正反两面，其文如下：

立字人佟大芳〔方〕艺名钰承情愿拜金凤魁字晓珊门下为授业学鼓曲书词
代学口技言明六年为满期限期内所挣之钱与老师均分吃穿自备年期月满谢师后
挣钱归自己并养赡老师直到养老送终钰承担负完全责任恐口无凭同众立字为证
由国历三十八年六月日起至四十四年六月止双方各无返〔反〕悔立字为证

　　　　　　　　　　　　立字据人佟钰承

　　　　　　　　　　　　介绍人

　　　　　　　　　　　　保师

　　　　　　　　　　　　代笔师

　　　　　　　　　　　　师父

此外，徒弟尚分"授业"、"拜门儿"、"寄名"等类。授业即入室弟子，大多数从幼年学艺，受到较为系统的传授。"拜门儿"一般是带艺投师，在原有基础上再受指点。以上两种都有拜师仪式。"寄名"则无拜师仪式，只凭一封信或一句话就算某老师的弟子了，故又称"口盟"。再有就是"带拉师弟"，艺人由于年龄或其他原因，不便将投者收作徒弟，则由大师兄替师父收为弟子（算作自己的师弟），仪式与拜师大致相同。

383

什么是曲艺演员的台缘儿？

所谓"台缘儿"，也就是演员的"人缘儿"，指说唱者的舞台风度，亦即说唱者自身形象的塑造。也有人用北京话直呼为"脸上有没有买卖儿"。

一名曲艺演员的风度如何，台缘儿好坏，直接影响着其艺术创造的成绩与效果。除摹拟作品中的人物外，演员在舞台上大部分时间是以"自我"身份出现的。而演员呈献给观众的"自我"形象，并非纯粹的呈自然状态的演员本体，同时也是一个经过刻意塑造的艺术形象。那一个个理想的舞台"自我"，富有强烈的时代气息，与观众亲密无间，热情、高尚、美好，一面对观众的欣赏需要和艺术趣味给予满足，一面对个别观众不正当的要求予以引导和匡正。这既是独具匠心地塑造各类典型人物，同时也是兢兢业业地塑造着以求观众喜爱的"自我"。这就要求演员与观众共同进行艺术创造。良好的风度、台缘儿，是靠演员多方面的努力才得以显现的，其中包括对健康的心智、高尚的情操、正确的审美观、敏锐的观察力和高超的艺术表现技巧，包括演员平日在台下的行为操守等等的统一追求。正因为如此，曲艺演员的说、唱、做，才能发挥出最理想的审美效应。

384

曲艺中的"手眼身法步"是什么意思？

手眼身法步，本是戏曲表演艺术的五种技法，亦称"五法"。手，指各种手势动作；眼，指各种眼神表情；身，指各种身段工架；步，指各种形式的台步；法，则总指上述几种表演艺术的规程和法则。而"唱做念打"四种表演要素与"手眼身法步"五种技法合在一起，则总称为"四功五法"，是戏曲演员的基本艺术修养。而曲艺中的"手眼身法步"与之基本类似，一代山东快书名家高元钧（1916～1993）曾对其做出总结与具体要求，合辙押韵，通俗易懂：

手：伸手眼要疾，出入胸前抵，双手同时舞，二肘稍弯曲。

眼：视物如翻掌，隐假不露虚，远望有真境，近看似钓鱼。

身：挺身立如松，体态避弯曲，往返面向外，周身成一体。

法：欲动先要静，视高先衬低，欲进先后退，指东先画西。

步：抬腿无须高，最怕碎步移，停步如山稳，行动分男女。

385

曲艺里常说的"纲鉴"是什么意思？

纲鉴是指从女娲炼石补天、三皇五帝唱到明清历朝历代，通篇讲述中国史话，穿插神话、传说、历史人物故事。因说书人水平不同，掌握知识多寡不同，因此演唱内容的详略也不尽相同。这类曲目词句文雅，但琅琅上口，有艺谚云"学会大纲鉴，历朝历代唱一遍"。比如以下这首由求辙的纲鉴：

古往今来几千秋，

这期间，龙争虎斗不断头。

先有三皇后五帝，

尧舜禹汤夏商周。

大周朝坐了八百载，

引出五霸七雄闹春秋。

秦始皇并吞六国兴人马，

统一中原灭诸侯。

传二世胡亥无道万民怨，

才引起楚汉分兵取帝都。

汉高祖平秦灭楚成一统，

西汉江山相传二百秋。

十二代平帝无能王莽篡，

汉刘秀南阳访将到处游。

十二年访来二十八员将，

云台剐莽报冤仇。

光武帝迁都洛阳为东汉，

东汉又坐二百秋。

到后来，三国鼎立分天下，

争王夺位无尽头。

曹孟德独霸中原称魁首，

孙仲谋虎踞龙盘号东吴。

唯有那失时落魄的汉刘备，

身如浮萍到处游。

徐元直走马荐诸葛，

刘玄德三顾茅庐把贤求。

先取荆州为根本，

后攻刘璋取成都。

那时节三国成了鼎足势，

司马篡位才把三国收。

登基改为东西晋，

又分出宋齐梁陈周。

隋杨坚扫平群雄成一统，

传二世杨广无道下扬州。

五花棒打死昏君隋炀帝，

晋阳宫李渊起义又出头。

大唐家二十代传坐三百载，

又出了后梁后唐与后周。

周世宗柴荣反被奸贼害，

赵匡胤陈桥兵变灭后周。

从此国号称大宋，

三百年宋室江山乱不休。

北九帝来南九帝，

北坐汴梁南坐临安州。

忽必烈灭宋即了位，

元朝江山开了头。

十一帝共坐九十载，

一统江山被洪武收。

朱元璋开拓明天下，

坐了二百八十秋。

到了崇祯朱由俭，

兵荒马乱不断头。

陕西出了个闯王将，

举旗造反打京都。

煤山上吊死崇祯帝，

吴三桂才把清兵求。

清兵入关如潮水，

李自成仓皇逃走无处投。

老顺治驾坐北京安天下，

大清朝延续二百八十秋。

辛亥年孙文起首闹革命，

几千年封建王朝从此休。

386

什么是曲艺中的"现挂"？

所谓现挂，指曲艺演员根据演出的实际情况，在适宜的情境联系当时当地发生的事件，现场即兴发挥，从而收取意想不到且火爆的艺术效果；在相声艺术中，也叫"抓哏"。现挂是演员反应机敏、幽默感强的具体表现，是曲艺表演中重要的组成部分。一般来说，现挂用于铺垫环境、营造气氛及场上发生意外事故时。现挂能够平息或制止现场有可能出现的尴尬或骚乱，体现相声演员随机应变的聪明才智，一般喜剧效果都比较强烈。

比如2000年国庆节，在庆祝侯耀文、石富宽合作三十五周年相声专场中，相声名家常宝华巧使现挂。当时轮到常宝华与师胜杰合作表演，但主持人在报幕时误将常宝华说成常宝霆，常宝华一上来就说："没事没事，名字只是个代号，不叫二百五就行。"观众大笑。师胜杰紧接着说："您把小名儿都告诉大伙了。"观众笑得更开心了，掌声、叫好声四起。没想到常宝华继续翻包袱："你说你坏不坏，可遗憾的是我跟你爸爸一个小名。"最后，没占到任何便宜的师胜杰自言自语，无可奈何地"嘟囔"了一句："老前辈，一句不让啊。"一个小失误却引发出三个包袱，足见现挂的精彩魅力。

现挂是一种与现场听众或观众即时交流，引发其审美共鸣的主要艺术方法，能够打通表现对象与接受对象之间的审美壁垒，在艺术和现实之间架起审美要求的桥梁。这种审美沟通的直接运作，只能而且必须借助笑的方式，即喜剧性创造，在机智的类比与轻松的调侃中巧妙实现，通过引发听众或观众会意的笑声来完成艺术的审美创造。

387

"白沙撒字"指的是什么？

旧时曲艺演出习俗，行话叫"戳朵"。相声大师侯宝林曾考证：宋朝有"沙书改字"、"沙书改画"，顾名思义很可能就是"白沙撒字"（一说"白沙洒字"）。宋朝还有"地谜"、"商谜"，也是在地上用沙子书写。而相声艺人在表演时，左手提着一个白沙子布袋，右手从布袋里抓一把沙子，用握着沙子的手当漏斗，把沙子漏下去成字。一般先用沙子在地上画一个圈，艺人站在圈内，观众站在圈外，这就是"画锅"。最后再用白沙撒字。

白沙撒字最早始于清朝咸丰年间，相声艺人朱绍文（艺名"穷不怕"）惯用此技法。他每天随身必携带一把笤帚、一副竹板和一个小布口袋，袋内装有白沙（汉白玉粉末）。表演时，以地为纸，以沙为墨，右手撒字，左手击打竹板，口唱太平歌词。比如在写"容"字时这样唱道：

小小的笔管空又空，能工巧匠把它造成。渴了来喝砚瓦水，闷了来花笺纸
上任意纵横。先写一撇不成个字，后添一捺把"人"字成。"人"字头上添两点

儿念个"火"，大火烧身最无情。"火"字头上添宝盖儿念个"灾"字，灾祸临身罪不轻。"灾"字儿底下添个"口"念个"容"字，劝诸位得容人处且把人容。

侯宝林白沙撒字

唱词通俗易懂，曲调悠扬悦耳。唱毕，字也撒好，观众也围满了。这时，朱绍文再根据字意谈古论今说笑话，演出效果上佳。据说，他能撒出一丈二的大字，如"虎"、"福"、"寿"等。字是空心的，这种写法即为"双笔勾"。因为他有文化基础，所以撒出的行书笔锋遒劲，很见功底。最后，他还要撒一副对联，常撒"画上荷花和尚画，书临汉书翰林书"。这副对联不仅对仗工整，而且正念倒念字音相同，颇有趣味。

由朱绍文创立的白沙撒字技法为一代代相声艺人所用，流传至今。有的艺人用白沙撒字既是吸引观众，同时也为自己要说的段子作铺垫。后来直到艺人从撂地转入杂耍园子，这个习俗才随着演出场所的改变而渐渐消亡。值得一提的是，侯宝林在世时，曾为电视台专门录制白沙撒字的节目，使很多相声爱好者得以一窥白沙撒字之庐山真面。

388

什么是曲艺中的"发托卖像"？

原是双簧术语，指后脸儿演员在说唱的同时，前脸儿演员仿学其动作口型。后逐渐延展到整个曲艺领域，引申为演员在表演时要惟妙惟肖，通过喜怒哀乐刻画出生旦净末丑的艺术形象，这种表演手段和形式就是"发托卖像"。目前，在表演相声、评书等节目时对演员发托卖像的要求更为严格。

什么是双簧？

双簧，也称双黄。它是一种一人用形体表演，一人用声音说唱，合二为一，以假乱真的艺术形式。曾有一副对联描述双簧表演的惟妙惟肖："假说真学仿佛一个，前演后唱喉咙两条。"

双簧诞生于清朝末年。据说慈禧太后当权时，经常把著名戏曲曲艺艺人叫到宫里为她表演，其中有个八角鼓艺人黄辅臣，很受赏识。一次，慈禧传黄辅臣到内廷演出，正赶上他闹嗓子病，可又不敢不去，于是带儿子一起进宫。上场时，老黄弹弦子做面，小黄藏在椅子后面演唱做里。不想被慈禧看穿了，开始很生气，可再一见父子配合得天衣无缝、妙趣横生，不但没有怪罪，反而开玩笑说："你们这是双黄啊！"从此诞生了这样一种艺术形式——双黄（据说后来为了与京剧二黄相区别，改为双簧）。

目前双簧多由相声演员兼演。甲化装在前，模拟动作口形，一般称为前脸儿；乙隐藏在后，或说或唱，一般称为后脸儿。表演双簧时必须有场面桌和椅子，道具除了醒木、手帕、折扇之外，还有一个演双簧专用的头饰：套在头上的小辫儿，一般都用绳圈拴一个小圆托，上连一根冲天杵独辫儿。演员上场时一般先用相声垫话铺场，甲逗乙捧，然后正式表演双簧。前脸儿坐在桌后椅子上，一拍醒木，后脸儿即开始说唱，前脸儿学其动作口型。表演一小段后故意露出破绽抓笑料，此时甲站起离桌露出乙，二人插科打诨几句后再进行表演。如此往复几次，最后以一个大包袱作底结束。

以双簧享誉曲坛的名家有"大狗熊"孙宝才、王文禄、顾荣甫、户福来等。

390

唱单弦用来伴奏的乐器八角鼓有何含义？

八角鼓

八角鼓盛行于清初，演奏岔曲时所用之八角鼓，其八角即暗示八旗之意；其鼓旁所系双穗，分为两色，一为黄色，一为杏黄色，其意系左右两翼；至于鼓之三角，每角上镶嵌铜山，总揆其意即三八二十四旗也。惟八角鼓只是一面有皮，一面无皮且无把，意指内、外蒙古，鼓无柄把，取意永罢干戈。八角鼓之八部，分为乾、坎、艮、震、巽、离、坤、兑，由此八卦中分其歌曲之艺术为八样，即吹、打、弹、拉、说、学、逗、唱。

391

传统曲目《花唱绕口令》中的"花唱"是什么意思？

　　1954年，西河大鼓名家马增芬（1921～1987）将传统相声曲目《十八愁绕口令》整理成西河大鼓曲词演唱，原相声中不同的绕口令共有十六段，整理时精选其中活泼有趣的七段加工成西河大鼓曲词表演，并改名为《花唱绕口令》，此后快板等曲种也有所借鉴。这七段绕口令依次是：1."六十六岁刘老六"，油求辙；2."十道儿黑"，灰堆辙；3."出前门往正南"，言前辙；4."板凳宽扁担长"，江洋辙；5."姐妹二人去逛灯"，中东辙；6."高高山上小庙儿"，遥条辙；7."闲来没事儿出城西"，一七辙。七段绕口令选用七种辙韵，这种唱词辙韵的结构被称为"花辙"，因此在标题上称做"花唱"。

392

评书研究会公布的 29 种可以说演的评书包括哪些？

评书研究会是民国初由北京评书演员发起成立的评书研究团体，会员皆为北京评书演员，老艺人双厚坪被推举为会长。1916 年，潘诚立（1872～1929）继任会长。1919 年，该会改组为同业公会性质的评书协会，会长仍为潘诚立。评书研究会成立后，经常召集会员举办业务活动，促进了评书界同仁的团结。为适应社会潮流，对历来流行的众多书目进行了甄别，曾公布"可以演述可以加以改正的评书"29 种：

长枪袍带书：《大周兴隆传》（又名《封神榜》）、《西汉》、《东汉》、《三国》、《列国》、《隋唐》、《薛家将》、《飞龙传》（又名《五代残唐》）、《杨家将》（又名《倒马金枪传》）、《高家将》（又名《十粒金丹》）、《精忠说岳》、《明英烈》、《铁冠图》（又名《明清演义》）；短打公案书：《粉妆楼》、《大宋八义》、《宏碧缘》、《明清八义》、《永庆升平》、《三侠剑》、《彭公案》、《施公案》、《于公案》、《包公案》、《小五义》、《水浒传》、《儿女英雄传》；佛学神怪书：《济公传》、《西游记》；谈狐说鬼爱情书：《聊斋》。后又追加一种短打公案书：《雍正剑侠图》。

393

相声艺术风格之"帅、卖、怪、坏"是何含义？

所谓"帅"，指艺术风格潇洒俊逸，自然大方，予人高雅脱俗之感。无论演员表演传统曲目还是新作品，都应当追求这种高格调、高层次的艺术境界。帅虽然表现为舞台风度和艺术风格，却能反映演员的基本素养。

所谓"卖"，指艺术风格火爆泼辣，神完气足，予人饱满热烈之感。相声作为喜剧风格浓郁的艺术，取得炽烈的演出效果，体现出"卖"的风格，这并不困难，关键要求演员做到不温不火，从容掌握火候，掌控节奏，既追求火爆泼辣，又保持凝炼含蓄；既予人充分的艺术满足，又能取得回味悠长之效果。

侯宝林、郭启儒《关公战秦琼》

所谓"怪"，指艺术风格标新立异，独树一帜，予人创新奇巧之感。"怪"，绝非挤眉弄眼，低级趣味，而是刻意求新，出奇制胜。它不是随意性的产物，而是创造性的结晶。

所谓"坏"，不能按照字面意思解释，而有其特殊含义，指艺术风格灵动狡黠，剑走偏锋，予人聪慧机智之感。这种特殊含义的"坏"与"拙"相对立，贵在自然，往往会制造出大出意料之外，又在情理之中，令人拍案叫绝的艺术效果。

394

西河大鼓中的"三碗酱"指的是什么？

"三碗酱"是一句戏言，借"酱"与"将"谐音，代指西河大鼓书最经典的三部长篇：《杨家将》、《呼家将》和《薛家将》。

《杨家将》的故事自明清以来就广为流传。西河大鼓《杨家将》经过历代艺人不断修改完善、整理续编，成为流传最广的一部看家书。一般从杨七郎打擂开书，到大破天门阵结束。后来艺人又敷衍编纂出《杨家将前传》以及《杨宗保征西》、《小五虎演义》等，一直延续出杨家九代的故事，但还是以《杨家将》为核心，流传最广。杨家九代的故事内容梗概大致如下：

1.《火山王杨衮》：头代英雄杨衮武艺高强，自立为火山王。扶后汉战辽邦立下战功后，因识破刘知远不是明君，弃官归家，仍为火山王。

2.《金刀杨令公》：二代英雄杨继业，娶妻佘赛花（后来的佘太君），叛汉归宋，率七郎八虎下幽州，大战金沙滩。因奸臣潘仁美陷害，兵败两狼山，碰李陵碑而死。

3.《杨六郎征辽》：三代英雄六郎杨延昭回京状告潘仁美，呼延丕显十二岁下边庭捉拿潘仁美，宋太宗调寇准进京审潘杨讼，寇准假扮阴曹审明此案，潘仁美被罢官。杨六郎于黑松林假扮响马杀死潘贼，隐归家中。辽邦犯境，寇准背靴探地穴，六郎挂帅，收孟良、焦赞，打败辽兵。内奸王强设计加害，六郎被发配云南，结识好友任炳。王强陷害六郎，任炳代死。杨六郎假冒任炳赴北国贩牛，为寇准识破，官复原职，大摆牤牛阵，出奇制胜。后有孟良盗马得刀、穆桂英大破天门阵、杨宗英下山等故事。结局是孟良北国盗骨，误伤焦赞，杨六郎悲痛身亡，是为三义归天。

4.《杨宗保征西》：讲四代英雄杨宗保征讨西夏的故事。

5.《杨文广三下南唐》（又名《呼杨合兵》）：讲五代英雄杨文广征讨南唐的故事，包括杨金花夺帅印、呼延云飞助战、智救少八王、平灭南唐等情节。

6.《小五虎演义》（又名《杨怀玉征西》）：六代英雄玉面虎杨怀玉与震京虎呼延云飞、都兴虎孟通江、卧街虎焦通海、金毛虎高英等小五虎征西，打败西夏等三国兵马，救出穆桂英，杨文广战死沙场。

7.《杨士瀚扫北》：讲七代英雄杨士瀚打伤人命，逃出京城，入山学艺，下山救驾，大战洪飞挂帅扫北的故事。

8.《小将杨金豹》（又名《大闹金陵府》）：讲佘太君辞朝，全家归西宁，中途被困，八代英雄杨金豹下山解围，认祖归宗的故事。

9.《杨再兴寻父》：杨金豹征南未归，奸臣张邦昌诬告杨金豹投敌，宋徽宗传旨杀杨家满门。太师李纲送信，杨金豹夫人携子杨再兴逃出京城，于九龙山巧遇玉面小霸王周士登。周是杨金豹的好友。他们同往云南，得贵阳赵检帮助，打败安安王，解楚雄府之围，杨金豹父子团圆。父子归京后，杨金豹病故，杨再兴投入抗金大军。

10.《小将杨满堂》：西夏兴兵侵犯南宋，朝廷派人请杨家将带兵退敌。佘太君为保存杨家后代，不愿出兵，十代英雄杨满堂私逃出门，不料在前线被擒。佘太君带杨排风等救出杨满堂，打退敌兵，得胜还朝。

《呼家将》，又名《金鞭记》、《肉丘坟》、《呼延庆出世》、《呼延庆打擂》等。说的是北宋时期，奸臣庞文陷害忠良，杀死呼延丕显全家一百余口，埋入肉丘坟。呼延守用、守信兄弟逃出。呼延守用在大王庄招亲，娶妻王凤英。不久呼延守用又逃往北国，娶公主萧赛红，当了驸马。王凤英生一子取名呼延庆。呼延庆十二岁时知道自己是呼门之后，与孟强、焦玉进京，三上肉丘坟，大闹东京城。呼延庆打擂，打死欧子英。后来遇叔父呼延守信及兄弟呼延平。呼延庆北国寻父，借来六国兵马，萧赛红助阵，兵伐东京，为国除奸。时逢西夏犯边，皇上命呼延庆挂帅西征，萧赛红攻打剪子口（一说剪子峪），大军得胜还朝，拿住庞文，报仇雪恨。

《薛家将》，内容包括《薛仁贵征东》、《回唐传》、《薛仁贵征西》、《薛刚反唐》等。因为叙述的是薛仁贵、薛丁山、薛刚等几代英雄的故事，所以演出时，既可独立成章，也可笼统称之为《薛家将》。

1.《薛仁贵征东》：唐王李世民征东，时有山西龙门薛仁贵投军，主帅张士贵压制人才，只令其当伙头军。薛仁贵爱穿白袍，屡建战功，均被张士贵记在其婿何宗宪名下。薛仁贵三箭定天山，淤泥河救驾有功，被唐王封为元帅，大破摩天岭，打败辽将盖苏文，得胜还朝。唐王加封薛仁贵为平辽王，斩张士贵。

2.《回唐传》（又名《三请薛仁贵》）：薛仁贵回龙门县探亲，路过汾河湾，见一猛虎要伤射雁少年。薛仁贵箭射猛虎，误中少年，猛虎叼少年而去。薛仁贵到家方知遇难少年是其子丁山。皇叔李道宗因舅兄张士贵被斩，怀恨薛仁贵，设计将薛仁贵骗入宫中灌醉，抬至公主床上，公主羞愤自尽。李道宗诬告薛仁贵，唐王大怒，欲斩薛，经群臣保奏，押入天牢。西突厥兴兵犯境，朝无良将，经徐茂功保奏，唐王方命薛仁贵戴罪征西。

3.《薛仁贵征西》（又名《大西唐》、《三请樊梨花》）：薛仁贵征西，连破三关，初战告捷。薛丁山为王禅老祖所救，奉师命下山投军认父，被命为先锋。丁山于寒江关收梨山圣母之徒樊梨花为妻。樊原许突厥大将杨凡为妻，后一心要嫁丁山，薛对樊行为有疑，三赶樊梨花。后来薛仁贵在白虎关阵亡，薛丁山三请樊梨花，剑斩杨凡，夫妻重归于好。

4.《薛刚反唐》：樊梨花得胜还朝，被封为威宁侯。后生下四子：勇、猛、刚、强。三子通城虎薛刚元宵佳节大闹花灯，误伤太子，吓死皇上李治，武则天称帝，改国号为周，杀死薛家满门，埋入铁丘坟。薛刚逃出京城，收纪鸾英为妻，生子薛葵。后于九焰山聚义，兵伐长安，打开铁丘坟，吓死武则天，笑死程咬金。李旦登基复唐。

395

评书中常说的"八大锤"都有谁?

所谓"八大锤",指评书中常常出现使锤的大将,一般是四员,分别手使擂鼓瓮金、梅花亮银、青铜倭瓜、镔铁轧油八柄锤。在很多评书中,都有"八大锤"式的人物,比较重要且知名的有以下这些:

《东汉》中的八大锤:金锤朱刚、银锤卢方、铜锤魏致、铁锤朱柔。

《隋唐》中的八大锤:金锤李元霸、银锤裴元庆、铜锤秦用、铁锤梁师泰。

《薛刚反唐》中的八大锤:金锤薛葵、银锤白文豹、铜锤秦文、铁锤熊天庆。

《精忠说岳》中的八大锤:金锤岳云、银锤严成方、铜锤何元庆、铁锤狄雷。

《明英烈》中的八大锤:金锤朱沐英、银锤李文忠、铜锤刘辅、铁锤赵继祖。

396

"八大棍儿"指的是什么?

这是目前相声中常用的一个术语。关于这个词的来历,有几种说法。

第一种,指八部长篇单口相声,包括《君臣斗》、《硕二爷跑车》、《大小九头案》、《解学士》、《张广泰回家》、《马寿出世》、《宋金刚押宝》、《康熙私访月明楼》等八段,其中后四段出自评书《永庆升平》。但究竟八大棍儿指的是哪八部长篇单口相声,说法很多,其他如《古董王》、《张双喜》、《贼鬼夺刀》,以及后来的《枪毙刘汉臣》、《白宗巍坠楼》等,也可以纳入其中。这样一来,八大棍儿就不止八段了。所以,这种说法是将八大棍儿理解为长篇单口相声的统称,"八"不过是一种泛指。

第二种,八大棍儿应为吧嗒棍儿。吧嗒棍儿指的是短篇评书,以短小精悍、情节跌宕见长。《江湖丛谈》里对它的定义就是"说短期的三五日有拿手能拢座儿的书"。这恰恰与长篇单口相声的特点相吻合,于是吧嗒棍儿这个词被引入到相声中,后来由于讹传,就成为八大棍儿。

第三种，据天津相声名家李伯祥介绍，八大棍儿的说法源自清后期北京城中的赌博场所，也就是通常说的"宝局"。快板名篇《诸葛亮押宝》里就曾经描写过宝局里赌博的混乱场景。而所谓"久赌无赢家"，有些输红了眼的赌徒就铤而走险，到宝局里"耍横"、"立棍儿"。其中一种极端的"立棍儿"方法就是"跳宝案子"。来人躺在赌桌上，双手护住头及要害部位，微屈身体成半弓形，这时宝局老板就要按照江湖规矩办事，"请"出镇局之宝——一根三尺多长的粗木棍，向此人身上随便击打，可以致残，但绝不允许把人打死。而这根粗木棍有一个专用名称，即八大棍儿，这在当时是一个颇具传奇色彩的名词。早期的长篇单口相声《宋金刚押宝》、《马寿出世》、《张广泰回家》、《康熙私访月明楼》等，都涉及到粗木棍或者有关宝局的内容，因此相声艺人就把这样的作品称做八大棍儿。后来，《白宗巍坠楼》、《解学士》、《落榜艳遇》、《双槐树》等多篇单口相声，内容虽未涉及宝局，但篇幅与原有的八大棍儿相似，故此也被艺人们统称为八大棍儿。这也是汉语中常见的一种词义扩大的现象。

 397

相声《八扇屏》与八扇屏风有关系吗？

《八扇屏》是相声传统曲目，因"八"在行话中为"掌"，所以又名《掌扇儿》。"八扇屏"是八扇屏风的简称。在清代，屏风是官宦人家放在大厅里挡风或是作为屏障的家具，一般都是硬木框儿绢裱的芯儿，共八扇，每扇都画有历史人物故事，或写诗词歌赋。《八扇屏》运用贯口手法，由甲简明扼要地介绍画屏上某些历史人物的主要事迹后，揶揄乙无法与古人相比，从而找出笑料。每段贯口中有褒有贬，如称灭纣兴周的姜子牙是"渔人"，楚霸王项羽是有勇无谋的"浑人"，三国蜀将张飞是"莽撞人"，三国吴大夫鲁肃是"忠厚人"，三国周瑜、孔融和北宋文彦博、司马光等是"小孩子"，隋炀帝杨广"不是人"，唐初名将尉迟恭是"粗鲁人"，宋太祖赵匡胤的军师苗广义是"江湖人"，北宋名臣寇准是"乡下人"，南宋岳飞帐下参谋王佐是"苦人"等等。这些人物都来自脍炙人口的古典小说，也是评书艺人口中津津乐道的形象。早年演出此曲目时，要说上八段不同内容的故事；自 20 世纪 40 年代以来，由于时间限制，演员一般只从上述故事中选择两到三种来表演。

398

"文怕《文章会》，武怕《大保镖》"是什么意思？

京剧里有一句话，"男怕《夜奔》，女怕《思凡》"，指的是京剧里最难演的两出戏。而相声里也有类似的说法，就是"文怕《文章会》，武怕《大保镖》"。这是两段很吃功夫的传统相声。过去讲究说相声不能使《文章会》，不会使《大保镖》的，拿不了整份儿钱，可见其难度和功力。最早它们本是一个段子，《文章会》是作为《大保镖》的垫话出现的，习文不行，这才弃文学武。后来为适应剧场演出的需要，才逐渐发展成为两段相声。在《文章会》中，有大量涉及中国传统文化的贯口，表演时颇能显现演员的功底；在《大保镖》中，有许多习练拳脚棍棒的武术行话口诀，并需要演员模仿武术招式，因此这两段相声常被用来考核相声演员一"文"一"武"的表演水平。

399

相声中常说的"砍牛头"是怎么回事？

20 世纪 20 年代，相声艺人李德钖与周德山合说相声，李逗周捧。一次，二人赴天津演出，说的是对口相声《大保镖》，这段相声本应该这样收底：

甲：我一抱脑袋，摸着双刀啦。赶紧抻出双刀，左脚踹镫，牛打盘旋，贼人的棍打空啦。我左手剪住贼人的腕子，右手来了个海底捞月，嘭的一声，红光迸现，鲜血直流，斗大的脑袋在地下乱滚……

乙：您把贼杀啦？

甲：我把牛宰啦！

不料那天演到这个地方，场子里进来一个熟人，捧哏稍一走神儿，把逗哏的

"底"给说出来啦，说成："您把牛宰啦？"见此，李德钖凭着丰富的舞台经验，转身就走。周德山知道说错了，忙问一句："您干嘛去？"李德钖扭头回了一句："我卖牛头肉去!"因为剧场门口常年有个卖牛头肉的，生意红火，尽人皆知，观众联想至此，不由哄然大笑。而李德钖此举不但弥补了捧哏的失误，并产生了奇妙的效果，受到前后台的一致称赞。

从此，相声界又多了一句术语——砍牛头。以后再有捧哏的刨"底"，内行就称之为"砍牛头"了。

"相声八德"指的是哪八位相声艺人？

"相声八德"是 20 世纪二三十年代活跃于京津一带的八位著名相声艺人，分别是：马德禄、周德山、裕德隆、焦德海、刘德智、李德钖、李德祥、张德泉。

马德禄（1882～1935），是相声名家马三立的父亲。13 岁随恩绪学艺，后拜春长隆为师，长期在京津一带演出，深受观众欢迎。表演相声注重刻画人物，语言形象幽默，风格稳健细致，既严谨扎实，又不失谐趣。1920 年前后为李德钖捧哏，颇为李所倚重。代表作如《倭瓜镖》、《粥挑子》，单口相声《古董王》、《怯跟班》、《五兴楼》、《君臣斗》等。

周德山，艺名周蛤蟆，是马三立的师父，师从范有缘。在他之前，相声是撂地卖艺的营生，是他把相声带进了剧场。

裕德隆，"德"字辈大师兄，艺名瞪眼玉子，师从富有根。

焦德海（1878～1935），师从徐有禄。以说、学见长，台风稳健，表情细腻，口齿清晰，语言幽默，在"相声八德"中活路、见识较广，功底较深。曾与李德钖联袂演出数年，互相切磋；后又长期同刘德智搭档，听众戏称之为"焦溜（刘）"，是当时捧逗俱佳、颇有影响的一对演员。代表作有《财迷回家》、《开粥厂》、《洋药方》、《对对子》，单口相声《五人义》、《假行家》、《吃饺子》等。收徒甚多，有张寿臣、于俊波、朱阔泉等。其子焦少海得其家传，颇具功力。

刘德智（？～1952），师从徐有禄，是卢德俊带拉培养的师弟。在焦德海猝然病故后，20世纪40年代曾在天桥说单口相声，后参加启明茶社相声大会的演出。1950年参与创建北京相声改进小组，被选为副组长，积极投身于相声改革工作。收徒郭启儒等。

李德钖（1881～1926），艺名万人迷，师从恩绪、徐有禄、富有根等。说相声以"怪"著称，说话瓮声瓮气却吐字清楚，绷着脸慢慢抖包袱儿，因此有"冷面滑稽"之誉。曾与张德泉搭档，捧逗和谐，相得益彰。像演《粥挑子》时，李逗张捧；演《豆腐堂会》时，张逗李捧。观众赞扬说："相声谁最棒？粥李豆腐张。"后与马德禄、周德山等合作演出。代表作有《醋点灯》、《交租子》、《打灯谜》、《八扇屏》、《绕口令》，单口相声《满汉斗》、《古董王》、《日遭三险》，群口相声《扒马褂》、《大审案》、《四字联音》等。李德钖扶掖青年演员，不遗余力，如张寿臣就曾受益匪浅。

李德祥，师从恩绪。

张德泉（？～1920），艺名张麻子，师从恩绪。常与李德钖同台表演，互为捧逗，有"张谐李庄"之誉。二人一起创造或加工了《耍猴儿》、《交租子》、《洪羊洞》等曲目，表演的《对对子》、《卖对子》、《交租子》、《灯谜》曾由百代公司灌制唱片。

401

有"净街王"之誉的评书名家是谁？

王傑魁（1874～1958），23岁开始在北京说评书，拜王致廉为师，得其亲传，专说《包公案》及其续书《小五义》、《续小五义》，是北京评书界"傑"字辈顶掌门户的门长。他说书以说表细腻、慢而中听、变换声调塑造人物著称。因为熟悉平民百姓的生活，所以表现三街六市、五行八作及民间习俗颇有独到之处，由此形成了他的流派特色。从20世纪30年代末至40年代末，他长年在北京一些商业电台连续播讲《包公案》，各商号的收音机争相播放，行人趋集店前聆听，街上嘈杂之声顿消，故得"净街王"之美誉。许多京剧演员都喜听王傑魁的评书，著名武丑叶盛章改编《藏珍楼》、《徐良出世》、《智化盗冠》等剧目，都是从王傑魁的评书中汲取到丰富的营养。

中华人民共和国成立后，王傑魁年事已高，极少登台，所演说的《包公案》惟"三吃鱼"片断有记录本保存，被收入《评书传统作品选》一书。王傑魁收徒傅阔增等。

402

被誉为"评书大王"的是谁?

在清末民初北京各行艺人中，"京剧大王"谭鑫培、"评书大王"双厚坪与"鼓界大王"刘宝全并称"艺坛三绝"。

双厚坪（？～1926），艺名双文兴。他擅说《隋唐》、《水浒》、《济公传》、《施公案》、《精忠传》、《封神榜》等，有"双记书铺"之誉。双厚坪说书，结构严整，形象生动。他熟知北京的五行八作、市俗民风和社会各阶层人物的心态，善于用语音声态细腻真实地刻画人物，听来如闻其声，如见其人；他能够熟练地掌握评书"古事今说，佐以评论"的艺术特色，用幽默隽永的"活口"敷衍书外书，冷嘲热讽，针砭时弊。

双厚坪说《隋唐》，曾留下一段"双厚坪说卖马，半个月不撒马嚼环"的趣闻。据说有一次双厚坪说到秦琼卖马，老听客、皇宫大总管刘德泰恰好要去天津办事，不能继续听，深以为憾。双厚坪说："这么着吧！您去办您的事，这'马'我给您留着。"刘德泰一走，他便由马说起，引申发挥，另辟旁枝，讲典故，扯市井人情，听众爱听，书馆仍然座无虚席。半个月后，刘德泰回京直奔书馆。见他进门，双厚坪一拍醒木停书了。刘德泰问："这'马'怎样啊?"双厚坪说："没卖!"由此可见其说书功力之一斑。

双厚坪说《水浒》，在说到杀嫂一段时，武松邀请四邻，他说四邻是酒、色、财、气四家，各有所好。从开酒铺的第一家，便说起清末崇文门外的十八家酒店，大街上的大酒缸、黄酒馆子，胡同里的小酒铺，以及贩卖私酒的如何半夜过城，兑水掺假，喝醉了的酒客怎样撒酒疯，并引出《贵妃醉酒》、《醉打山门》等京剧。第二家色，是妓院，由此说起北京妓院的里里外外。第三家财，是赌局，由此说起押宝、摇摊、推牌九、斗纸牌、打麻将、掷骰子和"腥赌"（赌博骗局）。第四家气，是一位挂着"善观气色"招牌的相面先生，由此谈到算卦、批八字、灯下术、揣骨等命相之术。洋洋洒洒，谐趣环生。

双厚坪说《济公传》，也与一般说法不同，由济公降生说到九僧擒韩殿、西天朝佛缴法旨为止，故事完全，独成一家。像济公三探娘舅为三大节书，以探娘舅为染尘缘，每探一次娘舅即受一次魔灾，中间穿插小西天、五云阵、擒韩殿等几个大柁子。说到八魔炼济颠时，譬喻百端，妙绪颇多。连阔如在《江湖丛谈》中称双厚坪说此书"发托卖像，形容最好，当场抓哏，诙谐百出"。

双厚坪有弟子杨云清、海文泉等。

403

被誉为"鼓界大王"的是谁?

"鼓界大王"指一代京韵大鼓名宿刘宝全。

刘宝全（1869～1942），自幼习唱木板大鼓（俗称怯大鼓），后综合各家唱腔之长，并将京剧、河北梆子、石韵、莲花落、马头调等表现手法熔冶到京韵大鼓的唱腔和表演之中，他创造的唱腔既刚劲又华美，既庄重又俏皮，有时借鉴京剧老生的唱法，真嗓假嗓兼用，同时还完善了似说似唱、说唱交融的演唱方法。1920年，刘宝全被时人誉为"鼓界大王"，其大鼓艺术被称做"刘派"。至20世纪30年代初，他在艺术上已达到炉火纯青的境界。1938年某期《半月戏剧》曾有人著文赞扬他演唱的《单刀会》：

> ……精神活泼，音调铿锵，表情尤细腻周密，拔高时清脆流利，如长空鹤唳；走低时圆浑洒脱，如玉盘走珠。状关壮缪庄严肃穆，表鲁子敬矩谨诚厚，不特脸上指上有戏，即眉目腰腿两足间，亦无一不有戏情溢露。迨转入快板以后，佳腔更多，忽而疏朗，忽而紧张，忽而幽静，忽而激昂，忽而如春波荡漾，忽而如江潮怒吼，忽而如婺妇泣诉，忽而如万马奔腾。妙在不促不滞，不慌不忙，抑扬顿挫，徐疾有致，历时凡四十分钟绝无些微气喘衰颓之像。以一古稀老叟，居然胜任此浑身费力之繁剧工作，实属难能可贵……

刘宝全

刘宝全另有三大绝艺，即弹琵琶、唱石韵、唱马头调，以此丰富并提高了京韵大鼓艺术。

刘宝全一生演唱的京韵大鼓曲目共计34段，灌制的京韵大鼓唱片有27张，中央人民广播电台存有全部唱片录音。其中1939年上海中华影业公司曾将他演唱的《宁武关》拍摄成舞台纪录影片，得以留下珍贵的影像资料。

刘宝全正式收徒五人，即白凤鸣、谭凤元、常旭久、钟德海、韩德荣。

404

何谓韦编三绝?

这个成语是用来形容读书刻苦勤奋的。"韦"是用于编连竹、木简的熟牛皮绳子,所以"韦编"在先秦两汉时期也是书籍的代称。"三"是约数,表示多次。我国魏晋以前的书,主要是以竹、木片为书写材料的,每一根竹、木片称为"简",用火烘干后在上面写字。竹、木简有一定的长度和宽度,一根竹、木简只能写一行字,多则几十个,这样一篇文章就要用许多根竹、木简,这些竹、木简必须用牢固的绳子编连起来才便于阅读。像《易》这样的书,当然是由许许多多竹、木简编连起来的。所以《史记·孔子世家》记载:"孔子晚而喜《易》……读《易》,韦编三绝。曰:'假我数年,若是,我于《易》则彬彬矣。'"

405

史书为何又称为"汗青"?

南宋诗人文天祥《过零丁洋》诗写道:"人生自古谁无死,留取丹心照汗青。"这里的"汗青",就是史书的意思。史书为何又称为"汗青"呢?这与我国古代的书写材料有着密切的关系。我国古代在纸张没有普及之前,人们用于书写的主要材料是竹、木简。书写前,要先将竹简放在火上烤,去掉水分,再刮去竹青部分,这个程序就称为"汗青"。干后的竹简,既容易书写而且不易生虫。后来,人们用书写材料代称书写结果,就用"汗青"来代称著作了,后来特指史册。平时人们在将要做完一件事情时，往往说要"杀青"了，这也和古代书写用的竹简有关。古代著书，每一篇文章或一本书的草稿往往先写在青竹的表皮上，青竹的表皮比较光滑，需要修改时，很容易将原来的字迹擦掉。待定稿后，再削去青皮，书于竹白，谓之"杀青"。所以后来人们习惯称著作定稿为杀青。

406

什么是卷子？

卷子也称"卷轴"，是中国古代的一种书籍装订样式。卷轴装是由简策卷成一束的装订形式演变而来的。开始于汉，主要盛行于魏晋南北朝至隋、唐时期。缣帛的书，文章是直接写在缣帛上的，为了便于阅览和存放，通常都在卷末装上一根竹、木或其他材料制成的小棍，小棍的两头稍长于书卷，犹如车轴一样，然后以小棍为中轴向前翻卷，这样既方便阅读，又方便插架存放。由于纸与缣帛一样都便于舒卷，所以纸写本的书在出现之初，便也采用了与帛书相同的方法，先将纸张按需要黏成长卷，将轴黏在纸的一端，然后卷成一束，这就是卷轴装。这种装订形式的书，又被称作"卷子"或"手写卷子"。为使书的内容免受污损，卷轴装的卷首，一般都黏

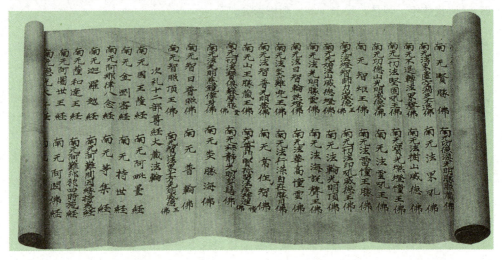

卷子

接一张叫做"裱"的纸或丝织品。裱的质地坚韧，不写字，主要起保护作用。这部分又称为"缥"、"玉池"，俗称"包头"。加缥之后，再系上丝带，以便于捆扎卷子。这种书籍装订形式在我国古代流行了数百年的时间，现存最早、有确切出版日期的卷子装图书，是 868 年采用木刻版印刷的《金刚经》。

 407

古书中篇目为何称为"卷"？

篇和卷实际上都是我国古书的计量单位，但二者又有很大的区别：一般来说，篇与书籍内容的起讫有密切关系。如司马迁的《史记》一百三十篇，是指从内容上《史记》分为一百三十个单位；而卷最初时则是依据物质形态划分的，竹木简、帛书和卷子都是可以卷舒的书籍，所以以卷为计量单位。早期书籍中，篇和卷是基本统一的。后来，随着书籍装订形式的变化，二者出现了不对称，有时一卷可以包括若干篇。书籍装订形式由卷子发展到册页之后，篇、卷、册三者之间的差别就更明显了。一般来说，册页书中一册可以包含若干卷，一卷又可以包括若干篇。由于篇这一计量单位与书的内容密切相关，所以篇目对于一部书来说至为重要，无论书籍的形态如何变化，篇都是基本不变的。而卷在书籍装订演变为册子之后，几乎失去了实际的意义，书籍分卷也变成了一种传统的习惯。册就更具有随意性了，厚薄也无规律可循。如明、清时期的刻本，一般一册包括若干卷，每卷有几十页。分卷要照顾到内容的完整性，所以有时卷的长短差别很大，特殊情况下，一卷甚至仅有一页。

 408

什么是经折装？

经折装是中国古代的一种图书装订方式，是在卷轴装的形式上改造而来的。由于这种装订方式是受佛教贝叶经装订形式的启示，所以又称梵摺装、梵夹装，大约是在唐朝中后期出现的。随着人们对书籍需求的增多，卷轴装的许多弊端逐步暴露出来，如要检阅卷轴装书籍的中后部分时，也必须把整卷书从头打开，看完后还要再卷起，十分麻烦。经折装的出现大大方便了人们的阅读，也便于取放。其方法就是把卷子长幅改作折叠，纸张仍是连接起来的长幅，但不是卷起来的，而是按一定宽度一反一正折叠成一长方形的册子，成为书本形式，轴和缥都不需要，而是换成了两块大小与折纸一样的硬纸板或薄木板，把折子夹起来，成为从外表上看与梵夹一样的形式。由于经折装制作简便，翻阅时省力省时，所以很快便推广开来。宋代及其以后的佛经、道藏大多采用这种装订形式。

409

什么是旋风装？

旋风装是中国古代图书的装订形式之一，它是由卷轴装演变而来的，亦称"旋风页"，是我国书籍由卷轴装向册页装发展的早期过渡形式。唐代中期已经出现。关于旋风装的形制，现在学术界还没有统一的看法：一种意见认为，旋风装是将经折装的书再用一张纸的一半把书的第一页黏起来，另一半把书的最后一页黏起来，这样整张纸就把书的第一页和最后一页连同书背一起包起来；另一种意见认为，旋风装是抄书时，先一页一页地抄写，再依次序像鱼鳞一样逐页黏在一张卷轴式的底纸上，收卷时，书页鳞次朝一个方向旋转，宛如旋风，所以又称为旋风卷子。展开时，书页又如鳞状有序排列，故又称"龙鳞装"。虽然有些分歧，但大致上这种装订形式卷起时从外表看与卷轴装无异，它是由一长纸做底，首页全幅裱贴在底上，从第二页右侧无字处用一纸条黏连在底上，其余书页逐页向左黏在上一页的底下。书页鳞次相积，阅读时从右向左逐页翻阅，收藏时从卷首向卷尾卷起。现存故宫博物院唐朝吴彩鸾手写的《唐韵》一书，用的就是这种装订形式。

什么是蝴蝶装？

蝴蝶装是中国古书装帧形式之一，它是由经折装演变而来的。雕版印刷书籍出现以后，特别是宋代雕印书籍盛行以后，书籍生产方式发生巨大变化，必然引起书籍的装帧方法和形式也相应地发生变化。雕印书籍要受版面制约，即每版只能雕印一定行款的字数，且通常都有边栏、界行。这样印出的书页，都是以版为单位的单页。这种书页若是仍然沿用卷轴装或经折装，就必须先将书页首尾黏连，且要设法去掉或掩盖每页的左右边栏，劳力费时，极为不便，于是蝴蝶装应运而生。蝴蝶装又简称"蝶装"、"黏页"，它最早大约出现在唐朝后期，盛行于宋朝。其装订方法是：把书页依照中缝，将印有文字的一面向里对折起来，再以中缝为准，将全书各页对齐，用糨糊黏附在另一包装纸上，最后裁齐成册。用"蝴蝶装"装订成册的书籍，翻阅起来册页就像蝴蝶的两翼翻飞、飘舞，故名之为"蝴蝶装"。五代时期雕版印刷的监本经书，就是用这种方式装订成册的。

什么是包背装？

包背装是中国古代图书的一种装订形式，兴起于南宋后期，是由蝴蝶装演化而来。虽然蝴蝶装有很多方便之处，但也很不完善。因为文字面朝内，每翻阅两页的同时必须翻动两空白页，于是到了元朝，包背装便取代了蝴蝶装。包背装与蝴蝶装的主要区别是对折页的文字面朝外，背向相对。两页版心的折口在书口处，所有折好的书页，叠在一起，戳齐折扣，版心内侧余幅处用纸捻穿起来。用一张稍大于书页的纸贴书背，从封面包到书脊和封底，然后裁齐余边，这样一册书就装订好了。包背装的书籍除了文字页是单面印刷，且又每两页书口处是相连的以外，其他特征已经与今天的书籍非常相似了。由于包背装的书口向外，竖放会磨损书口，所以一般是平放在书架上的。包背装的图书装订及使用，虽然较蝴蝶装更方便，但由于装订手续仍较复杂，所以不久即被另一种装订形式——线装所取代。

412

什么是线装？

线装书

线装，也称古线装。这种书籍装订方式出现在包背装盛行的 14 世纪的明朝中叶，是我国书籍装订技术史上第一次将零散页张集中起来，用订线方式穿联成册的装订方法。它的出现，表明我国的书籍装订技术进入了一个新的阶段。其方法是：将原来包背装的护叶由一张裹背改为前后两张，不再包书背。装订时先订纸捻，再上封皮，然后切齐，包角，再打眼上线。一般书籍是打四个装订眼，或者在书背上下两角加打两眼，成六眼装。线装一直沿用到清朝末年及民国时期，今天流行的平装和精装，是清朝中后期从西方传入的。但直到现在，翻印古书，仍然多采用这种线装的装订形式。

413

什么是乌丝栏和朱丝栏？

乌丝栏和朱丝栏是古代抄书时于纸张上用墨笔或朱笔画出的界格。起源于缣帛上下以乌丝或朱丝织成栏，其间用朱墨作为界行的形式。帛书文字是由上而下书写，每行字数不等，为使各行文字书写整齐，有时帛书仿照简册的原有界线，用朱笔或墨笔画上界栏。如马王堆汉墓出土的帛书《老子》，各行间就有用朱砂画成的红色界行。帛书的界栏，早期大多为手画，当帛书盛行以后，为使用方便和美观，于是有人用朱丝或黑丝事先在缣帛上织出界栏，如同今日稿纸，专门供书写之用，后人称之为"朱丝栏"、"乌丝栏"。后来，也把有墨线格子的卷册之类称为乌丝栏。如唐代蒋防的《霍小玉传》中说："玉管弦之暇，雅好诗画，筐箱笔研，皆王家之旧物。遂取绣囊，出越姬乌丝栏素缣三尺以授生。"栏有时又作"阑"、"襕"，如宋陆游《雪中怀成都》有"乌丝阑展新诗就，油壁车迎小猎归"。有时也省作"乌丝"，如陆游《东窗遣兴》中有"欲写乌丝还懒去，诗名老去判悠悠"。

414

什么是手稿本？

已经写定尚未付印的称稿本，其中著书人手书的稿本称手稿本。这种本子由于是作者亲笔所写，所以文中往往多有勾涂之处。但大多数情况下，都是作者写完书稿后，请人誊清，这种本子叫清稿本。稿本誊清后，作者往往要进行校对，还会有少量的添改，添改处为作者的手迹，同时稿本上还往往有作者的印鉴。

415

什么是抄本？

凡是手写而非版印的书籍均称为抄本，抄本中字体尤为工整漂亮者又称为写本。现存最早的抄本书是西晋元康六年（296）写的佛经残卷。抄本中往往有十分罕见的古籍，尤其是一些著名的藏书楼如明朝毛晋汲古阁，清朝钱曾述古堂、鲍廷博知不足斋、黄丕烈士礼居、刘喜海味经书屋和近代刘承幹嘉业堂等，往往有自己专门的抄书稿纸，版心或栏外印有堂名，书中往往有校，有抄书题记，钤有印记。抄本常

明抄本《圣政杂录》

因是名家手迹、接近原稿、保存完整等原因，十分珍贵。如《聊斋志异》因原稿散失一半，而铸雪斋抄本，保存篇章较多，因而它成为今天刊印该书的主要依据。从纸格的颜色上，人们往往也将抄本分为红格抄本、蓝格抄本、黑格抄本，或称朱丝栏、乌丝栏。一般来说，明朝人抄书多使用蓝格，清朝人抄书多使用红格和黑格。但也不能一概而论，在鉴别抄本时，要具体情况具体分析。

416

什么是刻本？

刻本是古代用雕版印刷方法印、装的书籍。在雕版印书长期发展过程中，由于时代、地域、刻书者、刻版形体及印刷技术的不同，产生了类型各异的刻本。从时代上区别有宋、金、元、明、清刻本；从地域上区别有浙江、江苏、安徽、江西、福建、湖北、四川、广东、湖南等各地刻本；依出资者区别，有官刻（我国各行政机构雕版印行的书籍）、坊刻（书商刻印的书）和家刻本；

宋刻本《大唐西域记》书影

从刻版字体上看，有大字本、小字本；从刊刻先后看，有初刻本、重刻本、影刻本（又称覆刻本、影刊，其方法是先照原书影摹，然后再雕版）；从开版大小看，开版小者又称为巾箱本；从版式上看，有黑口本、白口本等；从行款上看，有十行本、八行本等；从墨色上看，有蓝印本、朱印本、墨印本，蓝印、朱印多是刷印校样，大抵明朝人多用蓝印，清朝人多用朱印；从刷印早晚看，有初印本、后印本、重修本、增修本、三朝本、递修本等。刻本的出现和流通，对保存、传播我国的历史文化遗产起了极大作用。

417

什么是坊刻本？

坊是指市面上的书坊，凡由书坊刊印的书，统称为坊刻本。我国自唐朝至清朝，各地书坊曾刊印了大量的书籍。编刻图书并经营书业的书坊，在唐朝就已经出现，至两宋更加兴旺。当时，北宋的开封、南宋的杭州，都有很多书坊、书斋、书轩、书林、书堂、书肆、书棚、经籍铺、书籍铺和纸马铺。西南地区的四川，中南地区的两湖，华东地区的江、浙、皖、赣，尤其是福建建阳的麻沙和崇化，书坊很多。明朝的南、北两京，苏州、扬州、杭州、徽州、常熟和建阳，仍然书坊林立。清代的书坊遍布全国各地，但有的已是单纯经销，并不编刻图书。书坊刻书是以营利为目的的，所以他们刊刻的图书多为社会所需要。早期书坊的书商为速成易售、降低工本，印制了很多质量很差的书籍，如行狭字细、纸墨粗劣、校勘不精、开本局促等。后来为吸引买者，许多书坊对自己刊刻的图书加强编纂，校勘日精，其中也不乏精刊本。为了推销书籍，不少书坊在版面设计上，诸如二节版、字栏、竹节栏、博古栏，以及插图形式、牌记广告等装帧艺术方面，也有不少发明创造。

418

什么是监本?

监本为官刻本的一种,是官刻本中的代表。我国历史上的许多朝代都在国子监设立专门的刻印书籍机构,后世将各朝国子监刻印的书籍统称"监本"。国子监也称国子学,又简称国学,是封建社会的教育管理机关和最高学府。晋武帝咸宁二年(276)始设,与太学并立。隋炀帝时改名国子监。此后,唐、五代、宋、明、清各朝代均沿用。国子监刻书,始于五代后唐明宗长兴三年(932)至后周太祖广顺三年(953)刊刻"九经"。宋朝的国子监刻书,规模和范围比五代时期均要大得多。景德二年(1005),国子监所集书版已达十余万块。到北宋末年,正史也交由国子监全部校刻行世。当时的国子监,除主要刊刻正经、正史外,还将重要的医书如《脉经》、《千金要方》、《千金翼方》等分官详校、镂版颁行。元朝的中央刻书机构不属国子监,归由秘书监下属的兴文署和广成局,故元朝没有监本一说。明朝在当时的南京和北京都设有国子监,刻书数量也很多。据不完全统计,明朝的南、北国子监共刊刻图书315种。清朝修纂、校刻书籍由武英殿总其成,故虽设有国子监,但刻印书籍并不多。

国子监刻本大多经过了精校、精审,且纸墨精良、刀法精致,刊刻的也多是重要的经、史图书,所以颇受后世珍惜。监本又分为北宋监本、南宋监本,明朝时期又有南监本、北监本。明朝的南、北二监先后刊刻的"二十一史",在中国古代书籍史上颇有盛名。

419

什么是殿本?

殿本也称"武英殿本",指清朝于武英殿设立的专门刊刻书籍的机构所刊刻的书籍,也称殿版。康熙四十三年(1704),康熙皇帝诏命于武英殿开馆,校刻《佩文韵府》，从此武英殿就成为了皇宫内府常设的御用修书、印书机构，是清代影响最大的官刻机构。清朝的武英殿刻书，涉及经学、小学、数学、乐律、文学、艺术、目录、金石等门类，集中反映了当时学术研究的成果和水平。所刻书籍以刻工精整、印刷优良著称，刻书质量高，开精写、精校、精刊之风气，且刻画和套印技术均超越前代。如刊刻的《万寿盛典》，大典场面宏伟，涉及人物众多。刊刻的《避暑山庄三十六景诗》中，三十六幅山水版画，精妙绝伦，采用了双色、三色及五色套印。殿本多使用开化纸，书品宽大，印刷墨色的光泽追求尽善尽美，书名大多冠有"钦定"、"御纂"等字样。但殿本书中对有些古书上的文字出于现实的政治需要而进行挖改，成为一大弊病。嘉庆以后，武英殿刻书逐渐衰落。光绪二十七年（1901），殿内版籍因两次失火被全部烧毁。

420

什么是巾箱本？

巾箱是古人放置头巾的小箱子。巾箱本指开本很小的图书，意谓可置于巾箱之中。据宋戴埴《鼠璞》记载："巾箱本，起于南齐衡阳王手写《五经》置巾箱中。"《北堂书钞》卷135"王母巾箱"条引《汉武内传》说，汉武帝见王母巾箱中有一卷小书，盛以紫锦之囊。东晋葛洪的《西京杂记·后序》中说，葛洪家遭遇火灾，家藏书籍全被烧光，只有"抄本二卷在巾箱中，尝以自随，故得犹在"。《南史》卷41也记载，衡阳王钧"手自细书《五经》为一卷，置于巾箱中，以备遗忘。……诸王闻而争效为巾箱《五经》"。由此可见，书籍无论是手写本，还是刻印本，只要开本小，于随身携带的巾箱小箧中能够装下，均可称之为巾箱本。由于这种图书体积小，携带方便，有时可以放在衣袖之中，所以又被称为"袖珍本"。古代的书商为了射利，还曾刊刻一种儒家经典解题之类的小册子，专供科考的举子挟带科场作弊之用，这种袖珍本又被称为"挟带本"。

421

什么是孤本？

孤本是海内外仅存一本的图书，也包括海内外罕见某书的某种碑刻的旧拓本和未刊刻的手稿等。现存世界最早的印刷品——我国唐代（868）印刷的《金刚经》卷子，就是孤本。又如春风文艺出版社出版的明末清初小说《后水浒传》，就是以大连图书馆藏的孤本整理刊印的珍中之珍。

422

什么是善本？

善本最初的概念是指经过严格校勘、无讹文脱字的图书。印刷术产生前，书籍大都是写本。把原稿或别本认真缮写下来，经过与原文校核无误，就成为善本。善本概念最早出现在宋朝时期，是指版刻书籍的精品。善是好的意思，善本的原始内涵指那些版刻古籍中校勘好、装帧好、时代久、流传少、具有学术价值和历史价值的书籍。版刻书籍是用木版雕刻文字印刷而成的书籍，唐朝以前没有印刷技术，文字都是用刀或笔刻、写在竹木简、缣帛、纸和羊皮上的。到了宋朝，雕版印刷技术已经相当发达，书籍发行量大增。当时的印书分为官刻、坊刻和家刻，官刻是由朝廷经办的，质量好。民间书坊刊刻的书籍质量参差不齐，多有脱字、讹字，装帧、纸张、字迹等方面也存在种种问题，于是就有了对善本书的讲究。

不同版本的书籍收录的文献有多有少，校勘精审程度也不相同，于是就有了足本和残本、精本和普通本之别。同时，书籍的版本出现有早晚，珍稀程度也不相同，也就相应地产生了古本和今本、孤本和复本的差别，这使得善本的内涵更加扩展。后代许多学者对善本的概念不断进行总结归纳，最终形成了现在通用的善本"三性"、"九条"说。善本的"三性"是指书籍应具备较高的历史文物性、学术资料性和艺术代表性。"九条"主要是指：元代及元代以前刊刻或抄写的图书，明代刊刻或抄写的图书，清代乾隆以前流传较少的刻本或抄本，太平天国及历代农民政权所刊印的图书，辛亥革命前在学术研究上有独到见解或有学派特点的稿本以及流传很少的刻本或抄本，辛亥革命前反映某一时期、某一领域或某一事件资料方面的稿本以及流传很少的刻本或抄本，辛亥革命以前的名人学者批校、题跋或过录前人批校而有参考价值的印本或抄本，在印刷技术上能反映古代印刷术发展的各种活字印本、套印本或有精校版画、插画的刻本，明朝的印谱、清代的集古印谱、名家篆刻印谱的钤印本以及有特色的亲笔题记等。善本的时代下限，现在一般确定在清乾隆六十年（1795）。

423

什么是版本？

一种书籍经过多次传抄、刻印或以其他方式而形成的各种不同的本子就是所谓的版本。它过去一般是指书籍的雕版印本，后来含义逐渐扩大，包括刻本、抄本、校本、稿本、石印本、活字本、影印本、铅印本等不同的版本类别。一部书，无论是经抄写、刻印或以其他方法制成，由于时代、地区、条件、写刻人等有所不同，各种本子之间也会产生种种差异，进而呈现出不同的特征，如抄写或刊印的形式、年代、版次、字体、行款、纸张、墨色、装订，内容的增删、修改、变化以及在流通过程中留存于书上的题跋、识语、批校、藏章印记等等，这些特征就共同构成了一本书的版本差异。研究书籍的版本特征，辨其真伪优劣，就逐渐形成了一门新的学科——版本学。

424

什么是百衲本？

百衲（nà）本为书籍出版术语，是指用同一种书的不同版片拼印或用一种书的不同版本拼配起来的图书。这是个借喻性的版本称谓。衲，原义是僧人所穿经过多次补缀的衣服。百衲，形容补缀很多，引申为用零星材料集结成一套完整的东西。王隐的《晋书》中说："董威辇于市，得残缯辄为衣，号曰百衲衣。"蔡绦的《铁围山丛谈》中记载："唐济公者号善琴，乃自聚灵材为之，曰百衲琴。"蔡君谟在《画锦堂记》中也说："每字作一纸，裁截布列，连成碑形，谓之百衲碑。"由此可见，"百衲"具有杂拼之义。所以，用同一种书零散不全的不同版片拼凑印制，或用同一种书的不同版本拼配而成的图书，就称之为"百衲本"。百衲本书籍，开始出现于清朝初年的宋荦，他用两种宋刻本、三种元刻本，配置印制成一部80卷的《史记》，称为《百衲本史记》。近人傅增湘也用几种宋刻本拼配印制了一部《资治通鉴》，被称为《百衲本资治通鉴》。商务印书馆曾汇集不同版本的史书，拼配印制过一部《二十四史》，被称为《百衲本二十四史》。

425

什么是宋体？

宋体起源于宋代雕版印刷时，通行并确立于明代，是现代印刷行业应用最为广泛的一种字体。宋代"兴文教，抑武事"，文化呈现出前所未有的繁荣昌盛景象。印刷出版业在宋代进入了黄金时期，雕版印刷兴旺，刻书中心众多且发展较快。元、明时期大量翻刻宋朝的刊本，于是字体美观端庄、便于书写和刻写的宋体字便逐渐成了当时印刷出版业的通行字体。

根据字的不同外形，宋体字又可分为书宋和报宋。宋体字的字形方正，笔画横平竖直，横细竖粗，棱角分明，结构严谨，整齐均匀，有极强的笔画规律性，从而使人在阅读时有一种舒适醒目的感觉。

426

什么是仿宋体？

仿宋体是印刷字体的一种，这种印刷用字体模拟北宋刊本欧体字的笔调，略带长行。宋代随着经济的发展，雕版印书业发展迅速，为适应印刷业的需要，刻工们要求有一种比楷书更为整齐规范的字体，他们经过不断探索，创造出了一种较为规范的雕版印刷字体。这种字体很接近楷体，横竖笔画也没有太大的差别。到了明代，这种雕版字体发展得更为规范，成为横轻竖重，略带棱角的字体。清代有武英殿聚珍版本，用仿宋字体。20世纪初，钱塘丁辅之、丁善之等人集宋代刻本字体，仿刻了一种印刷活字字体，这种字体横竖粗细相等、笔画秀丽，字形呈长方，清秀美观。现在，这种字体已成为我们日常生活中应用极为广泛的一种字体。

427

什么是聚珍仿宋本？

采用仿宋体活字印成的书，称为聚珍仿宋本。聚珍版即活字版的另一称呼。北宋庆历年间，布衣毕昇发明了泥活字，明朝的毗陵人就用铅制成了活字用于印书。清朝康熙时期，编纂《古今图书集成》，用铜铸造活字排印，其字贮藏于武英殿中。至乾隆时期，因历时久远，多有被盗，适值当时铸造钱币用的铜稀缺，于是这些铜活字全部被毁用于铸造钱币。乾隆时期，开馆编纂《四库全书》，乾隆皇帝命令馆臣从辑录自《永乐大典》和各省呈进的书籍中，选择罕见之书校正刊行，由户部侍郎金简主持此事。金简用枣木制成活字二十五万余个，用于排印精选出来的善本。乾隆皇帝嫌活字本这一名称不够雅致，就赐其名为聚珍版。

428

什么是纪传体？

纪传体是中国古代史书最重要的体裁之一。这是一种以本纪、列传人物为纲，时间为纬，反映历史事件的史书编纂形式。其突出特点是，以大量人物传记为中心内容，是记言、记事的进一步结合。从体裁上看，纪传体是本纪、世家、列传、书志、史表和史论的综合。本纪，基本上是编年体，兼述帝王本人事迹。世家，主要是记载诸侯和贵族的历史。列传，是各方面代表人物的传记。书志，是关于典章制度和有关自然、社会各方面的历史。表，是用来表述错综复杂的社会情况和无法一一写入列传的众多人物。优秀的纪传体史书把这些体裁配合起来，在一部史书里形成一个相辅相成的整体。它既有多种体裁的混合，又有自己的特殊规定性。我国最早、最优秀的一部纪传体史书，是西汉司马迁编纂的《史记》。《史记》共计一百三十篇，分本纪、表、书、世家、列传几部分，记载了从传说中的黄帝，一直到汉武帝太初年间上下三千多年的历史。纪传体史书中又有通史与断代史的分别，纪传体的断代史以东汉班固的《汉书》最有代表性，所取得的成就也最高。自《汉书》成书以后，以纪、表、志、传为主要形式，以断代为史的史书体例，便成为后世修撰"正史"的标准样式。中国古代官方正史"二十四史"中的其他史书，均是以纪传体编纂而成的。但纪传体也有其自身的弊端，即"一事而复见数篇，宾主莫辨"，分头叙述人物，历史事件则被分记在人物传记之中，重复矛盾在所难免。到南宋时期，出现了旨在弥补编年、纪传二体缺陷而综合其优点的新的史书编撰形式——纪事本末体。

 429

什么是编年体？

以年、月为线索，编排有关历史事件的史书编纂方式即为编年体。编年体史书以时间为中心，按年、月、日顺序记述史事。因为它以时间为经，以史事为纬，所以能比较容易反映出某一时期各个历史事件的联系，可以说这是一种最简单的历史编纂方法和记注史料的基本手段。中国的古史，一般都是编年体史籍。在我国现存的史书中，编年体史书的数量很多。现存最早的一部编年体史书是《春秋》，为春秋末年的孔子依据鲁国史官所记国史加以整理修订而成。而《左传》则是我国第一部较为完备的编年体史书，相传是春秋末年的左丘明为解释孔子的《春秋》而作，名为《春秋左氏传》。《资治通鉴》是我国第一部编年体通史，也是我国编年体通史的杰作，由北宋司马光（1019～1086）耗费十九年的时间主编而成，记事上起周威烈王二十三年（前403）的三家分晋，下至五代时期周世宗显德六年（959），共1362年的历史。编年体的优点是便于考查历史事件发生的具体时间，了解历史事件之间的相互联系，并可避免叙事的重复。其缺点是记事按年、月分列杂陈，难以集中了解某一历史事件的完整过程，难以记载不能按年、月编排的历史事件，所以这种体裁的史书往往是详于政治事件而忽略经济、文化等方面的史实。

430

什么是纪事本末体？

纪事本末体是以历史事件为纲的中国史书编撰体裁，它与编年体、纪传体合称为古代三大史体。这种体裁，每事一题，每题列为专篇，把分散的材料，按时间先后加以集中叙述。它既不同于编年体的以纪年为主，也不同于纪传体的以传人为主，而是以记事为主，把历史上的大事，详其首尾，集中表述其过程，所以它兼有编年体和纪传体的优点，因其详于记事，故方便阅读。南宋的袁枢，首创这一编撰体裁。袁枢在阅读《资治通鉴》时，因感于一件事或一个人的行迹分散于多年的记事之中，非常不便，于是就将一件事或一个人的相关材料自《资治通鉴》抄录集中在一起，并因事或因人命篇，编成《通鉴纪事本末》一书。这本是一种抄书行为，却无意中开创了一种新的史书编撰体裁。其后，用这种体裁改编或创作的史书很多，如明朝陈邦瞻的《宋史纪事本末》、《元史纪事本末》，张鉴的《西夏纪事本末》和清朝谷应泰的《明史纪事本末》以及近人黄鸿寿的《清史纪事本末》等，以至这种体裁的史书贯通古今，自成系统。另外，清朝时期，每一重大军事、外交行动结束后，就将有关诏谕奏报按时间顺序汇编成书，称为方略，《四库全书》也将其列入"纪事本末体"之中，这是专史性质的纪事本末。

纪事本末的优点，是每一历史事件独立成篇，各篇按时间顺序编写，能够完整地反映历史事件的全过程，可补编年体与纪传体在记事方面的不足。其缺点在于难以展示同一时期各个历史事件之间的有机联系。

431

什么是会要？

会要是记载历代各项经济、典章制度的史书，内容除法令制度以外，兼叙史实，是分门记述各项制度沿革的史料汇编。唐朝苏冕所撰的自唐高祖至德宗九朝《会要》，是现今所知最早的会要体史书。唐宣宗时，又命杨绍复等人续修，成《续会要》四十卷。宋朝初年，王溥在苏、杨二书的基础上，补缺拾遗，编成《唐会要》一百卷；此后，他又撰成《五代会要》三十卷。宋朝皇帝十分重视对本朝《会要》的编纂，经十余次重修续修，撰成《十三朝会要》，今只存《宋会要辑稿》。元代仿唐、宋旧制，官修《经世大典》八百余卷，其实也是会要的别名。此外，经后人补修的前代会要，还有南宋徐天麟的《西汉会要》、《东汉会要》，清杨晨的《三国会要》、孙楷的《秦会要》等。这样，会要体史书也自成序列，构成了完整的中国古代典章制度通史。

432

什么是通史？

不间断地记叙各个历史时期史实的史书称为通史，也可以理解为贯通的历史，就是记载一个国家、地区或世界从最早文明到现在的历史。既然叫通史，就首先要求叙述内容的广泛性，即所有重要事件和研究课题（如军事、文化、艺术）涉及的内容都要涉及到。其次要求在叙述中体现历史发展脉络或贯穿其中线索，给人以整体的历史认识。要做到这两点是十分困难的，需要编写者具备相应的才华、积淀和理论素养。西汉司马迁的《史记》，是我国现存最早也是最优秀的一部纪传体通史，该书记载了上自传说中的黄帝，下至汉武帝时期三千多年的历史。北宋司马光主持编撰的《资治通鉴》，是我国古代成就最高的编年体通史。

433

什么是断代史？

断代史是指以某一朝代或时代为断限的史书，主要特点是只记录某一时期或某一朝代的历史。东汉时期班固编撰的《汉书》，是我国第一部纪传体断代史，分为12纪、8表、10志、70传，共100篇，记载了上起汉高祖元年，下至王莽地皇四年，共229年的历史。实际上，"二十四史"中除了《史记》以外，其他的史书原则上都属于断代史。此外，以朝代或时代为断限的编年体和纪事本末体史书，也属于断代史的范畴。有时，同一史书按不同的标准又可以同时归入不同的体例，如《三国志》既是纪传体史书，又是国别体史书，同时还属断代史书。

434

什么是国别史？

国别史是以独立的政权或国家为单位，分别记叙各自历史事实的史书。《国语》是我国第一部国别体史书，又称"国记"，记事起自西周穆王，讫于战国初年的鲁悼公，分载周、鲁、齐、晋、郑、楚、吴、越等八国的历史，分《周语》三篇、《鲁语》二篇、《齐语》一篇、《晋语》九篇、《郑语》一篇、《楚语》二篇、《吴语》一篇、《越语》二篇，共二十一篇。该书最初的记录者可能是当时各国的史官，在春秋战国之际由晋国的史官编纂成书。晋陈寿的《三国志》也属于国别史，主要记载了魏、蜀、吴三国的历史。

435

什么是正史？

正史是封建时代官方钦定为正宗的史籍，以各家对正史的注补校订之书为附庸。

正史之名始见于南朝梁阮孝绪的《正史削繁》，至《隋书·经籍志》将《史记》、《汉书》等以帝王传记为纲的纪传体史书列为正史，居史部书之首，后世相沿不改。清乾隆年间，遂诏定自《史记》至《明史》二十四部纪传体史书为正史，并确定凡不经皇帝批准的史书不得列入。也就是说，凡是列入正史类的史籍，都是经过严格选择的，不是所有纪传体的史书都可以列入正史类。同时，历代列入正史类的史籍，也并非仅有纪传体史书一种体裁，一些编年体史书，在有些朝代也被列入正史之中。如《明史·艺文志》中所收正史就既有纪传体，又有编年体。

436

什么是别史？

别史是区别于正史、杂史，私撰纪传体记载历代或一代史实的史书，如《东观汉纪》、《东都事略》、《大金国志》以及《通志》等史书都属于别史。由此可见，别史实际上是正史类史籍的重要补充部分，犹正史之别支，所以《四库全书总目·史部·别史类叙》中才有"犹大宗之有别支"的说法。别史之名，创始于南宋陈振孙的《直斋书录解题》，用以著录"上不至于正史，下不至于杂史"之书。其后《宋史·艺文志》、《千顷堂书目》、《四库全书总目》等均有此项。

437

什么是霸史？

霸史指记载称霸一方、割据一地的非正统政权历史的史书。霸史之名始见于《隋书·经籍志》中，《隋书·经籍志二》云："自晋永嘉之乱，皇纲失驭，九州君长，据有中原者甚众，或推奉正朔，或假名窃号。……当时臣子，亦各记录。后魏克平诸国，据有嵩、华，始命司徒崔浩，博采旧闻，缀述国史。诸国记注，尽集秘阁。尔朱之乱，并皆散亡。今举其见在，谓之霸史。"如《十六国春秋》，就是北魏崔鸿所著的一部霸史，也是研究十六国史的重要材料。《隋书·经籍志》将史部区分为十三类，有关十六国史的著作大都列入霸史类。

438

什么是杂史？

杂史泛指我国古代私家著述的史书，是以记载带有掌故性见闻为主的史书。它不同于纪、传、表、志等体例齐全的正史，也不同于关系一朝执政的别史。它不受体例限制，博录所闻，虽杂荒疏浅，却可弥补官修史书的疏漏与不足，包括家史、外史、小史、稗史、野史、逸史等类别。杂史之名始见于《隋书·经籍志》。《隋书·经籍志·杂史叙》中说："体制不经，又有委巷之说，迂怪妄诞，真虚莫测。然其大抵皆帝王之事，通人君子，必博采广览，以酌其要。故备而存之，谓之杂史。"《四库全书总目·史部·杂史类叙》认为杂史："大抵取其事系庙堂，语关军国，或但具一事之始末，非一代之全编；或但述一时之见闻，只一家之私记。"由此可见，杂史大多可以成为正史的补充，尽管所记内容在一定意义上有时并不一定是历史上真实发生过的事情，但我们也可以借助杂史了解到一些事情，从而在一定程度上猜测到在正史春秋笔法似的文字下面还隐藏了哪些历史真相。

439

什么是政书？

政书是指主要记载一代或数代典章制度沿革变化及政治、经济、文化发展状况的专书。它原是历史著作的一个门类——典章制度专史，由于其具有资料汇编的性质，所以一般也把它作为工具书使用。政书一词最早出现在《四库全书总目》中，"二十四史"中的史志目录和历代私人修撰的目录学著作中称为"故事"、"典故"、"仪注"之类的书籍，都属于政书的范围。如所谓的"九通"或"十通"以及各种会典、会要等都是政书。我国历史上，记载典章制度的专书，可以追溯到"三礼"，而政书的起源却是开始于唐朝中期刘秩的《政典》。刘秩仿照《周官》所职，采辑经、史、百家之言，编成《政典》一书，以三十五卷分列典章政事。其后的杜佑以其书条目有缺失，广其所缺，参照《开元礼》，撰成《通典》二百卷，这是我国的第一部政书。

什么是实录？

《满洲实录·进攻宁远图》

实录为中国传统史籍之一，是中国古代史籍中编年体史书的一种类型，专记某一皇帝在位期间的大事。其方法是按年、月、日记述当时的政治、经济、军事、文化、灾祥等，并依次插入亡殁臣僚的传记，实际上也就是各朝皇帝的政务大事编年。一些私人记载祖先事迹的文字，有时也称为实录。实录一般以所记皇帝的谥号或庙号为书名，如唐朝的《顺宗实录》和清朝的《世祖章皇帝实录》。也有以某一皇朝命名的合刊本，如明朝十六位皇帝的十三部实录合称为《明实录》和清代十二位皇帝的十一部实录合称为《清实录》等。据《隋书·经籍志》记载，最早的实录是南朝梁周兴嗣编撰的《梁皇帝实录》和谢昊（一作"吴"）编撰的《梁皇帝实录》，前者记载的是梁武帝事，后者记载的是梁元帝事。实录均由官修，每当先皇去世，即由继位皇帝指令史臣撰修先皇一朝的实录，历代相沿，成为定制。至清代《德宗景皇帝实录》（光绪帝实录）为止，中国历史上曾修撰过一百一十多部实录。因实录的内容往往涉及当朝许多重大的政治机密，所以实录修成之后，往往藏于宫禁或有关机构，从不刊印流布，以致随封建皇朝的兴衰交替，大都毁于兵火。因此，南北朝至元代的实录，除唐韩愈所撰的《顺宗实录》和宋钱若水、杨亿编撰的《太宗实录》残本20卷外，大都已佚失。明、清时期各朝的实录，因时代较近，则基本保存了下来。

 441

什么是起居注？

起居注，简而言之就是记录君主言行动止之事的史书。起居注起源很早，《诗经·静女》中有"女史记事规诲"，《左传》中有"君举必书，书而不法，后世何观"？《周礼》中有"内史掌王之命，遂书其付而藏之"等记载，这可能是起居注的早期形态。起居注名称的出现，有案可查的历史记载，最早的是汉武帝的《禁中起居注》。两汉时期，起居注由宫内修撰，此后各朝史官记

雍正起居注

注皇帝言行，均称为起居注，为官修史书的主要来源之一。魏、晋以后，设官专修。唐、宋时凡朝廷命令赦宥、礼乐法度、赏罚除授、群臣进对、祭祀宴享、临幸引见、四时气候、户口增减、州县废置等事，皆按日记载。元、明以后趋于简单。魏、晋及南北朝时期，《起居注》一类的史书多以著作郎兼修。北魏时期，开始设置"起居令史"，另有"修起居注"、"监起居注"等官，掌侍从皇帝、记录皇帝言行。隋朝于内史省（即中书省）设"起居舍人"。唐、宋又于门下省设"起居郎"，和"起居舍

人"分记皇帝言行。元朝以给事中兼修《起居注》。明初曾专设起居注，后渐废。清朝以翰林、詹事等日讲官兼充，称"日讲起居注官"。

442

什么是方志？

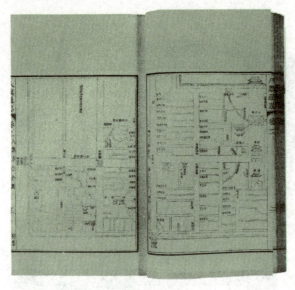

《八旗通志·镶黄旗方位图》

方志是指详细记载某一地域地理、沿革、风俗、教育、物产、人物、名胜、古迹以及诗文、著作等情况的史志。方志的起源，历来众说纷纭，有两种代表性意见：一是方志起源于史，它是从古代史官的记述发展而来的，像《周礼》中所提到的外史掌"四方之志"，可能就是方志的源头；二是方志脱胎于地理学，是由我国古代最早的地理学著作《尚书·禹贡》和《山海经》演变而来的。东汉初期，会稽人袁康撰《越绝书》，记吴、越两国的史地，这是一部具有方志性质的史学著作，在方志编撰史上有开创之功，被后世的很多学者视为中国方志的鼻祖，所谓"一方之志，始于《越绝》"。经过几千年的发展，中国的地方志体例、内容逐渐完备，积累的数量也极多。可惜的是，许多方志在流传过程中都已亡佚了，特别是宋代以前的方志亡佚更厉害。中国方志的类型有主体与支流之分。主体类型主要是按行政区划而定，全国性的叫"一统志"，如《大明一统志》、《大清一统志》；专记一省的叫"通志"，如《河南通志》等；州、府、县、乡、镇也各有志；此外还有卫志、关志、盐井志、土司志等。支流类型，就自然对象划分则有山志、水志、湖志、塘志、河闸志等；就人文对象划分则有书院志、古迹志、寺观志、游览志、路桥志等。另外，专记一方琐闻、轶事，兼及政治、经济、文化的杂志也属此类。地方志的性质决定了它具有地方性、广泛性、资料性、时代性和连续性等突出的特征。

443

什么是谱牒？

谱牒又称为"族谱"、"宗谱"、"世谱"、"家乘"、"家牒"、"谱系"、"谱录"等，是旧时家族记录其世系和事迹的书籍，而皇帝的家谱则称为"玉牒"。谱牒的核心内容是记录家族的世系，以男子为主干，按照血缘关系，先父后子，先兄后弟，依次排列。妇女附于男子，女儿附于父亲，妻子附于丈夫，一般只记男子的名字，女性不记名。谱牒的撰述应当起源于讲究世系的父系氏族社会时期，所以我国的

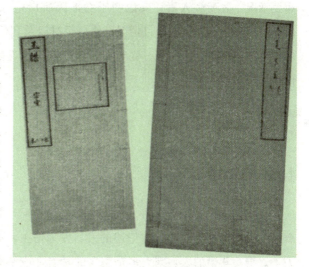

清朝皇室家谱——《玉牒》

夏、商、周时期都应该有帝王世系。司马迁在《史记·太史公自序》中云："三代尚矣，年纪不可考，盖取之谱牒旧闻。"《汉书·艺文志》著录有《世本》十五篇，班固认为是"古史官记黄帝以来讫春秋时诸侯、大夫"的书。可见，《世本》就是记载黄帝以下至春秋时期帝王、诸侯、卿大夫的世系、谥号、名、号等的世系谱，这就是早期的谱牒。

早期的谱牒因为事关国家大事，所以是由政府修纂的，目的是保证帝王、诸侯、

卿大夫社会地位传承的准确性和严肃性。汉魏六朝时期，由于家世事关选官制度，所以谱牒的修纂也是由官方严格控制的。科举制度确立后，再加之社会动荡之下家世变化无常，出身在决定个人前途方面已失去了决定性的意义。于是，从宋朝开始，谱牒由官修逐渐变为以私人撰修为主了。至明、清时期，私修谱牒非常盛行，不仅数量多，而且每家的谱牒往往定期重修。谱牒主要由如下几个主要内容构成，即：一、世袭。实际上就是一个家族的血缘关系图；二、世系录。这是对世系表中每个人简历的记录，一般包括所出及排行、字、号、科第、官历、封赏、生卒年月日时。娶某官、某地、某人之女，生卒年月日时，以及继室、侧室、妾，葬所。子女及其嫁娶情况，妻妾多人者，要记明子女谁氏所出；三、谱序。有旧序、新序、跋等，由此可以看出谱牒历次修订情况、修订经过以及刊刻情况。此外还有恩荣录、谱例、像赞、图、传志、诵芬录、懿行录、家规家训、文献、志、修谱人员、陈设图、领谱字号等重要内容。

444

什么是年谱？

年谱的编撰开始于宋朝，这种体裁，是按年、月专门记载某人生平事迹、经历、著述的著作。在年谱中，被记述的人，称为谱主，一般是政治家、学者或其他知名人士。撰写年谱的人，则大多是著名的学者，或是对谱主生平行事很熟悉的弟子或后学。年谱除主要记述谱主的生平行事外，往往也述及其生活的社会背景、功业成就、学术道路或德行情况等各方面的相关资料。材料主要来源于死者生前的行状、著述及史籍所载事实，所以大多数年谱中充满了溢美虚夸之辞。宋吕大防的《杜甫年谱》和洪兴祖的《韩愈年谱》，都是现存较早的年谱之作。宋朝以后，年谱的作者范围进一步扩大，不再仅限于死者的后人或门生故吏，后人为前人编撰了大量的年谱。至清代，年谱更为盛行，其中不乏名作。如张穆的《顾亭林先生年谱》，顾栋高、蔡上翔分别编撰的《王荆公（安石）年谱》等，但均不出此范围。

445

什么是墓志？

墓志是指随葬记载墓主姓名、家世和生平事迹的传记性文字，多刻于石和砖上，个别以铁铸或瓷烧制而成。内容包括姓名、家世、生平事迹和韵语颂辞等。由于在志文之后大多附有用韵语写成的铭颂，所以又称为墓志铭。我国的墓志大约起源于东汉时期，魏、晋以后逐渐盛行。北魏以后，方形墓志始成定制。下底上盖，底刻志铭、盖刻标题。所记真实内容是确定墓葬年代的重要依据，也可以作为历史资料佐证史籍记载的偏差。隋、唐以后，志、盖相合，遂成定制。志文的内容也逐渐形成一种固定的文体，首先叙述死者姓名、籍贯和家世谱系；再记其生平事迹，官职履历，并颂扬其政绩德行；最后记其卒葬年、月和葬地；志文后为四字韵语的"铭"，以表达悼念哀思之情。南北朝至隋的墓志上皆不署撰者书者姓名，唐朝以后才在志文标题下署撰者、书者姓名和官衔。也偶有自撰墓志的。如甘肃兰州出土的明彭泽墓志，志前线刻彭泽肖像，志文即为彭泽自述。

周文卿墓志铭

446

什么是目录？

乾隆写本《钦定四库全书简明目录》

"目"指篇名或书名，"录"是对"目"的说明和编次。前人把"目"与"录"编在一起，谓之"目录"。传统目录学中的目录，是记录图书书名、著者、出版与收藏等情况，按照一定的次序编排而成，为反映馆藏、指导阅读、检索图书的工具。我国的目录，萌芽于先秦时期，起源于《诗》、《书》之序。从"六经"所做的大序、小序，到战国、秦、汉诸子百家著述的自序，再到刘向校书的书录，反映了我国目录学的形成过程。那些大序、小序和自序，在当时已起着"内容提要"的作用。随着目录工作的发展，逐渐衍生出了一门新学科——"目录学"。但具体到一本书中，目录就是指的书籍正文之前所载的目次。

447

什么是类书？

类书是摘录、汇辑经、史、子、集等多种文献中的词、句、段、篇，然后按内容性质等分门别类进行编排组织以供寻检和征引的一种传统的工具书。据史料记载，我国最早的类书是三国时期编纂的《皇览》，可惜此书于唐代便已散失，今天无法考见其面目。以后，历代帝王相继仿效，委派臣下依据皇家藏书纂修巨型类书。齐、梁、唐、宋和清初，此风尤盛。清代初期，特别是康熙、雍正两朝，类书之盛，达到顶峰。当时编纂的类书，如敕撰的《渊鉴类函》四百五十卷、《骈字类编》二百四十卷、《分类字锦》六十四卷、《子史精华》一百零六卷、《佩文韵府》四百四十三卷、《古今图书集成》一万卷，无论从数量还是质量来说，都远远超过前代。其中《古今图书集成》为现存最大的一部类书。全书分为六编、三十二典、六千一百零九部。此书收录有不少精美的插图，图文并茂、文字翔实，实为今日查核典故、考经证史的重要依据和凭借。

　　类书的种类，按内容性质，可分为综合性类书和专科性类书。综合性类书如《艺文类聚》、《太平御览》、《永乐大典》、《渊鉴类函》、《古今图书集成》等。专科性类书如《太平广记》、《事物纪原》、《子史精华》等。其中，《太平广记》专收小说异闻，《元和姓纂》、《万姓统谱》之类专收姓氏，《植物名实图考》专收植物，《事物纪原》专考事物起源，《子史精华》收子、史两大部类书中的名言隽句。依编录体裁可分为征事性类书、征事兼采诗文类书、专收诗文词藻的类书、汇集图表的类书、编成韵语的类书、综合几种体裁的类书。依编排方式又可分为按类编排的类书和按韵编排的类书。依字韵编写的类书也可分齐句首字、齐句尾字两种。

 448

什么是丛书？

　　丛书，又称丛刊、丛刻、汇刻书、套书，是把各种单独的著作汇集起来，并冠以总书名的一套书。其形式分为综合性的和专门性的两种。在古代，丛书多为综合性的丛书。随着科学文化事业的发展，各种专门性的丛书相继出现。

　　丛书之名起于唐朝陆龟蒙的

《四库全书》书影

《笠泽丛书》，但这只是个人的文集，而不是丛书。中国丛书的刊刻，一般认为始于南宋，俞鼎孙、俞经的《儒学警语》可算为丛书的鼻祖，该书成于南宋嘉泰二年（1202），一直到1922年经陶湘刊印，才为世人所知。该书共收录了六部宋代人的著作。以后各代多有编纂，比较有名的丛书如《四库全书》、《四部丛刊》、《四部备要》等。其中《四库全书》的规模之大，堪称中国古代丛书之最，共收书三千五百零三种，七万九千三百三十七卷，约九亿九千七百万字。当时，《四库全书》没有刻印，全书只缮写七部，分藏于清代的七大藏书阁。

449

什么是"九通"？

"九通"是中国古代九种记载典章制度的典籍的合称。《通典》、《通志》、《文献通考》旧称"三通"。清代乾隆年间，以官修的《续通典》、《清通典》、《续通志》、《清通志》、《续文献通考》、《清文献通考》六书与三通合称为"九通"。1937年，商务印书馆又以刘锦藻的《清续文献通考》一并刊印，称为"十通"。

450

"二十四史"指的是哪二十四种史书？

"二十四史"是指中国古代各个历史时期由不同的历史学家撰写的而被封建朝廷列入正史的二十四种史书的总称。三国时期，当时社会上就已有了"三史"之称。三史通常指《史记》、《汉书》和东汉刘珍等编撰的《东观汉记》。范晔的《后汉书》出现后，取代《东观汉记》，成为三史之一。三史加上陈寿的《三国志》，就有了"前四史"之说。唐朝官修南北朝八史和《晋书》成，再加上之前的前四史，就出现了"十三史"之说。到了宋代，在十三史的基础上，加入《南史》、《北史》、《新唐书》、《新五代史》，就形成了"十七史"之说。明代又增以《宋史》、《辽史》、《金史》、《元史》，合称"二十一史"。清朝乾隆初年，刊行《明史》，加上先前的各史，总名为"二十二史"。后来又增加《旧唐书》，成为"二十三史"。在编撰《四库全书》的过程中，学者又从《永乐大典》中辑录出来《旧五代史》，经乾隆皇帝钦定，也被列入正史，合称"钦定二十四史"。乾隆四年至四十九年，由武英殿刻印的"钦定二十四史"，是中国古代正史最完整的一次大规模汇刻。"二十四史"记事上起传说中的黄帝，止于明朝崇祯十七年（1644），总计三千二百一十三卷，约四千万字，都是用统一的有本纪、列传的纪传体编写而成的史书。

451

何谓"六经皆史"？

"六经皆史"，是说《易》《书》《诗》《礼》《乐》《春秋》六经都属于中国古代史书，这是中国传统史学中适应封建社会后期史学思潮，以持世救偏姿态出现的重要的治学理念。六经皆史说，历代均有学者提倡。隋朝的王通曾说："昔圣人述史三焉。其述《书》也，帝王之制备矣，故索然而皆获；其述《诗》也，兴衰之由显，故究焉而皆得；其述《春秋》也，邪正之迹明，故考焉而皆当。此三者，同出于史，而不可杂也，故圣人分焉。"以后，又有宋朝的陈傅良、元朝的郝经、明朝的宋濂、王守仁、王世贞诸人相继展开论述。其中王世贞的论述较为详细，他在《艺苑卮言》中提出："天地间无非史而已。三皇之世，若泯若没；五帝之世，若存若亡。噫！史其可以已耶？六经，史之言理者也。"并将六经的各文体进行了具体区分，认为它们有的是"史之正文"，有的是"史之变文"，有的是"史之用"，有的是"史之实"，有的是"史之华"。清朝的袁枚在《随园随笔》中也提出"六经自有史"的见解。清代史学家章学诚是将这一命题深入阐发和系统整理的集大成者。章学诚在《文史通义·内篇·易教上》中提出："六经皆史也。"他认为六经乃夏、商、周典章政教的历史记录，并非圣人为垂教立言而作。进而提出了"六经皆史"、"六经皆器"等命题，反对"离器言道"。

452

什么是避讳？

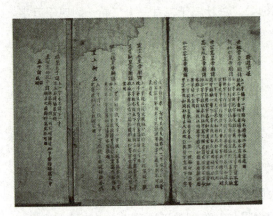

清科考敬避字讳折

讳者，隐也，避也。古代的人为贵者隐，为亲者讳。人死之后其子孙为了崇敬祖先，不愿别人直呼其祖先名字，而采取避讳的方法加以解决，故而古人有"入境问禁，入门问讳"之礼。避讳之事起自《春秋》，后代更加盛行，特别是皇帝、官僚、贵族等阶层的人死后，避讳则更加严格。避讳往往采用改字、空字或缺笔的办法。改字之法，常见于秦、汉典籍。《史记·秦始皇本纪》记载：二十二年，秦王召王翦将征"荆"，按"荆"即楚，为了避秦庄襄王子楚之名讳，而将"楚"改称"荆"。汉高祖名刘邦，于是《汉书》的作者为避其讳，遂改"邦"为"国"。唐太宗叫李世民，故当代人改"世"为代，改"民"为"人"。至唐代，又始创了缺笔或改音的避讳方法。如孔子名丘，清代以前出版的相关书籍，凡提到有"丘"字的都缺一笔以避讳。有改姓的，如项羽名为藉，后来藉氏为避项羽之嫌，而改以"席"字行。五代时期杨行密据扬州，扬州人呼蜜为蜂糖。一般来说，避讳也有规律可循，如宋代雕版刻印的古书，凡属皇帝的名，都缺笔避讳，而且要求严格。满洲贵族入主中原，统治者十分忌讳胡、虏、夷、狄等字，凡属行文书写、刻印书籍均须避讳。为此，雍正十一年（1733）四月谕内阁曰："朕览本朝人刊写书籍，凡于胡、虏、夷、狄等字，每作空白。又或改易形声，如以夷为彝，以虏为卤之类，殊不可解。"其实，这是可以理解的，乃为避讳所致。

453

什么是校勘?

校勘就是用同一部书的不同版本和有关资料加以比较,考订文字的异同,目的在于确定原文的真相。校勘的源头可以追溯到春秋时期。《国语·鲁语》载鲁大夫闵马父对景伯说:"昔正考父校商之名颂十二篇于周太师,以《那》为首。"前人一般认为正考父是孔子的六世祖,西周末年为宋国的

北齐校书图

大夫。孔子整理六经,将《诗》、《书》去其重,写版定本,必然经过校勘。西汉刘向大规模整理古籍,编制目录,把搜求版本、校勘文字作为一道重要的工序,并给"校雠"二字下定义,将其提到理论高度,于是产生了校勘学。校勘学有广、狭二义。广义的校勘学,前人称为校雠学,包括了版本、校勘、目录、考证、辨伪、辑佚等内容,现在称为文献学。因广义校勘界定不明,今已不用,遂成为历史名词。现代所谓的校勘学,即狭义的校勘学,指专门研究古籍整理、文字比勘的科学方法和理论的学问。校勘学始于汉,成于宋,大盛于清。近人陈垣在总结前人成就的基础上,提出了校勘古籍的一系列理论、方法、原则和通例,初步建立了校勘学体系。

什么是章句？

章句是一种注释古籍的方法，起源于汉代。古人解经，往往在训释字义之外，再分章析句地来解释古籍的意义，依据前代注释家的说法，简略地概括文句的大意，逐句解释，以便于阅读，汉朝人把这种注释方法叫"章句"。如东汉的《楚辞章句》。

什么是义疏？

义疏是古书的注释体制之一，盛行于南北朝时期，和集解很接近。"义"是说明义理的意思，"疏"的意思是疏通，"义疏"就是疏通其义的意思，也就是疏通、阐释古书义理，有时也单称义或疏，后来指经注兼释的注解。当时盛行的义疏专著是从讲论佛家经典演变而来的，其实是讲解经书的稿子，因而称之为讲疏。后来用作训诂的名称，南北朝后期，便出现了这种讲义式的义疏。正因为这种训诂方式是由讲稿发展而来的，所以它比汉儒的经注更详细，它不仅解注词义，而且串讲句子的意义，甚至还阐发章旨，申述全篇大意。它的特点是，逐字、逐句、逐章地讲解古书，据一家之说，从不违反，故有"疏不破注"的规定。如南朝梁皇侃的《论语义疏》、清郝懿行的《尔雅义疏》等。

什么是集解？

集解就是总汇各家的说法。这种注释古书的方式可以大致分为两类：一是汇辑诸家对同一典籍语言和思想内容的解释，断以己意，以助读者理解。如三国魏何晏的《论语集解》、南朝宋裴骃的《史记集解》等；二是汇合"经"与"传"，为之解释。如晋杜预的《春秋经传集解》就属于这一类。后世的集说、集注、集释等，都属于集解这个类型。

 457

什么是正义？

正义，即用于正前人的义疏。唐代出于思想统一和科举考试的需要，由官方以指定的注本为基础，对前代繁杂的经说来了一次统一的整理，编出了统一的经书注释，曰"五经正义"。这套正义，强调学有所宗，对于旧注只允许引申、发明，但不能够另立新说。当时的官修称之为"正义"，私人的这类著作则称为"疏"，取其疏通证明之意。如唐朝孔颖达等有《五经正义》、张守节有《史记正义》等。

《毛诗正义》书影

 458

《五代史》的新、旧是怎么来的？

《新五代史》和《旧五代史》同是"二十四史"中记载五代十国时期历史的两部史书。

北宋统一中国后，就着手编撰五代时期的历史。早在建隆年间，范质就在五代时期各朝实录的基础上整理编撰成《五代通录》。开宝六年（973）四月，宋太祖诏令编纂官修《五代史》。薛居正以宰相监修，参加人员有卢多逊、扈蒙、张澹、李昉、刘兼、李穆、李九龄等，至次年闰十月书成，前后费时不足二十个月。因其记载了中原地区相继出现的后梁、后唐、后晋、后汉、后周等五个政权的历史，所以该书又名《梁唐晋汉周书》。由于该书主要依据五代时期的实录，又加上成书时间仓促，所以其内容多有烦琐失实之处。北宋中期，欧阳修在编撰《新唐书》时，便开始着手收集有关五代时期的史料，打算独自重新编撰。经过大约十八年的时间，终于编撰成《五代史记》一书，为了与此前官修《五代史》相区别，时人将前者称为《旧五代史》，而将欧阳修的《五代史记》称为《新五代史》。北宋时期，新、旧《五代史》并行。金朝章宗时期曾下令天下学者专用《新五代史》，科举考试也依《新五代史》。此后，《旧五代史》遂不被人所注意，至明朝，只在宫廷中尚藏有此书。所以，明朝修《永乐大典》时方得以收入该书。清朝乾隆时期编撰《四库全书》时，始终没有找到原书的刻本。后来邵晋涵等人从《永乐大典》中辑出，用《册府元龟》等书中引用的《旧五代史》的史文作为补充，并注明补充之文的出处，并用其他史籍、类书、文集等进行考订，恢复了原书面貌的十之八九。乾隆四十年（1775），遂将其作为《四库全书》之一缮写进呈，这就是我们今天所看到的《旧五代史》。

459

《唐书》的新、旧是怎么来的？

在"二十四史"中有两种《唐书》，一是刘昫编撰的《旧唐书》，一是欧阳修、宋祁编撰的《新唐书》。这是什么原因呢？原来，早在五代时期的后晋天福五年（940），赵莹、张昭远、贾纬等人就已奉石敬瑭之命修撰唐史，到后晋开运二年（945）完成。当时一般宰相都要监修国史，书成之时刘昫正位列宰相，所以他自然就成了该书的署名撰者了。而这种《唐书》仅流传了一百年左右，就遭到了厄运。从宋仁宗庆历年间起，北宋朝廷认为刘昫的《唐书》芜杂不精，于是命曾公亮等搜访材料准备重修。重修过程中，宋祁和欧阳修等先后加入。这部《唐书》于宋仁宗嘉祐五年（1060）撰成，开始"布书于天下"。于是当时社会上就流行着两种《唐书》，为了表示区别，在北宋时期就已开始将欧阳修、宋祁编撰的《唐书》称为《新唐书》，而将刘昫编撰的《唐书》称为《旧唐书》了。由于欧阳修当时在文坛上的地位很高，所以社会上的人也就自然多喜欢读《新唐书》，该书的刻印也就自然多一些。这样一来，署名刘昫所编的《唐书》遂逐渐散佚。至明朝初年，甚至想找一本完整的《旧唐书》都很不容易了。于是明朝嘉靖年间，开始有人加以搜集、整理、校对，于嘉靖十七年（1538）重新刊行。到清朝乾隆年间编修《四库全书》时，《旧唐书》被列入"二十四史"之一。

460

《资治通鉴》的书名是怎么来的？

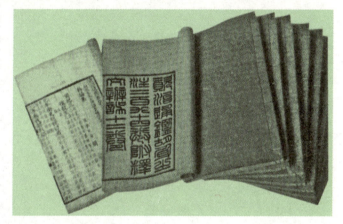

《资治通鉴》是由北宋著名的政治家、历史学家司马光主持编撰的一部编年体的通史巨著。开始时，书名并不叫《资治通鉴》。北宋神宗时期，王安石主持变法，而作为反对变法旧党首领的司马光主动要求出京为官。在他外放做官期间，就将自己酝酿已久的编著一本既系

《资治通鉴》书影

统又简明扼要的通史的想法付诸了行动。还在宋英宗治平元年（1064），司马光就已把自己编写的史书《历年图》二十五卷呈献给英宗，过了两年又呈上了八卷本的《通志》。英宗看后，非常满意，要他继续写下去，并下诏设置书局，供给费用，增补人员，专门进行编写工作。宋神宗即位后，认为《通志》比其他的史书更便于阅读，也易于借鉴，就召见司马光，大加赞赏，说该书"鉴于往事，有资于治道"，并

亲赐书名为《资治通鉴》，还亲自为书作序。神宗还将颖邸旧书三千四百卷赏给司马光参考，写书所需的笔、墨、纸、砚以及伙食、住宿等费用都由朝廷供给，这给司马光提供了优厚的著书条件，同时也促进了这部史书的编修工作。到神宗元丰七年 (1084)，《资治通鉴》终于完稿，前后共用了十九年的时间。

461

考古工作者如何进行田野发掘?

经常可以在电视或报纸上见到有关考古发掘现场的情景,考古工作者在地面上的一个个小方格子里进行发掘工作。这样的小方格子就是发掘探方,是按照一定的规划将遗址划分成的发掘单元。一般一个探方的大小为5米×5米,而其中实际的发掘面积为4米×4米,需要留出两条一米宽的隔梁用以分隔各个探方。有的时候还可以根据实际需要调整探方面积的大小。

在实际发掘中,考古工作者是依据地层学逐步向下发掘的。所谓地层原本是借用地质学的名称。一般说来,有过人类活动的地方或多或少都会留下人类活动的迹象,例如生活用品、建筑基址、墓葬等。在历史的变迁中,这样的人类活动面逐渐被掩埋,后来的人类又在新的活动面上生活,就逐渐形成了具有不同遗迹遗物的地层。当然有时剧烈的自然因素例如洪水、火山等也可以形成没有人类活动的地层,考古学上称之为间歇层。如果没有经过扰乱的话,地层中上层的年代相对于下层要晚。这样在考古过程中按照地层进行发掘,并记录下不同地层所出土的文物,考古工作者就可以依据地层的早晚关系推定上层出土的文物相对于下层出土的时代要晚。

462

考古工作者如何推断出文物的年代?

人类在生活中所使用的器物、穿着的服饰、居住的建筑都会随着技术、观念、审美的发展而变化,在一定历史时期内,这种变化是有一定规律可循的。比如我们使用的手机,从早期的大哥大到今天的超薄型手机就有一定的变化规律。在考古学中研究出土遗物发展规律的学问被称作类型学。前面讲到地层学时说过,上层的遗物时代较晚,下层的遗物时代较早,那么在考古发掘中考古工作者会依据地层将文物分成早晚期,经过一定时间的积累可以总结出同一类文物从早期到晚期的变化规律。当在其他遗址中出土同类器物时,就能推断出这种类型处于该器物发展序列中的哪个阶段,从而推断出其相对年代。所以对于考古工作者来说,即使是一小块器物的残片,只要它保留了一定的时代信息,都可能是极具考古学价值的文物。

 463

如何测量文物的年代?

碳-14是碳的一种同位素,所谓同位素是指质子数和电子数相同而中子数不同的同一种元素。虽然这些听起来有些复杂,其实在我们每个人身上都有碳-14。碳-14来自宇宙射线对大气中的氮-14冲击后产生的核反应,并且可以被地球上的植物吸收,动物直接或间接地食用植物后也获得了碳-14。只要生物体存活就会使体内的碳-14与大气中的碳-14保持一定平衡。当生物体死亡后,停止与大气的交流,其体内的碳-14就会逐渐减少。碳-14有比较规律的衰减周期,最初计算出经过 5568±30 年死亡的生物体内的碳-14减少一半,后来修正为 5730±40 年衰减一半,但现在国际上仍然通行使用前一数值。

碳-14测年法是由美国芝加哥大学 W. F. 利比(Willard Frank Libby)于1946年发明的,随后将此发现应用到考古和地质学界,利比也因此获得了 1960 年度的诺贝尔化学奖。只要是考古发现中的动植物遗骸,例如尸骨、纺织品、树木等,都可以通过碳-14法测量绝对年代。当然碳-14法测年也存在误差,时间相差越久远,其误差越大。现在碳-14法主要应用于5万年以内的年代测量。经过一些校正方法,碳-14的测量精度甚至可以达到±10年以内。

464

考古学家如何判断人骨的年龄？

对于考古工作者来说，最常遇到的考古对象就是墓葬，而墓葬中的人骨骨架对于认识墓葬的等级、性质有着至关重要的作用。随着科技的发展，越来越多的新技术进入了考古学领域，人骨的鉴定也变得细致、精确。但在远离实验室和科学设备的考古工地上，及时地判断出骨架的相关信息也是非常必要的。以下为大家简要介绍一些考古学家如何鉴别人骨年龄的方法。

对于人骨年龄的判断主要是通过人的牙齿和颅骨两部分判断的。

1. 根据牙齿来判断年龄

人类一生要长两次牙，五六岁以前长出的叫乳牙。乳牙不论上下颚每侧五颗，一共二十颗。从中间开始为中门齿、侧门齿、犬齿、第一臼齿和第二臼齿。乳牙最早长出的是中门齿（半岁左右），最晚长出的是第二臼齿（两岁左右）。当小孩子生长到五六岁时开始换牙，换牙长出的就是恒牙。恒牙一共三十二颗，最先长出的是第一臼齿，随后乳牙逐渐被恒牙代替，到十三四岁时长出第二臼齿后基本稳定。第三臼齿的情况比较特殊，因为通常是最后长出，此时人已经步入青年阶段，所以又称"智齿"。有的人十四五岁就开始长，但也有晚到三十岁或者根本不长出来的情况。乳牙与恒牙区别明显，前者体型较小，釉色纯白，根部较短。恒牙的情况正好相反。

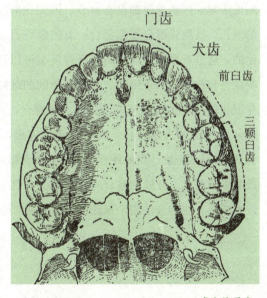

成人的牙齿

根据乳牙、恒牙的外观以及生长规律，我们就可以通过人骨上两种牙齿的交替来判断人骨年龄。当然这种判断方法只能用在处于幼儿到青年阶段的人骨上。如果是已经完成牙齿更换的成年人，还可通过对牙齿磨损程度的观察来推算。人的恒齿一旦长出便不再生长，随着年龄的增大也会不断地磨损。特别是第一、二臼齿，是最主要的咀嚼工具，磨损程度也最为明显。当人类生长到三十岁左右时，臼齿局部的釉质开始脱落，暴露出内部黄色的牙质。到五十岁左右时，牙冠几乎被磨掉，牙质全部暴露。当然由于体质和饮食习惯的不同，牙齿的磨损情况会有很大差别。所以根据牙齿磨损程度推算骨架的年龄不如根据牙齿更换判断得那样准确。如果使用这个方法，还需要参考颅骨的相关信息。

2. 根据颅骨判断骨架年龄

人的颅骨是由许多骨片组成的，在这些骨片之间有不规则的锯齿形缝隙。人在刚出生时，这些骨缝都没有愈合。因此我们感到小孩子的头顶是软软的。随着年龄的增长，这些骨缝会逐渐愈合，有的最终可以完全闭合。骨缝的愈合是由颅内侧开始的，通过观察颅骨缝隙的愈合程度也可以判断骨架的年龄。颅顶最主要由左右两块顶骨和前部的额骨组成。两块顶骨间的缝隙叫作矢状缝，顶骨与额骨间的缝隙叫作冠状缝。矢状缝从人22岁左右开始愈合，到36岁基本完成。冠状缝在靠近头顶的部分从人24岁开始愈合，到40岁基本完成，在靠近太阳穴的地方从30岁开始愈合，到65岁基本完成。当然还有很多部位的骨缝可以判别骨架的年龄，以上只是列举了最基本的两条。骨缝的愈合同样在人类中存在一定差异，所以最好将骨缝愈合与牙齿磨损等方法结合使用，来获得更为准确的推算。

465

考古学家如何判断人骨的性别？

男性和女性在骨骼的结构和数量上是一致的，但在一些细微的地方存在着差异，这也就为我们判别骨架的性别提供了依据。总的说来，男性的骨架比较粗大，关节突出，女性的比较纤细，关节较小。当然有些骨架性别特征不明显，这就需要通过一些特殊部位的骨骼来判定。首先是颅骨，男性的眉弓突出、额骨比较平缓地向后延伸，而女性眉弓不发达、额骨多呈陡直的折角。在颅骨后部我们俗称"后脑勺"的部位，男性的突出明显，而女性的较为圆润。还可根据盆骨的形状和开角来判别。男性的盆腔近圆锥体，而女性的近圆柱体。盆骨的开角，男性的开角较小，约等同于人手食指和中指之间的最大开角；女性的开角较大，约等同于人手食指和拇指之间的最大开角。根据这些性别特征非常明显的部位，我们一般就可判别骨架的性别。当然这种对骨架性别的判断需要有一定经验，综合多种因素后才能得到比较准确的推断。

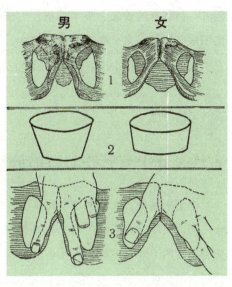

男女盆骨特征示意图

466

传奇的洛阳铲有什么功能？

位于洛阳一带的邙山集中了大批魏晋到隋唐时代的墓葬，有"邙山之上无卧牛之地"的说法，用以形容邙山上墓葬的密集。在邙山下的村落也就逐渐形成了盗墓的风气，有的家庭甚至成为盗墓"世家"，子承父业、代代相传。由于盗墓在当地的职业化，使得当地许多人都是盗墓的高手，根据地表的遗迹现象和地下的土质土色就能推断出墓葬的范围和随葬品的多少。洛阳铲就在这种环境中逐渐产生。关于洛阳铲产生的种种推测还难以确定，但是这种工具是在洛阳周围逐渐产生的应该是事实。

洛阳铲其实就是半圆形的铁铲，将其垂直向地下戳击可以将地下的土带出来。当时的盗墓者根据经验分析洛阳铲带出来的土的颜色和质地，从而推断墓葬的有关信息，做到有的放矢，事半功倍。由于洛阳铲对于判断地下信息的有效，迅速地在洛阳地区流传开来。在后来的发展中，考古工作者逐渐发现了洛阳铲的功能，便把它引入到考古勘探中来，如今洛阳铲已成为考古调查、发掘所必备的工具之一。

467

古代墓葬中有哪些防盗措施？

由于中国的古人信奉"事死如生"的生死观念，将死后的世界想象为今生的延续，所以竭尽全力要把生前的财富带到死后。庞大的墓葬、奢华的随葬品都成为了死后生活的保障。但是这些死后的财富也成为了世人觊觎的宝藏。很多墓葬在刚刚封闭后不久就开始遭受盗墓者的侵扰，有些墓葬的盗扰现象甚至延续了几个朝代。为此，古人也想出了种种方法来防备盗墓者的侵袭。以下介绍几种古代墓葬的防盗措施：

1. 积沙墓

战国时代，三晋地区高等级墓葬中流行一种积石、积炭或积沙的墓葬，用以防潮防盗。所谓积石、积炭、积沙，就是在整座墓葬的外椁外填上石块、木炭或流沙，可以起到隔绝墓葬与外界的效果。特别是积沙墓防盗效果明显，当盗墓者想通过挖盗洞的方式进入墓室时，只要挖到流沙层，流沙会不断填充盗洞致使盗墓者无法继续。即使是将局部的沙子取出，一旦打通墓室顶部，大量的沙子也会填充进入墓室，盗墓者再想找到珍贵的随葬品也变得难以实现。不过这种看似高明的防盗措施也并非无懈可击，狡猾的盗墓者还是想出了应对的方法。为了不让流沙进入墓室，盗墓者将盗洞从地面直接挖到墓室底部，然后将沙子通过盗洞不断运出，当墓室底部的所有流沙都取出后，再打通墓室。这种盗掘方式在盗墓者中称为"地攻天"。

2. 凿山为穴的汉代帝王陵

汉代的帝王陵中除了传统的木椁墓外，还流行一种开凿在山体中的崖墓。这种崖墓往往规模宏大，例如徐州的龟山汉代楚王夫妇墓，东西长83米，南北最宽处33米，总面积700余平方米，卧室、客厅、马厩、厨房一应俱全，宛如一座地下宫殿。

最令人惊叹的是两座崖墓甬道的设计施工水平，甬道长 56 米，高 1.78 米，宽 1.06 米，整体沿中心线开凿，最大误差仅 5 毫米，精确度为 1/10000，四壁光滑如镜，即使是现代技术也很难实现。为了防盗，两条甬道各用 26 块重达 6～7 吨的长方形巨石封堵，并且巨石表面加工平整，一旦封入甬道，便很难取出，可谓煞费苦

龟山汉墓甬道封石

心。但即使是如此精心的设计，还是未能幸免于被盗掘的厄运。由于楚王夫妇墓开凿在岩石坚硬的龟山内，所以盗墓者很难通过挖盗洞的方式进入墓室，唯一的办法就是将甬道中的巨石取出，通过甬道进入墓室。于是盗墓者将封堵在甬道内的巨石上凿出如同牛鼻环一样的穿孔，再用绳索将其绑定，用牲口在外面将一块块的巨石拖出，最终楚王夫妇墓仍被洗劫一空。

3. 固若金汤的乾陵

乾陵墓道外景

乾陵以其同时埋葬了唐高宗李治和中国历史上唯一的女皇武则天两位皇帝而举世闻名。乾陵不仅是唐代十八陵中保存最完好、规模最宏大的一座，也是中国历史上少有的可以确定未被盗扰的帝王陵墓。这主要归功于乾陵固若金汤的封门系统。乾陵继承了"依山为陵"埋葬形制，将墓室开凿在岩体

坚硬的梁山之中。在容易遭受破坏的封门处，使用了 8000 余块石条将墓道封闭，石条之间使用细腰的铁拴板固定，并且上下层之间还穿孔用铁棍贯穿，加强了石条之间的紧密性，最后在石条之间洒上石炭粉，浇灌铁水使得石条与山体融为一体。这样精心的设计，不要说一般的盗墓者，就是觊觎乾陵宝藏的地方军阀都只能是"望陵兴叹"。唐末的黄巢和五代时期的温韬都曾动用过军队发掘乾陵，但最终只能"惟乾陵风雨不可发"。

4. 三合土浇浆墓

浇浆墓是指用石灰、细纱、黄土加黏合剂混合而成的灰浆浇筑的墓室，又可称为三合土墓。此种浇浆在干燥后硬度极高，可与今天的混凝土相比。在《天工开物》中称其为"轻筑坚固，永不隳（huī）坏"。从宋代开始，这种建筑材料出现在墓葬中。引起极大关注的南京"秦桧"家族墓中就采用了浇浆。由于三合土浇浆墓的坚硬构造，使许多盗墓者望而却步。位于苏州的张士诚父母墓采用了由三合土浇浆、石板、青砖构筑的复合结构，盗墓者本想打破浇浆层进入墓室，但是当打到第七层时，再也无力坚持，最终无果而返。由于浇浆墓出色的防盗、防腐功能，使得这种墓葬形式在江南地区广为流传。

468

阴界的地契是怎样的？

古人认为生前所居住的房产、耕种的土地需要契约作为所属凭证，而死后生活的场所同样需要获得阴间凭证，于是就模仿生前世界的契约格式制作出购买阴间土地的买地券。

受到"事死如生"的丧葬观念以及道教思想的影响，买地券从东汉时期逐渐产生。其形状一般为长方形，材质有铅、锡、砖、石等多种，文字主要为朱书和刻划。早期的买地券有很多就是真正的买地契约，其内容包括买卖双方、买地的面积、四至、价格以及证人等，几乎不见迷信用语。但在发展过程中，人们逐渐赋予了这种契约以丰富的宗教色彩。其内容往往为敬告阴界的诸位神灵，死者已经购买了阴界的土地，希望能得到安息。例如东汉延熹四年（161）钟仲游妻买地券："延熹四年九月丙辰朔卅日乙酉直闭，黄帝告丘丞墓伯、地下二千石、墓左墓右主墓狱吏、墓门亭长，莫不皆在。今平阴偃人乡苌富里钟仲游妻薄命早死，今来下葬，自买万世冢田，价值九万九千，钱即日毕。……时证知人先□曾王父母□□□氏知也。自今以后，不得干扰生人。有天帝教如律令！"

买地券文中所提到的丘丞墓伯、地下二千石、墓左墓右主墓狱吏、墓门亭长等都是阴间的神明，而券文的最终目的是希望死者在阴界的土地财产能得到这些神明的见证，让死者能够安息不要影响生人。

469

镇守墓葬的是什么？

今天在一些大型宾馆、商场门口常见左右摆放一对狮子或老虎的雕像，其含义是用于驱邪避邪，保佑自家经营顺利。这一观念源于古代镇宅守屋的风俗。古人在宅第门外常会安放一些镇宅之物。即使是平民百姓，至少也要在大门上贴一对门神，以保佑全家平安。

在非常重视丧葬的古代社会，人们相信死后的灵魂还会以墓葬为居，长久地活动在地下世界。墓葬就成为了死者在另一个世界的家。同样，为了地下的宅第免受鬼魅的侵扰，也需要在墓葬中安放镇墓之物，这就是镇墓兽。镇墓的观念起源甚早，在战国时期的楚国墓葬中就有一种带有镇墓性质的器物。此类镇墓神物，外形由鹿角、神兽、器座组成。但这种镇墓神物流行时间并不长，进入汉代便已经消失。魏晋南北朝时期镇墓兽出现了多种类型，主要有以牛、马、狮、虎等动物作为原形的样子。到了唐代，镇墓兽基本定型，多为一对蹲坐的神兽，二者身体基本相

唐代镇墓兽俑

同，但一为人面、一为兽面。神兽头部长有长角，背部有长长的鬃毛，靠近头部的鬃毛呈戟状直指向上，肩部长有翅膀，下身往往蹲坐在平板或者台上，形象十分凶悍可怖。此类镇墓兽多由唐三彩制成，色彩绚丽，造型生动。将这样一对镇墓兽放在墓门门口，足以震慑企图侵扰墓葬的鬼怪。

470

古人是如何用甲骨来占卜的？

甲骨文是我们现在能够确定的汉字最古老的祖先，因其刻写在龟甲或牛肩胛骨上而得名。甲骨文的内容相当程式化，大多为对某事的占卜以及占卜的结果。

甲骨的制作、使用程序相当复杂，首先是选取骨料。龟要选择在秋天捕获，到来年的春天杀死，并去其皮肉，这在文献中称作"攻龟"。等到占卜前，还要将龟背甲与腹甲分开，当然背甲由于有弧度并且过于坚硬，实际很少利用。随后将分开的腹甲边缘凸起的部分修整平齐。如果是牛的肩胛骨，也要将骨臼、骨脊修理平整，以便占卜、刻辞。整理完甲骨后，还要在甲骨上加工出圆形的钻和椭圆形的凿。如果是龟甲，则在龟甲背面沿其自然生长的中心线（又称"千里路"）以钻向内凿向外的方式对称排列。如果是牛胛骨，则在左胛骨背面以钻在凿的右边纵向排列，右胛骨反之。

甲骨正面的"卜"字形裂纹

结束了以上这些复杂的加工程序后，就可以进行占卜了。殷人崇尚鬼神，遇事则求诸卜师占卜吉凶。卜师用火烧灼凿处，由于甲骨钻、凿处较薄，导致局部受热不均，发生爆裂。在甲骨的正面便会出现"卜"字形的裂纹，卜师通过观察裂纹的走向推断事情的吉凶。这就是"卜"这个象形字字形、字音的来源。当然除了占卜的卜师没有人知道甲骨上的裂纹代表了什么。卜师使用甲骨占卜结束后，还要将占卜记录写在甲骨上，内容通常为：什么时间为何事占卜，结果如何。这些卜辞也就是我们今天所看到的甲骨文。

471

古代简牍如何保密？

今天我们传送私人信件或重要文书时，可以用信封或专用密封袋封缄。但这是纸张的使用普及以后才逐渐形成的。而在此之前使用简牍的时代，人们又如何做到文书以及信件的保密呢？

由于简牍不像纸张，不能粘贴，一卷竹简卷起后，只能用绳子扎起来。但如果有人解开绳子看到竹简的内容，随后再将绳子系起，使得收件人不知道此前已有人看过，这样就不能做到文件的保密了。为了防止文件泄密，人们发明了一种简牍的保密装置——封检。封检其实就是一块特殊的小木板，有长方形、尖头形等形状，在正面有一个方形的凹槽。当竹简用绳子系好后，就把检贴在卷子外，将系竹简的绳结放到封检外侧的凹槽里，然后填入封泥，再在封泥上盖上发信人或发件机构的印章，等封泥干后邮件即可发出。这样如果有人要打开竹简，就必须破坏封泥，因为不能复原封泥上的印章，所以就可以被收件方发现，从而可以追究窥阅者的责任。封

封检

检不仅可以用在成卷的竹简上，也可用于单片的牍以及盛放物品的包裹外，只要最后将绳结处用封泥封好，盖上印章就可确保文件或物品保密。

472

从法门寺出土文物看古代玻璃生产的工艺

说到玻璃，可能人们会认为这是近代以来才由西洋传入的物件。其实我国自古就有玻璃。

据考古发现，我国在西周时期已经能够生产玻璃了。当然此时的玻璃只是作为装饰附件的镶嵌玻璃珠。此类玻璃珠的主体图案多表现为螺旋纹或同心圆，很像是许多只复叠的眼睛，因此玻璃研究者称其为"复合眼珠"（Compoundeyebeads），在我国考古学界通常称为"蜻蜓眼"。进入汉代以后，我国的玻璃制造工艺有了长足的进步，由于此时流行的崇玉思想，很多玻璃制品都是仿造玉器的造型，例如：璧、剑饰、印章、首饰等。到了魏晋南北朝，我国出现了大量产自罗马和萨珊波斯的进口玻璃制品，这些玻璃器多采用先进的玻璃吹制技法生产，色彩丰富，造型带有明显的异域色彩。隋唐帝国除了大量进口玻璃外，还学习西方的吹制技术生产具有中国特色的玻璃器。陕西扶风法门寺地宫出土的一套玻璃茶碗和托盘就是无模吹制成型的中国茶具，这套茶具与同时期的瓷器茶具造型完全相同，可能属于唐代宫廷作坊生产的产品。

法门寺出土玻璃托盘茶盏

随着伊斯兰教国家的兴起，大量以冷加工刻花工艺为特色的伊斯兰玻璃传入了中国。辽代陈国公主墓中就出土了一件刻花玻璃瓶，其造型、纹饰与以色列博物馆收藏的一件几乎完全相同，均被认为是在伊朗生产的。由于明清时代长期海禁，中国本土与海外的交流逐渐减少，我国民间的玻璃制造也随之衰落。

到了鸦片战争之后，西洋玻璃传入，很多人甚至已经不知此为何物。

473

古代的虎符是怎样的？

郭沫若先生写过一部话剧《虎符》，讲的是战国时代魏国公子信陵君"窃符救赵"的故事。赵国自长平之战后，国势衰微。秦国趁此围攻赵国邯郸，赵王向魏国求救，而魏王惧怕秦国，迟迟不敢发兵。战国四公子之一的信陵君让魏王宠妃如姬盗出宫中虎符，最终发兵打败了秦国。

故事中所讲的虎符就是古代发兵的凭证，由青铜铸造而成，造型如虎，纵向可以分成两半，往往在虎的背部接缝处刻有铭文。平时虎符一半留在帝王宫中，另一半留给领兵将领。当需要派遣部队出征时，帝王会将发兵命令和手中的一半虎符交与传

秦国"杜"虎符

令的官员。当传令官员到达部队驻地，出示手中的虎符与将领的相合，证明命令确实是帝王所下达的，将领即可按命令行事。在陕西西安出土过一件秦国的虎符，虎身共有错金铭文40字"兵甲之符，右在君，左在杜。凡兴士披甲，用兵五十人以上，必会军符，乃敢行之。燔燧之事，虽毋会符，行也"。大意是说：虎符右半在秦王手中，左半在杜这个地方。如果要调动军队超过50人就必须要使用虎符。如果没有虎符，出现烽火报警，也可行动。可见帝王对于调动军队是非常谨慎的，超过50人就需要得到批准。汉代的虎符与秦代的相似，但也有错银铭文的。到了晋代，在虎符背部突起一块，专门用于刻写铭文。直到宋代以后兵符才多改用牌。

○ 474

古人的腰带扣是怎样的？

《东周列国志》中说到春秋五霸之首齐桓公时有这样一个故事：齐襄公死后，他的两个儿子，住在鲁国的公子纠和住在莒国的公子小白争先赶回齐国即位。公子纠的谋士管仲为了阻拦公子小白入齐，便用暗箭射中小白腹部。以为小白已死的公子纠自信大局已定，不再着急向齐国赶。其实那支箭并未射中小白，而是射中了他腰上的带钩。大难不死的小白日夜兼程赶回齐国，即位为齐侯，也就是后来有名的齐桓公。故事中救了齐桓公一命的带钩，其实就是古人的腰带扣。

西汉玻璃带钩

最迟到西周晚期，我国已经出现了带钩。带钩多呈细长形，在靠近腹部的一侧，伸出一个鎜（pàn），用来固定腰带的一端。在带钩的末端向外卷成钩形，用来钩住缠绕腰部一周腰带的另一端。从战国到汉代，这种带钩非常流行，并且有铜、金、银、玉等多种质地。我们今天使用的带有活动扣舌的带扣最早出现在秦代，在秦始皇兵马俑出土陶马的鞍具上已经出现了这种带扣的形象。用于人腰部的实物带扣是从汉代出现的，经过魏晋南北朝时期，这种带扣逐渐成为了带具的主要形式。从北朝开始，人们更加注重腰带上的装饰，在带身上装设许多金属构件，并且这些构件可以悬挂许多随身物品，如小刀、镜子、打火石等，当时称此种腰带为"蹀躞（diéxiè）带"。后来人们逐渐放弃悬挂这些随身物品，而只保留下腰带上的装饰构件。

475

朱然墓出土的古代名片是怎样的?

今天我们在日常的社交场合,为了方便介绍自己会递上名片。其实这一物件自古有之,古人称此物作"刺",又称为"名刺",最初是用竹简或木简制成,当纸张普及后才逐渐改用纸的。刺上通常写明自己的姓名、字号、籍贯以及官职等内容。刘熙《释名》:"刺书其官爵及郡县乡里也。"古人在登门拜访或是祝贺献礼时都会先敬呈自己的刺,作为自我介绍。

考古发现的刺最早出现在汉代,到三国时期逐渐增多。至今以安徽马鞍山朱然墓出土的名刺最为丰富,共出土有十四枚。朱然名刺长约 24.8 厘米、宽约 3 厘米余,长度相当于当时的一尺。名刺上墨书"弟子朱然再拜　问起居 字义封"、"丹阳朱然再拜　问起居　故郡字义封"等内容。此墓还出土有 3 枚"谒"。谒应属于刺的一种,往往在晚辈对长辈、下属对上司等场合使用。朱然墓出土的谒与名刺长度相同,但是宽度是名刺的三倍。谒除了书写官职和姓名外,还有大面积的空白,可能是用于在觐见长官时填写赠送礼物的礼单。古代名刺主要为具有一定身份地位的人使用,而今日的名片早已成为寻常之物。值得一提的是,我国邻邦日本至今称名片仍用"名刺(めいし)"一词,可见两国文化渊源之深。

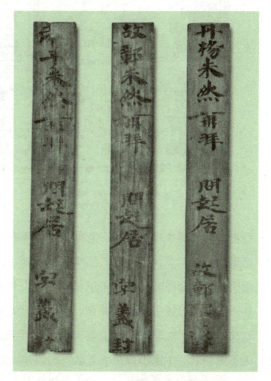

朱然墓出土的名刺

476

从出土文物看古人如何做广告？

北宋"济南刘家功夫针铺"印刷广告

如今在我们的生活中广告可以说是无处不在，其实在我国古代，作为宣传商品的广告同样非常发达。早在春秋战国时代，就出现了推销产品的旗帜，《韩非子·外储说右上》："宋人有酤酒者，升概甚平，遇客甚谨，为酒甚美，县帜甚高。"到了汉代，在一些出土的铜镜上铸有"长宜子孙，诏见贵人"、"长吏买竟（镜）位至三公。古（即商贾）人买竟百倍田"等吉祥语，通过这些祝福的话语来吸引顾客；也有铸着"新有善铜出丹阳，和以银锡清且明"、"清冶铜华以为镜"等宣扬自己产品精良的标语。三国时代的一些铜镜上还有"扬州会稽山阴师唐豫命作竟"、"吴向里柏师作镜"等冠有产地和工匠的铭文，可能其中的一些产品已经形成了自己的品牌。到了唐代，商品经济更加发达，对外贸易也达到了空前的程度。在朝鲜半岛上就出土了唐代长沙窑烧造的瓷器，上面写有"郑家小口天下第一"、"卞家小口天下有名"的诗句。

随着印刷术的普及，以纸质的印刷品作为广告宣传的形式也应运而生。中国国家博物馆就收藏有一块北宋"济南刘家功夫针铺"的铜印版。版上刻字号，中间可能是自家"白兔捣药"的商标，左右写着"认门前白兔儿为记"，下写"收买上等钢条，造功夫细针，不误宅院使用，客转为贩，别有加饶。请记白。"可见此时的商业广告已经非常发达，不仅有品牌、广告词，就连商标都已出现。

477

从出土文物看古代道教的祈祷仪式是怎样的？

投龙是一种古代道教的仪式，简单地说就是将祈祷的文字写在金、玉等质地的板上，投到名山大川中。

这种仪式可能早在先秦时期就已出现，在华山出土有秦国祷病玉简，其内容为秦国君主因疾病所困，祈告华山及天地神祇（qí）保佑。作为道教仪式的投龙出现在南朝刘宋时，但此时这种仪式只是流行在一般民众和道教徒中。由于唐代皇室姓李，自诩是老子李聃的后代，所以特别尊崇道教，甚至把流行于民间的投龙仪式变成国家仪典。唐代投龙起源于高宗，其后多位皇帝都举行过投龙。1982年河南嵩山的一位农民在峻极峰北侧的山体石缝中发现一枚长36厘米、宽8厘米、重233.5克的金版，后经认定，此物为武则天投龙金简。金简上所写内容大意为：武则天是崇尚道教、敬重神仙的，希望能除去自己的罪名。唐代有关投龙的记载非常丰富，几乎贯穿唐朝始终。五代时吴越国钱氏也重视投龙，现已发现的吴越国投龙告文

钱镠投龙告文玉简拓片

已达十件，均发现在杭州西湖和绍兴的河道中，文中称作"告水府文"。告文的主要内容是保佑国家风调雨顺。在道教圣地武当山的一处窖藏中出土了明朝初年湘王开普天大斋时埋下的玉简。

道教的投龙源于对自然界"天、地、水三官"的崇拜，敬天如武则天金简，投在中岳之巅，敬地如明湘王所埋玉简，敬水如吴越国钱氏的"告水府文"。这三官也就是我们常说的"三元"。

478

从出土文物看古代时钟有哪些类型？

古代没有今日机械、电子类的时钟，但为了国家机构的正常运作，同样需要准确测定时间。最早出现的圭表就是依靠测量日影的长度来计算时间，但圭表不够准确，而且受天气等因素的影响较大。于是人们又利用滴水的均匀速度制造了漏壶。我国古代的漏壶主要有两种类型：一种是在容器底部开孔，容器内有表示泄水时间的标尺，称为泄水型；另一种是将泄水型的漏壶所滴出的水用一容器盛接，盛水容器内有表示时间的标尺，称为受水型。最早发现的漏壶是西汉"千章"漏壶，属于泄水型。

漏壶在使用过程中，随着水量的减少，压力降低，水滴的速度也会变慢，误差逐渐加大。所以漏壶通常配合圭表一起使用来矫正误差。为了保持漏壶中的水压稳定，古人又在漏壶上加一个补偿壶向漏壶中注水，汉代的张衡就提到了二级补偿式漏壶。后代为了提高漏壶测时的准确性，不断增加补偿壶。现存最早的多级漏壶是元代延祐三年（1316）制造的受水型漏壶。它有三级漏壶，称为日壶、月壶、星壶，下面才是受水壶。上部漏壶放置在阶梯式架座上，通高达到2.64米。这组漏壶原存放在广州城拱北楼上，一直使用到清代晚期，现藏于中国国家博物馆。漏壶的日常使用也极其讲究，漏壶中的水要定期更换，滴水水管也要定期清理，以保证水流通畅。

西汉"千章"漏壶

479

古代的冰窖是怎样的？

对于老北京来说，冰库胡同、冰窖口胡同等都是熟悉的名字。这些胡同因作为清代以来贮藏冰块的窖藏所在地而得名，有些冰窖甚至使用到电冰箱出现以后。我国贮藏冰的历史可以追溯到很远，在《诗经·豳风·七月》中就有"二之日凿冰冲冲，三之日纳于凌阴"的记载。诗中所说的"凌阴"就是相当于冰窖一类的建筑。在后代追述记录周代制度的《周礼》中，也有专门负责管理储冰事务的"凌人"一职，"凌人"主要负责在冬季将冰贮藏到"凌阴"中，等到夏天再取出使用。

现已发现的最早的"凌阴"遗址位于陕西凤翔，是春秋时期秦国修建的。此处"凌阴"遗址的最大贮冰量为 190 立方，根据《周礼》上记载的消融比例，到夏天时此冰窖也能提供至少 65 立方的冰块。在战国七雄中，韩国、燕国、楚国的国都中都发现有用于冷藏或者贮冰的设施。后代又逐渐将藏冰的设施与地上建筑相结合，设计出带有"集中空调"的殿堂。在洛阳汉魏故城中就发现了一处被推测为带有冰室设施的建筑遗址，该遗址设计独特，下部有用砖砌筑的规则圆形"冰室"，并有用于藏冰入窖和排水的设施。"冰室"外包 25 米×25 米方形夯土高台，并出土有砖、瓦等遗物，推测高台上原来应有建筑，建筑的地板上可能有与"冰室"相同的冷气通风口。遗址中还发现了大量的稻草遗迹，应是用于"冰室"的隔温。根据《永乐大典》卷 9561 中所载北魏宫城的古图，与此处遗址相当的地方绘有"清暑殿"一座。可见这应是当时皇家用于消暑的宫殿。

480

中国历史上使用时间最长的窑炉是哪几种？

陶瓷器之所以能从泥土中升华而出，是因为经过了窑炉的烧造。在我国历史上流行最广、使用时间最长的当属馒头窑和龙窑。

馒头窑的窑室和烟道

馒头窑最早在西周时期就已出现，因外形似馒头，故得名。馒头窑主要由火膛、窑室、窑床、烟道等几部分组成。由于烟道位于窑室最后，火膛里的火焰升到窑室的顶部后，不得不随着空气流动倒向窑室后部，所以馒头窑又被称作半倒焰式窑。火焰在窑室中倒下时经过要烧制的坯胎，热能可以被充分地利用。馒头窑的特点是升降温较慢，有利于对火的控制，但烧成时间长，而且产量不高。由于中国北方瓷器胎釉中钾含量高，胎壁较厚，比较符合馒头窑的烧造特性，所以馒头窑在北方地区非常流行。

流行在中国南方的龙窑因多利用自然山地的斜坡修建长条形的窑室，所以得名。龙窑的最低端是火膛，整个窑室依山而建，烟道位于最高处。火膛里的火焰随着空气的抽力一直向高处的烟道上升，窑室内也自下而上升温。龙窑的升降温速度较快，有利于烧造胎壁较薄的瓷器。由于龙窑窑室较长，一次可以烧制大量的瓷器。在福建建阳的将口龙窑全长达 53 米，可见其烧造量之大。

481

新石器时代的陶器能达到多高的水准？

在我国新石器时代龙山文化遗存中有一类胎壁薄如蛋壳的陶器，考古学家将其命名为"蛋壳陶"。这种陶器仅见于典型的龙山文化，器型为高柄杯，一般由盘口、杯身、杯柄、底座等几部分组成。蛋壳陶的陶质为细泥质黑陶，几乎不含杂质。最令人惊叹的是这类陶器的胎壁极薄，通常为 0.5 毫米，最薄的可达 0.1 毫米。通过观察器身可以发现，"蛋壳陶"不是一次加工成形的，柄、杯处有明显的黏合痕迹，应是各个部位分别制作成形后粘接到一起的。从器身和底座上的图案看，"蛋壳陶"是采用快轮加工而成。但是为了保证胎壁如此单薄，对于快轮轮盘旋转的稳定性和均匀性要求极高，即使是今天的制胎设备都难以达到。有人推测可能是将胎制成后在半阴干的状态下进行刮磨，以减薄胎壁。即使如此，将这样薄的陶坯放入陶窑烧也是一个难题。"蛋壳陶"在烧制时还采用了十分高超的渗碳技术，质地坚硬并且渗水率几乎可以同瓷器相比。烧制好的"蛋壳陶"表面还经过了磨光处理，使得整件器物看起来乌黑黝亮，精美绝伦。

蛋壳黑陶高柄杯

482

从"商鞅铜方升"看秦国的标准容量是多少？

我们今天去参观故宫时，会在太和殿前发现一个不起眼的被称作"嘉量"的物件，与铜鹤、铜龟、日晷等礼仪器一同摆放在月台上。这个"嘉量"实际就是一件容积量器，代表着国家实行的容积标准。

秦始皇统一六国后（前221），曾下诏书将秦国实行的度量衡标准推广到全国范围，所以嘉量也在一定程度上代表着国家的统一。秦在统一天下前就非常重视度量衡的标准，商鞅变法时曾制造了一批标准量器。今天能看到的"商鞅铜方升"、"高奴禾石铜权"都是商鞅监督制造的标准器。

"商鞅铜方升"是秦孝公时秦国颁行的标准一升的容积量器。在其左壁侧刻有"十八年，齐□卿大夫众来聘，冬十二月乙酉，大良造鞅，爰积十六尊（寸）五分尊（寸）一为升"。大意是说：孝公十八年（前334年），齐国派来的卿大夫访问秦国。冬十二月乙酉，身为大良造的商鞅制定了体积16.5立方寸的量器为一升。这个标准

商鞅铜方升

确立后一直在秦国实行，到秦始皇统一六国后，又再次以诏令的形式将商鞅制定的标准推行到全国。在"商鞅铜方升"的底部有秦始皇二十六年（前221）补刻的诏书："二十六年，皇帝尽并兼天下诸侯，黔首大安，立号为皇帝，乃诏丞相状、绾，法度量则不一歉（嫌）疑者，皆明一之。"大意为：二十六年，皇帝统一六国，百姓安定，乃称皇帝号，下诏书给丞相隗状、王绾，度量衡标准不一致的要统一起来。可见"商鞅铜方升"从秦孝公时一直到秦始皇时代使用了一百多年。

483

汉长安城有"地下通道"吗？

看过电视连续剧《汉武大帝》的朋友肯定对汉代长安城中未央宫、长乐宫等名字并不陌生。汉长安城位于今天西安市的西北郊，这里曾是西汉的政治中心，城内布满了各类宫殿。

建国后不久，考古工作者就开始对长安城进行整体的调查工作。从上世纪80年代开始，集中对以未央宫为中心的宫殿区进行发掘。当发掘到未央宫中皇后所居的椒房殿时，在整座宫殿的东北部配殿基址中发现了密封式巷道遗迹。巷道的设计非常严密，宽度在一米左右，用土坯包砌的墙体与外界隔离，墙表抹以草拌泥并涂有白灰，地面以条砖铺砌。起先这个发现并没有引起考古工作者的关注，认为只是宫殿建筑中的附属部分。随着发掘工作的继续展开，椒房殿内又出现了多条这样的"秘密通道"，将宫内许多房屋互相连接起来，有的甚至连接到地下室，这逐渐引起了考古学界的关注。在随后发掘太后所居的长乐宫和嫔妃所居的桂宫时也发现了类似的地下秘密通道。这些密道的基本特点是长度在二三十米以内，只连接同一宫殿内的两个建筑，宫殿之间并没有联系。而且这种密道多为皇宫中女性所居的宫殿，椒房殿、桂宫、长乐宫均是如此。

关于这些密道的性质众说纷纭，有人将其演绎为后宫的幽会之所，也有说是逃生的秘密通道。当然种种猜测都缺乏可靠的依据，关于这些"密道"的真正用途还有待考古学家们的深入研究。

桂宫遗址中的"地下通道"

汉代的"摇钱树"是怎样的？

"聚宝盆"、"摇钱树"都是人们想象中获得财富的宝物。在出土的汉代文物中就有一类挂满方孔圆钱的铜树，考古学家称其为"摇钱树"。这种摇钱树出现在东汉中晚期的西南以及长江三峡地区。

摇钱树通常由树座、树干两部分组成。树座部分多用陶或石制成，造型往往模仿仙山的样子，顶部有孔用以插接树干部分。树干由青铜铸成，分层插接青铜枝叶。青铜枝叶是摇钱树最富表现力的部分，在整个枝叶的边缘均铸有方孔圆钱，并且这些铜钱周围伸出有羽毛或树叶。除铜钱外，枝叶间的云气中还刻画有许多人物、动物、仙人、神兽等造型，充满着神秘色彩。在这些奇特的形象中，最为引人注目的当属记载于《山海经》中居住在昆仑山瑶池的西王母。在摇钱树的枝叶中，西王母通常端坐在由龙虎共同抬起的宝座上，身着

汉代的"摇钱树"

华丽的衣服，头顶架有华盖，形象神秘而庄严。西王母是传说中引导升仙的神灵，而摇钱树上所刻画的正是人们想象中的神仙世界。随着早期佛教艺术的传入，在一些摇钱树上也出现了佛陀形象，可见此时人们对佛教的理解并不深，误以为佛陀也是神仙世界中的一位。

485

魏晋人喜爱服用的五石散是什么东西？

鲁迅先生写过一篇叫作《魏晋风度及文章与药及酒之关系》的文章，文中在讲到魏晋时代的丹药时说："'五石散'是一种毒药，是何晏吃开头的。汉时，大家还不敢吃，何晏或者将药方略加改变，便吃开头了。五石散的基本，大概是五种药：石钟乳，石硫磺，白石英，紫石英，赤石脂；另外怕还配点别样的药。"

服用丹药的传统伴随着道家丹鼎派的兴起从汉代就开始流行，人们为了追求长生不老和羽化升仙开始研制各种丹药。到了魏晋时代，服食丹药更加流行，晋代葛洪所著《抱朴子内篇》就记录了许多当时炼制、服食丹药的方法。从鲁迅先生文章中所提到的何晏开始，服食丹药的习惯逐渐与名士风度相结合，五石散就是名士间最为流行的一种丹药。

据相关学者的研究，鲁迅先生所讲五石散的配方取自唐代药王孙思邈所著的《千金方》，并非魏晋时的五石散。魏晋时的五石散不含石硫磺，而是采用的礜（yù）石。礜石的化学名称叫作砷黄铁矿（FeAsS），属于有毒矿物。当人吃下五石散后身体便有剧烈反应，通常表现为身体发热，皮肤变得极其敏感不能触碰。为了减轻这些生理反应，服食者必须穿上轻薄宽大的衣服，不停地行走，以挥发热量。这在当时被称作"行散"。魏晋名士追求的也正是这种"行散"的超然风度。

在东晋第一高门琅琊王氏的家族墓中就出土了当时所服食的丹药。王氏家族墓位于南京象山，共出土粉剂、丸剂丹药四种。其中丸剂颜色呈朱红色，经化验以汞为主要成分。汞就是水银，同样对人体有毒。正如五石散和出土的丸剂配方所显示的那样，当时的丹药都是以矿物质为主，甚至有些对人体有毒，如果长期服用会对人体产生严重后果。同样出身于琅琊王氏的王羲之一生服食丹药，到了晚年长期忍受着病痛的折磨。正如他在《右军书记》中所言"仆下连连不断，无所一欲。啖辄不消，诸弊甚，不知何以救之"。难怪鲁迅先生称其为"毒药"了。

486

鹦鹉螺杯为何珍奇？

鹦鹉螺是生活在印度洋和南太平洋的一种珍稀海螺，因为其源自古生代而被生物学家誉为"活化石"。鹦鹉螺最为奇特的就是其螺壳内部的隔室构造，这些隔室是用来调节气体，以控制整个身体在海水中悬浮。这个构造与现代潜水艇是同一原理，所以在凡尔纳所著《海底两万里》中所描写的传奇般的潜水艇被命名为"鹦鹉螺号"。因为鹦鹉螺的外壳有着红色螺旋纹，非常鲜丽，所以在古代就被视为南海的特产，甚至还将其加工为酒杯成为一种精致的酒具。《艺文类聚》中记载："《南州异物志》曰：'鹦鹉螺状似霞，杯形如鸟头，向其腹视，似鹦鹉，故以为名。'"李白诗中也有"鸬鹚勺，鹦鹉杯，百年三万六千日，一日须倾三百杯"的诗句。

这种传奇般的鹦鹉螺杯在考古发掘中确有发现。在南京象山东晋王氏家族墓中就出土了一件用鹦鹉螺制成的酒杯。此杯高10.2厘米、长13.3厘米、宽10厘米，利用天然鹦鹉螺壳制成，在螺壳口部和中脊处镶有鎏金铜边，并在口部两侧模仿耳杯形制装有铜耳。鹦鹉螺杯出土时已经严重破损，后虽经考古工作者复原，但一侧的螺壳缺失，使得螺壳内部的隔室构造展示出来。

鹦鹉螺杯

隋唐时期洛阳附近的大粮仓到底有多大？

读过《隋唐演义》的朋友肯定会对瓦岗军攻打洛阳，开洛口仓赈济灾民的事迹留有印象。文献上形容洛口仓"米逾巨亿"。洛阳是隋唐两代的东都，有着举足轻重的政治地位。洛阳还是隋唐大运河的中心，帝国的财富通过永济、通济两渠源源不断地从河北、江南输送而来。为了储备这些财富，洛阳修建了大量的仓窖，"米逾巨亿"的形容可能并非夸张。在洛阳城北就发现了一处规模庞大的粮仓遗址——含嘉仓。

含嘉仓位于隋唐洛阳城的北部，四边有垣墙，东西长 600 余米，南北长 700 余米，现已探明的粮仓 287 座，分行整齐排列，行距 6～8 米，粮仓间距 3～5 米。粮仓均为地窖式，最大的直径 18 米、深 12 米，最小的直径 8 米、深 6 米。仓窖的建筑方法为：先在地面挖坑，将其底部夯实、火烤，再在底部铺上红烧土块、木炭、石子等用以防潮，然后在窖底和四壁铺上木板和席。窖顶应为木构架的草顶，顶上涂泥。当各地运来的粮食放入粮窖后，还要在砖上刻上该窖处于含嘉仓内的具体位置，窖内存放的是何时何地运来的粮食，最后写上负责人的名字。写好后将砖放入窖内作为收纳纪录，可见管理的严密。这些粮窖的贮藏数量是相当惊人的，在编号为窖 160 的仓窖里，还残存有半窖炭化的谷子，经计算仅这些谷子当时就有五十万斤。

唐三彩是日常器皿吗？

唐三彩因多见红、绿、黄三色而在近代古董收藏者间逐渐得名。时至今日也是古董市场上价值连城的一类文物。由于此类器物主要流行于唐代，前后时代所见极少，因此十分珍贵。

所谓唐三彩实际是一种低温烧成的釉陶器。制作时以白色的粘土作胎，塑造成所需要的形象，将素胎经过 1000℃ 左右的温度烧结定型，随后将烧好的素胎涂以矿物质的着色釉料。其实唐三彩的颜色不仅有三种，常见的矿物质釉料就有铜（绿色）、铁（红色、黄色）、锰（紫色）、钴（蓝色）等。由于矿物质的釉料需要 1300℃ 高温才能烧成，这已经达到了瓷器的烧成温度，所以为了降低烧成温度，还要在釉料里加入助熔剂——铅。由于铅的助熔作用，釉料只需 800℃ 即可烧成。铅不仅能够降低釉料的烧成温度，而且还可以增加烧制过程中釉料的流动性，所以我们见到的唐三彩通常呈现出一种不均匀的斑驳美。不过这也在很大程度上限制了色彩的细节表现。也正是因为唐三彩釉料中含有铅，如果长期接触会导致人体铅中毒，所以三彩器实际不能用作日常生活中的饮食器具，而更多地用作陪葬的明器。

今日我们常见的三彩器主要有文武官员、镇墓兽、马、骆驼等，这些三彩俑造型极其生动，在我国雕塑史上具有独一无二的地位。唐三彩虽然流传时间并不长，但是对于宋代以后的低温色釉和釉上彩瓷有重要影响。并且这种工艺还远传周边民族以及朝鲜半岛、日本列岛，日本在平城时代就仿造唐三彩生产出了奈良三彩。

唐三彩文官俑

489

乾陵"六十一王宾像"的原型是什么人？

唐代乾陵石刻以其题材丰富、数量巨大而著称于世，唐高宗述圣纪碑、武则天无字碑以及各类石像生令人流连忘返。在乾陵朱雀门外东西两侧放置的"六十一王宾像"是乾陵最富特色的石刻群。石像东侧 29 尊，西侧 32 尊，各分成四行排列。"六十一王宾像"模仿的是唐高宗和武则天时期周边国家和部族的首领及使臣觐见唐朝的情景。根据文献可以考证出其中三十七位王宾的身份，在有些石像的身后还保留有他们的名字和官职。这些王宾大多是来自北方突厥诸部以及西域诸国的酋长，

六十一王宾像

最远甚至有来自波斯的首领。令人奇怪的是，这六十一尊王宾像的头部全部缺失，仅存有头部的几座也是严重受损。

对此，人们提出了种种猜测，有传说说石像夜晚会活动，破坏周围的庄稼、影响人们的生活。为了不让石像活动，村民们打掉了石像的头。也有人猜测是近代的文物贩子将石像头卖给了国外古董商。当然这些猜测都缺乏确凿的依据。根据文献记载：王宾像可能最初有六十四尊，到了元代时只有六十一尊了，但是保存尚且完好。到了明代，记载这些石刻"左右列诸番酋像，左之数二十有八，右之数三十。仆竖相半"，"然多无首"，可见王宾像是大约到明代才受损缺失的。有学者据此考证，明嘉靖三十四年关中地区的一次大地震导致了石刻的严重受损。但也有人怀疑：地震为何导致全部石像的头部受损，而其他部位保存尚好？看来关于王宾像头部缺失之谜还有待进一步研究。

490

陕西出土的唐代香囊有什么特点？

古代士人多爱随身佩戴香物，屈原就曾描述自己"扈江离与薜芷兮，纫秋兰以为佩"。通过佩戴这些香草表现出诗人心中所追求的高洁境界。但是像江离、薜芷、秋兰之类的天然香草的香气效果并不持久，所以后来人们更多地使用焚香香料。在考古发掘中，焚香香炉的出土屡见不鲜。香炉由于体积较大且需要燃火，多用于居室使用，不宜出行携带。为了能够随身携带香气效果出色的焚香，古人发明了便携式的焚香香囊。

在陕西西安何家村唐代金银器窖藏中就出土了一件葡萄花鸟纹银香囊。这件香囊外部为银质，呈球形，镂空雕刻出花鸟图案。银球上有扣舌机关，打开后银球可分成两个半球。下部银球内有两圈银环，内侧银环内还有一个金盂，银环和金盂之间均用相互垂直的可转动的铆钉连接。金盂内可放焚香，由于重力的作用，金盂始终保持开口向上，这样金盂内的焚香就不会洒落。此物在文献中被称作"香囊"。

唐代还有一则关于杨贵妃所佩戴香囊的故事。安史之乱时，唐明皇携杨贵妃、杨国忠等一起逃亡四川，途径马嵬驿时，将士们因祸乱由杨氏兄妹而起，请诛之。明皇无奈与杨贵妃诀别，并葬其于驿路旁。后来安史之乱平息，

唐代葡萄花鸟纹银香囊

明皇密令宦官将杨贵妃改葬。宦官开启墓葬时，发现尸体已经腐烂，只有香囊依旧，便将香囊呈献给唐明皇，明皇看到香囊后凄感流涕。

491

从法门寺出土文物看唐代人如何煎茶？

我国饮茶的历史至少可以追溯到东汉时代，后经魏晋南北朝逐渐发展兴盛。但是此时的饮茶方式多种多样，且制茶的技术也不甚成熟。直到我们所熟知的陆羽撰写《茶经》时，制茶、饮茶才形成了统一的规范，并且迅速风行全国。

《茶经》中所记载的饮茶方式被称作"煎茶"法。在法门寺地宫中出土了一整套唐代煎茶的工具，主要包括：茶笼、茶碾、茶罗、茶末盒、盐台等。这些工具与《茶经》所记载基本相同，大致可以复原"煎茶"的全过程。当时的茶被制作成饼形，用纸包裹好放在茶笼中贮存。饮用前先将茶饼用茶碾碾碎成细米颗粒，并且用

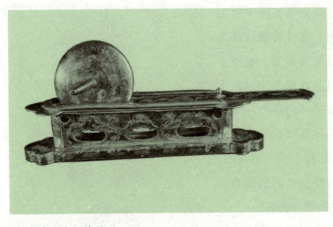

法门寺出土银茶碾

茶罗筛选。筛好的茶末可先放到茶末盒中等待煎煮。煎煮用茶釜，当釜中的水煮沸后便将茶末放入，依据个人喜好还可以适当放入盐调味。煎煮完毕后，将釜中的茶汤倒入盏中饮用。

到了唐末五代时，又出现了被称为"点茶"的饮茶法。点茶法与煎茶法最大的不同在于：茶末并不放入釜中煎煮，而是直接放入茶盏中用汤瓶中的沸水冲点，冲点时还要用茶筅不停地搅动。这两种饮茶法最终都是要将盏中的汤汁、茶末全部饮尽，所以茶末的加工越来越细。《茶经》中只说茶末需碾成细米颗粒，但到了宋代，竟使用细磨将茶磨成细粉状。

我们今天的泡茶法在元代时开始出现，明代逐渐流行。随着泡茶的兴起，此前使用的茶碾、茶磨、茶罗等茶具不再使用，而易于衬托茶色的白瓷器和能够提升茶香的紫砂茶具则广泛地流行开来。

 492

钱镠铁券是免死金牌吗？

《水浒传》第九回说到小旋风柴进时，"他是大周柴世宗嫡派子孙，自陈桥让位有德，太祖武德皇帝敕赐予他誓书铁券在家中，谁敢欺负他？"书中所言誓书铁券就是我们常说的免死金牌，是由皇帝赏赐给有功之臣，当功臣或其子孙犯法时，可以持此物抵罪。但古代真的有免死金牌吗？

据文献记载，汉高祖时曾制铁券，并将其一分为二，一半藏于皇宫，一半赐予功臣。如果功臣或其后代犯法，可以赦免其罪。其后史料中能够零星见到有免死铁券的记载。直到唐代安史之乱后，由于藩镇割据愈演愈烈，唐皇室只能利用地方军阀来抵制强藩的反叛势力，甚至对于许多有过反叛行为的军阀，也只能赐其免死铁券来安抚。

中国国家博物馆收藏有一件唐昭宗赐予镇海、镇东军节度使钱镠的免死铁券。该铁券长约 52 厘米，宽 29.8 厘米、厚 0.4 厘米，外形似瓦，上有嵌金诏书 333 个字。诏书的内容主要为：因钱镠平复了越州一带董昌的叛乱，被任命为杭州地区的节度使，并可免除九次死罪。"卿恕九死，子孙三死，或犯常刑，有司不得加责。"

钱镠的免死铁券

其后唐朝覆灭，钱镠凭借实力建立了吴越国。宋朝兴起后，钱镠后代向宋朝投诚，为了表彰吴越的归顺，宋朝承认此铁券继续有效。正是因为得到此免死铁券的殊荣，钱氏子孙一直奉为至宝，供在钱氏宗祠之中，直到新中国成立后才捐献给国家。

493

从考古遗址看宋代的国家慈善机构有哪些？

说到慈善机构，很多人会以为这是随着西方教会组织的建立才在中国产生的。其实在唐代文献中就出现有"悲田养病坊"，是由国家设立、用于救助贫苦和疾病百姓的机构。到了北宋时期，这类国家的慈善救助机构更为发达，出现了居养院、安济坊、漏泽园三大组织。居养院主要是为鳏寡孤独、贫乏不能自存的贫民提供住宿、饮食以及必要的生活费。安济坊是为身患疾病而无钱医治的贫苦百姓提供免费治疗的慈善医院。漏泽园则是公共墓地，无主尸骨和无力下葬者由国家组织安葬于此。

北宋漏泽园墓地

这三个机构都由国家统一组织，有着严格的运作规程。

在河南三门峡市就发现了一处北宋漏泽园墓地的遗址。该遗址先后经过三次发掘，共清理墓葬 849 座。这些墓葬整齐地分行排列在一起，墓葬的面积基本相同。墓葬中没有棺椁，葬具多是采用两口陶缸对接，将尸体放在其中。墓中还放有简单的砖墓志，写明尸骨的姓名、年龄、身份、死亡地点和埋葬时间等内容。在墓志上还写有此墓在漏泽园中的编号，通常采用千字文编号，也有用数字编号的。例如编号 124 号墓出土的墓志："号字号。降（绛）州雄猛第二指挥军人乔忠，年约二十六七，于牢城营身死，十一月二十三日检验了当，二十四日依条立峰，葬埋记识讫。"通过这些墓志，我们可以发现漏泽园中收葬的主要是军人和贫苦百姓，他们多来自安济坊、牢城营和州府附近的客店等处。

494

哥窑是如何得名的？

在我国陶瓷发展史上，宋代可谓是一个高峰。特别是五大名窑"官、哥、汝、定、均"的产品，由于大多传世较少且造型、色彩独特而成为难得一见的珍品。在五大名窑中，除了哥窑以外，其他窑口均已找到了比较确定的烧造地点，并且有独立的产品特征。但哥窑一直没有发现烧造的窑口，甚至连特征也不是非常明确。

从传世至今被定名为哥窑的瓷器来看，其主要特点是胎色较深，在器物口沿和足部釉料较薄处，会呈现出"紫口铁足"的特点。釉色通常较暗，呈青灰色，通体带有开片。开片就是瓷器上带有装饰性的裂纹，起初是由于烧造时釉料的膨胀系数不均造成的，后来被工匠巧妙地利用而产生出一种特殊纹饰。由于此类瓷器胎色与釉色的特殊搭配，在开片处展现出"金丝铁线"的效果。

哥窑的定名也颇具戏剧色彩，在宋代的文献中，没有任何关于哥窑的记载，元代出现了"哥哥洞窑"的称呼，直到明代中后期才有了哥窑的名字，并开始流行起一个关于哥窑来历的传说。传说处州有章生一、章生二兄弟都从事制瓷业，章生一所生产的瓷器紫口铁足、满布裂纹，因其为兄称为哥窑；章生二生产的瓷器青翠无裂纹，如同玉器，因其为弟称为弟窑，以地处龙泉，又称龙泉窑。由于哥窑瓷器与龙泉窑的深胎瓷器有相似之处，所以许多后来者对此传说深信不疑。但经过现代化学分析，哥窑与龙泉窑成分不同，而非常接近宋代官窑的产品，很可能是官窑器中的一种。今天杭州凤凰山下老虎洞是南宋官窑的所在地，故此地又称"官窑洞"，而杭州方言中读"官窑洞"为

哥窑双耳瓶

"哥哥洞"，这可能就是元代"哥哥洞窑"的来历，到了明代又开始附会出"哥窑"、"弟窑"的传说了。

495

明代外国传教士的墓地有什么特点？

北京阜成门外的北京行政学院校园内，坐落着一处静谧墓园。如果细看墓园中树立的墓碑，可以发现墓碑上除了汉字以外还有西洋文字，而且无一例外地都刻有十字架图案。这里就是从明代开始安葬天主教来华传教士的"栅栏"墓地。

"栅栏"墓地的缘起始于著名的意大利传教士利玛窦。利玛窦长期在华传播天主教和西洋科技，并得到了明朝士大夫阶层的普遍尊敬。利玛窦于明万历三十八年

利玛窦和外国传教士墓地

（1610）在北京逝世，因当时天主教尚未取得明朝的认可，所以外国传教士只得返回澳门安葬。利玛窦生前曾有遗愿，希望能葬在北京，以促进天主教在中国的合法化。为此，耶稣会士庞迪我向万历皇帝上奏章，表示利玛窦仰慕天朝希望能够安葬在京都。万历皇帝便将平则门（即阜成门）外的一处被没收的宦官别墅"滕公栅栏"赐予他们，以安葬利玛窦和供其他传教士居住。

后来，主持清朝钦天监的汤若望、南怀仁，参与中俄签订《尼布楚条约》的徐日升，协助设计圆明园的著名画师郎世宁等一大批来华传教士相继安葬于此。"栅栏"墓地也逐步发展出教堂、修道院、神学院、教会医院等诸多教会机构。在义和团运动和"文化大革命"中，"栅栏"墓地遭到了严重破坏。许多墓葬被挖掘，墓碑被推倒掩埋。现在虽然又重新将散落的墓碑集中保护，并将此墓地升级为全国重点文物保护单位，但是"栅栏"墓地早已不见昔日的风采了。

496

明初功臣徐达墓前古碑有什么奇特之处？

2003年南京明孝陵连同周围六座明初功臣墓一起列入了世界教科文组织《世界遗产名录》。在这六座功臣墓中，保存最完好的当属明朝第一开国元勋徐达的墓葬。徐达早年就追随朱元璋南征北战，先后打败占据两湖地区的陈友谅、苏州地区的张士诚等地方势力，随后又征战中原，最终攻陷元大都，迫使元顺帝北走大漠。由于

徐达为明朝立下的赫赫战功，他死后被朱元璋追封为中山王，并赐葬紫金山，配享功臣庙，位列309位开国功臣之首。

徐达墓现保存有龟趺神道碑一座，石马及控马人、石羊、石虎、武将、文臣各一对。特别值得一提的是，其中中山王神道碑形制巨大，通高8.95米、宽2.2米、厚0.7米，比朱元璋"神功圣德碑"的高度8.78米还要高出0.17米。中山王神道碑由朱元璋御笔亲书，全文两千余字，盛赞徐达的功绩。更令人称奇的是，此碑文在断句处均划有小圆圈，如同今日的句号一般。

对此流传有一个故事：由于朱元璋文化不高，碑文只能请手下的文士代写。文士写好后要递呈给朱元璋检阅，但是担心皇帝难以句读，就在断句处加上"句号"以便皇帝御览。碑文经过朱元璋首肯后，交给刻工镌刻。因为是以皇帝手书的名义写成的，所以工匠不敢对文章妄加修改，就把其中的"句号"一同刻在石碑上了。

中山王神道碑

但许多学者都对此持有怀疑观点，因为皇帝手书的文章都要经过誊写才能交给下属，就算是为了方便朱元璋阅读才加上"句号"的，当他看到碑文上公然展示自己文墨不通，恐怕也不会让此碑留传于世的。

497

明初功臣李文忠墓前石刻为何未完成？

在距徐达墓东边不远的地方，坐落着明朝开国第三功臣李文忠的墓葬。李文忠也是明初著名的武将，曾经率领十万大军远征漠北，俘获元顺帝之孙以及数百文武

未完成的石马及控马人

官员，并缴获元朝国库所藏玺印、图册以及众多珍宝。不仅如此，李文忠更因是朱元璋的亲外甥而在明朝初期具有举足轻重的地位。李文忠死后，被朱元璋追封为岐阳王，赐葬紫金山。李文忠墓现存有龟趺神道碑一通，神道西侧有石马及控马人一组，神道两侧排列着石羊、石虎、武将、文臣各一对。

如果对照上面所提到的徐达墓前石刻可以发现，李文忠墓前少了一组石马及控马人。在墓前神道东侧还摆放着一块仅雕出大致轮廓的石材，不难发现这就是缺失的那组石马及控马人。

这件未完成的雕刻被认为与明太祖朱元璋有关。朱元璋生性多疑，建立明朝后对手下大臣大加诛灭，除兴大狱杀胡惟庸、蓝玉等功臣外，另有徐达、李文忠在内的众多开国功臣之死，也都被后人怀疑与他有关。虽然在李文忠刚刚去世时，朱元璋曾"痛悼不已，辍朝三日，亲为文遣使致祭"。但两年后，他在下给李文忠长子李景隆的诏书中说："（李文忠）非智非谦，几累社稷，身不免而终……"可见朱元璋内心对李文忠的真实看法。可能正是因为这个原因，李文忠墓的建设至此停止，那件未完成的雕刻也就这样废弃在那里了。

498

中医认为是哪些原因导致了疾病?

　　所谓病因,就是导致疾病发生的原因。中医学很早就开始思考究竟是什么原因导致人体生病的问题,比如春秋战国时候秦国有一个名医,名字叫和,他认为"六气"是致病的原因,这"六气"是阴、阳、风、雨、晦、明。《黄帝内经》中把来自于自然界气候异常变化,往往伤害人体的外部肌表的病邪归为阳邪;起居不当,饮食不节,房事失度,情志过极等,往往伤害人体内在的脏腑,被归为阴邪。医圣张仲景在《金匮要略》中说"千般疢(chèn)灾,不越三条",即所有的病因可归做三类:第一类是从内来的病因,是经络受邪,进入到脏腑;第二类病因是四肢九窍,血脉相传,壅塞不通;第三类病因是房室、金刃、虫兽所伤。到隋代巢元方在《诸病源候论》中特别提出一种叫"乖戾之气"的病因,是传染性疾病的病因。到宋代的陈言则在《三因极一病证方论》里提出把病因归纳为"三因",即六淫邪气,为外所因;七情所伤,为内所因;饮食劳倦、跌仆金刃和虫兽所伤,为不内外因。

　　今天的中医学仍然继承着这样的认识。第一类病因是"六淫",淫,是太过的意思,六淫实际上是指"六气"太过,"六气"是指自然界的风、寒、暑、湿、燥、火,自然界正常的气候变化,不会导致人生病,变化太过了导致人生病时,就成为外感病邪。人体的抵抗力下降时,正常的气候变化也会导致人生病,此时相对于生病的个体而言,气候变化还是太过,所以也叫六淫致病。第二类病因叫"七情",中医学把人的精神情志变化归纳为七种,即喜、怒、忧、思、悲、恐、惊,强烈持久的情志刺激,超出人体适应能力,损伤脏腑功能,这叫"七情内伤",指情志因素从内伤害人体。第三类病因是"疠气"，是指那些具有强烈致病性和传染性的外感邪气，它也是从外侵袭人体，引发的疾病往往发病急、病情重、传染性强，中医学称这类疾病为"疫疠病""疫病""瘟病""瘟疫病"。第四类病因是饮食失宜，指因为饮食不洁、过饥、过饱、饮食偏嗜等致病因素。第五类病因是劳逸因素，过劳或过逸都可能成为致病的原因。第六类病因是指中医学描述的一些病理产物，比如痰湿，淤血等。还有一些其他因素，如跌仆闪挫、外伤、烧烫伤、冻伤、虫蛇所伤、寄生虫、用药不当、医疗处置不当、先天禀赋等，都可能成为致病的原因。

499

中医的"病历"怎么写？

说到现代医学，大家都知道从病人就诊开始就会有严谨的关于医疗活动的记录，其中非常重要的一种记录就是"病历"。中医学也有类似病历的记录，不过中医的记录与现代医学稍有差异，中医的老祖宗称它们为"医案"。医案起始于西汉太仓长淳于意，当时叫"诊籍"，记录了淳于意的临床治疗的二十五个病例，是他医疗实践的如实记录。到汉代，张仲景在《金匮要略·痰饮咳嗽病脉证并治》中有一篇"小青龙汤加减五法"的记载，也是一个医案。至明清则有"医案专著"，如江瓘《名医类案》、魏之琇《续名医类案》、《叶天士医案》、《吴鞠通医案》等，都影响很大。

从古到今，中医留下了很多医案，但记录体例不是很统一。到明清时候某些医家开始认为医案记录也需规范，比如明代的喻昌就专门谈论过医案的规范书写问题，他认为医案必须记录"某年某月某地县，人年纪若干，形之肥瘦长短若何，色之黑白枯润若何，声之清浊长短若何，人之形志苦乐若何……一一详明，务令丝毫不爽"。基本上需要记录中医学辨证过程中观察到和归纳出的患者人口学情况、健康基本情况、病史和治疗史资料、疾病的症状和体征表现、治疗处理的思路和方法、治疗过程中的变化、预后等内容。

中医学在临证治疗时有很多灵活变动的地方，因人、因时、因病、因地域、因疾病的不同表现等，都可能有不同的治疗策略。某种程度上说，中医学的每一次治疗都是一种个案，很难复制。因此《古今医案按》的作者余震说：治疗的原则和方法是有限的，但是使用这些原则和方法的巧妙之处却是无限的，而医案则既能反映治疗原则和方法，又能体现应用巧妙之处。李龄寿在给《古今医案按》作序时说："医之有方案，犹刑名家之例案也。"医家的医案记录就像法学的案例一样，法律标准是有限的，但是依据法律量刑时有轻重出入，医案的作用就在于提供例案。正因为如此，历来中医学都非常重视对医案的学习研究。

500

人真的有"魂魄"吗？

"魂魄"大约是最难以说清楚的传统文化概念之一了，很容易让人联想到鬼神，比如传说人死后去轮回前要经过一个奈何桥，喝孟婆做的忘魂汤，于是就忘掉了前世所作所为，可以安安心心地重新做人了。从这两个字都有"鬼"这个偏旁也证明"魂魄"的字义和鬼神有关，《说文解字》说"凡鬼之属皆从鬼"，所以魂、魄应该是属于鬼一类的东西。而"鬼"的含义在《说文解字》里是"人所归为鬼"，人总是要死的，死是最后的归属，这个归属就是鬼。人们想象出来的这个"鬼"，大概是没有形体的纯精神存在，再细分下去，属阳的部分为"魂"，属阴的部分是"魄"。这种想象出来的鬼神世界，道教的理论里说得比较多，他们认为魂魄是依附于形体又可以离开形体的精神，细分下有"三魂七魄"，都是用来说明人的精神活动、生命形成或者命运等的术语。日常话语里说"失魂落魄""魂飞魄散"等，也大都与人的精神意识状态相关，由此可见，不论"魂魄"究竟是什么东西，总归和人的精神意识活动有关。

那么从中医学的观点看，人有没有"魂魄"呢？中医学也论述了"魂魄"问题，主要有两种论述：

一种在《灵枢·本神》中说"天之在我者德也，地之在我者气也，德流气薄而生者也。故生之来谓之精，两精相搏谓之神，随神往来者谓之魂，并精而出入者谓之魄"，这段论述认为人的生命是天地之气和德交感化生而来，父母之精相合变化而成新的生命个体，这种"精"是与生俱来，在父母之精"相搏"产生新生命的同时也产生了"神"，人一旦具备了形体也就同时具备了精神，精神中随着神思而动的部分被称为"魂"，用现在的话语来说，"魂"大致相当于一些非本能的、较高级的精神意识活动，精神中还有一部分紧随形体而被形体生命掌握的，它们被称为"魄"，相当于现代话语所说的本能性的、较低级的精神意识活动。

另一种论述是《黄帝内经》的主要观点，其中主要体现在《素问·六节藏象论篇》里，这种论述中把人看作一个以五脏为核心的功能系统，心、肝、脾、肺、肾各主管一套内容，其中肝藏魂，是"魂之居"，肺藏魄，是"魄之处"，具体的肝藏之魂和肺藏之魄有什么用，《黄帝内经》没有正面说，但是在《灵枢·本神》中从病理角度阐述了肝魂、肺魄受伤会出现的情况，它说"肝悲哀动中则伤魂，魂伤则狂忘不精，不精则不正当人"，"肺喜乐无极则伤魄，魄伤则狂，狂者意不存人"，即太过悲伤就会使肝魂受伤，于是出现癫狂、遗忘、怅然若失等举止失常的表现，大喜过度则伤害肺魄，肺魄受伤会出现狂妄、自高自大、不能正确对待他人等症状。

501

中医是怎样"解梦"的？

做梦一直都是一个吸引人的问题，《黄帝内经》也有自己的解梦方法，认为梦不是鬼神作祟，而是人体生理病理变化而产生的反映，因为阴阳盛衰的变化，或者五脏虚实的变化，可以对应于做不同的梦。

《素问·脉要精微论篇》中比较集中地讨论了解梦的问题，它说"是知阴盛则梦涉大水恐惧，阳盛则梦大火燔灼，阴阳俱盛则梦相杀毁伤；上盛则梦飞，下盛则梦堕；甚饱则梦予，甚饥则梦取；肝气盛则梦怒，肺气盛则梦哭；短虫多则梦聚众，长虫多则梦相击毁伤"。这里列举了几种梦境，并且分析梦对应的意义：如果阴寒盛就容易梦到蹚过很大的水沟之类，并伴有恐惧的情绪，如果阳热盛则容易梦见大火，并有发热烧灼的感觉，如果阴阳之气斗争得很厉害，则梦见与人相互杀伤搏击；如果上部的气盛则容易梦见飞翔，如果下部的气盛则梦见坠崖等堕落之事；如果太饱了就梦见给予别人东西，如果很饥饿则梦见到处找东西吃……

类似的讨论也出现在《灵枢·淫邪发梦》中，它说"肝气盛，则梦怒；肺气盛，则梦恐惧、哭泣、飞扬；心气盛，则梦善笑恐畏；脾气盛，则梦歌乐、身体重不举；肾气盛，则梦腰脊两解不属"，又说"厥气客于心，则梦见丘山烟火；客于肺，则梦飞扬，见金铁之奇物；客于肝，则梦山林树木；客于脾，则梦见丘陵大泽，坏屋风雨；客于肾，则梦临渊，没居水中；客于膀胱，则梦游行；客于胃，则梦饮食；客于大肠，则梦田野；客于小肠，则梦聚邑冲衢；客于胆，则梦斗讼自刳……"

还出现在《素问·方盛衰论篇》中，它说："是以肺气虚，则使人梦见白物，见人斩血籍籍，得其时，则梦见兵战。肾气虚，则使人梦见舟船溺人，得其时，则梦伏水中，若有畏恐。肝气虚，则梦见菌香生草，得其时，则梦伏树下不敢起。心气虚，则梦救火阳物，得其时，则梦燔灼。脾气虚，则梦饮食不足，得其时，则梦筑垣盖屋。"

掌握《黄帝内经》的解梦，一方面可以把以上三个章节的相关内容理解记住，把它们当作一个解梦的词典，以后碰到什么梦就查这个词典对照来解释，这是稍微笨点的办法。另一个高明些的方法是总结《黄帝内经》解梦的指导思想，学习其解梦的思路，总结起来规律有两条：以类比的方法解梦，比如水属阴，所以阴盛就梦见大水；以脏腑的生理功能特征解梦，比如肝在志为怒，所以肝盛就梦见发怒。

502

"病入膏肓"这个说法是怎么来的？

现在人们都知道病入膏肓的意思是说病到没有什么办法救治的程度，也引申指事情完全没法挽救了。那病入膏肓究竟是什么样的病呢？膏肓又是什么呢？

这个说法来源于一个故事，据《左传》记载：晋国的国君做了一个噩梦，梦见一个厉鬼在那里一边跺脚跳跃着一边用手拍打自己的胸膛，对晋侯说："你杀死了我的孙子，实在是不仁义，我已经在上天帝王那里告了你的状"，一边说着一边把大门、内堂的门都给打破并跑进了屋。晋侯很是害怕，就往寝室里躲，那厉鬼就连寝室门也给弄坏了。晋侯醒来就找来巫师给解这个噩梦，巫师说："这梦昭示着晋侯您吃不到新麦子了，命不久矣！"晋侯因为生病，请求秦国给予医疗支援，秦国的国君就派遣了一个名字叫缓的名医来给晋侯治病。缓还在路上，没到晋国，晋侯又做了一个梦。这次晋侯梦见他的病化作两个小子，这两个小子在那里商量说："秦国来的这个缓可是个好大夫啊，我们怕是要被他伤害了，这下可往哪里逃啊？"其中一个说："我们跑到肓的上面，膏的下面，待在这个地方，缓又能把我们怎么样呢？"缓到达秦国，看到晋侯后，说："您这病没法治了！在肓之上，膏之下，是针刺达不到，药力也达不到，没法治了。"晋侯一听，觉得这个医生真是神医啊，虽然治不了自己的病，还是给了缓一笔丰厚的诊金，让他回国去了。

这个带有传奇色彩的故事引出了"病入膏肓"这个成语。后人认为膏是指心尖脂肪，而肓是指心脏和膈膜之间。是不是疾病到这个地方就没得救了呢？从中医学来说，用膏、肓来说明人体生理病理变化的论述较少，大多从脏腑、阴阳、气血等来论说疾病的危重程度，认为病在"膏之下，肓之上"就没法救治的说法，有待医理上、临床上的进一步论证；从现代医学来说，在心尖脂肪之下、心与膈膜之间位置之上发生的疾病也不是没法救治。

中医所说的"邪不胜正"是什么意思？

通常话语中的"邪不胜正"是指邪妖之气不能战胜刚正之气，这种说法带有判断意味，意思是刚正的一方总会赢。且不论事实如何，在中医学中也有邪不胜正的说法，不过这里描述的更多是疾病状态，是对发病机制的阐述。

中医学把人体自身抗病、祛除病邪、调节整体功能、修复等作用统称为"正气"，相对的，把存在于外界或由人体内部产生的种种具有致病作用的因素称为"邪气"。邪气很厉害、很旺盛，称之为实，即邪气实；正气如果被邪气损害或者本来就正气不足，称为虚，即正气虚。疾病的发展变化其实就是邪正双方交争变化，正气旺盛，奋起抗邪，就会战胜邪气，邪气退却，这叫正胜邪退；邪气亢盛，正气受损而衰弱，病情转向沉重，叫邪胜正衰；正气不弱，邪气也不退，双方势均力敌，谁也奈何不了谁，疾病处于迁延状态，叫邪正相持；如果正邪斗争的结果导致正气大虚，邪气也弱小了但还没有完全消除，或者邪气潜伏得很深，正气又不足，不能祛除深藏的邪气，病情因此而缠绵难愈，叫正虚邪恋。

总之，"邪不胜正"在中医学中是指正气战胜邪气，祛除病邪，疾病向痊愈的方向发展的一种描述。并不一定是邪不胜正，邪气也可以很厉害，损耗正气，使人身体虚弱，疾病不能好转。所以中医学在治疗时一方面是注意驱邪，一方面是不忘扶正。

504

"上火"就是发炎吗？

"上火"是一个中医特色的概念，要理解这个概念，首先需要理解中医学所谓"火"的概念。中医所说的火，有三种意思：第一种火，中医称为"少火"，是生命不可缺少的动力，和肾中的阳气息息相关，是维持生命活动的，《黄帝内经》说"少火生气"；第二种火也来自于人体内部，被称为"壮火"，指过于旺盛的火，能煎熬消耗人体的阴性物质，损耗正气，《黄帝内经》说"壮火食气"，即壮火会吃掉人体的气；第三种火属于外来的，称之为"火邪"、"火毒"，比如日常话语中我们说某些食物"火气大"，就是指这种食物具有很强的阳热性质。

如果人体内的阴阳失调，阳热过多，阴液被损耗，就会表现出属于火热类型的症状，典型的症状就是红、肿、热、痛，加上情绪的烦躁不宁，单从这一组症状的特征来看，和现代医学的所谓炎症反应有相似之处。不过中医学的火热症状还有更宽泛的内容，现代医学的所谓炎症反应也可以表现出其他类型，二者不能等量齐观。

中医学所说的火热之邪有外感火热之邪和内生火热之邪之分，而内生的火热之邪还可以分出两种情况，一种是阳气、火热之气太过亢盛，叫实火，一种是由于阴虚而致使阳热相对亢盛，叫虚火。就火热病证而言，往往是外火与内火相互勾结所致，或者是外感火热之邪引动内火，或者是内火旺的机体状态、体质，导致容易感受外来火热之邪。从而也导致了"上火"的原因和表现各不相同，比如"上火"既可表现出口舌生疮等，也可表现为疔疮、眼睛红肿疼痛、大便干燥、口苦咽干、烦躁失眠等。不过凡属火热致病，还是有一些共同点的，首先，和自然界的火一样，火性容易往上蹿，所以症状往往出现在头面部；其次，火热容易耗阴液，耗正气；再次，火热与心相应，所以容易扰乱心神，出现烦躁不安等症状。

所以"上火"不能简单理解为发炎，需要分清是外感所致，还是体内阴阳失调所致，分清是实火还是虚火，发炎有现代医学自己的判断标准，不一定非得表现出上火的症状，二者是不同的范畴。

505

什么是中暑？

"中暑"就是被暑热之邪所中而得病，今天所谓的"中暑"病比古人所说的"中暑"范围要广很多，对症状和发病机制的认识也深刻很多了，但是在处理原则上仍有一些共同之处。

古代中医认识的中暑即所谓的"暑邪"，主要来源于与自然界酷暑气候相联系的环境因素，中医学认为暑邪是六淫（风、寒、暑、湿、燥、火）之一，是炎热夏季独有的邪气。暑邪致病有三个特点：首先，中医学认为暑邪为阳热之邪，致病表现出一派火热症状，如高热、心烦、面色红、脉搏快而有力等；其次，是暑邪致病会耗气伤津，中暑的人往往大汗淋漓，导致气被消耗，人因此会乏力、没有精神，呼吸短促而显得吸入的气不够用，津液也被耗散而出现口渴、小便少等症状；再次，暑邪容易和湿邪混杂在一起伤害人体，尤其湿度大的地区，炎热的夏季里中暑的人往往感觉到身体、四肢像被湿布包裹住一样，又沉重又昏闷，心胸烦闷，有时会有呕吐，大便也黏黏糊糊的，一派不清爽的感觉，这些都是暑湿所致。以上这些症状在夏季出现，属于伤暑，算是病情较轻，若善加调理，一般不会出问题。

不过古人也已经认识到，在炎热且湿气重的酷夏季节，暑邪伤人还会导致一种更重的病证，那就是所谓的"中暑"，会导致人突然昏倒，不省人事，虚汗淋漓，手足冰冷，浑身无力，头晕呕吐等。这一组症状正是今天现代医学讨论的 heatstroke 的临床表现，在翻译西医学这个病名时就选用了"中暑"这个词，这也增加了今天中医学对"中暑"的认识内容：高温和热辐射的长时间作用是中暑的首要病因；空气中湿度大，环境中通风状况差，产热集中，散热困难等因素是中暑的重要诱因；有颅脑疾病者、老弱者、孕产妇等耐热能力差的人群容易中暑。

中暑是夏季容易出现的急重症，处理的第一要务就是要让患者离开暑热环境，把他移到阴凉通风的地方去，重症的要及时就医，轻症可以给他饮用含盐分的清凉饮料，中成药十滴水、藿香正气水也可以使用。

506

什么是中风？

"中风"是中医学病证的一种，一提到这个病，大多会联想到突然倒地、偏瘫卧床等很严重的情况，事实大约如此，这是一个严重危险的疾病，需要提高警惕，积极就医。

"中风"的"中"字读第四声（zhòng），是一个动词，中风就是被风邪射中、命中而导致人体生病。所以这么命名，与中医学对风邪致病的认识有关，中医学认为风邪致病有四大特点：第一个特点是浮越，指风邪伤人的症状趋势是向外、向上发越，多表现出体表的、上部的症状，如头痛、咳嗽、咽痒、怕风等；第二个特点是善行数变，指病变的部位游走不定，症状多样，如中医所说风湿病，关节疼痛的症状游走不定，就是风邪的特点；第三个特点是善动，风吹则草木摇摆振动，中医学于是就类比地认为风邪所致的病，在症状上也有动的特点，比如肢体震颤、头脑晃动等常被看作是"肝风"的症状；第四个特点是常常兼挟其他的邪气一起来侵袭人体，比如说风湿、风寒、风热，就分别是风邪挟湿邪、寒邪、热邪致病。

中风往往发病急骤，症状多样，病情变化多端而且快，表现为突然昏仆、不省人事，伴口眼歪斜、语言不利、半身不遂等，这些症状和病情特点都符合风邪致病的特点，所以中医学以"中风"来命名。

被风邪所中，依据风邪的不同，风邪所中部位的不同，中医学又有不同的认识。风邪分为外风和内风，外风是外部世界产生的风邪，比如冬春季节窗户没关严，从缝隙里吹来邪风，一觉醒来发现嘴角歪了，老百姓都会说"是不是受风了？"这类的风邪常被归属为外风；内风主要是指肝风，中医学所谓的肝阳亢或肝血虚、肝阴虚都可以成为肝风动的原因，肝风的症状主要表现为身体不受控制的震颤动摇。据所中部位则可分为中经络和中脏腑，中经络一般症状较轻浅，比如皮肤肌肉的麻木、眴（rún）动、抽搐，甚至某些口眼歪斜等，一般没有神志方面的改变；中脏腑则常常有突然昏仆、不省人事等神志方面的改变。实际情况是外风、内风常常纠缠在一起，比如受外风可引发内风，内风动又导致更容易受外风侵袭，中经络和中脏腑常常兼杂，比如某个老人用筷子夹菜时突然拿不住筷子，筷子掉地上了，但症状一下过去了，神志也清醒了，之后也没有异常，似乎是经络病变的表现，深层却不能排除脏腑病变的可能，需要警惕；而那些中脏腑的中风患者，除了神志方面的改变，同时也表现出经络方面的改变，如手脚不利索、皮肤肌肉的异常感受等。

507

什么是湿气？

听到"湿气"这个词，最先联想到的可能是一些疾病的症状，比如皮肤上的湿疹，表现出水液浸渍的样子。另外一种状况是从中医大夫那里听来这个诊断，说某些症状是湿气重所致。在中医学的概念里，湿气就是湿，加一个"气"字以概括其无形、抽象的意味，就像"火气"这个概念一样。

湿，在中医学里分外湿和内湿。顾名思义，外湿指存在于人体外部的湿，在时令上主要产生于夏秋之交，天气潮湿、雨水较多的季节，在地域特征上往往会考虑南方湿度大区域，地势低洼、阴冷或潮湿的地方等，中医学认为在这样的气候条件和环境条件下，容易被湿气侵袭而生病。内湿则是人体自内而生的，主要因为脾虚所致。中医学认为人每天吃进去的水谷及饮进去的水等饮食物，主要通过脾胃的运化而把有用的部分转化为精微物质为人体所用，把没有用的部分排出体外。于是饮食物经运化被分为清、浊两种，清的由脾主管，随脾气往上升去营养机体，浊的随胃气向下降而排出体外，而且脾自身也喜欢干燥清爽，讨厌湿浊。如果因某种原因导致脾虚，由饮食物而来的水湿不能很好地被运化，混浊的水湿困住了脾，就会进一步妨碍脾代谢水湿的能力，整个机体都表现出混浊不清爽的状态，比如清气没法随脾气上升到头脑，头脑会昏闷，四肢也像被湿东西裹住一样，困倦乏力，口中黏糊糊，吃什么都没有口味，大便变稀不成形等等，这就是所谓的"脾虚生内湿"。

内湿和外湿常互相影响，同时或先后出现，更不容易被祛除，湿气所致的病因此而缠绵难愈。而且湿气性质属阴，容易损伤人体的阳气，尤其是损伤脾的阳气，这就导致人体后天的来源不足，使疾病不容易痊愈。因此中医学也想了不少对付湿气的办法，比如祛湿、化湿、利湿。利湿就是利尿，让湿气从下而出，比如食物中的薏米、冬瓜之类有这种功能；化湿主要用芳香的药或食物，中医学认为这可以醒脾，比如白扁豆、香菜之类的食物有此功能；而祛湿的含义比较宽泛，前面两种方法有时也被称作祛湿的方法，但凡能祛除湿气的方法都可以称为祛湿法，在中医学里祛湿相对显得较专业，所针对的病证也稍重，需要医师的专业知识。

508

住地潮湿就会得"风湿"吗？

从中医学观念而言，风湿概念主要基于病因方面的考虑，风湿即风、湿两种邪气。风邪致病则症状繁杂多变且病位游走不定，湿邪致病则病情迁延缠绵。关于风、湿之邪致病的问题，早在《黄帝内经·素问》中就说"风寒湿三气杂至合而为痹"，这里所谓的"痹"主要是指因经络、气血痹塞不通畅，导致肢体、关节的疼痛、麻木及肢体功能障碍等。汉代张仲景在《金匮要略》说："病者一身尽痛，发热，日晡所剧者，名风湿"，风湿在这里成为一个病名。自此之后，风湿成为一个含义宽泛的病名，不过这个病名暗示风、湿邪气因素的原始含义仍然保留下来了，即使今天的中医学在论治风湿病时也往往从风、湿之邪考虑。不过这个风、湿不再仅仅是自然界吹的风和自然环境中的潮湿，而是从症状反推出来的抽象病因。在中医学的观念里，容易得风湿的环境因素确实有一项就是长期居住、工作在水多潮湿的地方，而且中医学认为阴雨天气是风湿病发作的诱因之一，这些认识有其合理之处，日常生活中能避免久居潮湿之地就尽量避免。

同时，我们需要认识到，随着医学对疾病认识的加深，我们今天话语系统中的风湿病概念已经增加了很多内容。现代医学所说的风湿病所涉及的范围几乎包括所有影响到骨关节及其软组织等的一大类疾病，症状表现上往往有关节疼痛，关节肿胀、麻木、屈伸不利，甚至导致关节破坏，肌肉萎缩，肢体运动功能障碍等。特别需要提及的是，风湿病可以累及重要脏器，如心脏、肾脏等，而且风湿病如果不积极治疗往往会慢慢进展，造成更多的危害。总之，有鉴于现代日常话语系统中风湿概念的演变，我们对风湿病的认识，既需要中医学方面知识，更需要现代医学方面的知识，中西医综合治疗和预防的效果更好。中医学的某些治疗方法，如拔罐、针刺、药敷等，对缓解症状很有帮助，能提高患者的生活质量，但是需要配合现代医学的评估指标，及时地监控风湿病病变对重要脏器的损伤情况，尽可能地避免风湿病潜在进展的风险。

509

"胖人多痰"是什么意思？

"胖人多痰，瘦人多火"的说法大概从宋、元时开始提出，之后明、清的医家分别进行了发挥，因为提出和发挥这种论点的医家名气较大，并且在临床上能找到一定依据，所以这种说法就被广泛接受了。所谓"胖人"，不是按照现代的肥胖指数测算出来的，主要是通过望诊观察所得，除了体型肥硕丰腴外，往往还有肤色白皙，稍稍活动就喘气，虽然体胖却比别人怕冷等。这里所谓的"痰"也是中医学的专门术语，包括了狭义的"痰"和广义的"痰"，狭义的"痰"指呼吸道分泌而由口、鼻腔排出的黏液，广义的"痰"则是体内水液代谢失常而形成的病理产物，它既可以停留或聚集在体内一定部位，也可以随着人体气的升降而四处流窜，导致多种多样的病症，所以中医学有"百病多由痰作祟""怪病多痰"等说法。而且有没有"痰"

一般只能通过症状来推断，没法直接观察到，故又被称为"无形之痰"。

"胖人多痰"的"痰"主要是广义的痰，是胖人的一种基础性的体质因素。"多痰"的体质会使得胖人容易得与"痰"有关的病，或者疾病进程中容易受到"痰"的影响。比如因痰阻滞气机，容易疲乏，容易胸闷气喘等；痰妨碍脾胃功能则出现痞满，觉得胃中壅塞嘈杂等感受；痰属于寒性，还可以阻碍阳气运行，可以引起手脚冰凉，或者手脚麻木等，而且因为"痰"被认为是一种稠浊的水液代谢产物，它会把病邪黏滞住，所以"多痰"导致病愈的过程中容易有一两个症状很顽固，拖延较久才彻底消失。

"胖人多痰"是对胖人体质的一种描述，那么是不是把"痰"给去掉了，就可以减肥呢？中医学并没有这样完全对应的说法，中医减肥中确实考虑到"痰"的因素，但更主要的还是一种综合的治疗，包括了饮食、运动、生活方式等等。"多痰"的体质和肥胖状态的维持有互相促进的关系，改变肥胖状态也可以通过改变体质来达到，但不能单纯依靠去掉"痰"。

510

"瘦人多火"是什么意思？

"瘦人多火"的说法其实只说了瘦人体质特征的一半，还有一半特征是瘦人往往血虚、阴虚。所谓的"瘦人"同样是通过望诊来判断的，即看起来形体消瘦，体形不够丰满。阴血虚的表现可以有头晕、眼花、耳鸣、失眠、心悸、肢体麻木等症状，及面色萎黄或白皙、指甲或唇色淡白、脉细弱无力、舌淡等体征。如果是阴虚火旺则可以有五心烦热、咽燥口干、急躁易怒及盗汗等症状，及颧红升火、舌红少苔、脉细数体征。所谓"多火"也可以从两个角度来理解，其一是瘦人有虚火的表现，比如前面所说的五心烦热，还容易睡眠不好，多梦易醒等，另一方面，瘦人在想长结实点的时候如果吃了点补益的食物或药物，尤其是温性的药食，往往容易上火，出现口舌生疮、口干、便秘等症状。

与对"胖人多痰"观念的理解一样，"瘦人多火"也是对体质的一种类似统计学的描述，是提示一种生理、病理、治疗上潜在基础和疾病转归的潜在可能。这种描述并不是规定性的，并不是形体消瘦就一定是阴血虚，一定要用补，或者注定多火，注定就不会得那些大众认为是跟胖人联系在一起的疾病，如脂肪肝、高血脂症等。一些基本的健康生活方式，不管是胖人还是瘦人，都同样适合。同样的，一些共同的疾病危险因素（如吸烟、嗜酒等），对胖人和瘦人同样起坏的作用。仅仅是在执行健康方案和规避危险因素时，需要因人制宜地考虑个人的基础体质，体胖的人可以想想是否有痰湿和阳虚，体瘦的人则想想是否有阴血虚和容易上火。

511

为何说"虚不受补"？

虚不受补的概念在中医学临床中的含义是指通过补益的方法治疗而达不到预期效果，甚或反而产生了反作用，造成对机体更多的伤害。虚不受补的首要条件是真正的虚弱状态，又因为传统中医学主要的治疗方法是内服汤药，所以脾胃的虚弱衰败是一个非常的判断依据。临床上虚不受补的病例往往在病情危重或久病耗损过度的情况下才会出现，患者此时的生机很弱，必须小心呵护。借鉴这样一个中医治疗学中的概念，老百姓日常话语中也有虚不受补的说法，乍一看这个说法的字面意思，似乎是说身体虚而不能接受补益。至于怎样算是"身体虚"，估计是个见仁见智的问题，而怎样算是"不能接受补益"则较容易达成共识，大概都是自己进补，效果不好，甚至吃完了补药反而上火或者拉稀，更不舒服了。

之所以出现这样的情况，有几种可能性，第一种可能性就是判断"身体虚"出现错误，不虚而补，自然会有问题；第二种可能性是没有掌握进补的要领，尽管是补益的药物，也都有偏性的，都有搭配禁忌，都有各自的适应证，这些因素在进补时都要考虑，比如红参，补气的力量强，同时也容易火大，使用时要少量多次慢慢用；第三种可能就是没有顾护脾胃，尤其那些脾胃功能本来就不是很好的人群，进补的同时一定要注意调理脾胃。

512

脾胃虚弱有哪些表现？

在中医学，脾胃被称为"后天之本"，"后天"是相对"先天"而言的，"先天之本"指肾，因为肾藏精，肾所藏之精中有一部分是来自遗传的生命种子，这种肾精是生命赖以发生、生长发育和传承的根本；"后天之本"脾胃则是人出生之后赖之以生存发展的根本。所以老百姓日常话语中最常用的两个病证名词就是"肾虚"和"脾胃虚弱"，因为它们是根本，身体不好，自然地认为肾或脾胃要负主要责任。

脾胃的主要功能就是运化水谷，人吃进去的食物（谷）和喝下的水（水）统统被胃接纳并腐熟成糜状，然后通过脾的运化功能把水谷转化成精微布散到身体各部，有一些精微上注进入心脉中参与气血的生成，中医学称之为"奉心化赤为血"，所以脾胃又被称为"水谷之海""气血生化之源"。因此，一旦脾胃虚弱，就会表现出两大类症状来，一类是消化功能方面的障碍，一类是气血生化乏源的表现。就前者而言，主要症状有吃东西没有胃口，不想吃东西，中医称之为"纳差"或"纳呆"；吃进东西后觉得不舒服、不清爽，比如胃胀、打嗝、泛酸、嘈杂等，又比如吃点凉的东西就闹肚子，食物稍稍有点变化就不适应，等等；还可以有大便的变化，比如大便中有没消化就排出来的东西，中医称之为"完谷不化"，再比如泄泻、大便稀溏等。就后者而言，更多从脾胃虚弱的后果着眼，比如气血生化乏源导致气血虚，人就会显得没有精神，懒洋洋的，没有气力，脸色白或者萎黄（没有色泽的黄色），如果是小孩子还会表现出头发稀稀拉拉且没有色泽，小胳膊小腿儿没什么肉，瘦小，容易生病，等等。

如果脾胃虚弱了，也能想一些办法调理，主要的调理方法包括以下几个方面：比较严重的脾胃虚弱需要找中医大夫用药调理，这个时候大夫会根据你的表现分析具体是哪方面的虚，是脾气虚，还是脾阳虚，还是胃阴虚，还是胃气虚。每种情况的治疗原则和处方有些差别。轻证的脾胃虚弱可以自己调理，主要是饮食和起居两个方面加以注意。饮食上讲求规律，特别是用餐时间要规律，每餐吃个八分饱，不要没有规律的暴饮暴食。吃喝什么东西也尽量要合理，一般中医主张脾胃虚弱的人饮食宜以清淡和营养为总则，不要总吃那些味道过重的东西，比如肥腻的、辛辣的或烧烤的东西；也可以有针对性地选择食物，比如若脾气虚弱为主的，可以吃红枣、山药之类，脾虚兼有湿浊的，可以吃扁豆、薏米之类，脾气虚兼气机不畅的，可以选萝卜、佛手、金橘等，如果是胃阴虚表现出嘈杂、胃隐隐作痛等胃中虚火症状的，可以选莲藕、梨、蜂蜜等食物。再有，就脾胃虚弱的调摄而言，还需要慎起居，经常锻炼身体是很有必要的，规律的起居习惯也会很有帮助，情绪的稳定也十分有必要。

513

为何说女子以肝为先天？

虽然"女子以肝为先天"的提法是清代医家叶天士在《临证指南医案》中才明确地主张的，但中医学很早就认识到生理、病理和治疗上的"男女有别"，比如《灵枢·五音五味》说："今妇人之生，有余于气，不足于血，以其数脱血也，冲任之脉，不荣口唇，故须不生焉"，意思是女性因为月经而屡次耗损血液，所以身体状态是气相对有余，而血相对不足，冲、任之脉虽循行到了口唇四周，却没有足够的血气来充养这里的皮肤，所以长不出毫毛，生不出胡须。中医学认为女性是"以血为用"，月经、孕育、分娩、哺乳都得依靠阴血的濡养，而五脏中肝藏血，即血的贮藏和血量的调控主要归肝主管，而女性因为屡次月经而血不足，这就更显出肝藏血功能的重要性来。

另外还有两条"女子以肝为先天"的补充理由，第一条是：传统的观点认为，相对于男性而言，女性情绪更敏感，情感更细腻，更容易忧愁抑郁，情志变动主要与肝主疏泄的功能有关；第二条是：肝经循行分布于胁肋，乳头也是肝经管辖的位置之一，乳部的疾病与肝有关。正因为女性"以肝为先天"的这一特点，临床对待女科疾病时，往往要考虑其阴虚、血虚及肝主疏泄功能的失常等，治疗上也常常采用养肝阴、补肝血、疏理肝气等治法。

就女性的日常保健而言，主要是要注意养肝、养血。因为中医学里肝是"罢极之本"，有一种注解认为这个"罢"字通"熊罴（pí）"的"罴"，是一种很能耐劳的熊，耐受疲劳主要依靠肝的功能，所以养肝就不要太劳累。中医学又认为"人卧，血归于肝"，人睡眠休息的时候血才能归藏到肝，所以该睡觉的时间就要睡觉，以便血归于肝，有利于养肝。肝主疏泄的功能和情志变动有关，中医学认为情志变动都需要血气作为基础，太过的情绪变化会耗损气血，所以养肝还需要调畅情志。如果从饮食调养入手养肝、养血，总原则是阴阳寒热平衡而且有营养，可以适当地吃一些补益阴血的食物或药物，如红枣、枸杞子、桑葚等，也可以用益母草炖牛肉或煎鸡蛋等，把握住平补的原则就行，不然容易妨碍脾胃功能，更甚者会补出痰湿，导致肥胖。

514

何谓"动肝火"？

现代汉语中"火"有时候也指生气，比如说"发火"的其中一个意思就是发脾气、生气，"大动肝火"的意思是大怒、盛怒、暴怒等情绪非常激动的状态。为什么"怒"被称为"动肝火"，而不是"动心火"或者"动肾火"，主要来源于中医学的情志学说。中医学认为人的五种主要情志表现（喜、怒、思、忧、恐）中的每一种情志都由一个脏来主管，其中主管怒的就是肝，肝与怒的关系最密切，所以发火、生气、动怒才被称为"动肝火"。

按照中医学的理论推理，如果肝的功能失常，人会变得容易着急，容易发脾气，反过来，中医学也说"暴怒伤肝"，突然的、强度很大的盛怒会损伤肝。至于是不是怒就可以推断肝火，则不那么绝对，首先是肝火症状不能单凭有没有怒的表现来判断，主要指标还是侧重于火热性质的症状，比如眼睛红并发热发干、口苦、舌头红，情志方面可以表现为不宁静、烦躁，也可以表现为容易生气，其次怒的表现可以不是火，比如若是生闷气，敢怒不敢言，就可能是肝郁，若是动辄盛怒不止，一派高亢不能抑制的表现，则需要考虑是不是肝阴虚而导致肝阳相对偏亢。

总之，怒主要是一种发散、舒展性质的情志，如果发散得太厉害，怒的表达控制不住，则增加肝宁静的一面，采用养肝阴、清肝火等方法来应对；如果发散表达不够，抑郁在心中，则需加强肝疏泄条达的一面，采用理肝气、疏肝郁等方法应对。

515

为什么总叹长气是肝郁？

肝郁是中医学认识疾病的一个重要概念，肝郁的一组症状包括情绪方面的情绪不高，郁郁寡欢等，还有一个特别的情志症状叫"善太息"，"太"和大是一个意思，"息"这里是指一呼一吸，太息就是大大的呼气和吸气，那就是叹长气，"善太息"就是喜欢叹气的意思。肝郁症状还包括肝的经络循行的路线上的不舒服，如两腋下胁肋部似胀非胀的感觉，胸胁胀痛或窜痛，乳房胀痛，月经不调，小肚子（下腹部）或小肚子两旁的痛或胀满感等。

肝郁了，肝的功能不正常，往往容易影响到脾的运化功能，出现食欲不振、大便稀溏等，还有肚子里咕咕响且放屁，中医称之为"肠鸣矢气"，还会出现一种特别的泻泄，每次拉肚子之前都会肚子痛，一痛就得去排泄，排泄完肚子就不痛了。脾胃功能失调加上肝郁表现，中医学称之为"肝脾不和"。

肝郁的"郁"字同时也说明了疾病的机制，"郁"就是被抑制住，使其运行不顺畅。形容气被抑制住，中医学常常用"郁"字，而形容血流不畅常常用"瘀"字。气不能通畅运行，被闭闷住，捂久了会变化生火，于是又生出一些阳热特征的症状来，比如眼睛干涩发红，烦躁容易发火，口苦咽干，失眠多梦等。一些更年期的人常会有类似症状，中医于是常常从肝郁考虑，这在中医学称之为"肝郁化火"。

为什么肝郁会发生这些变化呢？这要从肝的功能说起，中医学的肝五行属木，对应春天，春天的树木都是生机勃勃，枝条舒展柔顺，中医学认为肝也喜欢这样的状态，不喜欢被郁滞。同时，中医学认为肝有两大主要生理功能：主疏泄和藏血。疏的意思是疏通，泄是疏散、宣泄的意思。中医认为肝的疏泄功能主要体现在三个方面：调畅情志、促进消化吸收、维持气血运行。简单来说，正常状态下人体这三个方面的和谐自如、流畅顺利都得依靠肝的正常运作来达到，所以一旦肝郁，往往在这三个方面有变化。

516

中医学的"肾"就是腰子吗？

大多数人容易混淆中医学的肾与现代医学的肾脏，其实这两者是完全不同的概念。

先说现代医学的肾，英文为 kidney，这个词大约是在 14 世纪被创造出来的，一开始就是用于指称一个器官，指脊椎动物体腔内毗邻脊柱的一对器官中的一只。在人体内，这个器官长得像豌豆（俗称"腰子"），是尿产生和排出的器官。kidney 的主要功能是排泄代谢产物，所以在英文中 kidney 也指无脊椎动物的排泄器官。

再看中医学的肾，汉字中很早就有肾字，《说文解字》说"肾，水藏也"，"肾"字下面的"月"实际是"肉"的变型，代表着这个东西和肉有关，《礼记·月令》中说"孟冬之月，祭先肾"，这里的肾是作祭品的一类肉食（动物的肾脏）。我们知道《说文解字》是东汉许慎写的书，而《礼记·月令篇》大多数学者认为是战国时候的作品，也就是说肾在战国至东汉时期已经和"水藏""孟冬之月"有关联了，而这正体现了中医学的特点。

那么怎么理解肾和"水""冬"这些概念联系在一起呢？这就涉及阴阳五行学说，通过这个理论，我们的古人能够一组一组地把握概念和它们之间的联系。还是以肾来说，是"水藏"，这个"水"既是实实在在的水这种东西，又是抽象的五行中的水。就实在的水而言，中医学认为"肾主水"，即人体的水液都归肾来主管；就五行中的水而言，肾的五行属水，肾具有水这一行的特点。比如说五行中水对应着冬天、北方，对应着万物闭藏，于是肾的功能特点也是"藏"，中医学认为肾的精气宜藏不宜泻。那么肾闭藏的都是什么东西呢，最重要的就是"藏精"，肾接受五脏六腑的精气，然后把他们保藏起来。肾中藏的这些精气对人体非常重要，不可以轻易耗损。人的生长发育、生殖繁衍都离不开肾中所藏的精。中医学又进一步细分了肾中的精，一部分是"先天之精"，这部分是生命开始时就从父母那里得到的，一部分是生命开始后人自己的生命精华以及来自五脏六腑的精气，这两种精实际上没法分开，共同执行生理功能而成为整个人体的原动力。人出生以后，随着生长发育，肾中的精气逐渐充实，男子到"二八"（16岁），女子到"二七"（14岁），有一种叫"天癸"的东西出现了，在天癸的作用下人有能力生成生殖之精，于是有了生殖能力，再随着年龄的增长，到中老年，肾中精气从充实满溢转为虚少，人就表现出生命活力的衰退。肾藏了精还有一个功用，那就是"主骨生髓"，肾主管人体的骨，因为骨同样是人体最根本、最重要的东西，比如说曾国藩的看相书《冰鉴》，他说看一个人最根本的是看骨，然后是"生髓"，"髓"在汉语中有精华的意思，中医学把脑称为"髓海"，说明脑是精华汇集之地，很重要。

517

怎样判断是否"肾虚"？

正因为中医学的"肾"和现代医学的肾脏不是一回事，同样的，"肾虚"也只能在中医学概念系统中去把握才能得其真谛，中医学认识肾虚可以从两个视角去理解：

首先，肾虚作为一个中医诊断的病名概念，有一些症状方面的特征组合来支持诊断，中医师诊病，很多时候主要依靠患者的症状表现做出判断。但是，某一个单独的症状的出现，即使是诊断价值很高的单一症状，也并不一定足以支持做出肾虚的诊断。比如说很多人发现自己容易疲劳、早生华发、腰酸腿软时，或者在觉得自己性能力方面力不从心时，往往会联想："我是不是肾虚了？"这么联想没有过失，但是把这些症状和肾虚画等号却是不妥当的。比如容易疲劳，湿困也可以导致这些症状；年纪轻轻就长白头发或者脱发，可能是劳神太过，也可能是肝郁气滞，或湿热浊邪熏蒸于头部而致，还可能是风邪作祟；腰腿酸软则可以是风湿或劳损等引发；至于性功能障碍，情志和湿热因素所致者占了很大比例，而且实证不少，并不全是因肾虚所致。

其次，做出肾虚的诊断时，要能够用中医学肾的功能不足或肾的气、血、阴、阳亏损来解释症状。这就涉及中医学关于肾虚的分型，主要分出了肾气虚、肾阴虚、肾阳虚等类型。肾气虚则表现出没有精神，容易倦怠无力，面色白而无光泽，小便清冷且频次增多，夜尿多，还可以有遗精早泄等；肾阴虚则腰酸，五心烦热，夜间睡眠中不自觉地出汗（盗汗），虚汗，头晕耳鸣，也可以有形体消瘦，一派虚火的表现；肾阳虚则有腰酸且能被热敷或扣击按揉所缓解，手脚冰冷，怕冷等。

518

每个人都需要补肾吗？

有些人相信一句俗语"肾无实证"，认为但凡肾的问题，只管用补就好了，不会出问题的。从中医学的理念来说，这种观念是不正确的，中医学实际是一门很"中庸"的学问，基本上不会提倡这样绝对化的观念。

但是，"肾无实证"这句话至少说明了两点：第一，人的一生中肾中精气经过了一个由弱转盛再转衰的过程，按照《素问·上古天真论篇》的说法，女子七岁的时候就"肾气盛，齿更发长"，即七岁的时候肾的精气逐渐充盈，牙齿开始变更，头发长得更加凝实茂盛。到"二七"（14岁）的时候肾中精气更加满盈，"月事以时下"，即月经规律地按时来潮，具有生殖能力，一直经过"三七"、"四七"，直到"五七"（35岁）的时候"阳明脉衰"，人开始走向衰老。男子则是八岁开始"肾气实"，"二八"（16岁）具有生殖能力，直到"五八"（40岁）开始"肾气衰"而走向衰老。由此可见，从生长发育的视角看，人一生中肾气顶多也就是旺盛生长充实满盈，不会真的有许多多余而变生实证。第二，从临床来看，肾的虚证出现得多，而且虚弱性质的全身症状，在整体辨证的过程中也往往被归结到肾。

既然"肾无实证"，是不是每个人都需要补肾呢？显然不是的，只有非正常态的肾虚才需要补。比如说小孩子的阶段，肾中精气是处在逐渐充盈的过程中，虽然还没有达到"平均""满盛"的状态，却是小孩子正常的生理发展进程，所以不是中医学的"肾虚证"，不需要补。如果不分青红皂白地补，会出现小胖墩儿，或者早早就"月事以时下"，提早进入青春发育期，反而造成了不正常。而到了四五十岁，进入肾中精气逐渐衰退的生理进程，那些希望青春永驻的人也常常想到补肾，其实这个时候更重要的是养肾、护肾，对肾中精气不做无谓的耗损，顺应自然规律，最终达到延年益寿的目的。

其次，尽管是肾虚，也需要根据不同类型来有针对性的进补，最忌讳补反了。比如说肾阴虚的，本来就五心烦热了，还吃壮阳药，只会让肾阴更虚，虚烦更甚，适得其反；肾阳虚的，本该温补肾阳，如果补反了，尤其是如果进食凉性的滋补肾阴药，只会更加伤阳。

最后，即使辨明了肾虚是阴虚还是阳虚，补的时候也需要讲究策略，因为肾阴与肾阳是互为根本的关系。明代医家张介宾总结说："善补阳者，必于阴中求阳，则阳得阴助而生化无穷；善补阴者，必于阳中求阴，则阴得阳生而泉源不竭"，补肾也是如此，补肾阳时常常用到补肾阴的药，补肾阴时也往往加有温肾阳的药，不会是只用一种性质的药物呆补。

519

补肾是用六味地黄丸好，还是喝壮阳酒好？

提到补肾，老百姓自己最容易想到的就是买点六味地黄丸，自己慢慢吃着，心想这药是补益的，吃了肯定不会有坏处。诚然，六味地黄丸是补肾的名方，它最早来源于汉代的医圣张仲景的"金匮肾气丸"，用了八味药，后来被宋代的儿科专家钱乙化减，去掉了其中的附子和桂枝，留下熟地黄、山茱萸、牡丹皮、山药、茯苓、泽泻六味，成为今天的"六味地黄丸"，被用于治疗小儿发育不良。但是，它毕竟还是药，既然是药，就有偏性。六味地黄丸是偏于补阴的药，主要针对肾阴虚而设计。一般来说，养阴药可以加重体内的湿气，内部湿气一多就会影响到脾胃功能，养阴药还容易恋邪，把病邪留恋在体内。所以对于痰湿体质或者还有余邪没有清理干净的患者，用六味地黄丸就不适合了。

老百姓还有一种常见的补肾方法是喝药酒，尤其是补肾壮阳的药酒，尤其是某些想着再展男人雄风的人，他们认为喝这种性质的药酒是很养生的，完全没有问题。

事实果真如此吗？服用壮阳药对性功能的改善确实可以有暂时的效果，但长期效果欠佳，甚至可能会造成伤害。比如那些由于高血压、糖尿病、冠心病等疾病原因引起的性功能障碍的患者，若长期服用壮阳药，会加重基础疾病的进展。所以中医临床大夫对服用壮阳药有一个形象的比喻：盲目地服壮阳药，就像在一盏即将枯竭的油灯中再加入一根灯芯，只会让灯油更快地烧光。还有一点需要清醒认识的是，随着时代的变迁，人民生活条件的改善和生活方式的改变，肾阳虚在临床见到的越来越少，这就更加提醒我们在饮用壮阳酒时，一定要慎重。

 520

"房中术"究竟讲些什么？

在传统文化里，房中术主要涉及与性有关的医学和养生学内容，而且是很重要、很平常的一门学问。据《汉书·艺文志》的记载，古代关于医药、养生方面的学问被归纳到"方技"这个类别中，而方技又分为四类：医经、经方、神仙、房中，房中是其中一种。我们知道"方技"都是"生生之具"，都是维持、养护、促进生命的，房中也一样。早期的房中的基本目标是养生，是希望通过对性活动的认知和掌握来达到健康、长生的目的。既然要认识和把握性活动，自然要发展出一些理论和技术。

在理论方面，房中术主要用阴、阳、精、气等概念来说理，认为男为阳，女为阴，男女之间的性活动也叫"合阴阳""阴阳交合"，是调理人体阴阳的一种方法；在性活动中要注意顾护精、气，可通过"治气""蓄气"等方法，以不轻易走泄其精气。

在技术层面，房中术主要阐述了一些利于养生的做法和一些不利于养生的做法，比如《黄帝内经》里就提到"七损八益"，而马王堆出土的帛书《天下至道谈》则记载了"七损八益"的具体内容。其中"七损"是不利养生的，包括闭、泄、渴、弗、烦、绝、费。闭是指粗暴交合导致疼痛和内腑受病；泄是指虚汗淋漓，精气走泄；渴通竭，即气血耗竭；弗是指心有性欲而阳痿不能交合；烦是指交合时心烦意乱，情绪不宁；绝是指一方无性欲要求而对方强行交合，关系犹如陷入绝境；费是指交合过于急促，白白浪费精力却既无愉悦也不利健康。"八益"包括治气、致沫、智时、畜气、和沫、积气、寺赢、定顷，就是说在男女交合过程中要调理精气、使口中津液丰富、掌握适宜时机交合、蓄养精气不要过早走泄、津液及阴液交融在一起、聚积精气、保持精气的盈满和防止阳痿。

总之，房中术一开始就主要是讲性卫生、性保健、性养生的，是一种通过性活动来补养人体，调理阴阳的学问。后来随着时间的推移，房中术主要在医家和道教系统中得到传承和发扬，医家发展的内容更多偏于性的卫生保健方面，道教系统更多赋予了性活动修炼的性质。但是，房中术毕竟是研究性问题的，一些荒淫纵欲的达官贵人也对此很感兴趣，所以后来的房中术也发展出了一些关于性技巧方面的内容。

今天来看房中养生，其中的养生内容，比如欲不可纵、也不可禁的观念，其关于性的卫生保健的内容，仍有其价值。而对某些特殊的概念，如道教房中修炼学说中的"还精补脑"、"斩赤龙""马阴藏象"等概念，则需要立足于特定的知识背景去理解。比如"还精补脑"，从字面意义去理解，显然是谬误——精液怎么可能回还到大脑部位呢？但是如果放到道教修炼学说的知识背景中去理解，这个"精"就不单单是指物质形态的精液，更倾向于指生命物质之精华、生命活力的根本等内涵。对这些内容自然需要更多一些严谨和审慎。

521

枸杞真的老少皆宜吗？

在南方的一些凉茶、煲汤中常常可以看见一种红红的小果粒，放到嘴里嚼起来甜甜的，还有点酸中带涩，这就是"枸杞子"。枸杞子是一种中药，目前用于药用的多是宁夏枸杞。这种植物大都分布在中国的西北部，喜欢凉爽的气候和砂质的土壤，适合生长在微碱性和中性的土壤里。枸杞子具有滋补肝肾和养肝明目的功效。一年四季都可以用，不过各季的搭配稍有变化：春季可单服，也可与黄芪煮水喝；夏季宜与菊花、金银花、胖大海和冰糖一起泡水喝，常服可以消除眼疲劳；秋季宜与雪梨、百合、银耳、山楂等制成羹类；冬季宜与桂圆、大枣、山药等搭配煮粥。

 522

大枣是怎样养胃的？

俗话说"日进三枣，青春不易老"，究竟大枣神奇的功效是什么呢？这里所谓的大枣，又名红枣、干枣、枣子，一般是指红颜色的红枣，不是那种秋天买来当水果吃的青色的枣。大枣很早就被中国人拿来作为药物和食物了，已有四千多年的历史，自古以来就被列为"五果"（桃、李、梅、杏、枣）之一。中医认为枣的药性平和，味甘无毒，具有补中益气、养血安神、调营卫、生津液、解药毒等功效。那些脾胃虚弱、食欲不振、大便稀薄、疲乏无力、心悸失眠的人都可以服用。老百姓常常用大枣来养脾胃，用大枣熬粥，或者用大枣泡茶喝，中医开处方时往往也会用到大枣，其中也有养胃、护胃的意思，因为中药汤剂都要经过胃肠吸收，有些中药会损害脾胃的正气，这时加点大枣进来保护一下胃气就很有必要了。会不会有些人的体质或者病证不适合吃大枣呢？一般来说这种情况很少见，但是有的人确实吃多了大枣会肚子胀气，还有的会便秘，这一般都是因为吃得太多的缘故，减少进食大枣的量和频率，胀气就可以慢慢缓解，所以补养脾胃同样不能操之过急，不能一下子吃太多的大枣。

 523

吃薏米有哪些好处？

现代人越来越重视粗细搭配，粗粮中有一个重要的成员叫做薏苡仁，它也常常在中医的处方中见到。薏苡仁的名号很多，还叫苡米、苡仁，或者土玉米、薏米、起实、薏珠子、草珠珠、回回米、米仁、六谷子等。薏米是常用的中药，又是常吃的食物，微寒，有利水消肿、健脾去湿、舒筋除痹、清热排脓等功效。它还被认为是一种美容食品，常食可以保持人体皮肤光泽细腻，消除粉刺、雀斑、老年斑、妊娠斑、蝴蝶斑，对皮肤脱屑、痤疮、皲裂、皮肤粗糙等也有疗效。桂林地区有首民谣这样唱道："薏米胜过灵芝草，药用营养价值高。常吃可以延年寿，返老还童立功劳"，可以看出薏米作为一种常用的食物也是备受老百姓喜爱的。

是不是食用薏米就百无禁忌呢？一般来说用薏米煮粥，或者用薏米熬土鸡汤，或搭配莲子、桂花做粥，各类人群都可以食用，没有特别的禁忌。不过依据古代的本草书记载来看，也有几种人最好慎用薏米，包括怀孕的妇女、泄泻拉肚子有脱水征象的人、病后脾胃虚弱而大便干小便少的人。

524

花椒能治牙痛吗？

《神医喜来乐》里曾经演示过一个土方——用花椒治疗牙痛，这真的有效吗？

用花椒治疗牙痛，还真是渊源有自，在《本草纲目》花椒条目下的附方中记载说："治风虫牙痛，烧酒浸花椒频频漱之。"即用酒泡泡花椒，然后用酒来漱口。从现代医学观点看，花椒有局麻作用，也许是这种功效使得它能止牙痛。中药学的观点认为花椒属于辛温之品，有小毒，吃到嘴里的味道是麻的，有健胃、温中散寒、除湿止痛、杀虫解毒、止痒解腥的功效，花椒水还能去除寄生虫。一般中医生开处方很少用花椒，如果要用也是和乌梅、干姜、黄柏等一起用，用来治疗因寄生虫引起的腹痛、手足厥逆、烦闷吐蛔。但是在川菜十分盛行的今天，花椒已经成为菜肴调味的中坚力量，一方面在于加入花椒后的味道变得更加有吸引力，一方面也在于花椒能去除各种肉类的腥气，又有一定的化湿作用，使吃东西时脾胃不那么反感食物的油腻肥甘。

525

藏红花有什么用途？

大辫子戏里演到后宫中相互倾轧，毒害龙脉子嗣时，常常会上演某位宫廷御医秘密呈上一碗汤药，并解释说："这是西藏红花，奇寒无比，服后胎儿必将堕下，无一幸免。"究竟西藏红花有怎样的功效？可以导致堕胎流产吗？事实上藏红花并非只为西藏所产，它采自海拔 5000 米以上的高寒地区，又叫番红花或西红花，原产地在希腊、小亚细亚、波斯等地，《本草纲目》记载："藏红花即番红花，译名泊夫兰或撒法郎，产于天方国"，"天方国"即指波斯等国家。番红花经印度传入西藏，由西藏再传入内地。所以，人们把由西藏运往内地的番红花误认为西藏所产，称作"藏红花"。

藏红花是驰名中外的藏药，以活血、养血的药效而闻名天下。据《本草纲目》记载，藏红花能活血，主治心忧郁积，又治惊悸。藏红花具有疏经活络、通经化淤、散淤开结、消肿止痛、凉血解毒的功效，据说长期坚持服用可令人心喜，全面提高人体免疫力。

根据藏医学的观念，除特殊情况外，不提倡孕妇服用任何药物，目前还没有明确的研究数字能显示多少剂量的藏红花会对胎儿有影响，况且，个体差异较大，为了避免不良后果，孕期最好不要食用藏红花或含藏红花的食物。此外，有些供家庭使用的香品中也加有藏红花，挑选时需要加以注意。不过，因为藏红花是一种很好的养血药物，妇女可以在产后食用，用来补血。

526

藿香正气水有哪些用途？

藿香正气水是老百姓夏季药箱里的常备药，常常听到某人说："昨晚吹一宿电扇，受夜凉，避着汗了"，家人就会递上一瓶"藿香正气水"，一口下去，过一阵身上就舒坦多了。藿香正气水解表化湿，理气和中，扶正祛邪，用于感冒、呕吐、泄泻、霍乱、湿阻等病。其基本指征是：恶寒发热、头身困重疼痛、胸脘满闷、恶心呕吐或泄泻、舌苔白腻、脉濡缓，大略相当于胃肠型感冒、流行性感冒、急性肠胃炎等。现代药理学发现藿香正气水对肠痉挛有一定的缓解作用，可以抑制肠道系统的过度蠕动，这也许是它治疗肠道症状的机制所在。

从中医学的视角看，藿香正气水源于《太平惠民和剂局方》中的"藿香正气散"，里面的药物成分包括藿香、苏叶、苍术、陈皮、厚朴、白芷、茯苓、大腹皮、半夏等，其中藿香起主要作用，方剂学称之为"君药"，它可以芳香化湿，和胃止呕，解表。"解表"就是解除表证，所谓表证就指感冒的在表的、清浅的症状。白芷、紫苏叶、半夏、厚朴四味药起次要的作用，方剂学称之为"臣药"，辅助君药来完成整个方子的功效，这四个"大臣"中半夏、厚朴针对中焦脾胃做工作，可以祛除那里的湿气，既去邪气，又鼓舞正气，紫苏叶、白芷还协助藿香解散在表的邪气。除前面所说的"君药"和"臣药"外，剩下的药就是"佐使药"，它们在处方中的地位更低一点，"佐药"主要是针对次要症状，或消除君药、臣药的毒副作用，或根据病情需要起到相反相成的效果，"使药"是主要起引导药物达到某一经络的作用，这时称为"引经药"，或者起调和处方中所有药物的作用。所以综合分析来看，藿香正气水里的所有这些药物合在一起，主要解决两个问题，一个是脾胃被暑邪、湿邪所困的问题，脾胃被暑湿所伤会使人困倦、恶心欲吐、不思饮食、便溏泄泻等，这属于"内伤"；一个是外感表邪的问题，表邪伤人会有憎寒发热、头痛等症状，这属于"外感"。这样既解决外感问题，又解决内伤问题，身体就慢慢康复了。

527

风油精是不是"万金油"？

风油精有祛暑、提神、醒脑和镇痛作用，可用于防治伤风感冒、头痛、牙痛、风湿骨痛、中暑头晕、小儿肚痛以及蚊虫叮咬等。日常生活中出现头目眩晕、神经疼痛、晕车晕船等症，人们也习惯涂点风油精来缓解。在洗澡水中加几滴风油精，洗后既清凉舒爽，又能防蚊虫叮咬、防治痱子、祛除汗臭；在饮用凉开水时，加几滴风油精，可解暑祛热，顿觉耳聪目明，浑身凉爽舒适；用少量风油精涂于头两侧太阳穴及风池穴，可有效地消除头昏脑涨，让人安然入睡；对于夏天夜晚因贪凉而引起的腹痛，可外涂风油精于肚脐（神阙穴）和骶尾部，也可取风油精2～3滴，温水送服。这样看来，风油精确是有点"万金油"的特点，只要不舒服都可以来点试试，至少暂时是清凉爽快了，而且人们也并没指望风油精能治本去病根，就是用它来缓解症状。现代药理研究表明，风油精的主要成分——薄荷给人造成的冰凉感觉，并不是因为它能使皮肤温度降低，而是其主要药物成分——荷花醇刺激神经末梢的冷觉感受器所引起的，所以，这种凉感更加持久，而局部应用荷花醇还可治疗头痛、神经痛、瘙痒等。